全国交通高级技工学校通用教材

Tuzhi Yu Zhulu Cailiao

土质与筑路材料

（公路施工与养护专业用）

钱　进　主　编
程兴新　主　审

人民交通出版社

内 容 提 要

本书主要介绍公路工程用土与建筑材料的基本概念、物理力学性能指标的测试方法和技术要求。内容包括:土质、集料、水泥、水泥混凝土及砂浆、石灰、粉煤灰与稳定材料、沥青与沥青混合料、钢材。

本书为全国交通高级技工学校公路施工与养护专业教学用书,也可作为公路类职业中专、职业高中以及相关工种的职业资格培训用书,或作为公路系统职工进行高级工、技师、高级技师培训的选用教材。

新书预告:本教材新版将于2019年4月出版,配套数字资源,敬请关注。

图书在版编目(CIP)数据

土质与筑路材料/钱进主编. —北京:人民交通出版社,2006.1(2008.1重印)

ISBN 978-7-114-05886-8

I.土... II.钱... III.①道路工程-土质学②道路工程-建筑材料 IV.U414

中国版本图书馆CIP数据核字(2005)第152200号

全国交通高级技工学校通用教材

书　　名: 土质与筑路材料(公路施工与养护专业用)
著 作 者: 钱　进
责任编辑: 王　霞
出版发行: 人民交通出版社
地　　址: (100011)北京市朝阳区安定门外外馆斜街3号
网　　址: http://www.ccpress.com.cn
销售电话: (010)59757969,59757973
总 经 销: 人民交通出版社发行部
经　　销: 各地新华书店
印　　刷: 大厂回族自治县正兴印务(有限)公司
开　　本: 787×1092　1/16
印　　张: 16.75
字　　数: 419千
版　　次: 2006年1月　第1版
印　　次: 2018年12月　第14次印刷
书　　号: ISBN 978-7-114-05886-8
定　　价: 30.00元

交通职业教育教学指导委员会公路类（技工）学科委员会和交通技工教育研究会公路专业委员会

前言

FOREWORD

为了适应交通新的跨越式发展，积极推进一体化教学改革，进一步加快高级技工学校公路类专业教材建设，交通职业教育教学指导委员会公路类(技工)学科委员会和交通技工教育研究会公路专业委员会组织制定了高级技工学校公路施工与养护和公路工程机械使用与维修两个专业的教学计划与教学大纲，并依此确定了教学改革和教材改革的模式。2004 年 3 月启动教材的编写工作，2005 年 7 月交稿。

本套教材用于培养公路类专业高级技工和技师，具有以下特点：

1. 教材内容与高级工等级标准、考核标准相衔接，适应现代化施工与养护的基本要求，教材全部采用最新的标准和规范，符合先进性、科学性和实用性的要求。

2. 教材编写满足理实一体化和模块式的教学方式，以操作技能为主，体现职业教育特色，使学生具备较高的实用技能。

3. 教材与作业、题库配套。各课程均编写了"习题集和答案"，汇成题库和题解，供学生做作业和练习，也可供命题参考。

本套教材由柯爱琴担任责任编委。

《土质与筑路材料》是全国交通高级技工学校公路施工与养护专业通用教材之一，内容包括：土质、集料、水泥、水泥混凝土及砂浆、石灰、粉煤灰与稳定材料、沥青与沥青混合料、钢材。

参加本书编写工作的有：陕西交通技术学院陈莹(编写单元一)，山东公路高级技工学校张燕(编写单元二，单元六的课题六，单元七)，内蒙古交通学校赵金梅(编写单元三)，江苏交通高级技工学校王晖(编写单元四)、钱进(编写单元五，单元六的课题一～六)。全书由钱进担任主编，陕西交通技术学院程兴新担任主审。

本套教材在交通技工教育研究会理事长卢荣林的指导下进行，在编写过程中得到了全国 16 个省市交通技工学校领导的大力支持和帮助，共有 60 余名公路类专业教师参与了教材的编审工作，在此表示感谢。

由于我们的业务水平和教学经验有限，书中有不妥之处，恳切希望使用本书的教师和读者批评指正。

交通职业教育教学指导委员会公路类(技工)学科委员会

交通技工教育研究会公路专业委员会

二〇〇五年八月

目录
CONTENTS

单元一　土质 …… 1
　课题一　土的组成 …… 1
　课题二　土的物理性质及其指标 …… 9
　课题三　土的水理与力学性质 …… 14
　课题四　土的工程分类及野外鉴别 …… 27
单元二　集料 …… 34
　课题一　细集料的技术性质 …… 34
　课题二　粗集料的技术性质 …… 44
　课题三　岩石 …… 57
单元三　水泥及水泥混凝土 …… 61
　课题一　水泥 …… 61
　课题二　水泥混凝土 …… 79
　课题三　水泥砂浆 …… 110
单元四　石灰、粉煤灰及稳定材料 …… 117
　课题一　石灰 …… 117
　课题二　粉煤灰 …… 122
　课题三　无机结合料稳定材料 …… 124
单元五　沥青材料 …… 149
　课题一　石油沥青 …… 150
　课题二　乳化沥青 …… 175
　课题三　改性沥青 …… 181
　课题四　其它沥青 …… 188
单元六　沥青混合料 …… 190
　课题一　沥青混合料概述 …… 190
　课题二　沥青混合料的技术性质和技术标准 …… 195
　课题三　沥青混合料组成材料的技术要求 …… 202
　课题四　矿质混合料的组成设计 …… 209
　课题五　热拌沥青混合料配合比设计方法 …… 219
　课题六　新型沥青混合料 …… 240
单元七　钢材 …… 247
参考文献 …… 259

单元一　土　　质

【理论要求】

掌握土的概念、特点及组成，粒度成分的分析方法，土的常用物理指标，粘性土界限含水量的概念及土的承载力原理。熟练掌握土的压实原理、最大干密度和最佳含水量的概念。了解工程土的分类方法。

【技能要求】

熟练掌握土的击实试验的测定方法，能准确测定土的界限含水量，掌握土粒分析试验和 CBR 试验的测定方法，并具备出具试验报告的能力。

课题一　土 的 组 成

一、土、土体及土的三相组成

1. 土的概念

土是地壳表层母岩经强烈风化作用而形成颗粒大小不等、未经胶结的一种松散物质，它包括土壤、粘土、砂、岩屑、岩块和砾石等。土的总的特征是颗粒与颗粒之间的粘结强度低，甚至没有粘结性。根据土粒之间有无粘结性，大致可将土分为砂类土（砾石、砂）和粘质土两大类。

土从外观的颜色上看，较为复杂，但以黑、红、白为基本色调。颜色是土粒成分的直观反映，黑色是因所含有机物的腐化染色而成的，白色常来自石英和高岭石的本色，红色主要是由高价氧化铁染色而成。土的颜色随着土的形成环境不同，呈现着多种多样的变化。

土是地壳表层广泛分布着的物质，几乎无处不有。平原、海滨、河谷等处的土层厚度很大，在这些地区，人类的工程活动处处要遇到土的问题，因而，对土的研究在工程地质中占有十分重要的地位。在陆地上所沉积的土层，在水平方向上延伸不远，层位厚度有很大变化，其性质也发生变化；在垂直方向上则形成不同土层互相穿插，交替频繁，其性质极不均一。因此，我们在评价建筑地基时，所涉及的就是不均匀土层，而且是厚度不等、性质各异的许多土层组合的土体。

2. 土体的概念

土体是指建筑场地范围内主要由不同土层组成的单元体。土体涉及到对建筑物有影响的整个面积与深度。土体按照成因可分为:残积土、坡积土、洪积土、冲积土、淤积土、冰积土和风积土等类型。由于它们是在漫长的地质岁月中,一次又一次的由不同的地质作用、不同时代的物质堆积而成,因此它们的组成物质不可能是均匀的,而是由不同层次、不同性质的土层所组成。各层次的土粒粒度不同、土的类型不同,其物理力学性质也不一致。即使是同一土层,也不是完全均匀的,还会出现透镜体、尖灭、变薄等构造现象,其构造延伸的范围也很不相同。

既然土体不是由单一且均匀的土所组成,那么对待土体就不能用局部、孤立的土块去代表它,同时又不能用某单一的土去代表土体,实质上土与土体是整体与局部的关系。总之,土与土体是有关联而又不能混为一谈的两个概念。在工程地质工作中,为了掌握土体的结构,必须鉴定具体的各个单一的土层,即研究各层土的特性是研究土体的基础。

3. 土的三相组成

土的三相组成是指土由固体颗粒、液体水和气体三部分组成(即固相、液相和气相)。土中固体颗粒构成土的骨架,骨架之间贯穿着大量孔隙,孔隙中充填着液体水和气体。

随着环境的变化,土的三相比例也发生相应的变化,土体三相比例不同,土的状态和工程性质也随之各异。例如:

固体 + 气体(液体 = 0)为干土。此时粘土呈干硬状态,砂土呈松散状态。

固体 + 液体 + 气体为湿土。此时粘土多为可塑状态。

固体 + 液体(气体 = 0)为饱和土。

由此可见,研究土的各项工程性质,首先应从最基本的、组成土的三相本身开始。

1)土中固相物质

土的固相物质包括矿物颗粒和有机质,它组成土的主体部分,构成土的“骨架”,也叫做“土粒”。土粒的物质基础是各种各样的矿物,除带有与母岩相同的原生矿物成分外,还带有大量的次生矿物成分和有机物。概括起来说,组成地表土的物质可以分为两大类,一类是包括原生矿物和次生矿物的无机质,一类是包括泥炭在内的动植物残骸和腐殖质的有机质。这些物质成分与化学成分的差异,及其不同分量的组合,就构成了不同类型的各种土的性质和特征。

2)土的液相

土的液相是指土中水部分或全部地充满土颗粒间的孔隙内。土中水可分为两大类,一类结合在土颗粒内部,成为矿物的组成部分,称为矿物内部结合水;另一类存在于天然土体的孔隙中,与土粒矿物表面接触,有的呈液相,有的呈气相,也有的结成固相的冰。土中的各类水对土的工程性质的形成,有着不同程度的作用和影响,土粒愈粗影响愈小,土粒愈细影响愈大。土中的水按其工程性质不同可分为:

(1)结构水

①强结合水(吸着水)　强结合水的性质与普通水不同,其密度大于 1(约为 1.2 ~ 1.4g/cm^3),性质接近固体,不传递静水压力,100℃不蒸发,-78℃低温才冻结成冰,只有在105℃ ~110℃的高温下才能被烘去。土中吸着水的最大含量:砂土一般为1% ~2%,粘土可达10%以上。当粘性土只含强结合水时呈固态坚硬状态;砂性土含强结合水时呈散粒状态。

土颗粒间的吸着水具有抵抗土体变形的能力,这是粘土区别于砂土的显著标志之一 。

②弱结合水(薄膜水)　这种水在强结合水外侧,呈薄膜状,密度大于普通液态水(约为1.3~1.7g/cm^3),也不传递静水压力。此部分水对粘性土的影响最大。

(2)自由水

自由水包括毛细水和重力水。

①毛细水　这种水位于地下水位以上土粒细小孔隙中,是介于结合水与重力水之间的一种过渡型水,受毛细作用而上升。一般孔隙大的砂土,毛细水上升高度小,甚至没有;孔隙太小的粘土,上粒间的孔隙全部被结合水所占据,毛细水没有移动的通路或移动受到很大阻力,所以上升非常缓慢;在极细砂和粉土中孔隙小,毛细水上升快,而且高,在寒冷地区注意由于毛细水而引起的路基冻胀问题,尤其要注意毛细水源源不断地将地下水上升所产生的严重冻胀。

②重力水　这种水位于地下水位以下较粗颗粒的孔隙中,是只受重力控制,具有浮力的作用。在重力水中能传递静水压力,并具有溶解土中可溶盐的能力。

(3)气态水和固态冰

气态水是以水气状态存在于孔隙中。它能从气压高的空间向气压低的空间运动,并可在土粒表面凝聚转化为其它各种类型的水。气态水的迁移和聚集使土中水和气体的分布状态发生变化,可使土的性质改变。

固态冰是当气温降至0℃以下时,由液态的自由水冻结而成。由于水的密度在4℃时为最大,低于0℃的冰,不是冷缩,反而膨胀,使基础发生冻胀,因此,寒冷地区基础的埋深要考虑冻胀问题。

3)土的气相

土中气体是指土的固体矿物之间的孔隙中,没有被水充填的部分。土的含气量与含水量有密切关系。土的孔隙中占优势的是气体还是水,对土的工程性质有很大的影响。

土中的气体可分为与大气连通的和不连通的两类。与大气连通的气体在受外力作用时,这种气体很快地从孔隙中被挤出来,所以它对土的工程性质影响不大。而与大气不连通的密封气体,在受到外力作用时,随着压力的增大,这种气泡可被压缩或溶解于水中,压力减小时,气泡会恢复原状或游离出来。若土中封闭气泡很多时,将使土的压缩性增高,渗透性降低。所以它对土的工程性质影响较大。

二、土的粒度成分

自然界的土,作为组成土体骨架的土粒,大小悬殊,性质各异。工程上常把组成土的各种大小颗粒的相互比例关系,称为土的粒度成分。土的粒度成分如何,对土的一系列工程性质起着决定性的影响,因而,它是工程性质研究的重要内容之一。

1.粒组的划分

土的粒度是指土颗粒的大小,以粒径表示,通常以mm为单位。土粒由粗到细,粒径将每一区段中所包括大小比例相似且工程性质基本相同的颗粒合并为组,称为粒组。每个粒组的区间内常以其粒径的上、下限给以粒组命名,如砾粒、砂粒、粉粒、粘粒等。各组内还可细分成若干亚组,表1-1-1是我国部颁标准《公路土工试验规程》(JTJ 051—93)粒组划分表。

粒组划分表

表 1-1-1

200	60	20	5	2	0.5	0.25	0.074	0.002(mm)	
巨粒组		粗粒组						细粒组	
漂石（块石）	卵石（小块石）	砾（角砾）			砂			粉粒	粘粒
		粗	中	细	粗	中	细		

粒组划分的方案，从工程地质角度看，划分原则为：

(1)应符合粒径由量变到质变的规律。

以 2mm 粒径为土粒有无毛细力的界限，大于 2mm 的土粒没有毛细力，粒间也无联结力。

以 0.074mm 粒径的土粒为有无水联结和有无粘结力的界限，2 ~ 0.074 mm粒径为砂粒组成的土，具有毛细力，粒间具有水联结，但不具粘结力。

以 0.002mm 粒径的土粒为有无粘结力的界限，0.074 ~ 0.002mm 粒径为粉粒组成的土有粘结力，失水时联结力递减而导致尘土飞扬；小于 0.002mm 粒径为粘粒组成的土有强粘结力，失水时联结力递增，土变硬。

(2)应与现代粒度分析观测技术水平相适应。

粒径大于 0.074mm 的土粒可用筛析法进行颗粒分析。

粒径小于 0.074mm 的土粒可采用静水沉降法进行颗粒分析。

(3)粒组的界限值服从简单的数学规律，以便于记忆和应用。

2. 粒度成分及粒度分析

一般天然土由若干个粒组组成，它所包含的各个粒组在土全部质量中各自占有的比例称为粒度成分，又称颗粒级配。用指定方法测定土中各个粒组占总质量百分数的试验，称为土的颗粒分析。

1)粒度成分的分析方法

目前所采用的方法可归纳为两大类：一是利用各种方法把各个粒组按粒径分离开来，直接测出各粒组的百分含量，称为直接测定法，如筛分法、移液管法等；二是根据各粒组的某些不同特性，间接地判定土中各粒组的含量，称为间接测定方法，如肉眼鉴定法、比重计法等。

目前，我国常用的粒度分析方法是：对于粒径大于 0.074mm 的粗粒土，采用筛分法直接测定；对于粒径小于 0.074mm 的细粒土，主要用静水沉降法测定；若土中粗细颗粒兼有时，则可联合使用上述两种方法。

(1)筛析法。

颗粒分析试验(筛分法)(T 0115—93)

一、目的和适用范围

本试验方法适用于分析粒径大于 0.074mm 的土。

二、仪器设备

1. 标准筛：粗筛(圆孔)：孔径为 60mm、40mm、20mm、10mm、5mm、2mm；
细筛：孔径为 2mm、0.5mm、0.25mm、0.074mm。

2. 天平：称量 5000g，感量 5g；称量 1000g，感量 1g；称量 200g，感量 0.2g。

3. 摇筛机。

4. 其它：烘箱、筛刷、烧杯、木碾、研钵及杵等。

三、试样

从风干、松散的土样中，用四分法按照下列规定取出具有代表性的试样：小于 2mm 颗粒的土 100 ~ 300g；最大粒径小于 10mm 的土 300 ~ 900g；最大粒径小于 20mm 的土 1000 ~ 2000g；最大粒径小于 40mm 的土 2000 ~ 4000g；最大粒径大于 40mm 的土 4000g 以上。

四、试验步骤

1. 对于无凝聚性的土

(1) 按规定称取试样，将试样分批过 2mm 筛。

(2) 将大于 2mm 的试样从大到小的次序，通过大于 2mm 的各级粗筛。将在筛上的土分别称量。

(3) 2mm 筛下的土如数量过多，可用四分法缩分至 100 ~ 800g。将试样按从大到小的次序通过小于 2mm 的各级细筛。可用摇筛机进行振摇，振摇时间一般为 10 ~ 15min。

(4) 由最大孔径的筛开始，顺序将各筛取下，在白纸上用手轻轻摇晃，至每分钟筛下数量不大于该级筛余质量的 1% 为止。漏下的土粒应全部放入下一级筛内，并将留在各筛上的土样用软毛刷刷净，分别称量。

(5) 筛后各级筛上和筛底土总质量与筛前试样质量之差，不应大于 1%。

(6) 如 2mm 筛下的土不超过试样总质量的 10%，可省略细筛分析；2mm 筛上的土不超过试样总质量的 10%，可省略粗筛分析。

2. 对于含有粘土粒的砂砾土

(1) 将土样放在橡皮板上，用木碾将粘结的土团充分碾散、拌匀、烘干、称量。如土样过多时，用四分法称取代表性土样。

(2) 将试样置于盛有清水的瓷盆中，浸泡并搅拌，使粗细颗粒分散。

(3) 将浸润后的混合液过 2 mm 筛，边冲边洗过筛，直至筛上仅留大于 2mm 以上的土粒为止。然后，将筛上洗净的砂砾风干称量。按以上方法进行粗筛分析。

(4) 通过 2mm 筛下的混合液存放在盆中，待稍沉淀，将上部悬液过 0.074mm 洗筛，用带橡皮头的玻璃棒研磨盆内浆液，再加清水，搅拌、研磨、静置、过筛，反复进行，直至盆内悬液澄清。最后，将全部土粒倒在 0.074mm 筛上，用水冲洗，直到筛上仅留大于 0.074mm 净砂为止。

(5) 将大于 0.074mm 的净砂烘干称量，并进行细筛分析。

(6) 将大于 2mm 颗粒及 2 ~ 0.074mm 的颗粒质量从原称量的总质量中减去，即为小于 0.074mm 颗粒质量。

(7) 如果小于 0.074mm 颗粒质量超过总土质量的 10%，有必要时，将这部分土烘干、取样，另做比重计或移液管分析。

五、结果整理

1. 按下式计算小于某粒径颗粒质量百分数：

$$X = \frac{A}{B} \times 100 \tag{1-1-1}$$

式中：X——小于某粒径颗粒的质量百分数，%；

A——小于某粒径的颗粒质量，g；

B——试样的总质量，g。

2. 当小于2mm的颗粒如用四分法缩分取样时，试样中小于某粒径的颗粒质量占总土质量的百分数：

$$X=\frac{a}{b}\times p\times 100 \tag{1-1-2}$$

式中：a——通过2mm的试样中小于某粒径的颗粒质量，g；

b——通过2mm筛的土样中所取试样的质量，g；

p——粒径小于2mm的颗粒质量百分数。

3. 在半对数坐标纸上，以小于某粒径的颗粒质量百分数为纵坐标，以粒径(mm)为横坐标，绘制颗粒大小级配曲线，求出各粒组的颗粒质量百分数，以整数(%)表示。

表1-1-2为颗粒分析试验记录，根据表1-1-2试验结果由表1-1-3可判断该土为中砂土。

颗粒分析试验记录(筛分法)　　表1-1-2

粒组名称	粒径(mm)	筛余质量(g)	筛余百分率(%)
卵砾组	>2	3	1
极粗砂粒组	2~1	36	12
粗砂粒组	1~0.5	96	32
中砂粒组	0.5~0.25	120	40
细砂粒组	0.25~0.1	30	10
极细砂粒组、更细土粒	<0.1	15	5
总计		300	100

砂类土按颗粒级配分类　　表1-1-3

土的名称	颗粒级配	土的名称	颗粒级配
砂	粒径>2mm的颗粒占全部土质量的25%~50%	细砂	粒径>0.1mm的颗粒超过全部土质量的75%
粗砂	粒径>0.5mm的颗粒超过全部土质量的50%	粉砂	粒径>0.1mm的颗粒不超过全部土质量的75%
中砂	粒径>0.25mm的颗粒超过全部土质量的50%		

注：按表定名时，根据表中粒径分组由大到小，以最先符合者确定之。

(2)沉降分析法　基本原理是0.002～0.2 mm粒径的土在水或液体中靠自动下沉时应做等速运动，运动的规律符合司笃克斯定律，定律认为土粒越大，在静水中沉降的速度越快，反之土粒越小，沉降速度越慢。

在进行粒度成分分析时，先把一定质量的干土制成一定体积的悬液，搅拌均匀后，各种粒径的土在悬液中分布是均匀的，即各种粒径在悬液中的浓度在不同深处都是相等的。静置一段时间后，悬液中不同粒径的颗粒以相应的速度在水中沉降，较粗颗粒沉降较快，细颗粒沉降较慢，这样悬液中各段的密度有不同程度的减小，粒度成分发生变化，利用这一基本规律现象采用比重计法分别测出各粒级的粒径大小。

2)粒度成分的表示方法

粒度成分经分析后，常用的表示方法有表格法、累积曲线法和三角坐标法 。

(1)表格法。

以列表形式直接表达各粒组的相对含量。表格法有两种不同的表示方法，一种是以累计含量百分比表示的，如表1-1-4所示；另一种是以粒组表示的，如表1-1-5。

粒度成分的累计百分含量表示法　　表1-1-4

粒径 d_i(mm)	粒径小于等于 d_i 的累计百分含量 p_i(%)		
	土样 *a*	土样 *b*	土样 *c*
10	—	100	—
5	100.0	75.0	—
2	98.9	55.0	—
1	92.9	42.7	—
0.5	76.5	34.7	—
0.25	35.0	28.5	100.0
0.10	9.0	23.6	92.0
0.075	—	19.0	77.6
0.01	—	10.9	40.0
0.005	—	6.7	28.0
0.001	—	1.5	10.0

粒度成分的分析结果　　表1-1-5

粒组(mm)	粒度成分(以质量%计)		
	土样 *a*	土样 *b*	土样 *c*
10~5	—	25.0	—
5~2	1.1	20.0	—
2~1	6.0	12.3	—
1~0.5	16.4	8.0	—
0.5~0.25	41.5	6.2	—
0.25~0.10	26.0	4.9	8.0
0.10~0.075	9.0	4.6	14.4
0.075~0.01	—	8.1	37.6
0.01~0.005	—	4.2	11.1
0.005~0.001	—	5.2	18.9
<0.001	—	1.5	10.0

(2)累计曲线法。

通常用半对数坐标纸绘制。横坐标表示粒径 d_i；纵坐标表示小于某一粒径的累积百分数 p_i 的含量。如图1-1-1是根据表1-1-4提供的数据，在半对数坐标纸上绘制得土样的粒度成分

累计曲线。

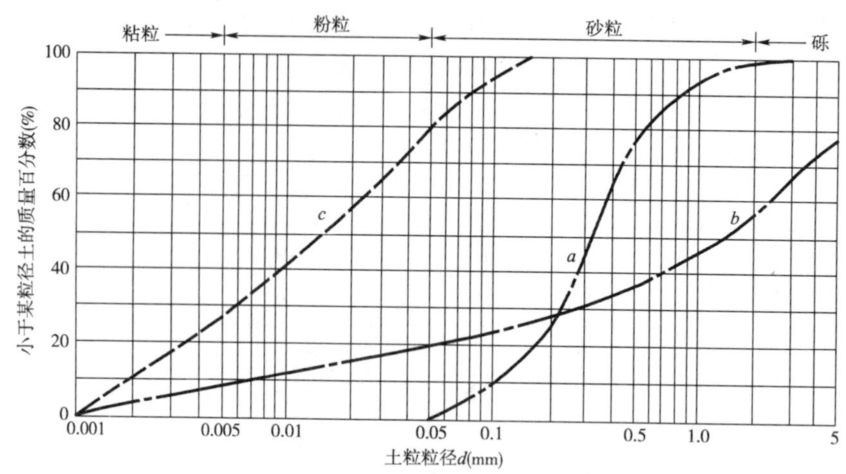

图 1-1-1 粒度成分累计曲线

从累计曲线图上可以看出:曲线平缓,表明土的粒度成分混杂,大小粒组都有,各粒组的相对含量都差不多;曲线坡度较陡,表明土粒比较均匀,斜率最大线段所包括的粒组,在土样中的含量最多,成为具有代表性的粒组。

累计曲线的用途主要有以下两个方面:

第一,由累计曲线可以直观地判断土中各粒组的分布情况。曲线 a 表示该土绝大部分是由比较均匀的砂粒组成;而曲线 b 表示该土是由各种粒组的土粒组成,土粒极不均匀;曲线 c 表示该土中砂粒极少,主要由粉粒和粘粒组成。

第二,由累计曲线可确定两个土粒的级配指标:

不均匀系数 C_U:

$$C_U = d_{60}/d_{10} \tag{1-1-3}$$

曲率系数(或称级配系数)C_C:

$$C_C = d_{30}^2/d_{10}d_{60} \tag{1-1-4}$$

式中:d_{10}——土的有效粒径,即土中小于该粒径的颗粒质量为 10% 的粒径,mm;

d_{60}——限制粒径,即土中小于该粒径的颗粒质量为 60% 的粒径,mm;

d_{30}——平均粒径,即土中小于该粒径的颗粒质量为 30% 的粒径,mm。

不均匀系数 C_U 反映土的粗细情况和级配情况。C_U 值愈大,曲线越平缓,表明土颗粒大小分布范围大,土的级配良好。C_U 值愈小,曲线愈陡,表明土粒大小相近似,土的级配不良。一般认为不均匀系数 $C_U<5$ 时,称为匀粒土,其级配不好;$C_U \geq 5$ 时的土为非匀粒土,其级配良好。

实际上,仅单靠不均匀系数 C_U 来确定土的级配情况是不够的,还必须同时考虑曲率系数 C_C 的值。C_C 值愈高,表明土的均匀程度高;反之,均匀程度低。在工程上,常利用累计曲线确定的土粒两个级配指标值来判定土的级配优劣情况。当同时满足不均匀系数 $C_U \geq 5$ 和曲率系数 $C_C = 1 \sim 3$ 这两个条件时,土为级配良好的土;若不能同时满足,土为级配不良的土。

例如,图 1-1-1 中曲线 a, $d_{10} = 0.11$mm, $d_{30} = 0.22$mm, $d_{60} = 0.39$mm, 则 $C_U = 3.55$, $C_C = 1.13$,表明土样 a 为级配不良的土。

(3)三角坐标法。

此法可用来表达粘粒、粉粒和砂粒三种粒组的百分含量。它是利用几何上等边三角形中任意一点到三边的垂直距离之和等于三角形的高的原理，即 $h_1+h_2+h_3=H$ 来表达粒度成分。如取三角形的高 $H=100\%$，h_1 为粘土颗粒的含量，h_2 砂土颗粒的含量，h_3 为粉土颗粒的含量，则图 1-1-2 中 m 点即表示土样的粒度成分中粘粒、粉粒和砂粒的百分含量分别为 23%、47% 和 30%。

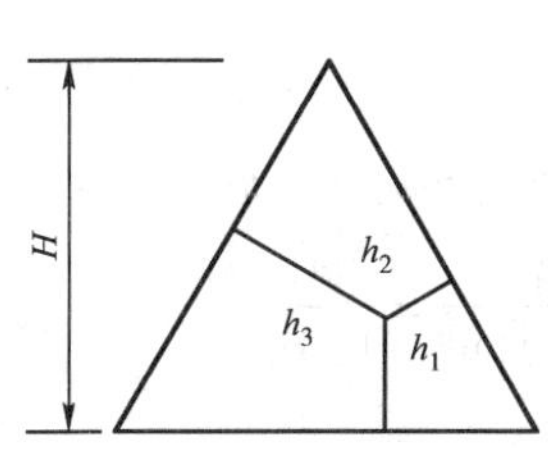

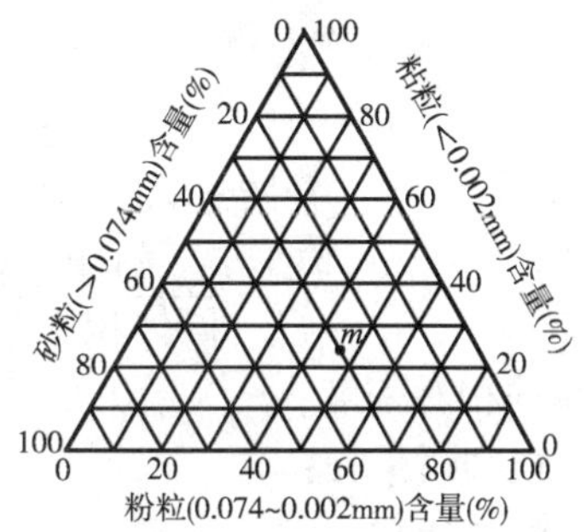

图 1-1-2 三角坐标表示粒度成分

上述三种方法各有其特点和适用条件。表格法能很清楚地用数量说明土样的各粒组含量。但对于大量土样之间的比较就显得过于冗长，且无直观概念，使用比较困难。

累计曲线法能用一条曲线表示一种土的粒度成分，而且可以在一张图上同时表示多种土的粒度成分，能直观地比较其级配状况。

三角坐标法能用一点表示一种土的粒度成分，在一张图上能同时表示许多种土的粒度成分，便于进行土料的级配设计。三角坐标图中不同的区域表示土的不同组成，因而，还可以用来确定按粒度成分分类的土名（见土的工程分类）。

课题二 土的物理性质及其指标

土的物理性质是指土的各组成部分（固相、液相和气相）的数量比例、性质和排列方式以及所表现的物理状态，如轻重、干湿、松密程度等。土的物理性质是土最基本的工程性质，它在工程建筑过程中，不仅要结合土的成分、结构、含水含气的情况来了解其物理性质的特点和变化规律，而且还要通过试验取得其物理性质各项指标的数据，以作为工程设计的依据。

土的物理性质指标，就是指土中固相、液相、气相三者在体积和质量方面的相互配比的数值。为了分析和计算方便，一般将土的三相关系用简图加以表达（见图 1-2-1）。

土的物理性质指标分两类：一类是通过试验直接测定的土的天然密度、含水量和土的相对密度；另一类是以这三项指标为依据，由推导而得到的土的干密度、孔隙比、孔隙率、饱和密度、水下密度和饱和度等。

一、确定三相比例关系的基本物理性质指标

1. 土的相对密度 G_s（土粒比重）

土的相对密度是指土在 105℃ ~110℃下烘干至恒重时的质量与同体积 4℃蒸馏水质量的比值。它是土的基本物理性质指标之一。

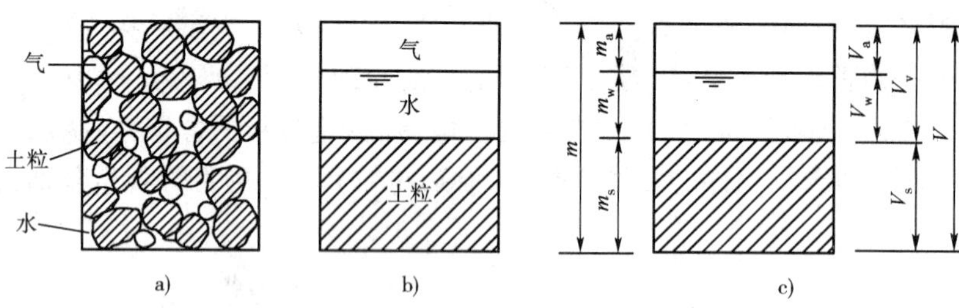

图 1-2-1 土的三相图

a)实际土体;b)土的三相图;c)各相的体积与质量

$$G_s=\frac{\text{固体颗粒的质量}}{\text{同体积4℃蒸馏水质量}}=\frac{m_s}{V_s\ \rho_w} \tag{1-2-1}$$

式中:G_s——土粒的相对密度;

m_s——干土粒的质量,g;

V_s——干土粒的体积,cm^3;

ρ_w——水在4℃时的密度,g/cm^3。

土的相对密度只与组成土的矿物成分有关,而与土的孔隙大小无关。一般砂土的相对密度为2.65,粘土的相对密度可达2.75,含腐殖质多的粘质土其相对密度较小,约为2.60。

常用测定方法有:比重瓶法、浮称法与虹吸筒法。

比重瓶法适用于粒径小于5mm的土;浮称法适用于粒径大于等于5mm的土,且其中粒径为20mm的土质量应小于总土质量的10%;虹吸筒法适用于粒径大于等于5mm的土,且其中粒径为20mm的土质量应大于等于总土质量的10%。

2. 土的密度(ρ)

土的密度是指土的总质量与土的总体积的比值。这里所说的总质量包括:土粒的质量(m_s)、土孔隙中的水分(m_w)和气体(m_a)的质量;因气体质量极小,可视为$m_a\approx0$。根据孔隙中水分情况可将土的密度分为天然密度(ρ)、干密度(ρ_d)、饱和密度(ρ_f)和水下密度(ρ')。

(1)天然密度(ρ)。也称湿密度,是指在天然状态下,土的单位体积的质量,即土粒的质量(m_s)和孔隙中天然水分(m_w)的质量。它是土的基本物理性质指标之一。

$$\rho=\frac{m_s+m_w}{V}=\frac{m}{V} \tag{1-2-2}$$

式中:ρ——土的天然密度,g/cm^3;

m_w——土中的水的质量,g;

m_s——土中土粒的质量,g;

V——土的总体积;cm^3;

m——土的总质量,g。

土的密度与土的结构和所含水分的多少以及矿物成分有关,所以在测定土的天然密度时,必须用原状土样,以保持其天然结构状态下的天然含水量。如果土的结构破坏了或水分变化了,则土的密度也就改变了,这就不能正确测得真实的天然密度。也可根据工程的需要制备所需状态的扰动土样。

土的孔隙中含水量的多少,对土的密度影响很大,随含水量的不同,土的密度值一般变化

于1.60～2.20g/cm^{3}之间。

测定土的天然密度，通常用环刀法测定。在工程中，根据土情况不同也用电动取土器法、灌水法、灌砂法和蜡封法。

环刀法适用于细粒土；电动取土器法适用于无机结合料稳定细粒土和硬塑土密度的快速测定；灌水法适用于现场测定粗粒土和巨粒土的密度；灌砂法适用于现场测定细粒土、砂粒土和砾类土的密度；蜡封法适用于易破裂土和形态不规则的坚硬土。

(2)干密度(ρ_d)。是指干燥状态下单位体积土的质量，即土中固体土粒的质量(m_s)与土的体积(V)的比值。

$$\rho_d = \frac{m_s}{V} \tag{1-2-3}$$

或

$$\rho_d = \frac{\rho}{1 + 0.01w} \tag{1-2-4}$$

式中：ρ_d——干密度，g/cm^3；

ρ——天然密度，g/cm^3；

w——含水量，%。

土的干密度实际上是土中完全不含水分的密度，它是土的密度的最小值。某一土样的干密度值的大小，主要取决于土的结构，因为它在这一状态下与含水量无关，加之土粒部分的矿物成分又是固定的。因此，土的结构，即孔隙度的大小，影响着干密度值。一般规律是：土的干密度值愈大，土愈密集，孔隙度也就愈小。干密度在一定程度上反映了土粒排列的紧密程度。在工程中常用它计算压实度δ，作为人工填土压实的控制指标。

$$\delta = \frac{\rho_d}{\rho_{max}} \tag{1-2-5}$$

式中：δ——压实度；

ρ_d——工地实测的干密度；

ρ_{max}——标准击实试验所得的最大干密度。

3. 土的含水量

土的含水量是指土的孔隙中所含水分的数量，它是土的基本物理性质指标之一。表征土中含水情况的指标有天然含水量、饱和含水量和饱和度。

土的天然含水量土是指在105℃～110℃下烘至恒量时所失去的水分质量和达恒量后干土质量的比值，一般用百分数表示，如式：

$$w = \frac{\text{水的质量}}{\text{固体颗粒质量}} = \frac{m_w}{m_s} \times 100\% \tag{1-2-6}$$

式中：w——土的天然含水量，%；

其余符号意义同前。

土的含水量只能表明土中固相与液相之间的数量关系，不能描述有关土中水的性质；只能反映孔隙中水的绝对值，不能说明其充满程度。当$w=0$时，砂土呈松散状态，粘土呈坚硬状态。粘性土的含水量很大时其压缩性高，强度低。

土的天然含水量要求直接采用原状土测定，可将野外采集的天然土样，保护土中水分不被蒸发损失。土的天然含水量测定的标准方法是烘干法，在工地为了快速测定含水量，可采用简易酒精燃烧法（含有机质的除外），在特殊情况下也可采用比重法或碳化钙气压法测定。

二、确定土的松密程度的指标及其它指标

土不是致密无隙的固体，而是土粒间存在着孔隙的物体。有的孔隙互相连通或与大气连通，有些微小孔隙则互相隔绝，形成封闭的小气泡夹在土粒中间。密实土的孔隙总体积较小，疏松土的孔隙总体积较大。土中存在着许多孔隙及其所具有的这些特性，称为土的孔隙性。土的透水性、压缩性等物理特性，都与土的孔隙性有密切的关系。

1. 土的孔隙率 n

土的孔隙率表示土中孔隙大小的程度，为土样中孔隙的体积 V_n 占总体积的百分比，又称孔隙度。

$$n = \frac{V_n}{V} \times 100 \qquad (1\text{-}2\text{-}7)$$

在工程计算中，n 是常用指标，一般为 30% ~50% 。

具有散粒结构的土，由于颗粒排列松紧不同，孔隙度也有变化，排列紧密的孔隙度小，排列松散的孔隙度大。粒度成分对孔隙度也有很大影响，不均粒土的孔隙度要小于均粒土的孔隙度。具有海绵结构的粘性土，单个孔隙很小，但数量很多，水在其中为结合水，所以粘质土的孔隙度可以大于 50%。即 V_n 可能大于 V_s。

当土的结构因受外力而改变时，孔隙度也随之而改变，即 V 和 V_n 都在改变，故往往都用孔隙比来说明。

2. 孔隙比 e

孔隙比是土中孔隙的体积（V_n）与土粒的体积（V_s）的比值，常用小数表示。

$$e = \frac{V_n}{V_s} \qquad (1\text{-}2\text{-}8)$$

土的孔隙比直接反映土的紧密程度，孔隙比愈大，土愈疏松；孔隙比愈小，土愈密实。一般在天然状态下的土，若 $e<0.6$，可作为良好的地基；若 $e>1$，表明土中 $V_n>V_s$，是工程性质不良的土。

n 与 e 都是反映孔隙性的指标，但在应用上却有所不同，凡是用于与整个土的体积有关测试时，一般用 n 较为方便；但若是要对比一种土的变化状态时，则用 e 较为准确。由于 V_s 是不变的，可视为定值，土在荷载作用下引起变化的是 V_n，而 e 的变化直接与 n 的变化成正比，所以 e 能明显地反映孔隙体积的变化。在工程设计计算中常用 e 这一指标。

孔隙率与孔隙比的相互关系如下：

$$n = \frac{e}{1+e} \text{或} e = \frac{n}{1-n} \qquad (1\text{-}2\text{-}9)$$

3. 砂类土的密实度 D_r

密实度是反映砂类土松紧状态的指标，常用相对密实度来表示，也称为无凝聚性土的相对密实度。砂类土天然结构（即土粒排列松紧）的状况，对其工程性质有极大影响。砂类土在最松散状况下的孔隙比值为最大孔隙比 e_{max}；经振动或捣实后，砂砾间相互靠拢压密，其孔隙比

为最小孔隙比 e_{min}；在天然状态下的孔隙比为 e。

砂类土的相对密实度就是指最大孔隙比和天然孔隙比之差与最大孔隙比和最小孔隙比之差的比值，一般用小数或百分数表示。

$$D_r = \frac{e_{max} - e}{e_{max} - e_{min}} \tag{1-2-10}$$

当 $D_r = 0$，即 $e = e_{max}$时，表示砂类土处于最疏松状态；当 $D_r = 1$ 时，即 $e = e_{min}$，表示砂类土处于最紧密状态。

《公路桥涵地基与基础设计规范》（JTJ 024—85）中规定用 D_r 来判定砂土的密实度，将砂土分为四级，见表 1-2-1。

砂土密实度划分表 表 1-2-1

分　级		密实度 D_r	标准贯入平均击实数 N(63.5 kg)
密实		$D_r \geqslant 0.67$	30～50
中密		$0.67 > D_r > 0.33$	10～29
松散	稍松	$0.33 \geqslant D_r \geqslant 0.20$	5～9
	极松	$D_r < 0.20$	<5

目前对 e_{max}、e_{min}不能准确测定，加之要取原状砂土的土样也十分困难，故对砂土 D_r 值所测定的误差也很大。对此，在实际工程中，常利用标准贯入试验法或静力触探试验法，在现场测其近似值，以作为 D_r 分级的参考。

标准贯入试验是在现场进行的一种原位测试。这项试验的方法是：将质量为 63.5kg 的钢锤提升至 76cm 高度使其自由落下，打击贯入器，从贯入砂土层中 15cm 后开始计数直至贯入 30cm 所需的锤击数，记为 $N_{63.5}$（简化为 N），对照表 1-2-2 的分级标准来鉴定该土层的密实程度。例如，某砂土层在现场的锤击数 N 为 18，其 D_r 应在 0.33～0.67 之间，该土层应为中密砂土。

土的九个物理性质指标——G_S、ρ、w、ρ_d、ρ_f、ρ'、S_r、n、e 并非各自独立，互不相关。G_S、ρ 和 w 为基本物理性质指标，必须通过试验直接测定，称为三项实测指标，其余指标可由三个试验指标计算导出。其换算关系见表 1-2-2。

土的物理性质主要指标一览表 表 1-2-2

指标名称	表达式	参考数值	指标来源	实际应用
相对密度 G_s（比重）	$G_s = \frac{m_s}{V_s \cdot \rho_w}$	2.65～2.75	由试验测定	换算 n、e、ρ_d；工程计算
密度 ρ(g/cm³)	$\rho = \frac{m}{V}$	1.60～2.20	由试验测定	换算 n、e；说明土的密度
干密度 ρ_d(g/cm³)	$\rho_d = \frac{m_s}{V}$	1.30～2.00	$\rho_d = \frac{\rho}{1+w}$	换算 n、e、S_r；粒度分析，压缩试验资料整理

续上表

指标名称	表达式	参考数值	指标来源	实际应用
饱和密度 $\rho_f(g/cm^3)$	$\rho_f=\frac{m_s+V_n\rho_w}{V}$	1.80～2.30	$\rho_f=\frac{\rho(G_s-1)}{G_s(1+w)}+1$ 或 $\rho_f=\rho_d+n\rho_w$	
水下密度 $\rho'(g/cm^3)$	$\rho'=\frac{m_s-V_s\rho_w}{V}$	0.80～1.30	$\rho'=\frac{\rho(G_s-1)}{G_s(1+w)}$ 或 $\rho'=\rho_f-\rho_w$	计算潜水面以下地基土自重应力； 分析人工边坡稳定
天然含水量 w (%)	$w=\frac{m_w}{m_s}\times 100$	$0<w<100\%$	由试验测定	换算 S_r、ρ_d、n、e； 计算土的稠度指标
饱和含水量 w_g (%)	$w_g=\frac{V_n\rho_w}{m_s}\times 100$	0～100%	$w_g=\frac{G_s(1+w)-\rho}{G_s\cdot\rho}\times 100$	
饱和度 S_r (%)	$S_r=\frac{V_w}{V_n}\times 100$		$s_r=\frac{G_s\rho_w}{G_s(1+w)-\rho}\times 100$	说明土的饱水状态； 计算砂土、黄土地基承载力
天然孔隙度 n (%)	$n=\frac{V_n}{V}\times 100$		$n=\left[1-\frac{\rho}{G_s(1+w)}\right]\times 100$	计算地基承载力； 估计砂土密度和渗透系数； 压缩试验调整资料
天然孔隙比 e	$e=\frac{V_n}{V_s}$		$e=\frac{G_s(1+w)}{\rho}-1$	说明土中孔隙体积； 换算 e 和 ρ'

课题三　土的水理与力学性质

一、粘性土的界限含水量及其测定

1. 粘性土的稠度、稠度状态和界限含水量

含水量对粒性土的工程性质(如强度、压缩性等)有极大影响。粘性土随含水量的多少而表现出的稀稠程度叫稠度。当土从很湿逐渐变干时,会表现出几个不同的物理状态,如固态、半固态、塑态、液态等,称为土的稠度状态。粘性土的稠度状态表征着土中含水量在不同情况下,固体颗粒的活动程度和土抵抗外力的能力。

在粘性土中,当只含有强结合水时,土呈固态,能够抵挡较大的外力而不变形;当土中含水量增大,含有弱结合水时,土呈半固态,在外力作用下易变形;当土中含水量加大到出现极弱结合水时,土呈塑性状态,在外力作用下易变形但不发生断裂;当土中含有自由液态水时,粘粒间距离较大,水胶结力几乎消失,则土呈液性状态,在土的自重作用下可发生液流现象。

相邻的两种稠度状态有明显的区别，但并无截然划分的标准，而是一个连续渐变的过程，当含水量的变化到一定界限时，就会出现质的变化，即表现出不同的物理状态。通常将土从一种稠度状态变为另一种稠度状态的界限，称为稠度界限。在稠度状态处于转变界限下的含水量，称为界限含水量，如表1-3-1。

土的稠度及界限含水量　　表1-3-1

稠度状态	稠度特征	界限含水量	含水量减少方向	土体积缩小方向
流塑的	呈层状流动	液限 w_L 塑限 w_P 缩限 w_S	↓	↓
可塑的	塑性变形			
半干硬的	不易变形			
干硬的	坚硬难变形		土体积不变	

注：液限（w_L）——又称塑性上限或液性下限，是指土的流塑状态和可塑状态之间的界限含水量；

塑限（w_P）——又称塑性下限，是可塑状态和半干硬状态之间的界限含水量；

缩限（w_S）——在干硬状态范围内，是半干硬状态与干硬状态之间的界限含水量；为土的体积收缩与不收缩之间的转变点。

2. 粘性土的塑性及其指标

塑性状态是粘性土的一种特殊状态，因此，粘性土又称为塑性土。土的塑性是指土在一定外力作用下可以塑造成任何形状而不改变其整体性，当外力取消后，在一段时间内仍保持其已变形后的形态而不恢复原状的性能，也称为土的可塑性。

判断土的可塑性强弱的指标采用塑性指数 I_P，即土的液限与塑限之差。

$$I_P = w_L - w_P \tag{1-3-1}$$

此式表明，塑性指数 I_P 值愈大，可塑性愈强，反之则愈小。

粘性土的塑性指数大小，主要取决于土中粘粒、胶粒及矿物成分的亲水性。即，土中粘粒、胶粒含量越多，亲水性越强，土的塑性指数越大，反之则越小。在工程地质实践中常用 I_P 值对粘性土进行分类和命名，如表1-3-2。

土按塑性指数（I_P）的分类　　表1-3-2

土的名称	砂　土 （无塑性土）	亚砂土 （低塑性土）	亚粘土 （中塑性土）	粘土 （高塑性土）
塑性指数	$I_P<1$	$1<I_P\leqslant7$	$7<I_P\leqslant17$	$I_P>17$

3. 液性指数

粘性土的塑性指数，只能反映粘性土某一方面的物理性能，不能反映粘性土在天然状态下的稠度状态。同一类的粘性土，由于稠度状态不同，其物理性质相差很大，为了反映粘性土在天然情况下的稠度状态，可以用液性指数 I_L 来表示，即土的天然含水量与塑限的差值和塑性指数的之比，即

$$I_L = \frac{w - w_P}{w_L - w_P} \tag{1-3-2}$$

式中：I_L——土的液性指数；

w_L——土的液限；

w_P——土的塑限。

对于某种粘性土，其液限 w_L 和塑限 w_P 都是一定值，土的天然含水量越大，液性指数越大，土越稀软。在工程上，为了更好地掌握天然土的稠度状态，将液性指数划分为五级，见表1-3-3。

粘性土相对稠度状态　　表1-3-3

液性指数值	$I_L \leq 0$	$0 < I_L \leq 0.25$	$0.25 < I_L \leq 0.75$	$0.75 < I_L \leq 1$	$I_L > 1$
稠度状态	干硬状态	硬塑状态	易塑状态	软塑状态	流动状态
	半固体状态	塑性状态			液流状态

另外，液性指数在公路工程中是确定粘性土承载力的重要指标。根据液性指数所判定的稠度状态的标准值，是以室内扰动土样测定的，因未考虑土的结构影响，故只能作参考。在自然界中一般粘土都具有较强的结构连接，故天然含水量大于塑限时，并不表现为塑性状态，仍呈半固态；天然含水量超过液限时，也不表现液流状态。只有天然结构被破坏后才表现出塑态或流态。自然界粘土的这种现象称为潜塑状态和潜流状态。

4. 粘性土界限含水量的测定方法

粘性土界限含水量的测定方法很多，过去常用锥式液限仪测定液限，现在常用液塑限联合测定仪同时测定液限和塑限。在工程实际中也可用搓条法测定塑限。

液塑限联合测定法（T 0118—93）

一、目的和适用范围

1. 本试验的目的是联合测定土的液限和塑限，为划分土类、计算天然稠度和塑性指数提供依据，供公路工程设计和施工使用。

2. 本试验适用于粒径不大于0.5mm、有机质含量不大于试样总质量5%的土。

二、仪器设备

1. LP—100 型液塑限联合测定仪：锥质量为100g，锥度为30°，读数显示形式有光电式、游标式和百分表式。

2. 盛土杯：直径5cm，深度4～5cm。

3. 天平：称量200g，感量0.01g。

4. 其它：筛（孔径0.5㎜）、调土刀、调土皿、称量盒、研钵（附带橡皮头的研杵或橡皮板、木棒）、干燥器、吸管、凡士林等。

三、试验步骤

1. 取有代表性的天然含水量或风干土样进行试验。如土样中含大于0.5mm的土粒或杂物时，应将风干土样用带橡皮头的研杵研碎或用木棒在橡皮板上压碎，过0.5mm的筛。

2. 取0.5mm筛下代表性风干土样，每个盛土皿中放大约200g，加入不同数量蒸馏水，土样的含水量分别控制在液限（a 点），略大于塑限（c 点）和二者的中间状态（b 点）。用调土刀调匀，盖上湿布，放置18h以上。测定 a 点的锥入深度应为20mm±0.2mm。测定 c 点的锥入深度应控制在5mm以下。对于砂类土，测定 c 点的锥入深度可大于5mm。

3. 将制备的土样充分搅拌均匀，分层装入盛土杯，用力压密，使空气逸出。对于较干的土样，应先充分搓揉，用调土刀反复压实。试杯装满后，刮成与杯边齐平。

4. 调平仪器，接通电源，打开开关，提起锥体，锥头上涂少许凡士林。

5. 将装好土样的试杯放在联合测定仪升降座上，转动升降旋钮，待锥尖刚与土样表面接触时停止升降，锥体立刻自行下沉，经5s时，试锥自动停止下沉，读数窗显示锥入深度 h_1。

6. 改变锥尖与土接触位置(锥尖两次锥入位置距离不小于1cm)，重复3、4 步骤，得锥入深度 h_2，要求 h_1、h_2 允许误差为0.5mm，否则应重做。取 h_1、h_2 平均值作为该点的锥入深度 h。

7. 去掉锥尖入土处的凡士林，取10g以上土样两个，分别装入称量盒内，称质量(准确至0.01g)，测定其含水量 w_1、w_2(计算到0.1%)。计算含水量平均值 w。

8. 重复2、3、4、5、6 步骤，对其它两个含水量进行试验，测其锥入深度和含水量。

四、结果整理

1. 在二级双对数坐标纸上，如图1-3-1，以含水量 w 为横坐标，锥入深度 h 为纵坐标，点绘 a、b、c 三点含水量的 h-w 图，连接此三点，应呈一条直线。如三点不在同一条直线上，要通过 a 点与 b、c 两点连成两条直线，根据液限(a 点含水量)在 h_P-w_L 图上查得 h_P，以此 h_P 再在 h-w 图上的 ab 及 ac 直线上求出相应的两个含水量，当两个含水量的差值小于2%时，以该两点的平均值与 a 点连成一条直线。当两个含水量的差值大于2%时，应重做试验。

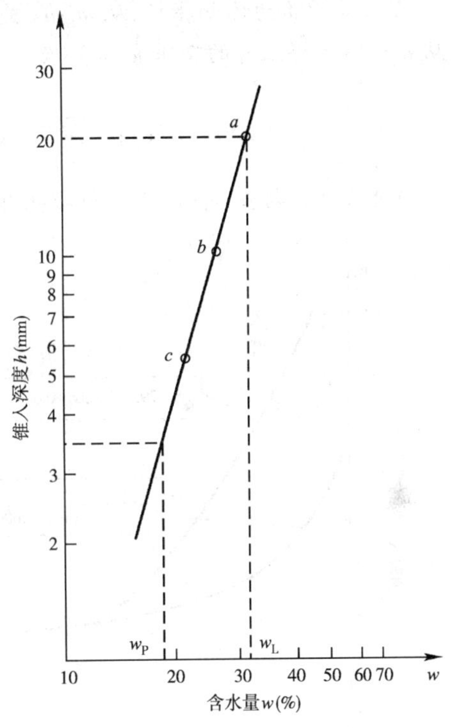

图1-3-1　锥入深度与含水量(h-w)关系图

2. 在 h-w 图上，查得纵坐标入土深度 $h=20$mm 所对应的横坐标的含水量 w，即为该土样的液限 w_L。

3. 求出液限，通过液限 w_L 与塑限时入土深度 h_P 的关系曲线(见图1-3-2)，查得 h_P，再由 h-w 图求出入土深度为 h_P 时所对应的含水量，即为该土样的塑限 w_P。

液限 w_L 与塑限时入土深度 h_P(w_L-h_P)的关系曲线，是按经验公式的计算值绘制成的，其经验公式为：

$$h_P=\frac{w_L}{0.524\times w_L-7.606} \tag{1-3-3}$$

它只适用于细粒土，对于砂类土则用多项式曲线确定 h_P 的值，相应的计算公式为：

$$h_P=29.6-1.22w_L+0.017w_L^2-0.0000744w_L^3 \tag{1-3-4}$$

在使用这两个公式之前，须先通过简易鉴别及筛分法，把砂类土与细粒土区分开来。

例：将某土样按不同的含水量调制成三个试件 a、b、c，按操作规程先后经液塑限联合测定仪测得其锥入深度分别为 $h_a=19.45$mm、$h_b=10.65$mm、$h_c=5.78$mm，及相应的含水量 $w_a=31.8\%$、$w_b=26.5\%$、$w_c=21.8\%$，试求其土样的 w_L、w_P 及 I_P。

解：先将 a、b、c 三个 $h-w$ 值点绘在双对数坐标纸上，制成 $h-w$ 关系图(如图1-3-1)。

(1)液限

在 h-w 关系图上,以 $h=20\text{mm}$ 与直线相截查 w 为 32%,此即该土样的液限 $w_L=32\%$。

(2)塑限

以 $w_L=32\%$ 为已知指标,从 w_L-h_P 关系曲线图(图 1-3-2)上,查得相应的 $h_P=3.5\text{mm}$,同样从 h-w 图上得土样的塑限 $w_P=18\%$。或者也可按公式计算,即

$$h_P=\frac{32}{0.524\times32-7.606}=\frac{32}{16.768-7.606}=3.493\text{mm}$$

用公式计算与查 w_L-h_P 图所得数据相同。

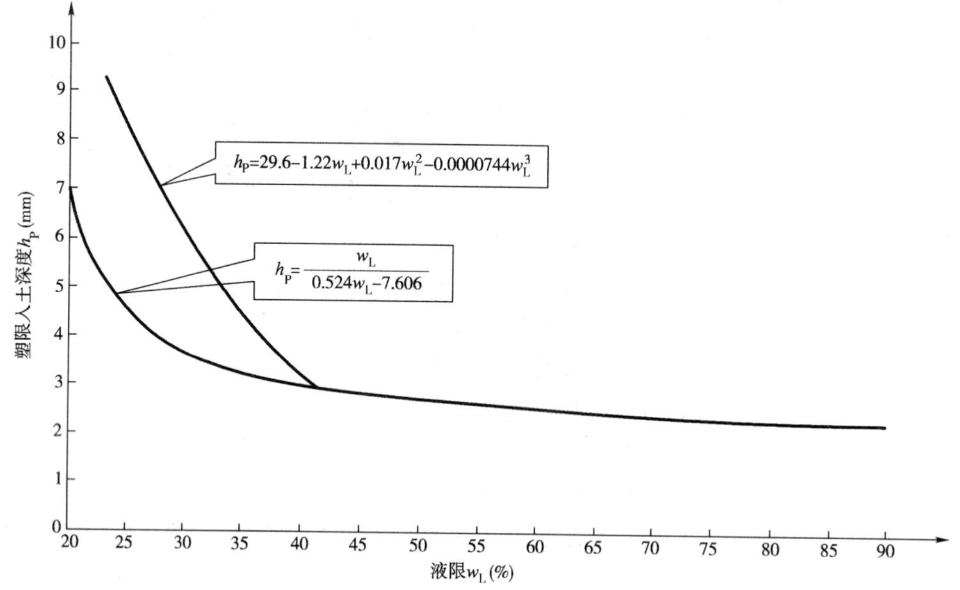

图 1-3-2 w_L-h_P 关系曲线图

(3)塑性指数 I_P 可由公式计算:

$$I_P=w_L-w_P=32-18=14$$

由此,根据塑性指数 I_P 值可初步判定该土样为亚粘土,但其局限性较大,只能作为参考,如两种细粒土液限和塑限不同,所得的塑性指数 I_P 值有可能一样。细粒土的分类须用塑性图来定名,此法将在课题四中讲解。

二、在动荷载作用下的压实性

土的力学性质是土在外力作用下所表现的特性,主要包括在静荷载压力作用下的压缩性和抗剪性,以及在动荷载作用下的压实性。

1. 土的压实性对工程的意义

在工程建设中,经常遇到填土或软弱地基,为了改善这些土的工程性质,常采用压实的方法使土变得密实,或者称为土的击实性,这是一种经济合理的改善土的工程性质的方法。这里所说的使土变密实的方法是指采用人工或机械对土施以夯压能量(如夯、碾、振动等),使土在

短时间内颗粒重新排列变密，获得最佳结构以改善和提高土的力学性能。

在工程建设中，经常遇到填土压实问题，如路堤、土坝，以及某些建筑物如桥台、挡土墙、埋设管道基础的垫层或回填土等，都是以土作为建筑材料，按一定要求和范围进行堆填而成。填土不同于天然土层，因为经过挖掘、搬运之后，原状结构已被破坏，含水量也已变化，堆填时必然在土团之间留下许多大孔隙。未经压实的填土强度低，压缩性大而且不均匀，遇水也易发生塌陷、崩解等现象。为使其满足工程要求，必须按一定标准压实。特别是像路堤这样的土工构筑物，在车辆的频繁运行和反复动荷载作用下，可能出现不均匀或过大的沉陷或坍落，甚至失稳滑动，从而恶化运营条件以及增加维修工作量。所以路堤填土必须具有足够密实度以确保行车平顺和安全。

2. 击实试验

击实试验是研究土的压实性能的室内基本试验方法。击实是指对土瞬时地重复施加一定的机械功使土体变密的过程。在击实过程中，由于击实功是瞬时地作用于土，土中气体有所排出，而土中含水量则基本不变，因此，土样可预先调制成所需含水量，再将它击实成所需要的密度。

标准击实试验(T 0131—93)

一、目的和适用范围

本试验分轻型击实和重型击实。小试筒适用于粒径不大于25mm的土，大试筒适用于粒径不大于38mm的土。

二、仪器设备

1. 标准击实仪：见图1-3-3。轻、重型试验方法和设备的主要参数见表1-3-4。

击实试验方法种类　　表1-3-4

试验方法	类别	锤底直径(cm)	锤质量(kg)	落高(cm)	试筒尺寸			层数	每层击数	击实功(kJ/m³)	最大粒径(mm)
					内径(cm)	高(cm)	容积(cm³)				
轻型I法	I_1	5	2.5	30	10	12.7	997	3	27	598.2	25
	I_2	5	2.5	30	15.2	17	2177	3	59	598.2	38
重型II法	II_1	5	4.5	45	10	12.7	997	5	27	2687.0	25
	II_2	5	4.5	45	15.2	17	2177	3	98	2677.2	38

2. 烘箱及干燥器。

3. 天平：感量0.01g。

4. 台秤：称量10kg，感量5g。

5. 圆孔筛：孔径38mm、25mm、19mm和5mm各1个。

6. 拌和工具：400mm×600mm、深70mm的金属盘、土铲。

7. 其它：喷水设备、碾土器、盛土盘、量筒、推土器、铝盒、修土刀、平直尺等。

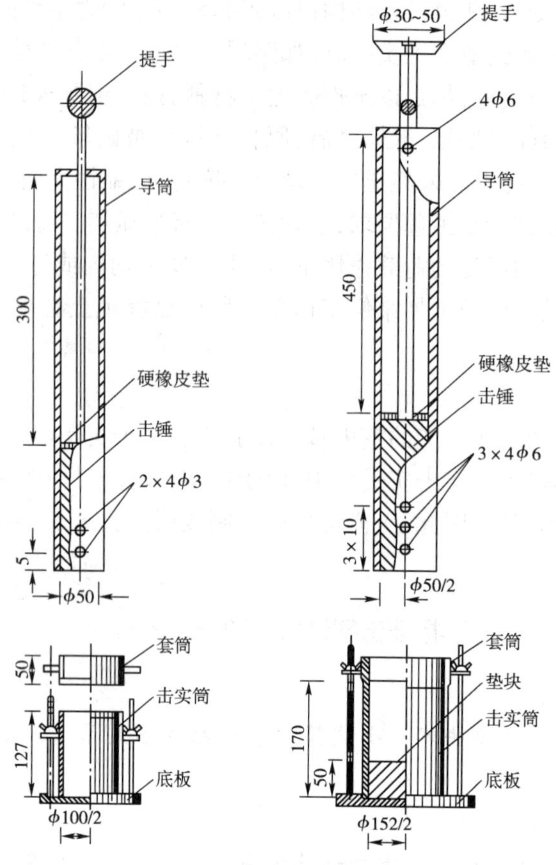

图 1-3-3　标准击实仪

三、试样准备

1. 干土法(土样重复使用):将具有代表性的风干土或在50℃下烘干的土样放在橡皮板上用圆木棍碾散,然后过不同孔径的筛(视粒径大小而定)。对于小试筒,按四分法取筛土样约3kg;对于大试筒,同样按四分法取样约6.5kg。

估计土样风干或天然含水量,如风干含水量低于开始含水量太多时,可将土样铺于一不吸水的盘上,用喷水设备均匀喷洒适当用量的水,并充分拌和,闷料一夜备用。

2. 干土法(土样不重复使用):按四分法至少准备5个试样,分别加入不同水分(按2%~3%含水量递增),拌匀后闷料一夜备用。

3. 湿土法(土样不重复使用):对于高含水量土,可省略过筛步骤,用手拣除大于38mm的粗石子即可。保持天然含水量的第一个土样,可立即用于击实试验。其余几个土样,将土分成小土块,分别风干,使含水量按2%~3%递减。

四、试验步骤

1. 根据工程要求,按表1-3-3规定选择轻型或重型试验方法。

2. 将击实筒放在坚硬的地面上,取制备好的土样分3~5次倒入筒内。小筒按三层法时,每次约800~900g(其量应使击实后的试样等于或略高于筒高的1/3);按五层法时,每次需400~500g(其量应使击实后的土样等于或略高于筒高1/5)。对于大试筒,先将垫块放入筒内

底板上,按五层法时,每层需试样900(细粒土)~1100g(粗粒土);按三层法时,每层需试样1700g左右。整平表面,并稍加压紧,然后按规定的击数进行第一层土的击实,击实时击锤应自由垂直落下,锤迹必须均匀分布于土样面,第一层击实完后,将试样表面“拉毛”,然后装入套筒,重复上述方法进行其余各土层的击实。小试筒击实后,试样不应高出筒顶面5mm;大试筒击实后,试样不应高出筒顶面6mm。

3. 用修土刀沿套筒内壁削刮,使试样与套筒脱离后,扭动并取下套筒,齐筒顶细心削平试样,拆除底板,擦净筒外壁,称量(准确至1g)。

4. 用推土器推出筒内试样,从试样中心处取样测其含水量,计算至0.1%。

5. 对于干土法(土样重复使用),将试样搓散,然后按上述方法进行洒水,拌和(但不需要闷料),每次约增加2%~3%的含水量,其中两个大于和两个小于最佳含水量。

6. 按上述方法进行其它含水量试样的击实试验。

五、结果整理

1. 按下式计算击实后的干密度:

$$\rho_d = \frac{\rho}{1 + 0.01w} \tag{1-3-5}$$

式中:ρ_d——干密度,g/cm^3;

ρ——天然密度,g/cm^3;

w——含水量,%。

2. 以干密度为纵坐标,含水量为横坐标,绘制干密度与含水量的关系曲线(图1-3-4),曲线上峰值点的纵、横坐标分别为最大干密度和最佳含水量。如果曲线不能明显绘出峰值点,应进行补点或重做试验。

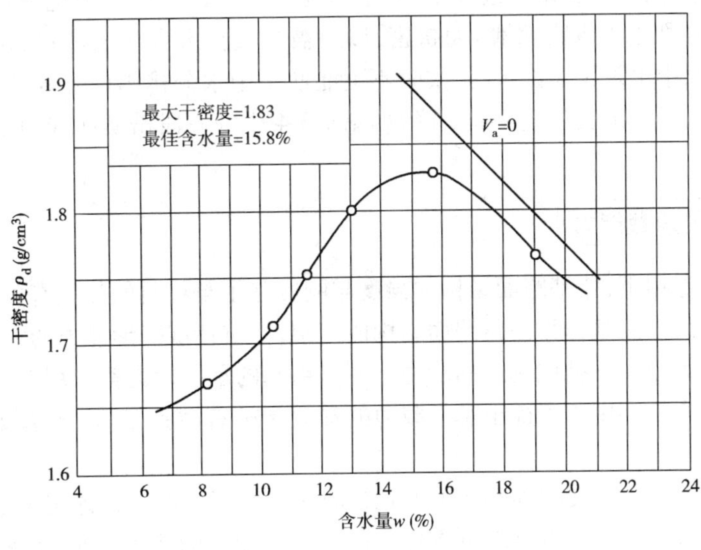

图1-3-4 含水量与干密度的关系曲线

3. 压实特性

1)压实曲线形状

击实试验所得到的击实曲线是研究土的压实特性的基本关系图。从图中可见，击实曲线上有一峰值，此处的干密度最大，称为最大干密度 ρ_{dmax}。与之对应的含水量则称为最佳含水量 w_{OP}（或称最优含水量）。峰点表明，在一定的击实功作用下，只有当压实土为最佳含水量时，压实效果最好，土才能被击实至最大干密度，达到最为密实的填土密度。而土的含水量小于或大于最佳含水量时，所得干密度均小于最大值。

最佳含水量 w_{OP} 和最大干密度 ρ_{dmax}，这两个指标对于路基设计和施工都是很重要的依据。表 1-3-5 是我国一般粘性土的最大干密度和最佳含水量经验值。

最佳含水量经验数值表

表 1-3-5

塑性指数 I_P	最大干密度 ρ_{dmax} (g/cm³)	最佳含水量 w_{OP} (%)
<10	>1.85	<13
10~14	1.75~1.85	13~15
14~17	1.70~1.75	15~17
17~20	1.65~1.70	17~19
20~22	1.60~1.65	19~21

2）土的压实特性的机理解释

压实作用是使土块变形和结构调整以致密实。当松散湿土的含水量处于偏干状态时，由于粒间引力（可能还包括了毛细管压力）使土保持着比较疏松的状态或凝聚结构，土中孔隙大都相互连通，水少而气多，在一定的外力压实功作用下，虽然土孔隙中气体易被排出，密度可以增大，但由于水膜润滑作用不明显以及外力功能也不足以克服粒间引力，土粒相对运动不显著，因之压实效果比较差；含水量逐渐增大，水膜变厚，土块变软，引力也减弱。施以外力压实功能使土粒移动（加之以水膜润滑）而挤密，以致被击实至最大干密度；当含水量逐渐增大到偏湿状态时，孔隙中出现了自由水，击实时不可能使土中水分排出而孔隙压力却更为显著，抵消了部分击实功，所以击实功效反而下降，如图 1-3-4 中的右段击实曲线为干密度下降的趋势及结果。

三、土基的承载能力

在车轮荷载作用下，路基路面结构的强度与刚度除了与材料的品质有关之外，路基的支承起着决定性的作用。路基作为公路路面结构的基础，抵抗荷载变形能力的大小，主要取决于路基顶面在一定应力级位下抵抗变形的能力。所以路基的承载能力都采用在一定应力级位下抵抗变形的能力来表征。用于表征土基承载力的参数指标有回弹模量、地基反应模量和加州承载比等。

加州承载比是早年由美国加利福尼亚州（California）提出的一种评定土基及路面材料承载能力的主要指标。承载能力以材料抵抗局部荷载压入变形的能力表征，并采用高质量标准碎石为标准，以它们的相对比值表示 CBR 值（即是指试件抵抗局部荷载压入变形达 2.5 ㎜时的强度与标准碎石压入相同贯入量时，标准荷载强度的比值）。标准碎石强度是用高质量碎石材料由试验求得，其与贯入量之间的关系如表 1-3-6。

不同贯入量时的标准荷载强度和标准荷载 表1-3-6

贯入量(mm)	标准荷载强度(kPa)	标准荷载(kN)
2.5	7 000	13.7
5.0	10 500	20.3
7.5	13 400	26.3
10.0	16 200	31.8
12.5	18 300	36.0

承载比 CBR：
$$CBR=\frac{试验荷载单位压力}{标准荷载单位压力}\times 100\%$$

计算 CBR 值时，取贯入量为 2.5mm 时的承载比。但当贯入量为 2.5mm 时的 CBR 值小于贯入量为 5mm 时的 CBR 值时，应以后者为准。

承载比 CBR 试验(室内)(T 0134—93)

一、目的和适用范围

1. 本试验方法只适用在规定的试筒内制件后，对各种土和路面基层、底基层材料进行承载比试验。

2. 试样的最大粒径宜控制在 25mm 以内，最大不得超过 38mm。

二、仪器设备

1. 圆孔筛：孔径 38mm、25mm、20mm 及 5mm 筛各 1 个。

2. 试筒：内径 152mm、高 170mm 的金属圆筒；套环，高 50 mm；筒内垫块，直径 151mm、高 50mm；夯击底板，同击实仪。试筒的形式和主要尺寸如图 1-3-5 所示，也可用(T0134—93)击实试验的大击实筒。

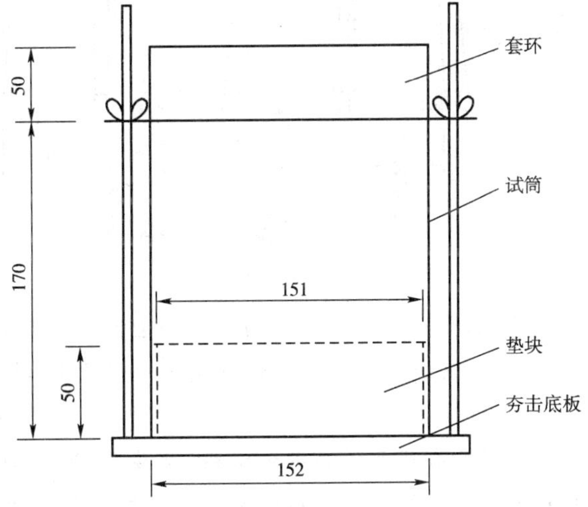

图 1-3-5 试筒尺寸示意图(尺寸单位：mm)

3. 夯锤和导管：夯锤的底面直径 50mm，总质量 4.5kg。夯锤在导管内的总行程 450mm，夯锤的形式和尺寸与重型击实仪试验法所用的相同。

4. 贯入杆：端面直径 50 mm、长约 100 mm 的金属柱。

5. 路面材料强度仪或其它载荷装置：能量不小于 50 kN，能调节贯入速度至每分钟贯入 1mm，可采用测力计式，如图 1-3-6。

6. 百分表：3 个。

7. 试件顶面上的多孔板(测试件吸水时的膨胀量)，如图 1-3-7 所示。

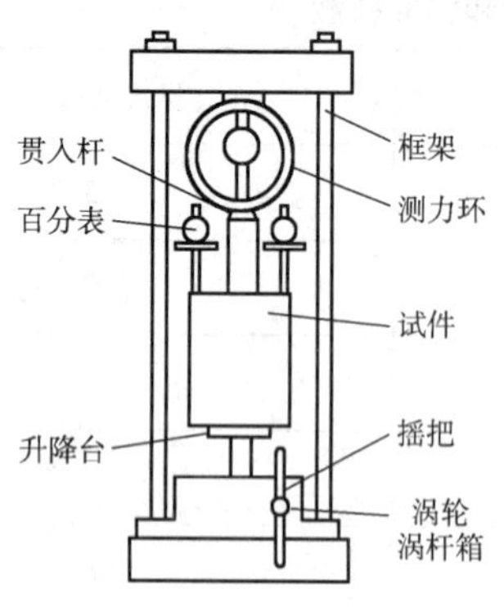

图 1-3-6　路面材料强度试验仪示意图

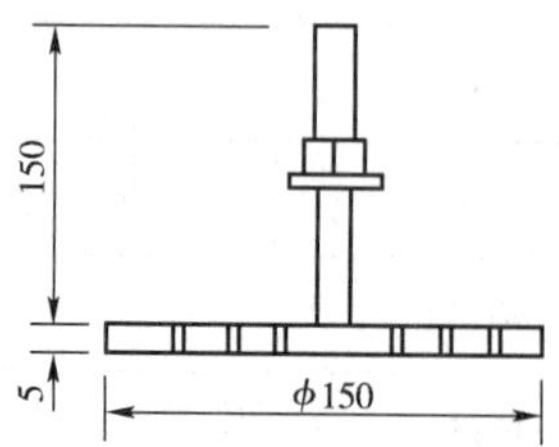

图 1-3-7　多孔板（尺寸单位:mm）

8. 多孔底板(试件放上后浸泡水中)。

9. 测膨胀量时支承百分表的架子,如图 1-3-8 所示。

10. 荷载板:直径 150mm,中心孔眼直径 52mm,每块质量 1.25kg,共 4 块,并沿直径分为两个半圆块,如图 1-3-9 所示。

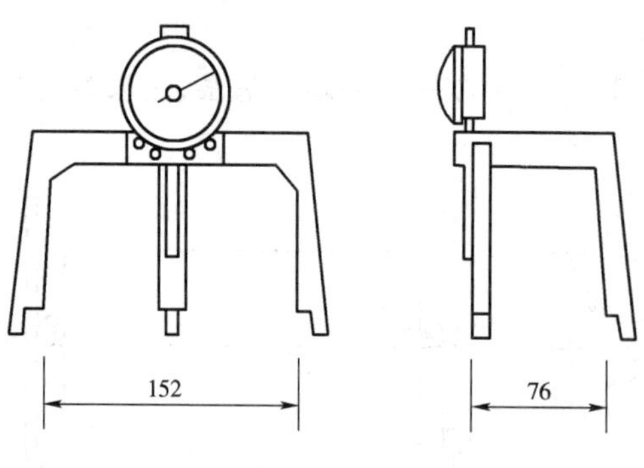

图 1-3-8　百分表架(尺寸单位:mm)

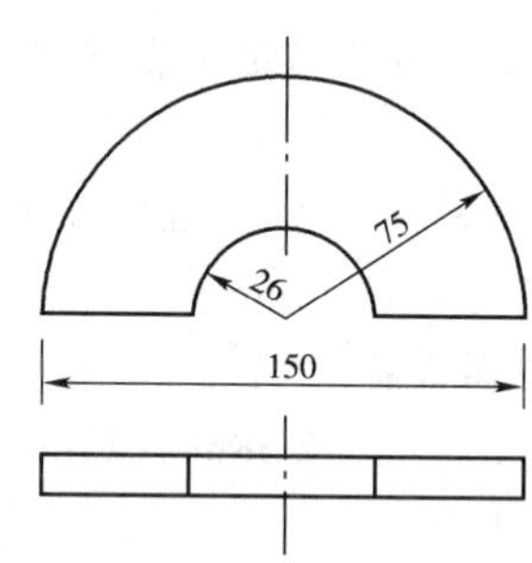

图 1-3-9　荷载板(尺寸单位:mm)

11. 水槽:浸泡试件用,槽内水面应高出试件顶面 25mm。

12. 其它:台秤,感量为试件用量的 0.1%、拌和盘、直尺、滤纸、脱模器等与击实试验相同。

三、试样

1. 将具有代表性的风干试料(必要时可在 50℃ 烘箱内烘干),用木棒捣碎,但应尽量注意不使土或粒料的单个颗粒破碎。土团均应捣碎到通过 5mm 的筛孔。

2. 采取有代表性的试样 50kg,用 38mm 筛筛除大于 38mm 的颗粒,并记录超尺寸颗粒的百分数。将已过筛的试料按四分法取出约 25kg。再用四分法将取出的试料分成 4 份,每份质量 6kg,供击实试验和制试件之用。

3. 在预定做击实试验的前一天,取有代表性的试料测定其风干含水量。

四、试验步骤

1. 称试筒本身质量(m_1),将试筒固定在底板上,将垫块放入筒内,并在垫块上放一张滤纸,安上套环。

2. 将1份试料，按击实试验（重型法 II_2）中规定的层数和每层击数，求试料的最佳含水量和最大干密度。

3. 将其余3份试料，按最佳含水量制备3个试件。将一份试料平铺于金属盘内，按事先计算得的该份试料应加的水量均匀地喷洒在试料上。充分拌匀，然后浸润备用。

浸润时间：重粘土不得少于24h，轻粘土可缩短到12h，砂土可缩短到1h，天然砂土可缩短到2h左右。

制每个试件时，都要取样测定试料的含水量。

注：需要时，可制备三种干密度试件。如每种干密度试件制三个，则共制9个试件。每层击数分别为30、50和98次，使试件的干密度从低于95%到等于100%的最大干密度。这样，9个试件共需试料约55kg。

4. 将试筒放在坚硬的地面上，取备好的试样分3~5次倒入筒内。按五层法时，每层需试样约900（细粒土）~1100g（粗粒土）：按三层法时，每层需试样约1700g左右（其量应使击实后的试样高出1/3筒高1~2mm）。整平表面，并稍加压紧，然后按规定的击数进行第一层试样的击实。击实时锤应自由垂直落下，锤击必须均匀分布于试样面上。第一层击实完后，将试样层面"拉毛"，然后再装入套筒，重复上述方法进行其余每层试样的击实。大试筒击实后，试样不宜高出筒高10mm。

5. 卸下套环，用直刮刀沿试筒顶修平击实的试件，表面不平整处用细料修补。取出垫块，称试筒和试件的质量（m_2）。

6. 泡水测膨胀量的步骤如下：

（1）在试件制成后，取下试件顶面的残滤纸，放一张好滤纸，并在上安装附有调解杆的多孔板，在多孔板上加4块荷载板。

（2）将试筒与多孔板一起放入槽内（先不放水），并用拉杆将模具拉紧，安装百分表，并读取初读数。

（3）向水槽内放水，使水自由进到试件的顶部和底部。在泡水期间，槽内水面应保持在试件顶面以上大约25mm。通常试件要泡水4昼夜。

（4）泡水终了时，读取试件上百分表的终读数，并用下式计算膨胀量：

$$\text{膨胀量} = \frac{\text{浸水后试件高度变化}}{\text{原试件高度(120mm)}} \times 100 \qquad (1\text{-}3\text{-}6)$$

（5）从水槽中取出试件，倒出试件顶面的水，静置15min，让其排水，然后卸去附加荷载和多孔板、底板和滤纸，并称量（m_3），以计算试件的湿度和密度的变化。

7. 贯入试验：

（1）将泡水试验终了的试件放到路面材料强度试验仪的升降台上，调整偏球座，使贯入杆与试件顶面全面接触，在贯入杆周围放置4块荷载板。

（2）先在贯入杆上施加45N荷载，然后将测力和测变形的百分表的指针都调至零点。

（3）加荷使贯入杆以1~1.25mm/min的速度压入试件，记录测力计内百分表某些整读数（如20、40、60）时的贯入量，并注意使贯入量为 250×10^{-2}mm时，能有5个以上的读数。因此，测力计内的第一个读数是贯入量为 30×10^{-2}mm左右。

五、结果整理

1. 以单位压力（p）为横坐标，贯入量为（l）为纵坐标绘制 p-l 关系曲线，如图1-3-10

所示。

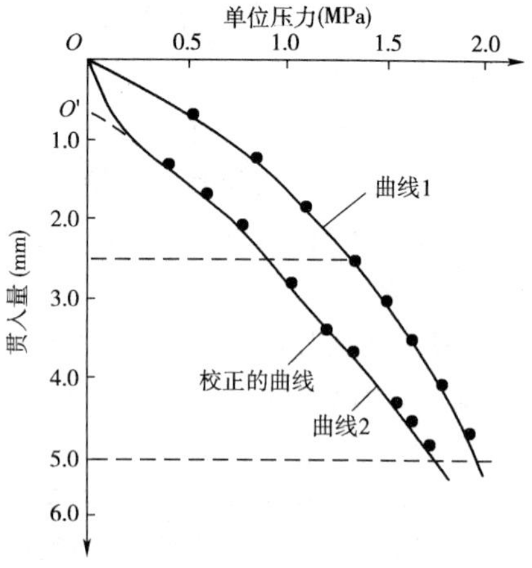

图1-3-10 单位压力—贯入量曲线

图上曲线1是合适的。曲线2开始段是凹曲线，需要进行修正。修正时，在变曲率点引一切线，与纵坐标交于O'点，O'即为修正后的原点。

2. 一般采用贯入量为2.5mm时的单位压力与标准压力之比作为材料的承载比(CBR)，即：

$$CBR = \frac{p}{7000} \times 100 \tag{1-3-7}$$

式中：CBR——承载比，%；

p——单位压力，kPa。

同时计算贯入量为5mm时的承载比：

$$CBR = \frac{p}{10500} \times 100$$

如贯入量为5mm时的承载比大于2.5mm时的承载比，则试验要重做。如结果仍然如此，则采用5mm时的承载比。

3. 试件的湿密度用下式计算：

$$\rho = \frac{m_2 - m_1}{2177} \tag{1-3-8}$$

式中：ρ——试件的湿密度，g/cm^3；

m_2——试筒和试件的合质量，g；

m_1——试筒的质量，g；

2177——试筒的容积，cm^3。

4. 试件的干密度用下式计算：

$$\rho_d = \frac{\rho}{1 + 0.01w} \tag{1-3-9}$$

式中：ρ_d——试件的干密度，g/cm^3；

w——试件的含水量。

5. 泡水后试件的吸水量按下式计算：

$$w_a = m_3 - m_2 \tag{1-3-10}$$

式中：w_a——泡水后试件的吸水量，g；

m_3——泡水后试筒和试件的合质量，g；

m_2——试筒和试件的合质量，g。

六、精度要求

如根据3个平行试验结果计算得的承载比变异系数C_v大于12%，则去掉一个偏离大的值，取其余2个结果的平均值。如C_v小于12%，且三个平行试验结果计算的干密度偏差小于0.03 g/cm^3，则取3个结果的平均值。如3个结果计算的干密度偏差超过0.03 g/cm^3，则去掉一个偏离大的值，取其2个结果的平均值。

课题四　土的工程分类及野外鉴别

自然界的土是在各种不同成土环境里形成的，其结构、组成、成分及物理、水理、力学性质千差万别，即便是组成结构和成分很相近的土，由于沉积深度或所经历的年代不同，土的工程性质也可能差别很大。为了正确评价土的工程特性，并从中测得其指标数据，以便采取合理的施工方案，必须对其进行工程分类。

一、分类原则和分类方法

1. 分类原则

粗粒土按粒度成分及级配特征分类；细粒土根据塑性指数和液限，按塑性图分类；有机土和特殊土则分别单独各列为一类；对定出的土名给以明确的含义和文字符号，既可一目了然，又便于查找。

2. 分类方法

在进行土的工程分类时，应根据土类、土组和土名的次序区分，首先按相应的粒级含量超过50%来划分土类。对于混合土类，其中粒组含量小于5%为不含，5% ~15%为微含，15% ~20%为含量界限。对于细粒土类，按液限划分为低、中、高、很高4级。对已知土样应在试验室进行分类试验。用土的颗粒大小分析试验，确定各粒组的含量；用液、塑限测定仪测定土的液限、塑限，并计算出塑性指数。对土的野外鉴别，可用眼看、手摸、嗅觉对土进行概略区分，最后将土分类、命名。

3. 土类名称表示方式

土的分类符号见表1-4-1。

土的分类符号　　表1-4-1

土　类	巨粒土(石)	粗　粒　土	细　粒　土	特　殊　土
成分代号	漂石　B 块石　Ba 卵石　Cb 小块石　Cba	砾石　G 角砾　Ga 砂　S	粉土　M 粘土　C 细粒土(C和M合称)F (混合)土(粗、细粒土合称)　Sl 有机质土　O	黄土　Y 红粘土　R 盐渍土　S_t 膨胀土　E
级配或特性		级配良好　W 级配不良　P	高液限　H 低液限　L	

(1)土类名称可用一个基本代号表示。

(2)当由两个基本代号构成时，第一个代号表示土的主成分，第二个代号表示土的副成分(土的液限或级配)，例如：

GW　　良级配砾石；　　ML　　低液限粉土

(3)当由三个基本代号构成时，第一个代号表示土的主成分，第二个代号表示液限的高低(或级配的好坏)，第三个代号表示土中所含次要成分，例如：

MHG　　含砾高液限粉土；　　CLM　　粉质低液限粘土

二、公路系统的土质分类

《公路土工试验规程》(JTJ 051—93)(以下简称《规程》)根据上述原则，提出了工程土质分类的总体系，如图 1-4-1 所示。

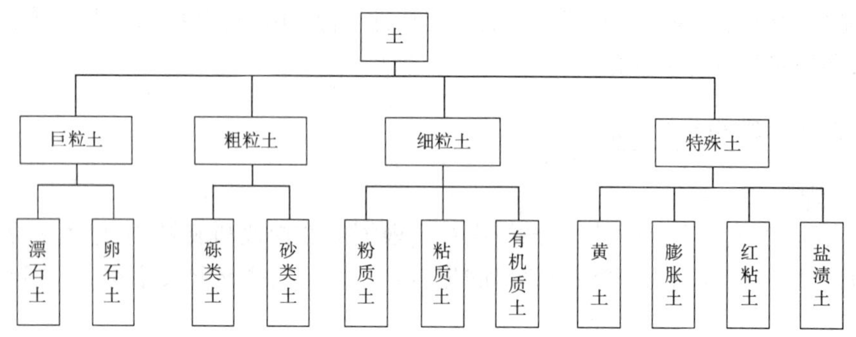

图 1-4-1　土分类总体系图

1. 巨粒土分类

试样中巨粒组质量多于总质量 50% 的土称为巨粒土，分类体系见图 1-4-2。

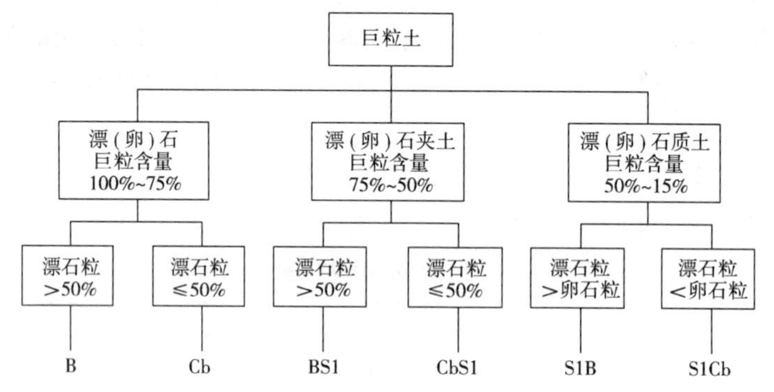

图 1-4-2　巨粒土分类体系图

(1)巨粒组质量多于总质量 75% 的土称漂(卵)石，按下述规定定名：漂石粒组质量多于总质量 50% 的土称为漂石，记为 B；漂石粒组质量少于或等于总质量 50% 的土称为卵石，记为 Cb。

(2)巨粒组质量为总质量 75% ~50% 的土称漂(卵)石夹土，按下述规定定名：漂石粒组质量多于总质量 50% 的土称为漂石夹土，记为 BS1；漂石粒组质量少于或等于总质量 50% 的土称为卵石夹土，记为 CbS1。

(3)巨粒组质量为总质量 50% ~15% 的土称漂(卵)石质土。按下述规定定名：漂石粒组多于卵石粒组的土称为漂石质土，记为 S1B；漂石粒组少于或等于卵石粒组的土称为卵石质土，记为 S1Cb。如有必要，可按漂(卵)石质土中的砾、砂、细粒土含量定名。

(4)巨粒组质量少于总质量 15% 的土，可扣除巨粒，按粗粒土或细粒土的相应规定分类定名。

2. 粗粒土分类

试样中粗粒组质量多于总质量 50% 的土称粗粒土。

(1)粗粒土中砾粒组质量多于50%的土称为砾类土,砾类土应根据其中细粒含量和类别以及粗粒组的级配进行分类,分类体系见图1-4-3。

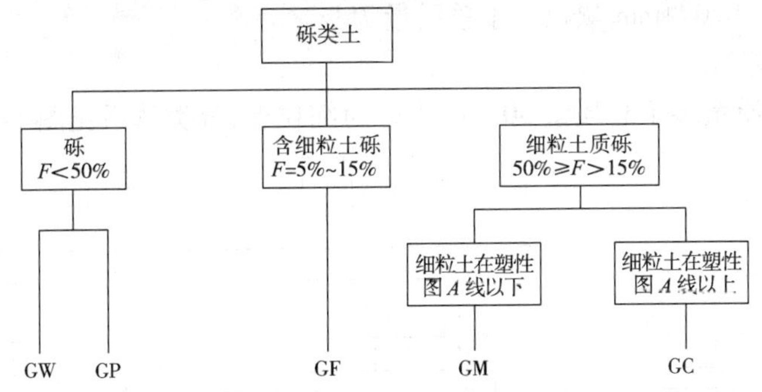

图1-4-3　砾类土分类体系

①砾类土中细粒组质量少于总质量5%的土称砾,按下列级配指标定名:

a. 当 $C_U \geqslant 5$, $C_C = 1 \sim 3$ 时,称级配良好砾,记为GW;

b. 不同时满足条件a.时,称级配不良砾,记为GP。

②砾类土中细粒组质量为总质量5% ~15%的土称含细粒土砾,记为GF。

③砾类土中细粒组质量大于总质量15%,并小于或等于总质量50%时,称为含粉土质砾(GM)或含粘土质砾(GC),其规定定名见"工程土按塑性图"分类。

砾类土分类体系中的砾石换成角砾,G换成Ga,即构成相应的角砾土分类体系。

(2)粗粒土中砾粒组质量少于或等于总质量50 %的土称为砂类土,砂类土应根据其中的细粒含量和类别以及细粒组的级配进行分类,分类体系见图1-4-4。

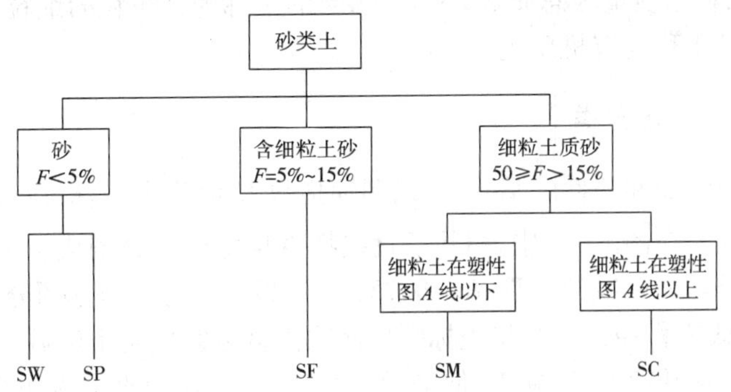

图1-4-4　砂类土分类体系

根据粒径分组由大到小,以首先符合者命名。

①砂类土中细粒组质量少于总质量5%的土称砂,按下列级配指标定名:

a. 当 $C_U \geqslant 5$, $C_C = 1 \sim 3$ 时,称级配良好砂,记为SW;

b. 不同时满足a.条件时,称级配不良砂,记为SP。

②砂类土中细粒组质量为总质量5% ~15%的土称含细粒土砂,记为SF。

③砂类土中细粒组质量大于15%并小于或等于总质量的50%时,称粉土质砂(SM)或粘土质砂(SC)。

需要时,砂可进一步细分为粗砂、中砂和细砂。

粗砂:粒径大于0.5mm颗粒多于总质量50%;

中砂:粒径大于0.25mm颗粒多于总质量50%;

细砂:粒径大于0.074mm颗粒多于总质量75%。

3.细粒土分类

试样中细粒组质量多于总质量50%的土称为细粒土,分类体系见图1-4-5。

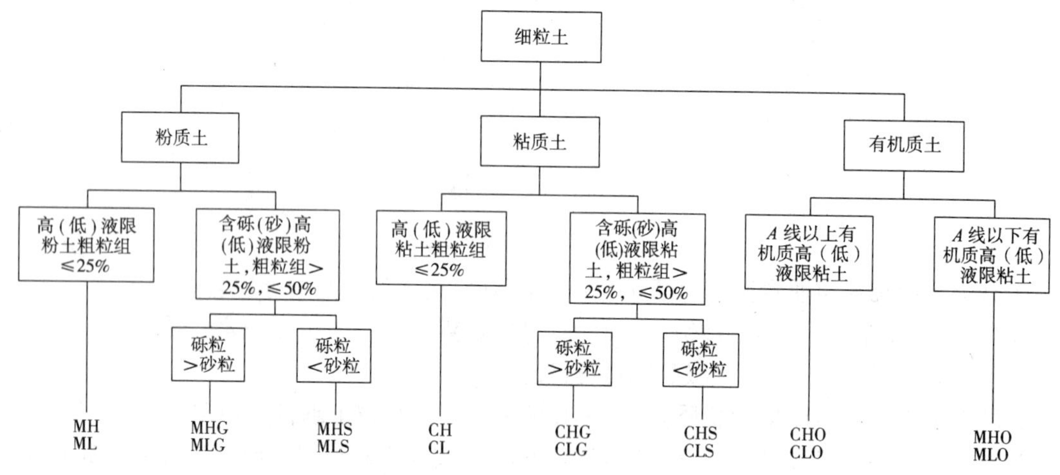

图1-4-5 细粒土分类体系

(1)细粒土应按下列规定划分为细粒土、含粗粒的细粒土和有机质土。

(2)细粒土中粗粒组质量少于总质量25%的土称为细粒土。

(3)细粒土中粗粒组质量为总质量25%~50%的土称为含粗粒的细粒土。

含有机质的细粒土称为有机质土。

三、工程土按塑性图分类

塑性图是在颗粒级配和塑性的基础上,以塑性指数I_P值为纵坐标,以液限w_L(%)值为横坐标的直角坐标图式。在图1-4-6中,用几条直线将直角坐标系分割成若干区域,不同区域代表着不同性质的土类。以*A*线的方程:$I_P=0.73(w_L-20)$,将直角坐标图分为C(粘土)区和M(粉土)区。再以*B*线方程:$w_L=50$,将坐标图按液限高低分割成两个区域,即由左到右分为:L(低液限)区和H(高液限)区。又在L(低液限)区,以$I_P=10$的水平线作为C(粘性土)和M(粉性土)的分界线。

塑性图的功能在于能较快地和有效地在图上定出土类的性质及土名,即根据实测的I_P值及w_L值在图上找出相对应的坐标点就可得到其稠度特征及土类名称。

1)砾类土中细粒组质量大于总质量15%,并小于或等于总质量50%时,按细粒土在塑性图中的位置定名。

(1)当细粒土位于塑性图*A*线以下时,称粉土质砾,记为GM;

(2)当细粒土位于塑性图*A*线以上时,称粘土质砾,记为GC。

2)砂类土中细粒组质量大于15%并小于或等于总质量的50%时,按细粒土在塑性图中的位置定名。

(1)当细粒土位于塑性图 A 线以下时,称粉土质砂,记为 SM;

(2)当细粒土位于塑性图 A 线以上时,称粘土质砂,记为 SC。

3)细粒土应按塑性图分类。本"分类"的塑性图(图 1-4-6)采用下列液限分区:

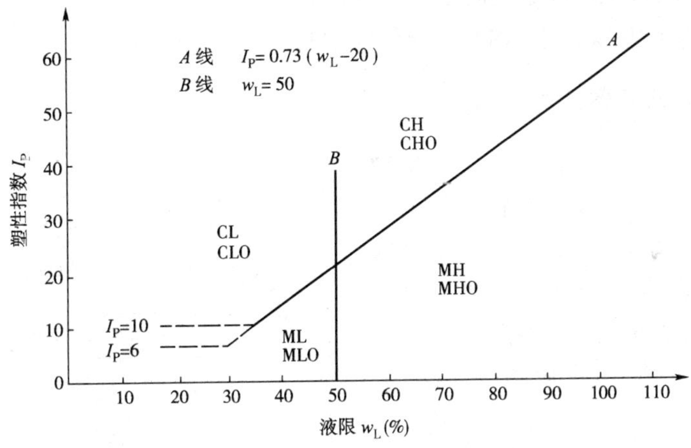

图 1-4-6　塑性图

低液限:$w_L<50$;高液限:$w_L>50$。

细粒土应按其在塑性图 1-4-6 中的位置确定土名称:

(1)当细粒土位于塑性土 A 线以上时,按下列规定定名:

①在 B 线以右,称高液限粘土,记为 CH;

②在 B 线以左,$I_P=10$ 线以上,称低液限粘土,记为 CL。

(2)当细粒土位于 A 线以下时,按下列规定定名:

①在 B 线以右,称高液限粉土,记为 MH;

②在 B 线以左,$I_P=10$ 线以下,称为低液限粉土,记为 ML。

(3)分类遇搭界情况时,应从工程安全角度考虑,按下列规定定名:

①土中粗、细粒组质量相同时,定名细粒土;

②土正好位于塑性图 A 线上,定名粘土;

③土正好位于塑性图 B 线上,当其在 A 线以上时,定名为高液限粘土;当其在 A 线以下时,定名为高液限粉土。

(4)含粗粒的细粒土应先按本规程有关规定确定细粒土部分的名称,再按以下规定最终定名:

①当粗粒组中砾粒组占优势时,称含砾细粒土,应在细粒土代号后缀以代号 G;

②当粗粒组中砂粒组占优势时,称含砂细粒土,应在细粒土代号后缀以代号 S。

(5)土中有机质包括未完全分解的动植物残骸和完全分解的无定形物质。后者多呈黑色、青黑色或暗色,有臭味、有弹性和海绵感,借目测、手摸及嗅感判别。

当不能判别时,可采用下列方法:将试样在 105℃ ~110℃ 的烘箱中烘烤,若烘烤 24h 后试样的液限小于烘干前的四分之三,该试样为有机质。

有机质土应根据图 1-4-6 按下列规定定名:

①位于塑性图 A 线以上:

在 B 线以右，称有机质高液限粘土，记为 CHO。

在 B 线以左，$I_P=10$ 线以上，称有机质低液限粘土，记为 CLO。

②位于塑性图 A 线以下：

在 B 线以右，称有机质高液限粉土，记为 MHO；

在 B 线以左，$I_P=10$ 线以下，称有机质低液限粉土，记为 MLO。

四、工程土按三角图分类

三角图分类法，亦称三因分类法，它是利用等边三角形的三个边代表三个粒组每个粒组的边长按顺时针方向以百分刻度分段取点，然后将三边分段各点相互联结成三角坐标网，就构成了三角图分类法的底图。

粗碎屑土（砾石类土）三角图分类法，见图 1-4-7。

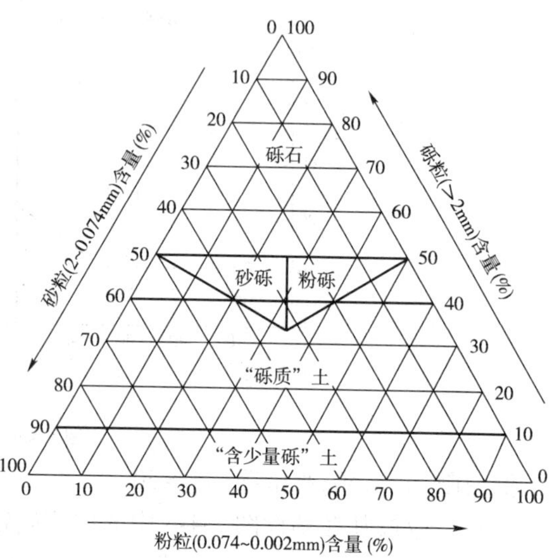

图 1-4-7　粗碎屑土（砾石类土）三角图

以粉粒（0.074～0.002mm）为底边，砂粒（2～0.074 mm）为左上边，砾粒（>2 mm）为右上边，作两腰边中垂线交于重心点，以砾粒边上的 10%、50% 处作平行于粉粒边的两条直线分别交于砂粒边的 90%、50% 处，将砂粒边 50% 处和砾粒边 50% 处的连线的中点与三角形的重心相连，再将砂粒边 50% 处和砾粒边 50% 处分别与三角形的重心相连，这样便将整个等边三角形分割成五个土类区：砾石、砂砾、粉砾、砾质土和含少量砾土。根据粒度分析试验的结果，按三个粒组的百分数即可在图中找到相对应的土类区的点位，从而定出土名。例如表 1-1-4 中土样 a，其砾粒含量占 9.1%，砂粒含量占 90.9%，粉粒为 0，按此三因法在图中的点位于"含少量砾"土区内的砂粒边线上，故定名为微含砾石砂土。土样 b 砾粒含量占 57.3%，砂粒含量占 23.7%，粉粒含量占 19%，这三个百分数在三角图中的交点位于砾石区内，故应定名为砾石。

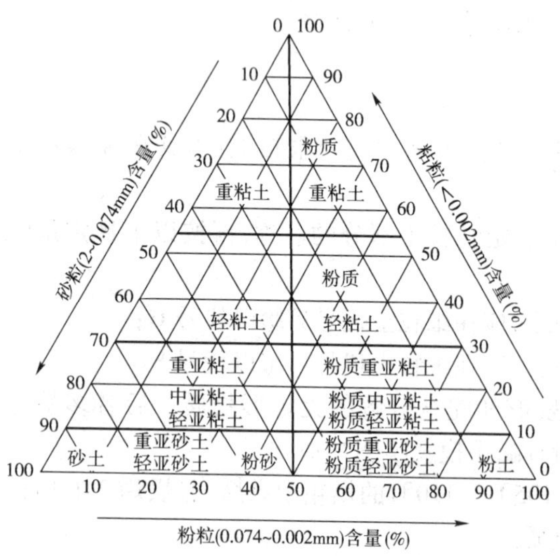

图 1-4-8　细碎屑土三角图

细碎屑土三角图分类法，见图 1-4-8。

三角坐标网的原理同上，只是三边所代表的粒组有点变动，底边代表粉粒组（0.074～0.002mm），左边代表砂粒组（2～0.074 mm），右边代表粘粒组（<0.002 mm）。作底边的中垂线交于底边一点，将图分割成两大区，然后，以粘粒边上百分刻度 10、20、30、55 等点分别向砂粒组作平行线，这样，将整个等

边三角形分割成了若干不同土名的区域。同样的，根据粒度分析试验的结果，按三个粒组的百分数即可在图中按相应点位定处土名。例如，表1-1-2中土样c，三个粒组相对含量分别是：砂粒23%、粉粒47%、粘粒30%。这三个百分数在三角图中定出的土名为粉质重亚粘土。

三角图分类法的优点是，只要测得某土样的三大粒组的百分数含量，就能很快在三角坐标网中找到相对应区域，并定出该土样的土名，同时还可以在同一张图上表示出若干土样的粒度成分，便于路基选土级配设计。它是道路工程中常用的方法。

单元二 集 料

【理论要求】

熟练掌握细集料各种物理指标的概念、计算公式；粗集料各种物理、力学指标的概念、计算公式；粗、细集料的颗粒级配。掌握粗集料的级配类型。

【技能要求】

掌握细集料的物理指标的测定方法；粗集料的物理、力学指标的测定方法。熟练掌握细集料的密度、颗粒级配的测定方法；粗集料的密度、颗粒级配、压碎值的测定方法。具备正确出具试验报告及结果分析的能力。

集料是道路与桥梁建筑中用量最大的一种建筑材料，它可以直接用于道路或桥梁的圬工结构，亦可以作为水泥混凝土、沥青混合料的集料。用作道路与桥梁建筑的砂石材料都应具备一定的技术性质，以适应不同工程建筑的技术要求。特别是作为水泥（或沥青）混凝土用集料，应严格按级配理论组成一定要求的矿质混合料。因此，必须掌握其组成设计的方法。

集料是指在混合料中起骨架和填充作用的粒料，包括天然风化而成的漂石、砾石（卵石）、细集料等，以及由人工轧制的不同尺寸的碎石、石屑。

工程上一般将集料分为细集料和粗集料两类。下面分别介绍这两大类集料的技术性质。

课题一 细集料的技术性质

在水泥混凝土中，细集料是指粒径小于4.75mm的天然砂、人工砂；在沥青混合料中，细集料是指粒径小于2.36 mm的天然砂、人工砂及石屑。

砂按来源分为两类，一类为天然砂，它是岩石在自然条件下风化形成。因产源不同可分为河砂、山砂、海砂。河砂颗粒表面圆滑，比较洁净，质地较好，产源广；山砂颗粒表面粗糙有棱角，含泥量和含有机质多；海砂虽然具有河砂的特点，但因为在海中所以常有贝壳碎片和盐分等有害杂质。一般工程上多使用河砂。在缺乏河砂的地区，可采用山砂或海砂，但在使用时必须按规定作技术检验；另一类为人工砂，它是将岩石轧碎而成的颗粒，表面多棱角，较洁净，因为是由人工轧制而成，所以造价较高。

细集料的技术性质主要包括物理性质及细集料的颗粒级配与粗度。

一、细集料的物理性质

集料的物理性质是集料结构状态的反映，它与集料的技术性质有着密切的联系。集料的内部结构主要是由矿质实体、闭口孔隙（不与外界相通的）、开口孔隙（与外界相通的）和空隙（颗粒之间的）等四部分组成，如图 2-1-1 所示。细集料在公路工程中的主要物理性质有表观密度、堆积密度、紧装密度、空隙率、含水率、细集料中有害杂质含量等。

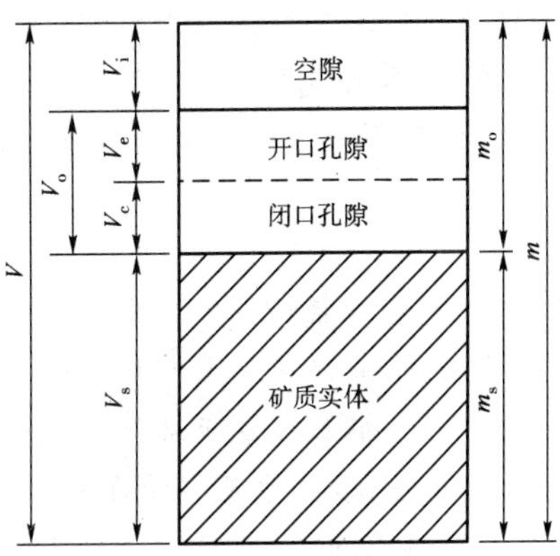

图 2-1-1 集料体积与质量关系图

1. 表观密度

表观密度是指单位体积（含材料的实体矿物成分和闭口孔隙体积）物质颗粒的干质量。由图 2-1-1 可知：

$$\rho_a = \frac{m}{V_s + V_c} \tag{2-1-1}$$

式中：ρ_a——细集料的表观密度，g/cm³；

V_s——细集料实体体积，cm³；

V_c——细集料闭口孔隙体积，cm³；

m——干燥细集料的质量，g。

细集料的表观密度的大小，主要取决于细集料的种类和风化程度。风化严重的细集料表观密度小，强度低，稳定性差，所以表观密度是衡量细集料品质的主要技术指标之一。

细集料的表观密度应大于 2500kg/m³。

细集料表观密度试验（容量瓶法）（T 0328—2005）

一、试验目的

用容量瓶法测定细集料（天然砂、石屑、机制砂）在 23℃ 时对水的表观相对密度和表观密度。本方法适用于含有少量大于 2.36 mm部分的细集料。

二、仪器设备

1. 天平：称量 1kg，感量不大于 1g。
2. 容量瓶：500mL。
3. 烘箱：能使温度控制在 105℃ ±5℃。
4. 烧杯：500 mL。
5. 其它：干燥器、浅盘、铝制料勺、温度计等。

三、试验准备

将缩分至 650g 左右的试样在温度为 105℃ ±5℃ 的烘箱中烘干至恒重，并在干燥器内冷却至室温，分成两份备用。

四、试验步骤

1. 称取烘干的试样约 300g（m_0），装入盛有半瓶洁净水的容量瓶中。
2. 摇转容量瓶，使试样在已保温至 23℃ ±1.7℃ 的水中充分搅动以排除气泡，塞紧瓶塞，

在恒温条件下静置24h左右，然后用滴管添水，使水面与瓶颈刻度线平齐，再塞紧瓶塞，擦干瓶外水分，称其总质量(m_2)。

3. 倒出瓶中的水和试样，将瓶的内外表面洗净，再向瓶内注入同样温度的洁净水(温差不超过1℃)至瓶颈刻度线，塞紧瓶塞，擦干瓶外水分，称其总质量(m_1)。

注：在砂的表观密度试验过程中应测量并控制水的温度，试验期间的温差不得超过1℃。

五、结果计算与评定

1. 细集料的表观相对密度按式(2-1-2)计算至小数点后3位。

$$\gamma_a = \frac{m_0}{m_0 + m_1 - m_2} \tag{2-1-2}$$

式中：γ_a——细集料的的表观相对密度，无量纲；

m_0——试样的烘干质量，g；

m_1——水及容量瓶总质量，g；

m_2——试样、水及容量瓶总质量，g。

2. 表观密度ρ_a按式(2-1-3)计算，准确至小数点后3位。

$$\rho_a = \gamma_a \times \rho_T \text{ 或 } \rho_a = (\gamma_a - \alpha_T) \times \rho_w \tag{2-1-3}$$

式中：ρ_a——细集料的表观密度，g/cm^3；

ρ_w——水的4℃时的密度，g/m^3；

α_T——试验时水温对水密度影响的修正系数，按表2-1-1取用；

ρ_T——试验温度T时水的密度，按表2-1-1取用，g/cm^3。

3. 以两次平行试验结果的算术平均值作为测定值，如两次结果之差大于0.01 g/cm^3时，应重新取样进行试验。

不同水温时水的温度ρ_T及水温修正系数α_T 表2-1-1

水温(℃)	15	16	17	18	19	20
水的密度ρ_T(g/cm^3)	0.99913	0.99897	0.99880	0.99862	0.99843	0.99822
水温修正系数α_T	0.002	0.003	0.003	0.004	0.004	0.005
水温(℃)	21	22	23	24	25	
水的密度ρ_T(g/cm^3)	0.99802	0.99779	0.99756	0.99733	0.99702	
水温修正系数α_T	0.005	0.006	0.006	0.007	0.007	

2. 堆积密度和紧装密度

堆积密度是指单位体积(含材料的实体矿物成分及其闭口孔隙、开口孔隙体积及颗粒间空隙体积)物质颗粒的质量。有干堆积密度及湿堆积密度之分。由图2-1-1可知：

$$\rho = \frac{m}{V} \tag{2-1-4}$$

式中：ρ——细集料的堆积密度，g/cm^3；

m——细集料的质量，g；

V——细集料的堆积体积，cm^3。

细集料的堆积密度一般为1350 ~ 1650kg/m³。堆积密度大小与细集料颗粒组成及含水量有关。

紧装密度与堆积密度是同一类物理概念，只是试验方法不同。细集料的紧装密度一般为1600 ~ 1700kg/m³。

3. 空隙率

空隙率是指集料颗粒之间的空隙体积占集料总体积的百分率。

细集料的空隙率与其级配和颗粒形状有关。细集料的空隙率一般在35% ~45%之间，特细细集料可达50%左右。

细集料的空隙率按式(2-1-5)计算：

$$n = \left(1 - \frac{\rho}{\rho_a}\right) \times 100 \tag{2-1-5}$$

式中：n——细集料的空隙率，%；

ρ——细集料的堆积密度或紧装密度，g/cm³；

ρ_a——细集料的表观密度，g/cm³。

细集料堆积密度及紧装密度试验(T 0331—1994)

一、试验目的

测定砂自然状态下堆积密度、紧装密度及空隙率。

二、仪器设备

1. 台秤：称量5kg，感量5g。

2. 容量筒：金属制圆形筒，内径108mm，净高109mm，筒壁厚2mm，筒底厚5mm，容积约为1L。

3. 标准漏斗(见图2-1-2)。

4. 烘箱：能控温在105℃ ±5℃。

5. 其它：小勺、直尺、浅盘等。

三、试验准备

1. 试样准备：用浅盘装来样约5kg，在温度为105℃ ±5℃的烘箱中烘干至恒量，取出并冷却至室温，分成大致相等的两份备用。

注：试样烘干后如有结块，应在试验前先予捏碎。

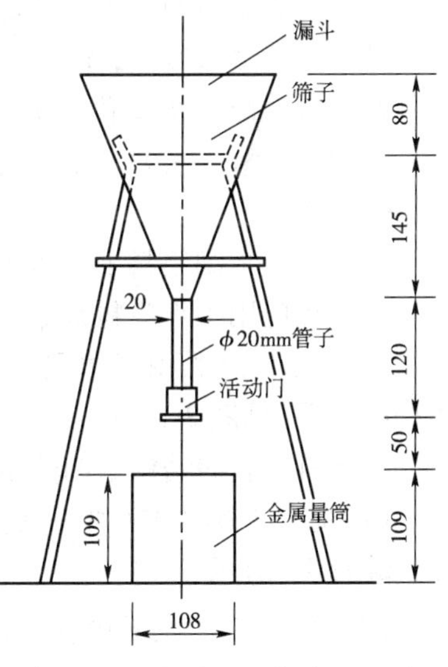

图2-1-2 标准漏斗(尺寸单位：mm)

2. 容量筒容积的校正方法：以温度为20℃ ±5℃的洁净水装满容量筒，用玻璃板沿筒口滑移，使其紧贴水面，玻璃板与水面之间不得有空隙。擦干筒外壁水分，然后称量，按式(2-1-6)计算筒的容积V。

$$V = m'_2 - m'_1 \tag{2-1-6}$$

式中：V——容量筒的容积，mL；

m'_1——容量筒和玻璃板总质量，g；

m'_2——容量筒、玻璃板和水总质量，g。

四、试验步骤

1. 堆积密度：将试样装入漏斗中，打开底部的活动门，将砂流入容量筒中，也可直接用小勺向容量筒中装试样，但漏斗出料口或料勺距容量筒筒口均应为50mm左右，试样装满并超出容量筒筒口后，用直尺将多余的试样沿筒口中心线向两个相反方向刮平，称取质量(m_1)。

2. 紧装密度：取试样1份，分两层装入容量筒。装完一层后，在筒底垫放一根直径为10mm的钢筋，将筒按住，左右交替颠击地面各25下，然后再装入第二层。

第二层装满后用同样方法颠实(但筒底所垫钢筋的方向应与第一层放置方向垂直)。两层装完并颠实后，添加试样超出容量筒筒口，然后用直尺将多余的试样沿筒口中心线向两个相反方向刮平，称其质量(m_2)。

五、计算

1. 堆积密度及紧装密度分别按式(2-1-7)和式(2-1-8)计算至小数点后3位。

$$\rho = \frac{m_1 - m_0}{V} \tag{2-1-7}$$

$$\rho' = \frac{m_2 - m_0}{V} \tag{2-1-8}$$

式中：ρ——砂的堆积密度，g/m^3；

ρ'——砂的紧装密度，g/m^3；

m_0——容量筒的质量，g；

m_1——容量筒和堆积砂的总质量，g；

m_2——容量筒和紧装砂的总质量，g；

V——容量筒容积，mL。

2. 砂的空隙率按公式(2-1-5)计算至0.1%。

以两次试验结果的算术平均值作为测定值。

4. 含水率

含水率是指细集料中所含水的质量占干细集料质量的百分率。

在工程应用中细集料是露天堆放的，含水量随天气情况而变化，其体积亦发生变化。当施工采用体积计量时，由于体积是随含水量而变化的，故计算细集料的用量必须了解其含水率与体积的关系(见图2-1-3)。

细集料的表面结构是凹凸不平的，并有裂隙，内部还有孔隙。

(1)完全干燥状态(烘干状态)：在105℃ ±5℃温度下烘至细集料表面与内部都不含水分，如图2-1-3a)示；

(2)气干状态(风干状态)：在自然条件下使集料吸收一些水分，尔后又在空气中任其风干一段时间，此时外面一层已经干燥，而内部还是湿的，如图2-1-3b)；

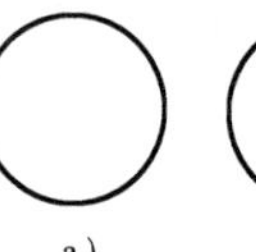
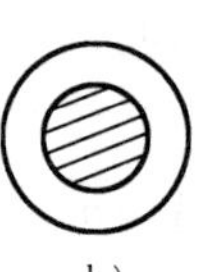

a) b) c) d)

图2-1-3 细集料的不同含水量状态

a)干燥状态；b)气干状态；c)饱和面干状态；d)湿润状态

(3)饱和面干状态(表干状态)：细集料的内部吸水饱和，而表面仍是干燥的，而且外部凹凸和缝

隙没有水,如图 2-1-3c);

(4)湿润状态(潮湿状态):细集料内部吸水饱和后,外部凹凸、缝隙等都充盈着水,而且整个表面为一层水膜所包裹,如图 2-1-3d)。

细集料从全干至饱和面干状态,它的体积都不变化,及至湿润状态后,由于细集料颗粒表面水膜的存在,使颗粒相互接触处积存一些水,如图 2-1-3d)。由于液体表面张力作用,湿细集料的体积膨胀起来,及至细集料中水含量增加至完全充满所有的粒间空隙,其膨胀即结束,细集料的体积又恢复至原来状态。

由于细集料的含水量大小对细集料的外观体积影响较大,因此,在施工现场按体积计算细集料的用量时,应了解细集料的含水率。细集料的含水率测定方法有烘干法、碳化钙气压法和酒精燃烧法,其中以烘干法为准。

5. 有害杂质的含量

细集料中常含有的有害杂质,主要有泥土和泥块、云母、轻物质、硫酸盐和硫化物以及有机质等。

(1)含泥量和泥块含量

含泥量是指细集料中粒径小于 0.075mm 的尘屑、淤泥和粘土的含量。泥块含量是指原粒径大于 1.18mm,经水浸洗、手捏后小于 0.6mm 的颗粒含量。

这些颗粒在集料表面形成包裹层,妨碍集料与水泥的粘附,或者以松散的颗粒存在,增加集料的表面积,增大需水量,特别是粘土颗粒,体积不稳定,干燥时收缩,潮湿时膨胀,对混凝土有很大的破坏作用,影响混凝土的强度和耐久性。

细集料含泥量试验(筛洗法)(T 0333—2000)

一、目的与适用范围

本方法仅用于测定天然砂中粒径小于 0.075mm 的尘屑、淤泥和粘土的含量。

本方法不适用于人工砂、石屑等矿粉成分较多的细集料。

二、仪具与材料

1. 天平:称量 1kg,感量不大于 1 g。

2. 烘箱:能控温在 105℃ ±5℃。

3. 标准筛:孔径 0.075mm 及 1.18mm 的筛。

4. 其它:筒、浅盘等。

三、试验准备

将来样用四分法缩分至每份约 1000g,置于温度为 105℃ ±5℃的烘箱中烘干至恒重,冷却至室温后,称取约 400g(m_0)的试样两份备用。

四、试验步骤

1. 取烘干的试样一份置于筒中,并注入洁净的水,使水面高出砂面约 200mm,充分拌和均匀后,浸泡 24h,然后用手在水中淘洗试样,使尘屑、淤泥和粘土与砂粒分离,并使之悬浮水中,缓缓地将浑浊液倒入 1.18mm 至 0.075mm 的套筛上,滤去小于 0.075mm 的颗粒。试验前筛的两面应先用水湿润,在整个试验过程中应注意避免砂粒丢失。

注:不得直接将试样放在 0.075mm 筛上用水冲洗,或者将试样放在 0.075mm 筛上后在水中淘洗,以避免误将小于

0.075mm的细集料颗粒当作泥冲走。

2. 再次加水于筒中,重复上述过程,直至筒内砂样洗出的水清澈为止。

3. 用水冲洗剩留在筛上的细粒,并将0.075mm筛放在水中(使水面略高出筛中砂粒的上表面)来回摇动,以充分洗除小于0.075mm的颗粒;然后将两筛上筛余的颗粒和筒中已经洗净的试样一并装入浅盘,置于温度为105℃±5℃的烘箱中烘干至恒重,冷却至室温,称取试样的质量(m_1)。

五、计算

砂的含泥量按公式(2-1-9)计算至0.1%。

$$Q_n = \frac{m_0 - m_1}{m_0} \times 100 \tag{2-1-9}$$

式中:Q_n——砂的含泥量,%;

m_0——试验前的烘干试样质量,g;

m_1——试验后的烘干试样质量,g。

以两个试样试验结果的算术平均值作为测定值。两次结果的差值超过0.5%时,应重新取样进行试验。

(2)云母含量

某些细集料中含有云母,云母呈薄片状,表面光滑且极易沿节理裂开,因些,它与水泥的粘附性较差。

二、细集料的颗粒级配与粗度

1. 细集料的颗粒级配

细集料的颗粒级配是指细集料中大小颗粒的相互搭配情况,如图2-1-4所示。图a)所示为采用相同粒径的细集料,其空隙最大;图b)所示为采用两种不同粒径的细集料相互搭配,中粒径填充大粒径空隙,其细集料的空隙减小;图c)所示为采用两种以上粒径的细集料相互搭配,小粒径填充中粒径空隙,中粒径填充大粒径空隙,细集料的空隙就会更小。如果细集料的大小颗粒搭配得恰当,就会使细集料的空隙不断地被填充,空隙率达到最小,可得到密实的混凝土骨架,同时节省水泥浆。

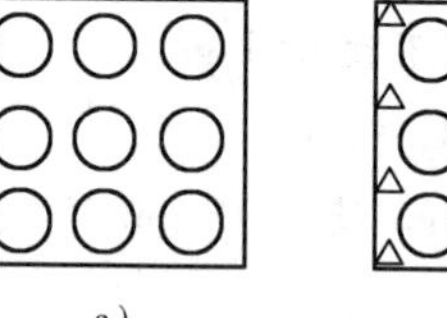

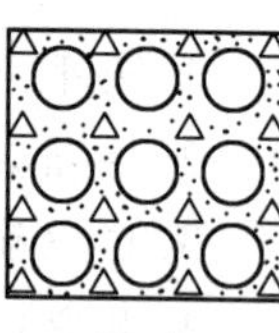

a)　b)　c)

图2-1-4　细集料颗粒级配示意图

a)单粒径砂;b)两种粒径砂;c)多种粒径砂

细集料的颗粒级配可通过细集料的筛分试验确定。筛分试验是将预先通过9.50mm筛的干细集料,称取500g置于一套标准筛上,分别求出试样存留在各筛上的质量,然后按下述方法计算其级配有关参数,即分计筛余百分率(a_i)、累计筛余百分率(A_i)和通过百分率(P_i)。

(1)分计筛余百分率:各号筛上的筛余量除以试样总量的百分率,按式(2-1-10)计算。

$$a_i = \frac{m_i}{m} \times 100 \tag{2-1-10}$$

式中：a_i——某号筛的分计筛余百分率，%；

m_i——存留在某号筛上的质量，g；

m——试样的总质量，g。

(2)累计筛余百分率：该号筛上分计筛余百分率与大于该号筛的各号筛上的分计筛余百分率总和，按下式计算：

$$A_i = a_1 + a_2 + \cdots + a_n \tag{2-1-11}$$

式中：　A_i——累计筛余百分率，%；

a_1、a_2、…、a_n——各筛分计筛余百分率，%。

(3)通过百分率：通过某筛的质量占试样总质量的百分率，即 100 与累计筛余百分率之差，按式(2-1-12)计算：

$$P_i = 100 - A_i \tag{2-1-12}$$

式中：P_i——通过百分率，%；

A_i——累计筛余百分率，%。

分计筛余百分率、累计筛余百分率及通过百分率三者的关系列于表 2-1-2。

分计筛余百分率、累计筛余百分率、通过百分率三者关系　　表 2-1-2

筛孔尺寸(mm)	分计筛余(%)	累计筛余(%)	通过量(%)
4.75	a_1	$A_1 = a_1$	$P_1 = 100 - A_1$
2.36	a_2	$A_2 = a_1 + a_2$	$P_2 = 100 - A_2$
1.18	a_3	$A_3 = a_1 + a_2 + a_3$	$P_3 = 100 - A_3$
0.6	a_4	$A_4 = a_1 + a_2 + a_3 + a_4$	$P_4 = 100 - A_4$
0.3	a_5	$A_5 = a_1 + a_2 + a_3 + a_4 + a_5$	$P_5 = 100 - A_5$
0.15	a_6	$A_6 = a_1 + a_2 + a_3 + a_4 + a_5 + a_6$	$P_6 = 100 - A_6$

用累计筛余百分率绘制级配曲线表示细集料的颗粒级配情况。

2. 粗度

粗度是指不同粒径的砂搭配后总体的粗细程度，它是评价砂粗细程度的一种指标，通常用细度模数指标来表示。

根据累计筛余百分率计算细度模数。细集料的细度模数按式(2-1-13)计算。

$$M_x = \frac{(A_{0.15} + A_{0.3} + A_{0.6} + A_{1.18} + A_{2.36}) - 5A_{4.75}}{100 - A_{4.75}} \tag{2-1-13}$$

式中：　M_x——细度模数；

$A_{0.15}$、$A_{0.3}$、…、$A_{4.75}$——为 0.15mm、0.3mm、…、4.75mm 各筛的累计筛余百分率(%)。

根据《公路桥涵施工技术规范》(JTJ 041—2000)的规定，砂按其细度模数分为三大类，如表 2-1-3。

砂　分　类　表　　表 2-1-3

分　类	粗　砂	中　砂	细　砂
细度模数 M_x	3.7～3.1	3.0～2.3	2.2～1.6

细度模数越大，表示砂越粗。

细度模数虽能表示细集料的粗细程度，但不能完全反映出细集料的颗粒级配情况，因为相同细度模数的细集料可有不同的颗粒级配。因此，要全面表征细集料的颗粒性质，必须同时使用细度模数和级配两个指标。

细集料筛分试验（T 0327—2005）

一、试验目的

测定细集料（天然砂、人工砂、石屑）的颗粒级配及粗细程度。对水泥混凝土用细集料可采用干筛法，如果需要也可采用水洗法筛分；对沥青混合料及基层用细集料必须用水洗法筛分。

注：当细集料中含有粗集料时，可参照此方法用水洗法筛分，但需要特别注意保护标准筛筛面不遭损坏。

二、仪具与材料

1. 标准筛。

2. 天平：称量1000g，感量不大于0.5g。

3. 摇筛机。

4. 烘箱：能控温105℃ ±5℃。

5. 其它：浅盘和硬、软毛刷等。

三、试样制备

根据样品中最大粒径的大小，选用适宜的标准筛，通常为9.5 ㎜筛（水泥混凝土用天然砂）或4.75 ㎜筛（沥青路面及基层用天然砂、石屑、机制砂等）筛除其中的超粒径材料。然后将样品在潮湿状态下充分拌匀，用分料器法或四分法缩分至每份不少于550g的试样两份，在105℃ ±5℃的烘箱中烘干至恒量，冷却至室温后备用。

注：恒量系指相邻两次称量间隔时间大于3h（通常不少于6h）的情况下，前后两次称量之差小于该项试验所要求的称量精密度，下同。

四、试验步骤

1. 干筛法试验步骤

(1)准确称取烘干试样约500g(m_1)，准确至0.5g，置于套筛的最上一只，即4.75mm筛上，将套筛装入摇筛机，摇筛约10min，然后取出套筛，再按筛孔大小顺序，从最大的筛号开始，在清洁的浅盘上逐个进行手筛，直到每分钟的筛出量不超过筛上剩余量的0.1%时为止，将筛出通过的颗粒并入下一号筛，和下一号筛中的试样一起过筛，以此顺序进行至各号筛全部筛完为止。

注：①试样如为特细砂时，试样质量可减少到100g。

②如试样含泥量超过5%，不宜采用干筛法。

③无摇筛机时，可直接用手筛。

(2)称量各筛筛余试样的质量，精确至0.5g。所有各筛的分计筛余量和底盘中剩余量的总量与筛分前的试样总量，相差不得超过后者的1%。

2. 水洗法试验步骤

(1)准确称取烘干试样约500g(m_1)，精确至0.5g。

(2)将试样置一洁净容器中，加入足够数量的洁净水，将集料全部盖没。

(3)用搅拌棒充分搅动集料，将集料表面洗涤干净，使细粉悬浮在水中，但不得有集料从

水中溅出。

(4)用1.18mm筛及0.075mm筛组成套筛。仔细将容器中混有细粉的悬浮液徐徐倒出，经过套筛流入另一容器中，但不得将集料倒出。

注：不可直接倒至0.075mm筛上，以免集料掉出，损坏筛面。

(5)重复2~4步骤，直至倒出的水洁净且小于0.075mm的颗粒全部倒出。

(6)将容器中的集料倒入搪瓷盘中，用少量水冲洗，使容器上沾附的集料颗粒全部进入搪瓷盘中。将筛子反扣过来，用少量的水将筛上集料冲入搪瓷盘中。操作过程中不得有集料散失。

(7)将搪瓷盘连同集料一起置105℃ ±5℃烘箱中烘干至恒量，称取干燥集料试样的总质量(m_2)，准确至0.1g。m_1与m_2之差即为通过0.075mm部分。

(8)将全部要求筛孔组成套筛(但不需0.075mm筛)，将已经洗去小于0.075mm部分的干燥集料置于套筛上(通常为4.75mm筛)，将套筛装入摇筛机，摇筛约10min，然后取出套筛，再按筛孔大小顺序，从最大的筛号开始，在清洁的浅盘上逐个进行手筛，直至每分钟的筛出量不超过筛上剩余量的0.1%时为止，将筛出通过的颗粒并入下一号筛，和下一号筛中的试样一起过筛，这样顺序进行，直至各号筛全部筛完为止。

注：如为含有粗集料的集料混合料，套筛筛孔根据需要选择。

(9)称量各筛筛余试样的质量，精确至0.5g。所有各筛的分计筛余量和底盘中剩余量的总质量与筛分前试样总量m_2的差值不得超过后者的1%。

五、计算

1. 计算分计筛余百分率

各号筛的分计筛余百分率为各号筛上的筛余量除以试样总量(m_1)的百分率，精确至0.1%。对沥青路面细集料而言，0.15mm筛下部分即为0.075mm的分计筛余，由四的7)测得的m_1与m_2之差即为小于0.075mm的筛底部分。

2. 计算累计筛余百分率

各号筛的累计筛余百分率为该号筛及大于该号筛的各号筛的分计筛余百分率之和，准确至0.1%

3. 计算质量通过百分率

各号筛的质量通过百分率等于100减去该号筛的累计筛余百分率，准确至0.1%。

4. 绘制级配曲线

根据各筛的累计筛余百分率或通过百分率，绘制级配曲线。

5. 天然砂的细度模数计算

按式(2-1-14)计算，准确至0.01。

$$M_x = \frac{(A_{0.15} + A_{0.3} + A_{0.6} + A_{1.18} + A_{2.36}) - 5A_{4.75}}{100 - A_{4.75}} \tag{2-1-14}$$

式中：　　M_x——细集料的细度模数；

$A_{0.14}$、$A_{0.3}$…$A_{4.75}$——分别为0.15mm、0.3mm、…、4.75mm各筛上的累计筛余百分率，%。

应进行两次平行试验，以试验结果的算术平均值作为测定值。如两次试验所得的细度模数之差大于0.2，应重新进行试验。

课题二　粗集料的技术性质

粗集料包括人工轧制的碎石和天然风化而成的砾石。在道路、桥梁工程中，粗集料主要是水泥混凝土和沥青混合料中的骨架材料。在沥青混合料中，粗集料是指粒径大于2.36mm的碎石、破碎砾石、筛选砾石和矿渣等；在水泥混凝土中，粗集料是指粒径大于4.75mm的碎石、砾石和破碎砾石。粗集料的技术性质主要包括物理性质、力学性质。

一、粗集料的物理性质

1.密度

粗集料的密度，由于材料状态及测定条件的不同，便衍生出如下的几种密度：

(1)毛体积密度：单位体积(含材料的实体矿物成分及闭口孔隙、开口孔隙等颗粒表面轮廓线所包围的毛体积)物质颗粒的干质量。

(2)毛体积相对密度：毛体积密度与同温度水的密度之比值。

(3)表观密度：单位体积(含材料的实体矿物成分及闭口孔隙体积)物质颗粒的干质量。

(4)表观相对密度：表观密度与同温度水的密度之比值。

(5)表干密度：单位体积(含材料的实体矿物成分及其闭口孔隙、开口孔隙等颗粒表面轮廓线所包围的全部毛体积)物质颗粒的饱和面干质量。

(6)表干相对密度：表干密度与同温度水的密度之比值。

测量粗集料密度的方法有网篮法、容量瓶法。

粗集料取样法(T 0301—2005)

一、适用范围

本方法适用于对粗集料的取样，也适用于含粗集料的集料混合料如级配碎石、天然砂砾等的取样方法。

二、取样方法和试样份数

1.通过皮带运输机的材料如采石场的生产线、沥青拌和楼的冷料输送带、无机结合料稳定集料、级配碎石混合料等，应从皮带运输机上采集样品。取样时，可在皮带运输机骤停的状态下取其中一截的全部材料，或在皮带运输机的端部连续接一定时间的料得到，并间隔3次以上所取的试样组成一组试样，作为代表性试样。

2.在材料场同批来料的料堆上取样时，应先铲除堆脚等处无代表性的部分，再在料堆的顶部、中部和底部，各由均匀分布的几个不同部位，取得大致相等的若干份组成一组试样，务必使所取试样能代表本批来料的情况和品质。

3.从火车、汽车、货船上取样时，应从各不相同部位和深度处，抽取大致相等的试样若干份，组成一组试样。抽取的具体份数，应视能够组成本批来料代表样的需要而定。

4.从沥青拌和楼的热料仓取样时，应在放料口的全断面上取样。通常宜将一开始按正式生产的配比投料拌和的几锅(至少5锅以上)废弃，然后分别将每个热料仓放出至装载机上，倒在水泥地上，适当拌和，从3处以上的位置取样，拌和均匀，取要求数量的试样。

三、取样数量

对每一单项试验，每组试样的取样数量宜不少于表2-2-1所规定的最少取样量。需做几项试验时，如确能保证试样经一项试验后不致影响另一试验的结果时，可用同一组试样进行几项不同的试验。

各试验项目所需粗集料的最小取样质量　　表2-2-1

试验项目	相对于下列公称最大粒径(mm)的最小取样量(kg)										
	4.75	9.5	13.2	16	19	26.5	31.5	37.5	53	63	75
筛分	8	10	12.5	15	20	20	30	40	50	60	80
表观密度	6	8	8	8	8	8	12	16	20	24	24
含水率	2	2	2	2	2	2	3	3	4	4	6
吸水率	2	2	2	2	4	4	4	6	6	6	8
堆积密度	40	40	40	40	40	40	80	80	100	120	120
含泥量	8	8	8	8	24	24	40	40	60	80	80
泥块含量	8	8	8	8	24	24	40	40	60	80	80
针片状含量	0.6	1.2	2.5	4	8	8	20	40	—	—	—
硫化物、硫酸盐	1.0										

四、试样的缩分

1. 分料器法：将试样拌匀后，通过分料器分为大致相等的两份，再取其中的一份分成两份，缩分至需要的数量为止。

2. 四分法：将所取试样置于平板上，在自然状态下拌和均匀，大致摊平，然后沿互相垂直的两个方向，把试样由中向边摊开，分成大致相等的四份，取其对角的两份重新拌匀，重复上述过程，直至缩分后的材料量略多于进行试验所必要的量。

3. 缩分后的试样数量应符合各项试验规定数量的要求。

粗集料密度试验(网篮法)(T 0304—2005)

一、试验目的

本方法适用于测定各种粗集料的表观相对密度、表干相对密度、毛体积相对密度、表观密度、表干密度、毛体积密度，以及粗集料的吸水率。

二、仪器设备

1. 天平或浸水天平：可悬挂吊篮测定集料的水中质量，称量应满足试样数量称量要求，感量不大于最大称量的0.05%。

2. 吊篮：耐锈蚀材料制成，直径和高度为150mm左右，四周及底部用1～2mm的筛网编制或具有密集的孔眼。

3. 溢流水槽：在称量水中质量时能保持水面高度一定。

4. 烘箱：能控温在105℃±5℃。

5. 毛巾：纯棉制，洁净，也可用纯棉的汗衫布代替。

6. 温度计。

7. 标准筛。

8. 盛水容器(如搪瓷盘)。

9. 其它：刷子等。

三、试样制备

1. 将试样用标准筛过筛除去其中的细集料，对较粗的粗集料可用4.75mm筛过筛，对2.36 ~4.75mm集料，或者混在4.75mm以下石屑中的粗集料，则用2.36mm标准筛过筛，用四分法或分料器法缩分至要求的质量，分两份备用。对沥青路面用粗集料，应对不同规格的集料分别测定，不得混杂，所取的每一份集料试样应基本上保持原有的级配。在测定2.36 ~4.75mm的粗集料时，试验过程中应特别小心，不得丢失集料。

2. 经缩分后供测定密度的粗集料质量应符合表2-2-2的规定。

测定密度所需要的试样最小质量 表2-2-2

公称最大粒径(mm)	4.75	9.5	16	19	26.5	31.5	37.5	63	75
每一份试样的最小质量(kg)	0.8	1	1	1	1.5	1.5	2	3	3

3. 将每一份集料试样浸泡在水中，并适当搅动，仔细洗去附在集料表面的尘土和石粉，经多次漂洗干净至水完全清澈为止。清洗过程中不得散失集料颗粒。

四、试验步骤

1. 取试样一份装入干净的搪瓷盘中，注入洁净的水，水面至少应高出试样20㎜，轻轻搅动石料，使附着在石料上的气泡完全逸出。在室温下保持浸水24h。

2. 将吊篮挂在天平的吊钩上，浸入溢流水槽中，向溢流水槽中注水，水面高度至水槽的溢流孔，将天平调零。吊篮的筛网应保证集料不会通过筛孔流失，对2.36 ~4.75mm粗集料应更换小孔筛网，或在网篮中加放入一个浅盘。

3. 调节水温在15℃ ~25℃范围内。将试样移入吊篮中。溢流水槽中的水面高度由水槽的溢流孔控制，维持不变。称取集料的水中质量(m_w)。

4. 提起吊篮，稍稍滴水后，较粗的粗集料可以直接倒在拧干的湿毛巾上。将较细的粗集料(2.36 ~4.75mm)连同浅盘一起取出，稍稍倾斜搪瓷盘，仔细倒出余水，将粗集料倒在拧干的湿毛巾上，用毛巾吸走从集料中漏出的自由水。此步骤需特别注意不得有颗粒散失，或有小颗粒附在吊篮上。再用拧干的湿毛巾轻轻擦干集料颗粒的表面水，至表面看不到发亮的水迹，即为饱和面干状态。当粗集料尺寸较大时，宜逐颗擦干。注意对较粗的粗集料，拧湿毛巾时不要太用劲，防止拧得太干，对较细的含水较多的粗集料，毛巾可拧得稍干些。擦颗粒的表面水时，既要将表面水擦掉，又千万不能将颗粒内部的水吸出。整个过程中不得有集料丢失，且已擦干的集料不得继续在空气中放置，以防止集料干燥。

注：对2.36 ~4.75mm集料，用毛巾擦拭时容易沾附细颗粒集料从而造成集料损失，此时宜改用洁净的纯棉汗衫布擦拭至表干状态。

5. 立即在保持表干状态下，称取集料的表干质量(m_f)。

6. 将集料置于浅盘中，放入105℃ ±5℃的烘箱中烘干至恒量。取出浅盘，放在带盖的容器中冷却至室温，称取集料的烘干质量(m_a)。

注：恒量指相邻两次称量间隔时间大于3h的情况下，其前后两次称量之差小于该项试验所要求的精密度，即0.1%。一般在烘箱中烘烤的时间不得少于4～6h。

7. 对同一规格的集料应平行试验两次，取平均值作为试验结果。

五、结果计算

1. 粗集料的表观相对密度 γ_a、表干相对密度 γ_s、毛体积相对密度 γ_b 按式(2-2-1)、式(2-2-2)及式(2-2-3)计算至小数点后3位。

$$\gamma_a = \frac{m_a}{m_a - m_w} \tag{2-2-1}$$

$$\gamma_s = \frac{m_f}{m_f - m_w} \tag{2-2-2}$$

$$\gamma_b = \frac{m_a}{m_f - m_w} \tag{2-2-3}$$

式中：γ_a——集料的表观相对密度，无量纲；

γ_s——集料的表干相对密度，无量纲；

γ_b——集料的毛体积相对密度，无量纲；

m_a——集料的烘干质量，g；

m_f——集料的表干质量，g；

m_w——集料的水中质量，g。

2. 粗集料的表观密度 ρ_a、表干密度 ρ_s、毛体积密度 ρ_b 按式(2-2-4)、式(2-2-5)及式(2-2-6)计算，准确至小数点后3位。不同水温条件下测量的粗集料表观密度需进行水温修正，不同试验温度下水的密度 ρ_T 及水的温度修正系数 α_T 按表2-1-1选用。

$$\rho_a = \gamma_a \rho_T \text{ 或 } \rho_a = (\gamma_a - \alpha_T) \times \rho_w \tag{2-2-4}$$

$$\rho_s = \gamma_s \rho_T \text{ 或 } \rho_s = (\gamma_s - \alpha_T) \times \rho_w \tag{2-2-5}$$

$$\rho_b = \gamma_b \rho_T \text{ 或 } \rho_b = (\gamma_b - \alpha_T) \times \rho_w \tag{2-2-6}$$

式中：ρ_a——粗集料的表观密度，g/cm^3；

ρ_s——粗集料的表干密度，g/cm^3；

ρ_b——粗集料的毛体积密度，g/cm^3；

ρ_T——试验温度 T 时水的密度，按表2-1-1取用，g/cm^3；

α_T——试验温度 T 时的水温修正系数，按表2-1-1取用；

ρ_w——水在4℃时的密度（$1.000g/cm^3$）。

六、精度或允许差

重复试验的精密度，对表观相对密度、表干相对密度、毛体积相对密度，两次结果相差不得超过0.02。

2. 堆积密度

粗集料的松方密度包括堆积状态、振实状态、捣实状态下的松方密度。

(1)堆积密度:单位体积(含材料的实体矿物成分及闭口、开口孔隙体积及颗粒间空隙体积)物质颗粒的质量。

(2)振实密度、捣实密度:指在规定条件(两者试验条件不同)下,粗集料以紧密装填状态装入容器中,包括空隙、孔隙在内的单位体积的质量。

3. 空隙率

空隙率是指集料颗粒之间的空隙体积占集料总体积的百分率。

粗集料的空隙率与其级配和颗粒形状有关。粗集料的空隙率一般在35% ~45%之间。

粗集料的空隙率按式(2-2-7)计算:

$$n = \left(1 - \frac{\rho}{\rho_a}\right) \times 100 \tag{2-2-7}$$

式中:n——粗集料的空隙率,%;

ρ——粗集料的堆积密度或紧装密度,g/cm^3;

ρ_a——粗集料的表观密度,g/cm^3。

4. 含水率

含水率指粗集料中所含水分的质量占干燥质量的百分率。

在水泥混凝土配合比设计时,试验室配合比是以干燥材料为基准的,而实际施工现场堆放的材料都有一定的含水量,且经常变化,因此应用时测定其含水量,其测定方法有烘干法和酒精燃烧法,以烘干法为准。

5. 级配

粗集料中各组成颗粒的分级和搭配称为级配。各种不同粒径的集料,按照一定的比例搭配起来,以达到较高的密实度和较大摩擦力,可以采用下列两种级配组成。

(1)连续级配　采用标准套筛对某一混合料进行筛析试验,所得级配曲线平顺圆滑,具有连续性。这种由大到小,逐级粒径均有,按比例互相搭配组成的矿质混合料,称为连续级配混合料。

(2)间断级配　在矿质混合料中剔除其一个分级或几个分级而形成一种不连续的混合料,这种混合料称为间断级配混合料。

连续级配曲线和间断级配曲线如图2-2-1。

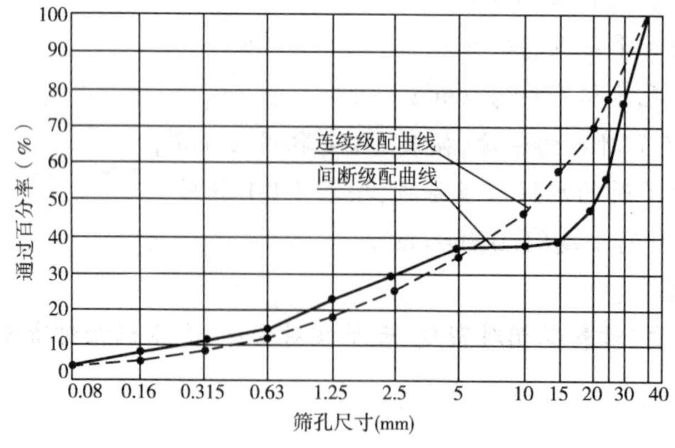

图2-2-1　连续级配和间断级配曲线比较

一个良好的级配,要求空隙率最小且总表面积也不大。前者的目的是使集料本身最为紧密;后者的目的是使水泥用量最为节约。只有正确选用各级尺寸粗集料的含量,才能达到上述两个目的。

粗集料及集料混合料的筛分试验(T 0302—2005)

一、目的与适用范围

测定粗集料(碎石、砾石、矿渣等)的颗粒组成。对水泥混凝土用粗集料可采用干筛法筛分,对沥青混合料及基层用粗集料必须采用水洗法试验。

本方法也适用于同时含有粗集料、细集料、矿粉的集料混合料筛分试验,如未筛碎石、级配碎石、天然砂砾、级配砂砾、无机结合料稳定基层材料、沥青拌和楼的冷料混合料、热料仓材料、沥青混合料经溶剂抽提后的矿料等。

二、仪器设备

1. 试验筛:根据需要选用规定的标准筛。

2. 摇筛机。

3. 天平或台秤:感量不大于试样质量的0.1%。

4. 其它:盘子、铲子、毛刷等。

三、试验步骤

将来样用分料器或四分法缩分至表2-2-3要求的试样所需量,风干后备用。根据需要可按要求的集料最大粒径的筛孔尺寸过筛,除去超粒径部分颗粒后,再进行筛分。

筛分用的试样质量　　表2-2-3

公称最大粒径(mm)	75	63	37.5	31.5	26.5	19	16	9.5	4.75
试样质量不少于(kg)	10	8	5	4	2.5	2	1	1	0.5

四、水泥混凝土用粗集料干筛法试验步骤

1. 取试样一份置于105℃±5℃的烘箱中烘干至恒量,称取干燥集料试样的总质量(m_0),准确至0.1%。

2. 用搪瓷盘作筛分容器,按筛孔大小排列顺序逐个将集料过筛。人工筛分时,需使集料在筛面上同时有水平方向及上下方向的不停顿的运动,使小于筛孔的集料通过筛孔,直到1min内通过筛孔的质量小于筛上残余量的0.1%为止;当采用摇筛机筛分后,应在摇筛机筛分后再逐个由人工补筛。将筛出通过的颗粒并入下一号筛,和下一号筛中的试样一起过筛,顺序进行,直至各号筛全部筛完为止。应确认1min内通过筛孔的质量确实小于筛上残余量的0.1%。

注:由于0.075mm筛干筛几乎不能把沾在粗集料表面的小于0.075mm部分的石粉筛过去,而且对水泥混凝土用粗集料而言,0.075mm通过率的意义不大,所以也可以不筛,且把通过0.15mm筛的筛下部分全部作为0.075mm的分计筛余,将粗集料的0.075mm通过率假设为0。

3. 如果某个筛上的集料过多,影响筛分作业时,可以分两次筛分。当筛余颗粒的粒径大于19mm时,筛分过程中允许用手指轻轻拨动颗粒,但不得逐颗塞过筛孔。

4. 称取每个筛上的筛余量,准确至总质量的0.1%。各筛分计筛余量及筛底存量的总和与筛分前试样的干燥总质量m_0相比,其相差不得超过m_0的0.5%。

五、沥青混合料及基层用粗集料水洗法试验步骤

1. 取一份试样，将试样置于105℃±5℃的烘箱中烘干至恒量，称取干燥集料试样的总质量(m_3)，准确至0.1%。

注：恒量系指相邻两次称量间隔时间大于3h(通常不少于6h)的情况下，前后两次称量之差小于该项试验所要求的称量精密度。下同。

2. 将试样置一洁净容器中，加入足够数量的洁净水，将集料全部盖没，但不得使用任何洗涤剂、分散剂或表面活性剂。

3. 用搅棒充分搅动集料，使集料表面洗涤干净，使细粉悬浮在水中，但不得破碎集料或有集料从水中溅出。

4. 根据集料粒径大小选择组成一组套筛，其底部为0.075mm标准筛，上部为2.36mm或4.75mm筛。仔细将容器中混有细粉的悬浮液倒出，经过套筛流入另一容器中，尽量不将粗集料倒出，以免损坏标准筛筛面。

注：无需将容器中的全部集料都倒出，只倒出悬浮液。且不可直接倒至0.075mm筛上，以免集料掉出损坏筛面。

5. 重复2~4步骤，直到倒出的水洁净为止，必要时可采用水流缓慢冲洗。

6. 将套筛每个筛子上的集料及容器中的集料全部回收在一个搪瓷盘中，容器上不得有沾附的集料颗粒。

注：沾在0.075mm筛面上的细粉很难回收扣入搪瓷盘中，此时需将筛子倒扣在搪瓷盘上用少量的水并助以毛刷将细粉刷落入搪瓷盘中，并注意不要散失。

7. 在确保细粉不散失的前提下，小心泌去搪瓷盘中的积水，将搪瓷盘连同集料一起置105℃±5℃的烘箱中烘干至恒量，称取干燥集料试样的总质量(m_4)，准确至0.1%。以m_3与m_4之差作为0.075mm的筛下部分。

8. 将回收的干燥集料按干筛方法筛分出0.075mm筛以上各筛的筛余量，此时0.075mm筛下部分应为0，如果尚能筛出，则应将其并入水洗得到的0.075mm的筛下部分，且表示水洗得不干净。

六、计算

1. 干筛法筛分结果的计算

(1)计算各筛分计筛余量及筛底存量的总和与筛分前试样的干燥总质量m_0之差，作为筛分时的损耗，并计算损耗率，若损耗率大于0.3%，应重新进行试验。

$$m_5 = m_0 - (\sum m_i + m_{底}) \tag{2-2-8}$$

式中：m_5——由于筛分造成的损耗，g；

m_0——用于干筛的干燥集料总质量，g；

m_i——各号筛上的分计筛余，g；

i——依次为0.075mm、0.15mm、……至集料最大粒径的排序；

$m_{底}$——筛底(0.075mm以下部分)集料总质量，g。

(2)干筛分计筛余百分率

干筛后各号筛上的分计筛余百分率按式(2-2-9)计算，精确至0.1%。

$$P'_i = \frac{m_i}{m_0 - m_5} \times 100 \tag{2-2-9}$$

式中：P'_i——各号筛上的分计筛余百分率，%；

m_5——由于筛分造成的损耗，g；

m_0——用于干筛的干燥集料总质量，g；

m_i——各号筛上的分计筛余，g；

i——依次为 0.075mm 、0.15mm、……至集料最大粒径的排序。

(3)干筛累计筛余百分率

各号筛的累计筛余百分率为该号筛以上各号筛的分计筛余百分率之和，精确至 0.1%。

(4)干筛各号筛的质量通过百分率

各号筛的质量通过百分率 P_i 等于 100 减去该号筛累计筛余百分率，精确至 0.1%。

(5)由筛底存量除以扣除损耗后的干燥集料总质量计算 0.075mm 筛的通过率。

(6)试验结果以两次试验的平均值表示，精确至 0.1%。当两次试验结果 $P_{0.075}$ 的差值超过 1% 时，试验应重新进行。

2. 水筛法筛分结果的计算

(1)按式(2-2-10)、(2-2-11)计算粗集料中 0.075mm 筛下部分质量 $m_{0.075}$ 和含量 $P_{0.075}$，精确至0.1%。当两次试验结果 $P_{0.075}$ 的差值超过 1% 时，试验应重新进行。

$$m_{0.075} = m_3 - m_4 \tag{2-2-10}$$

$$P_{0.075} = \frac{m_{0.075}}{m_3} = \frac{m_3 - m_4}{m_3} \times 100 \tag{2-2-11}$$

式中：$P_{0.075}$——粗集料中小于 0.075mm 的含量(通过率)，%；

$m_{0.075}$——粗集料中水洗得到的小于 0.075mm 部分的质量，g；

m_3——用于水洗的干燥粗集料总质量，g；

m_4——水洗后的干燥粗集料总质量，g。

(2)计算各筛分计筛余量及筛底存量的总和与筛分前试样的干燥总质量 m_4 之差，作为筛分时的损耗，并计算损耗率，若损耗率大于 0.3%，应重新进行试验。

$$m_5 = m_3 - (\sum m_i + m_{0.075}) \tag{2-2-12}$$

式中：m_5——由于筛分造成的损耗，g；

m_3——用于水筛筛分的干燥集料总质量，g；

m_i——各号筛上的分计筛余，%；

i——依次为 0.075mm 、0.15mm、……至集料最大粒径的排序；

$m_{0.075}$——水洗后得到的 0.075mm 以下部分质量，g，即($m_3 - m_4$)。

(3)计算其它各筛的分计筛余百分率、累计筛余百分率、质量通过百分率，计算方法与干筛法相同。当干筛时筛分有损耗时，应按干筛法从总质量中扣除损耗部分，并计算结果。

(4)试验结果以两次试验的平均值表示。

七、报告

1. 筛分结果以各筛孔的质量通过百分率表示；

2. 对用于沥青混合料、基层材料配合比设计用的集料，宜绘制集料筛分曲线，其横坐标为筛孔尺寸的 0.45 次方，纵坐标为普通坐标；

3. 同一种集料至少取两个试样平行试验两次，取平均值作为每号筛上筛余量的试验结果，报告集料级配组成通过百分率及级配曲线。

6. 含泥量

粗集料的含泥量指卵石、碎石中粒径小于0.075 mm的颗粒含量。

粗集料的含泥量试验方法同细集料,只在取样数量上有所区别,即将来样用四分法缩分至表2-2-4所规定的量(注意防止细粉丢失并防止所含粘土块被压碎),置于温度为105℃ ±5℃的烘箱内烘干至恒量,冷却至室温后分成两份备用。

含泥量试验所需试样　　表2-2-4

最大粒径(mm)	圆孔筛	10	16	20	25	31.5	40	63	80
	方孔筛	9.5	16	19	26.5	31.5	37.5	63	75
试样最小质量(kg)		2	2	6	6	10	10	20	20

7. 针、片状颗粒含量

卵石和碎石颗粒的长度大于该颗粒所属相应粒级的平均粒径2.4倍者为针状颗粒;厚度小于平均粒径0.4倍者为片状颗粒(平均粒径指该粒级上、下限粒径的平均值)。

针、片状颗粒的存在会增加粗集料的空隙率,降低密实性,影响新拌混凝土的工作性,降低硬化后的水泥混凝土强度和耐久性,同时针、片状颗粒的存在会影响沥青路面的质量。因此,在粗集料中应限制其含量。其测定方法有:

(1)规准仪法:适用于测定水泥混凝土用的4.75mm以上的粗集料的针、片状颗粒含量。

(2)游标卡尺法:适用于测定沥青混合料、各种路面基层及底基层用的4.75mm以上粗集料的针状及片状颗粒含量。

水泥混凝土用粗集料针片状颗粒含量试验(规准仪法)(T 0311—2005)

一、目的和适用范围

1. 本方法适用于测定水泥混凝土使用的4.75mm以上的粗集料的针状及片状颗粒含量,以百分率计。

2. 本方法测定的针片状颗粒,是指使用专用规准仪测定的粗集料颗粒的最小厚度(或直径)方向与最大长度(或宽度)方向的尺寸之比小于一定比例的颗粒。

3. 本方法测定的粗集料中针片状颗粒的含量,可用于评价集料的形状及其在工程中的适用性。

二、仪器设备

1. 水泥混凝土集料针状规准仪和片状规准仪(见图2-2-2和图2-2-3),尺寸要求见表2-2-5。

水泥混凝土集料针片状颗粒试验的粒级划分及其相应的规准仪孔宽或间距　　表2-2-5

粒级(方孔筛)(mm)	4.75~9.5	9.5~16	16~19	19~26.5	26.5~31.5	31.5~37.5
针状规准仪上相对应的立柱之间的间距宽(mm)	17.1	30.6	42.0	54.6	69.6	82.8
片状规准仪上相对应孔宽(mm)	2.8	5.1	7.0	9.1	11.6	13.8

2. 天平或台秤：感量不大于称量值的 0.1%。

3. 标准筛：孔径分别为 4.75mm、9.5mm、16.0mm、19.0mm、26.5mm、31.5mm 及 37.5mm，试验时根据需要选用。

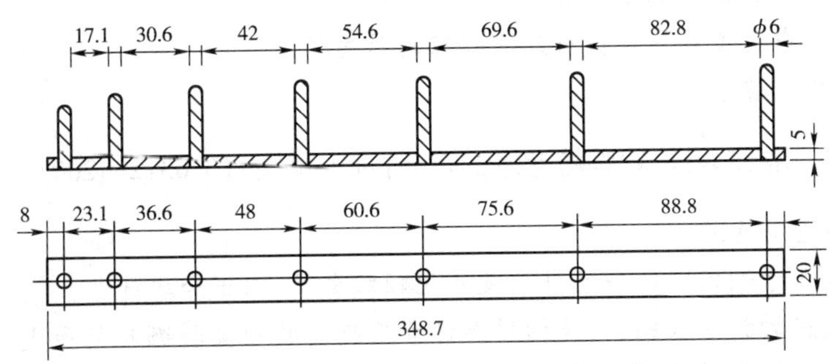

图 2-2-2 针状规准仪(尺寸单位:mm)

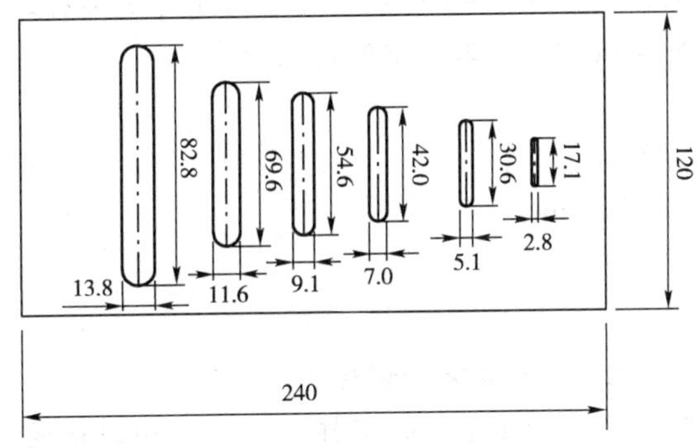

图 2-2-3 片状规准仪(尺寸单位:mm)

三、试验准备

将来样在室内风干至表面干燥，并用四分法或分料器法缩分至满足表 2-2-6 规定的质量，称量(m_0)，然后筛分成表 2-2-5 所规定的粒级备用。

针片状颗粒试验所需试样的最小质量 表 2-2-6

公称最大粒径(mm)	9.5	16	19	26.5	31.5	37.5	63.0	75.0
试样最小质量(kg)	0.3	1	2	3	5	10	10	10

四、试验步骤

1. 目测挑出接近立方体形状的规则颗粒，将目测有可能属于针片状颗粒的集料按表 2-2-5 所规定的粒级用规准仪逐粒对试样进行针状颗粒鉴定，挑出颗粒长度大于针状规准仪上相应间距而不能通过者，为针状颗粒。

2. 将通过针状规准仪上相应间距的非针状颗粒逐粒对试样进行片状颗粒鉴定，挑出厚度小于片状规准仪上相应孔宽而不能通过者，为片状颗粒。

3. 称量由各粒级挑出的针状颗粒和片状颗粒的质量，其总质量为 m_1。

五、结果计算

碎石或砾石针片状颗粒含量按式(2-2-13)计算,精确至0.1%。

$$Q_e = \frac{m_1}{m_0} \times 100 \tag{2-2-13}$$

式中:Q_e——试样的针片状颗粒的含量,%;

m_1——试样中所含针状颗粒与片状颗粒的总质量,g;

m_0——试样总质量,g。

粗集料针片状颗粒含量试验(游标卡尺法)(T 0312—2005)

一、目的和适用范围

1. 本方法适用于测定粗集料的针状及片状颗粒含量,以百分率计。

2. 本方法测定的针片状颗粒,是指用游标卡尺测定的粗集料颗粒的最大长度(或宽度)方向与最小厚度(或直径)方向的尺寸比大于3倍的颗粒。有特殊要求采用其它比例时,应在试验报告中注明。

3. 本方法测定的粗集料中针片状颗粒的含量,可用于评价集料的形状和抗压碎能力,以评定石料生产厂的生产水平及该材料在工程中的适用性。

二、仪器设备

1. 标准筛:方孔筛4.75mm;

2. 游标卡尺:精密度为0.1mm;

3. 天平:感量不大于1g。

三、试验步骤

1. 现行集料随机取样的方法,采集集料试样。

2. 按分料器法或四分法选取1kg左右的试样。对每一种规格的粗集料,应按照不同的公称粒径,分别取样检验。

3. 用4.75mm标准筛将试样过筛,取筛上部分供试验用,称取试样的总质量m_0,准确至1g,试样数量不少于800g,并不少于100颗。

4. 将试样平摊于桌面上,首先用目测挑出接近立方体的符合要求的颗粒,剩下可能属于针状(细长)和片状(扁平)的颗粒。

5. 按图2-2-4所示的方法将欲测量的颗粒放在桌面上成一稳定的状态,图中颗粒平面方向的最大长度为L,侧面厚度的最大尺寸为t,颗粒最大宽度为w($t<w<L$),用卡尺逐颗测量石料的L及t,将$L/t \geq 3$的颗粒(即最大长度方向与最大厚度方向的尺寸之比大于3的颗粒)分别挑出作为针片状颗粒。称取针片状颗粒的质量m_1,准确至1g。

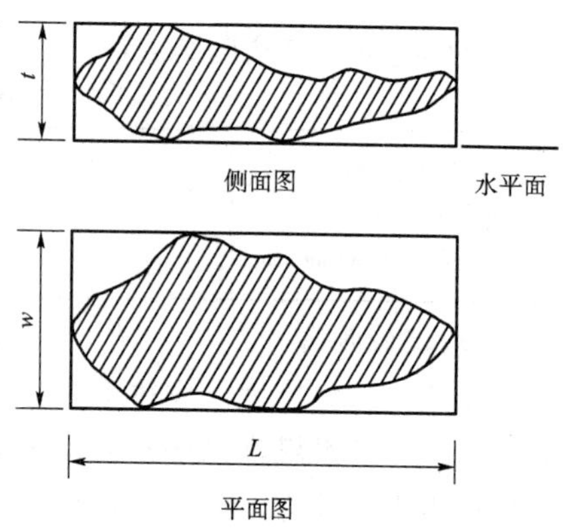

图2-2-4　针片状颗粒稳定状态

注:稳定状态是指平放的状态,不是直立状态,侧面厚度的最大尺寸t为图中状态的颗粒顶部至平台的厚度,是在最薄的一个面上测量的,但并非颗粒中最薄部位的厚度。

四、计算：

按公式(2-2-14)计算针片状颗粒含量。

$$Q_e = \frac{m_1}{m_0} \times 100 \tag{2-2-14}$$

式中：Q_e——针片状颗粒含量，%；

m_0——试验用的集料总质量，g；

m_1——针片状颗粒的质量，g。

五、报告

1. 试验要平行测定两次，计算两次结果的平均值。如两次结果的差小于平均值的20%，取平均值为试验值；如大于或等于20%，应追加测定一次，取三次结果的平均值为测定值。

2. 试验报告应报告集料的种类、产地、岩石名称、用途。

8. 坚固性

坚固性是指在气候、环境变化或其它物理因素作用下，粗集料抵抗碎裂的能力。其测定方法为硫酸钠溶液法。

试验方法即：将试样缩分至规定的数量，用水淋洗干净，放在烘箱中烘干至恒量，筛除小于4.75mm的颗粒，然后筛分。称取试样，将不同粒级的试样分别装入网篮，并浸入盛有硫酸钠溶液的容器中。网篮浸入溶液时，上下升降25次，以排除试样的气泡，然后静置于该容器中。浸泡20h后，把装试样的网篮从溶液中取出，放在烘箱中于烘4h，至此，完成了第一次试验循环，待试样冷却至20～25℃后，再按上述方法进行第二次循环。从第二次循环开始，浸泡与烘干时间均为4h，共循环5次。最后一次循环后，用清洁的温水淋洗试样，直至淋洗试样后的水加入少量氯化钡溶液不出现白色浑浊为止，洗过的试样放在烘箱中烘干至恒量。用孔径为试样粒级下限的筛过筛，称出各粒级试样试验后的筛余量。

二、粗集料的力学性质

粗集料力学性质主要是压碎值和磨耗度；其次是新近发展起来的抗滑表层用集料的三项试验，即磨光值、道瑞磨耗值和冲击值。

1. 压碎值

粗集料压碎值是指粗集料在连续增加的荷载下抵抗压碎的能力。它作为相对衡量石料强度的一个指标，用以评价水泥混凝土、路面基层、底基层及沥青面层的粗集料品质。

其测定方法有：

(1)水泥混凝土集料压碎指标值试验：适用于鉴定水泥混凝土用粗集料的品质。

(2)沥青路面用集料压碎值试验：适用于鉴定公路路面基层、底基层及沥青面层的粗集料的品质，以评定其在工程中的适用性。

粗集料压碎值试验(T 0316—2005)

一、目的和适用范围

集料压碎值用于衡量石料在逐渐增加的荷载下抵抗压碎的能力，是衡量石料力学性质的指标，以评定其在工程中的适用性。

二、仪器设备

1. 石料压碎值试验仪：由内径150mm、两端开口的钢制圆形试筒、压柱和底板组成，其形状见图2-2-5。试筒内壁、压柱的底面及底板的上表面等与石料接触的表面都应进行热处理，使表面硬化，达到维氏硬度65°，并保持光滑状态。

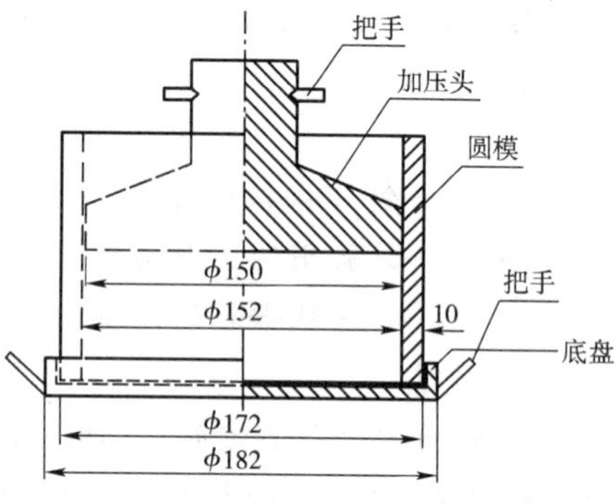

图2-2-5　压碎指标值测定仪(尺寸单位:mm)

2. 金属棒：直径10mm，长450～600mm，一端加工成半球形。

3. 天平：称量2～3kg，感量不大于1g。

4. 方孔筛：筛孔尺寸13.2mm、9.5mm、2.36mm筛各一个。

5. 压力机:500kN，应能在10min内达到400kN。

6. 金属筒：圆柱形，内径112.0mm，高179.4mm，容积1767cm^3。

三、试验准备

1. 采用风干石料用9.5mm和13.2mm标准筛过筛，取13.2～9.5mm的试样3组各3000g，供试验用。如过于潮湿需加热烘干时，烘箱温度不应超过100℃，烘干时间不超过4h。试验前，石料应冷却至室温。

2. 每次试验的石料数量应满足按下述方法夯击后石料在试筒内的深度为100mm。

在金属筒中确定石料数量的方法如下：

将试样分3次(每次数量大体相同)均匀装入试模中，每次均将试样表面整平，用金属棒的半球面端从石料表面上均匀捣实25次。最后用金属棒作为直刮刀将表面刮平。称取量筒中试样质量(m_0)。以相同质量的试样进行压碎值的平行试验。

四、试验步骤

1. 将试筒安放在底板上。

2. 将要求质量的试样分3次(每次数量大体相同)均匀装入试模中，每次均将试样表面整平，并用金属棒的半球面端从石料表面上均匀捣实25次，最后用金属棒作为直刮刀将表面仔细整平。

3. 将装有试样的试模放到压力机上，同时加压头放入试筒内石料面上，注意使压柱摆平，勿楔挤试模侧壁。

4. 开动压力机，均匀地施加荷载，在10min左右的时间内达到总荷载400kN，稳压5s，然后卸荷。

5. 将试模从压力机上取下，取出试样。

6. 用2.36mm标准筛筛分经压碎的全部试样，可分几次筛分，均需筛到在1min内无明显的筛出物为止。

7. 称取通过2.36mm筛孔的全部细料质量(m_1)，准确至1g。

五、计算

石料压碎值按公式(2-2-15)计算，准确至0.1%。

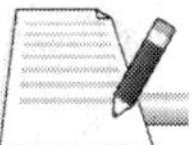

$$Q'_a = \frac{m_1}{m_0} \times 100 \tag{2-2-15}$$

式中：Q'_a——石料压碎值，%；

m_1——试验前试样质量，g；

m_0——试验后通过2.36mm筛孔的细料质量，g。

以3次试样平行试验结果的算术平均值作为压碎值的测定值。

2.磨耗性

磨耗损失是指石料抵抗摩擦、撞击剪切等综合作用的性能。其测定方法有洛杉矶法（又称搁板式）和狄法尔法（又称双筒式）两种方法。

石料的磨耗性是石料力学性质的另一个重要指标，也是评定石料等级的依据之一。我国现行试验规程规定，石料磨耗试验以洛杉矶式（搁板式）磨耗试验法为标准方法，只有在不具备该磨耗试验条件时，方允许采用狄法尔法（双筒式）磨耗试验法代替。

3.磨光值

现代高速交通的行车条件对路面的抗滑性提出更高的要求，在车辆轮胎作用下，不仅要求具有高的抗磨耗性，而且要求具有高的抗磨光性。集料的抗磨光性，采用石料磨光值。

集料磨光值愈高，表示抗滑性愈好。抗滑面层应选用磨光值高的集料，如玄武岩石、安山岩、砂岩、花岗岩等。

不同道路等级对抗滑表层集料的磨光值、道瑞磨耗值和冲击值的技术要求按现行交通行业标准《公路沥青路面施工技术规范》(JTG F40—2004)的规定。

4.集料冲击值(LSV)

集料抵抗多次连续重复冲击荷载作用的性能，可采用"集料冲击值"表示。

5.集料磨耗值

集料磨耗值用于评定抗滑表层的集料抵抗车轮磨耗的能力。按我国现行试验规程《公路工程集料试验规程》(JTJ 058—2000)采用道瑞磨耗试验机来测定集料磨耗值。

集料磨耗值愈高，表示集料耐磨性愈高。

课题三　岩　　石

一、岩石的技术性质

岩石的技术性质，主要从物理性质、力学性质和化学性质三方面进行评价。

1.物理性质。

岩石的物理性质包括物理常数（如真实密度、毛体积密度和孔隙率等）、吸水性（如吸水率、饱水率）和耐候性（耐冻性、坚固性等）。

1）物理常数

石料的物理常数是岩石矿物组成结构状态的反映，它与岩石的技术性质有着密切的关系。岩石的内部组成结构主要是矿物实体和孔隙（包括与处界连通的开口孔隙和不与处界连通的闭口孔隙）所组成，如图2-3-1。各部分质量与体积的关系图如图2-3-2。

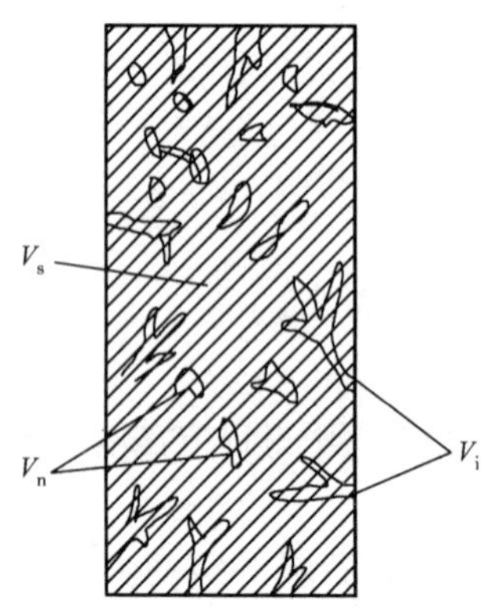

图 2-3-1　岩石组成结构外观示意图

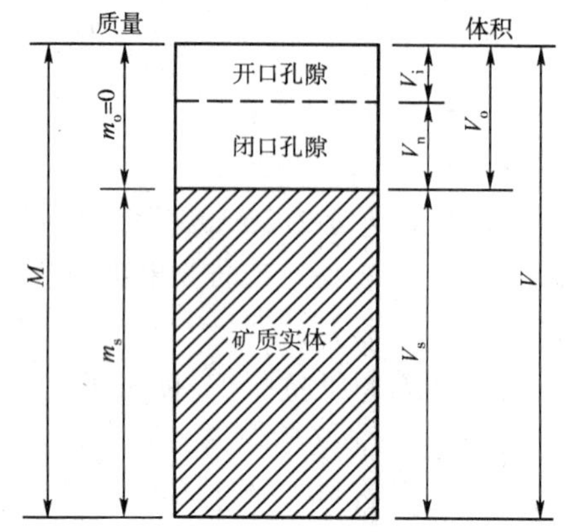

图 2-3-2　岩石结构的质量与体积关系示意图

为了反映石料的组成结构以及它与物理—力学性质间的关系，通常采用物理常数来表征它。在路桥工程用块状石料中，常用的物理常数主要是真实密度、毛体积密度和孔隙率。通过这些指标可以间接预测岩石有关物理性质和力学性质。

(1)真实密度：是岩石在规定条件(105℃ ±5℃下烘干至恒重，温度 20℃)下，烘干岩石矿质单位体积(不包括开口与闭口孔隙)的质量。

(2)毛体积密度：在规定条件下，烘干岩石(包括孔隙在内)的单位体积的质量。

(3)孔隙率：岩石的孔隙率是指孔隙体积占石料总体积的百分率。

2)吸水性。

岩石的吸水性是岩石在规定条件下吸水的能力。岩石与水作用后，水很快湿润石料的表层并填充了石料的孔隙，因此水对岩石破坏作用的大小，主要取决岩石造岩矿物性质及其组成结构状态(即孔隙分布情况和孔隙率大小)。为此，我国现行《公路工程岩石试验规程》(JTG E41—2005)规定，采用吸水率和饱和吸水率两项指标来表征岩石的吸水性。

(1)吸水率：指在室内常温(20℃ ±2℃)和大气压条件下，石料试件最大的吸水质量占烘干石料试件质量的百分率。

(2)饱和吸水率：指在室内常温(20℃ ±2℃)和真空抽气(抽至真空度为残压)后条件下，岩石最大吸水的质量占烘干石料试件质量的百分率。

3)耐候性。

道路与桥梁都是暴露于大自然中无遮盖的建筑物，经常受至各种自然因素的影响，用于道路与桥梁建筑的岩石抵抗大气自然因素作用的性能称为耐候性。目前对道路与桥梁用岩石，在某些气候条件下，必须考虑其抗冻融耐久性(简称抗冻性)。

岩石抗冻性是指岩石在吸水饱和状态下，抵抗多次冻结和融化作用而不发生显著破坏，同时也不严重降低强度的性质。

通常以岩石在饱水状态下，能经受冻融循环的次数(质量损失不超过 5%，抗压强度降低不超过 25%)来表示。根据冻融循环次数，可将岩石分为 5、10、15、20、25、50 等标号(在温度下降至 -15℃冻结 4h 后，放入 20℃ ±5℃水中融解 4h 为冻融循环一次)。如无条件进行冻融试验，也可采用坚固性简易快速测定法，这种方法通过饱和硫酸钠溶液进行多次浸泡与烘干循

环后来测定。

判断岩石抗冻性能好坏有两个指标：

(1)质量损失：要求冻融后石料的质量损失不大于5%。

(2)冻融后强度变化：一般要求抗压强度降低不大于25%。

2. 力学性质

公路与桥梁工程结构物中用岩石，除受上述物理性质影响外，还受到外力的作用，所以岩石还应具备一定的力学性质。除了一般材料力学所述及的抗压、抗拉、抗剪、抗弯、弹性模量等纯粹力学性质外，还有一些为路用性能特殊要求的一些力学指标，如抗磨光、抗冲击的抗磨耗等。在岩石力学性质中，主要讨论确定石料的抗压强度和磨耗两项性质。

将岩石制备成50mm±2.5mm的正立方体(或直径与高均为50mm±2.5mm的圆柱体)试件，经吸水饱和后，在单轴受压及规定的加载条件下，达到极限破坏时，单位承压面积的强度称为单轴抗压强度。

岩石的抗压强度是岩石力学性质中最重要的一项指标，它是划分岩石等级的主要依据。岩石抗压强度值，取决于岩石的组成结构(如矿物组成，岩石的结构和构造、裂隙的分布等)，同时也取决于试验的条件(如试件尺寸和形状、加载速度、试验状态等)。

3. 化学性质

在道路与桥梁的建筑中，各种矿质集料是与结合料(水泥或沥青)组成混合料而使用于结构物中的。早年的研究认为矿质集料是一种惰性材料，它在混合料(各种矿质集料与水泥和沥青组成)中起着物理作用，随着科学发展，科学家们根据理化—力学的研究，认为矿质集料在混合料中与结合料起着物理—化学作用。岩石的化学性质将影响着混合料的物理—力学性质。

根据试验研究的结果，按SiO_2的含量多少将岩石划分为酸性、碱性及中性。按克罗斯的分类法，岩石化学组成中SiO_2含量大于65%的岩石称为酸性材料；SiO_2含量在52%~65%的岩石称为中性岩石；SiO_2含量小于52%的岩石称为碱性岩石。所以在选择与沥青结合的岩石时，应考虑岩石的酸碱性对沥青与岩石粘结的影响。

二、岩石的技术要求

1. 路用岩石的技术分级

道路建筑用天然岩石按其技术性质分为4个等级，对不同矿物组成的岩石的技术性质的要求是不同的。因此，在分级之前首先应按其造岩矿物的成分、含量以及组织结构来确定岩石名称，然后划分其所属的岩类。按路用岩石技术要求的不同，分为4个岩类。现将各岩类划分及其主要代表性岩石分列如下：

I 岩浆岩类：如花岗岩、正长岩、辉长岩、辉绿岩、闪长岩、橄榄岩、玄武岩、安山岩、流纹岩等。

II 石灰岩类：石灰岩、白云岩、泥灰岩、凝灰岩等。

III 砂岩与片岩类：石英岩、砂岩、片麻岩、石英片麻岩等。

IV 砾岩类。

以上各岩组按其物理—力学性质(主要为饱水状态的抗压强度和磨耗率)各分为下列4

个等级：

1 级——最坚强的岩石；

2 级——坚强的岩石；

3 级——中等坚强的岩石；

4 级——较软的岩石。

2. 路用岩石的技术标准

路用天然岩石根据上述分级方法，技术指标要求列于表 2-3-1。

道路建筑用天然岩石等级和技术标准 表 2-3-1

岩石类别	主要岩石名称	石料等级	技术标准		
			极限抗压强度（饱水状态）（MPa）	磨耗率（%）	
				洛杉矶式磨耗试验法	狄法尔式磨耗试验法
Ⅰ岩浆岩类	花岗岩 玄武岩 安山岩 辉绿岩等	1	>120	<25	<4
		2	100 ~ 200	25 ~ 30	4 ~ 5
		3	80 ~ 100	30 ~ 45	5 ~ 7
		4	——	45 ~ 60	7 ~ 10
Ⅱ石灰岩类	石灰岩 白云岩等	1	>100	<30	<5
		2	80 ~ 100	30 ~ 35	5 ~ 6
		3	60 ~ 80	35 ~ 50	6 ~ 12
		4	30 ~ 60	50 ~ 60	12 ~ 20
Ⅲ砂岩与片岩类	石英岩 片麻岩 石英片麻岩 砂岩等	1	>100	<30	<5
		2	80 ~ 100	30 ~ 35	5 ~ 7
		3	50 ~ 80	35 ~ 45	7 ~ 10
		4	30 ~ 50	45 ~ 60	10 ~ 15
Ⅳ砾岩类		1	—	<20	<5
		2	—	20 ~ 30	5 ~ 7
		3	—	30 ~ 50	7 ~ 12
		4	—	50 ~ 60	12 ~ 20

单元三　水泥及水泥混凝土

【理论要求】

熟练掌握硅酸盐水泥的技术性质与技术标准、水泥混凝土主要技术性质及水泥混凝土配合比设计方法；掌握水泥砂浆的主要技术性质及水泥砂浆的配合比设计方法。

【技能要求】

掌握水泥标准稠度用水量、凝结时间、体积安定性、强度等级的测定方法，水泥混凝土的相关试验方法及水泥砂浆的相关试验方法；具备出具试验报告及结果分析的能力。

课题一　水　　泥

水泥是建筑工程中用量最大的建材之一，它是一种水硬性胶凝材料。

在道路和桥梁工程中通用水泥有硅酸盐水泥、普通硅酸盐水泥、矿渣硅酸盐水泥、火山灰硅酸盐水泥、粉煤灰硅酸盐水泥和复合硅酸盐水泥等六种。由于道路路面工程对水泥的特殊要求，近年来已生产了道路水泥。此外，在某些特殊工程中，还使用铝酸盐水泥、膨胀水泥、快硬水泥等。水泥品种很多，但在道路与桥梁建筑中仍以硅酸盐水泥与普通硅酸盐水泥为主，本课题主要对硅酸盐水泥作详细阐述，其它水泥仅作一般介绍。

一、硅酸盐水泥

凡由硅酸盐水泥熟料、0～5%的石灰石或粒化高炉矿渣、适量石膏磨细制成的水硬性胶凝材料，称为硅酸盐水泥(即国外通称的波特兰水泥)。硅酸盐水泥分两种类型，不掺加混合材料的称Ⅰ型硅酸盐水泥，代号P·Ⅰ。在硅酸盐水泥粉磨时掺加不超过水泥质量5%的石灰石或粒化高炉矿渣混合材料的称Ⅱ型硅酸盐水泥，代号P·Ⅱ。

1. 硅酸盐水泥生产工艺概述

1)硅酸盐水泥生产原料

硅酸盐水泥的生产原料主要是石灰质原料和粘土质原料两类。石灰质原料(如石灰石、白垩、石灰质凝灰岩等)主要提供CaO，粘土质原料(如粘土、粘土质页岩、黄土等)主要提供

SiO_2、Al_2O_3 以及 Fe_2O_3。有时两种原料化学组成不能满足要求，还要加入少量校正原料（如黄铁矿渣）调整。

2）硅酸盐水泥生产工艺

硅酸盐水泥的生产工艺，概括起来为“两磨一烧”，其生产流程图解如下（图 3-1-1）。

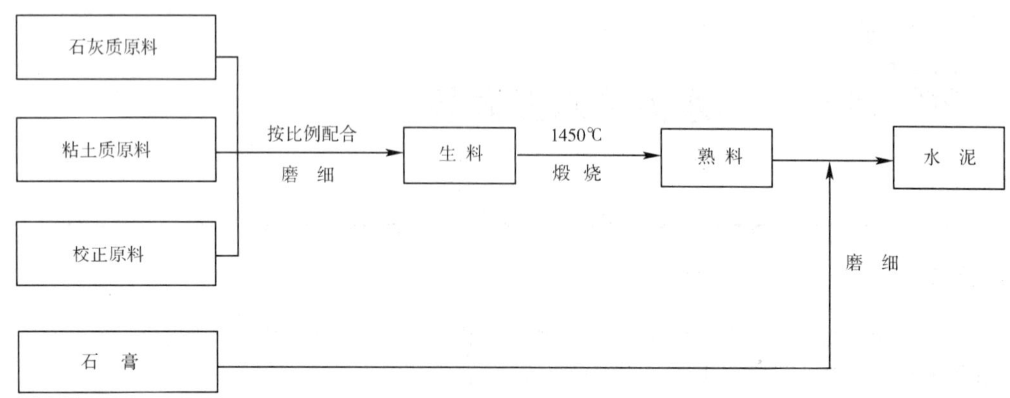

图 3-1-1　水泥生产流程图

2. 硅酸盐水泥熟料的矿物组成及其性质

1）熟料的矿物组成

经过高温煅烧后，CaO、SiO_2、Al_2O_3、Fe_2O_3 四种成分化合为熟料中的主要矿物组成：

硅酸三钙：$3CaO \cdot SiO_2$，简式为 C_3S；

硅酸二钙：$2CaO \cdot SiO_2$，简式为 C_2S；

铝酸三钙：$3CaO \cdot Al_2O_3$，简式为 C_3A；

铁铝酸四钙：$4CaO \cdot Al_2O_3 \cdot Fe_2O_3$，简式为 C_4AF。

2）水泥熟料主要矿物组成的性质

（1）硅酸三钙　硅酸三钙是硅酸盐水泥中最主要的矿物成分，其含量通常在 50% 左右，它对硅酸盐水泥的性质有重要的影响。硅酸三钙水化速度快，水化热高；且早期强度高，28d 强度可达一年强度的 70% ~80% 。

（2）硅酸二钙　硅酸二钙在硅酸盐水泥中的含量约为 10% ~40% ，亦为主要矿物成分。遇水时与水反应较慢，水化热很低，硅酸二钙的早期强度较低而后期强度高，耐化学侵蚀性和干缩性较好。

（3）铝酸三钙　铝酸三钙的含量通常在 15% 以下，它是四种组分中遇水反应速度最快、水化热最高的组分。铝酸三钙的含量决定水泥的凝结速度和释热量。通常为调节水泥凝结速度需掺加石膏，铝酸三钙与石膏形成的水化产物，对提高水泥早期强度起一定作用。耐化学侵蚀性差，干缩性大。

（4）铁铝酸四钙　铁铝酸四钙在硅酸盐水泥中的含量通常为 5% ~15% 。遇水反应较快，水化热较高。强度较低，但对水泥抗折强度起重要作用。耐化学侵蚀性好，干缩性小。

3）水泥熟料主要矿物组成的性质

硅酸盐水泥的主要矿物组成的特性如表 3-1-1 所示。

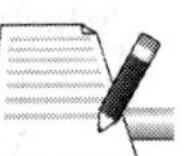

硅酸盐水泥主要矿物成分的特性　　表 3-1-1

矿物组成		硅酸三钙(C_3S)	硅酸二钙(C_2S)	铝酸三钙(C_3A)	铁铝酸四钙(C_4AF)
与水反应速度		中	慢	快	中
水化热		中	低	高	中
对强度的作用	早期	良	差	良	良
	后期	良	优	中	中
耐化学侵蚀		中	良	差	优
干缩性		中	小	大	小

水泥矿物成分水化后，其抗压强度和释热量随龄期而增长。见图 3-1-2 和图 3-1-3。

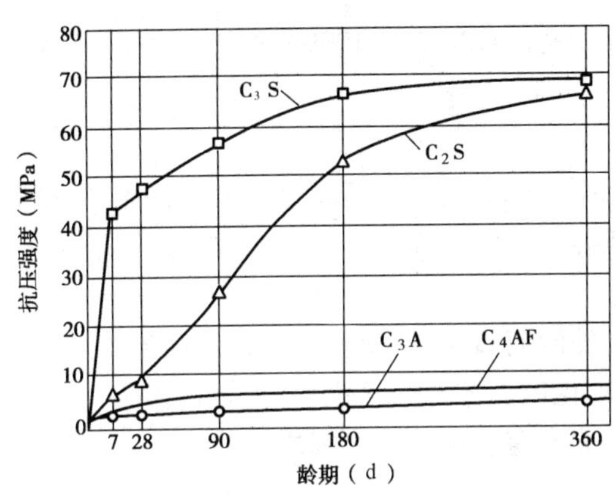

图 3-1-2　水泥熟料矿物在不同龄期的抗压强度

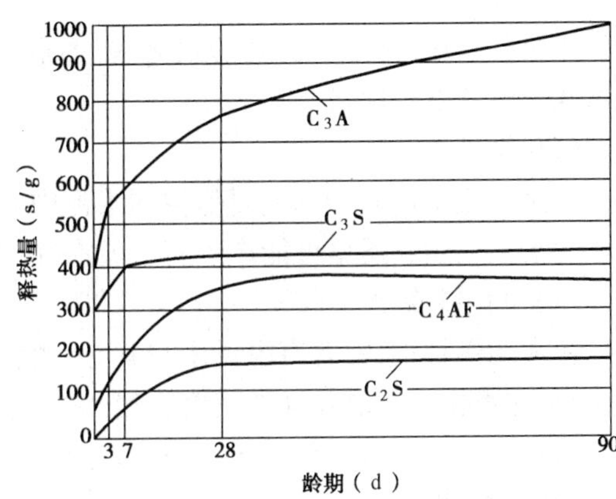

图 3-1-3　水泥熟料矿物在不同龄期的释热量

水泥是由多种矿物组分组成的，改变各矿物组分的含量比例以及它们之间的匹配，则可生产性能各异的水泥。例如，提高 C_3S 含量可制得高强度水泥；降低 C_3S、C_3A 含量，增加 C_2S 含量则可制得低热大坝水泥；提高 C_4AF 和 C_3S 含量则可制得具有较高抗折强度的道路水泥。

3. 硅酸盐水泥的凝结和硬化

1）硅酸盐水泥的水化

充分水化的水泥浆体中，主要水化产物水化硅酸钙（C-S-H）凝胶约占 70%，氢氧化钙（CH）结晶约占 20%，钙矾石（AFt）和单硫盐（AFm）约占 7%，其余是未水化的水泥和次要组分。

2）硅酸盐水泥的凝结和硬化

水泥加水拌和后成为水泥浆，经过一定时间，浆体逐渐失去塑性，进而硬化产生强度，这个物理化学过程，可分为以下四个阶段来描述：

（1）初始反应期　水泥与水接触后立即发生水化反应。初期 C_3S 水化，释放出 $Ca(OH)_2$，立即溶解于溶液中，使其 pH 值增大至 14，浓度达到饱和后，$Ca(OH)_2$ 结晶析出。暴露在水泥颗粒表面的 C_3A 也溶解于水，并与已溶解的石膏反应，生成钙矾石结晶析出。在此阶段 1% 左右的水泥产生水化。

（2）诱导期　在初始反应期后，水泥微粒表面覆盖一层以 CSH 凝胶为主的渗透膜，使水化反应缓慢进行。这期间生成的水化产物数量不多，水泥颗粒仍然分散，水泥浆体基本保持塑性。

(3)凝结期　由于渗透压的作用,包裹在水泥微粒表面的渗透膜破裂,水泥微粒进一步水化,除继续生成$Ca(OH)_2$及钙矾石外,还生成了大量CSH凝胶。水化产物不断填充了水泥颗粒之间的空隙,随着接触点的增多,结构趋向密实,使水泥浆逐渐失去塑性。

(4)硬化期　凝结期后,水泥继续水化,水化铝酸钙和水化铁酸钙也开始形成,硅酸钙继续进行水化。水化生成物以凝胶与结晶状态进一步填充孔隙,水泥浆体逐渐产生强度,进入硬化阶段。只要温度、湿度合适,而且无外界腐蚀,水泥强度在几年甚至几十年还会继续增长。

二、硅酸盐水泥的技术性质和技术标准

1. 技术性质

按照我国现行标准《硅酸盐水泥、普通硅酸盐水泥》(GB 175—1999)规定,硅酸盐水泥的技术性质包括下列项目。

1)化学性质

水泥的化学性质指标主要是控制水泥中有害的化学成分含量,若超过最大允许限量,即意味着对水泥性能和质量可能产生有害或潜在的影响。

(1)氧化镁含量。

在水泥熟料中,常含有少量未与其它矿物结合的游离氧化镁,这种氧化镁是高温时形成的方镁石,它水化为氢氧化镁的速度很慢,常在水泥硬化以后才开始水化,产生体积膨胀,可导致水泥石结构产生裂缝甚至破坏。因此,它是引起水泥安定性不良的原因之一。

(2)三氧化硫含量。

水泥中的三氧化硫主要是在生产时为调节凝结时间加入石膏而产生的,石膏超过一定限量后,水泥性能会变坏,甚至引起硬化后水泥石体积膨胀,导致结构物破坏。

(3)烧失量。

水泥煅烧不佳或受潮后,均会导致烧失量增加。烧失量的测定是以水泥试样在950℃～1000℃下灼烧15～20min冷却至室温称量,如此反复灼烧,直至恒重,计算灼烧后质量损失率。

(4)不溶物。

水泥中不溶物的测定是用盐酸溶解滤去不溶残渣,经碳酸钠处理再用盐酸中和,高温灼烧至恒重后称量,灼烧后不溶物质量占试样总质量的比例为不溶物含量。

2)物理性质

(1)相对密度。

硅酸盐水泥的密度一般为3100～3200kg/m^3,计算混凝土配合比时通常采用水泥密度为2900～3100kg/m^3。

(2)细度。

细度是水泥颗粒的粗细程度。水泥颗粒愈细,水化时与水的接触面愈大,水化速度愈快,早期强度愈高,凝结速度愈快,但颗粒过细,硬化后收缩变形大,易产生裂缝,且成本增加,不宜长期贮存。因此,对水泥细度必须予以合理控制。水泥细度有两种表示方法:

①筛析法:以80μm方孔筛上的筛余质量百分率表示。

②比表面积法:是以每千克水泥所具有的总表面积(m^2)表示。

水泥细度检验方法(80μm 筛筛析法)(T 0502—2005)

一、目的和适用范围

本方法规定用 80μm 筛检验水泥细度的测试方法。

本方法适用于硅酸盐水泥、普通硅酸盐水泥、矿渣硅酸盐水泥、粉煤灰硅酸盐水泥、火山灰硅酸盐水泥、复合硅酸盐水泥、道路硅酸盐水泥及指定采用本方法的其它品种水泥。

二、仪器设备

1. 试验筛:由圆形筛框和筛网组成,筛网应符合《金属丝编织网试验筛》(GB/T 6003.1 - 1997)的规定,分负压筛和水筛两种,其结构尺寸见图 3-1-4 和图 3-1-5。负压筛应附有透明筛盖,筛盖与筛上口应有良好的密封性。

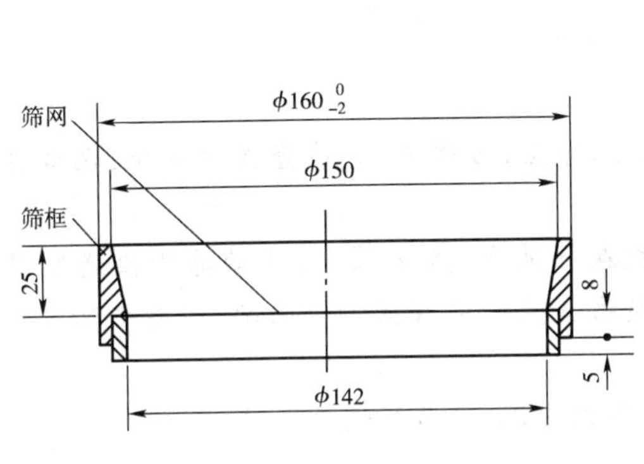

图 3-1-4　负压筛(尺寸单位:mm)

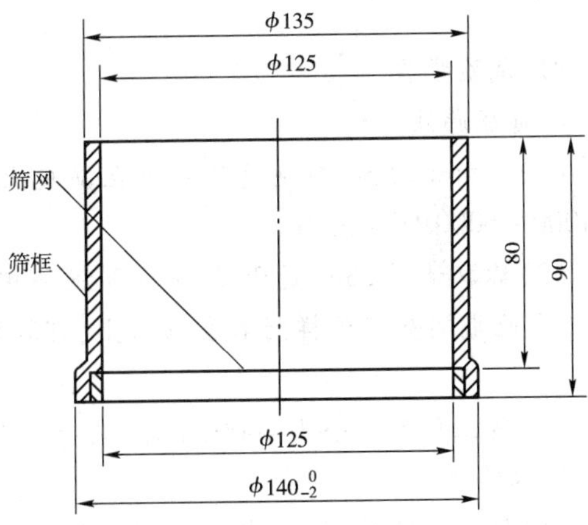

图 3-1-5　水筛(尺寸单位:mm)

2. 负压筛析仪:由筛座、负压筛、负压源及收尘器组成,其中筛座由转速为 30r/min ±2r/min 的喷气嘴、负压表、控制板、微电机及壳体等构成,见图 3-1-6,负压可调范围为4000 ~6000Pa,

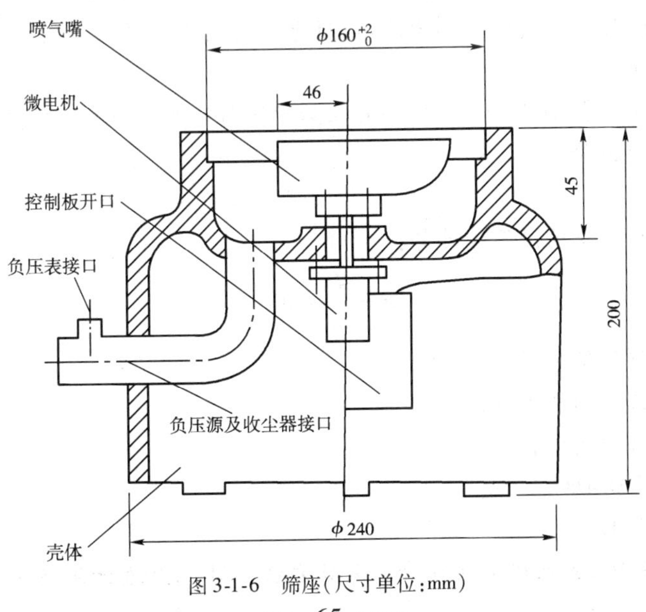

图 3-1-6　筛座(尺寸单位:mm)

喷气嘴上口平面与筛网之间距离为2~8mm，喷气嘴的上开口尺寸见图3-1-7，负压源及收尘器由功率≥600W的工业吸尘器和小型旋风收尘筒等组成，或用其它具有相当功能的设备替代。

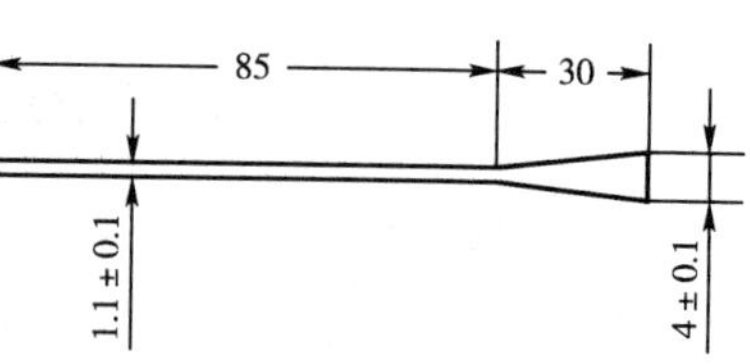

图3-1-7　喷气嘴的上开口（尺寸单位：mm）

3. 水筛架和喷头：水筛架和喷头的结构尺寸应符合《水泥物理检验仪器　标准筛》（JC/T 728—1996）的规定，但其中水筛架上的筛座内径为140^{0}_{-3}mm。

4. 天平：量程应大于100g，感量不大于0.05g。

三、样品处理

水泥样品应充分拌匀，通过0.9mm方孔筛，记录筛余物情况，要防止过筛时混进其它水泥。

四、试验步骤

1. 负压筛法

(1) 筛析试验前，应把负压筛放在筛座上，盖上筛盖，接通电源，检查控制系统，调节负压到4000~6000Pa范围内。

(2) 称取试样25g，置于洁净的负压筛中，放在筛座上，盖上筛盖，开动筛析仪连续筛析2min，在此期间如有试样附着在筛盖上，可轻轻敲击筛盖使试样落下。筛毕，用天平称量筛余物。

(3) 当工作负压小于4000Pa时，应清理吸尘器内水泥，使负压恢复正常。

2. 水筛法

(1) 筛析试验前，使水中无泥、砂，调整好水压及水筛架的位置，使其能正常运转。喷头底面和筛网之间距离为35~75mm。

(2) 称取试样25g，置于洁净的水筛中，立即用淡水冲洗至大部分细粉通过后，放在水筛架上，用水压为0.05MPa ±0.02MPa的喷头连续冲洗3min。筛毕，用少量水把筛余物冲至蒸发皿中，等水泥颗粒全部沉淀后，小心倒出清水，烘干并用天平称量筛余物。

3. 试验筛的清洗

试验筛必须保持洁净，筛孔通畅，使用10次后要进行清洗。金属筛框、铜丝网筛洗时应用专门的清洗剂，不可用弱酸浸泡。

五、试验结果

1. 水泥试样筛余百分数按下式计算：

$$F = \frac{R_s}{m} \times 100 \tag{3-1-1}$$

式中：F——水泥试样的筛余百分数，%；

R_s——水泥筛余物的质量，g；

m——水泥试样的质量，g。

结果计算精确至0.1%。

2. 筛余结果的修正

为使试验结果可比，应采用试验筛修正系数方法来修正上述计算结果。修正系数的按下

式计算：

$$C = F_n / F_t \tag{3-1-2}$$

式中：C——试验筛修正系数；

F_n——标准样品的筛余标准值，%；

F_t——标准样品在试验筛上的筛余值，%。

修正系数计算精确至0.01。

注：修正系数C在0.80～1.20范围内时，试验筛可继续使用，C可作为结果修正系数；当C值超出0.80～1.20范围时，试验筛应予淘汰。

水泥试样筛余百分数结果修正按下式计算：

$$F_C = C \cdot F \tag{3-1-3}$$

式中：F_C——水泥试样修正后的筛余百分数，%；

C——试验筛修正系数；

F——水泥试样修正前的筛余百分数，%。

合格评定时，每个样品应称取两个试样分别筛析，取筛余平均值为筛析结果。若两次筛余结果绝对误差大于0.5%时（筛余值大于5.0%时可放至1.0%），应再做一次试验，取两次相近结果的算术平均值作为最终结果。

3. 负压筛法与水筛法测定的结果发生争议时，以负压筛法为准。

（3）水泥净浆标准稠度用水量。

水泥净浆是指水泥加水拌和而成的均匀浆体。为使水泥凝结时间和安定性的测定结果具有可比性，必须采用同一稠度的水泥净浆，该稠度称为标准稠度。按《公路工程水泥及水泥混凝土试验规程》（JTG E30—2005）中（T 0505—2005）规定，水泥净浆稠度采用维卡仪测定，以试杆沉入净浆并距底板6mm ± 1mm的稠度为“标准稠度”，此时的用水量为标准稠度用水量。

（4）凝结时间。

凝结时间是水泥从加水开始到水泥浆失去可塑性所需的时间。凝结时间分为初凝时间和终凝时间。初凝时间是水泥从加水开始到水泥浆开始失去可塑性所需的时间；终凝时间是水泥从加水开始到水泥浆完全失去可塑性所需的时间。

水泥的凝结时间对水泥混凝土的施工有重要意义。初凝时间太短，将影响混凝土拌和物的运输、浇筑和振捣等各工序的操作；终凝时间过长，则影响混凝土的施工进度。

（5）体积安定性。

水泥体积安定性是表征水泥硬化后体积变化均匀性的物理性能指标。各种水泥在凝结硬化过程中，如果产生不均匀变形或变形过大，使构件产生膨胀裂缝，就是水泥体积安定性不良，将影响工程质量，甚至造成结构物破坏。

影响水泥体积安定性的因素主要为：熟料中氧化镁含量；水泥中三氧化硫含量。

水泥标准稠度用水量、凝结时间、安定性检验方法（T 0505—2005）

一、目的和适用范围

本方法规定了水泥标准稠度用水量、凝结时间和体积安定性的测试方法。

本方法适用于硅酸盐水泥、普通硅酸盐水泥、矿渣硅酸盐水泥、粉煤灰硅酸盐水泥、火山灰硅酸盐水泥、复合硅酸盐水泥、道路硅酸盐水泥及指定采用本方法的其它品种水泥。

二、仪器设备

1. 水泥净浆搅拌机：符合(JC/T 729—1996)的要求。

2. 标准法维卡仪：如图 3-1-8 所示。

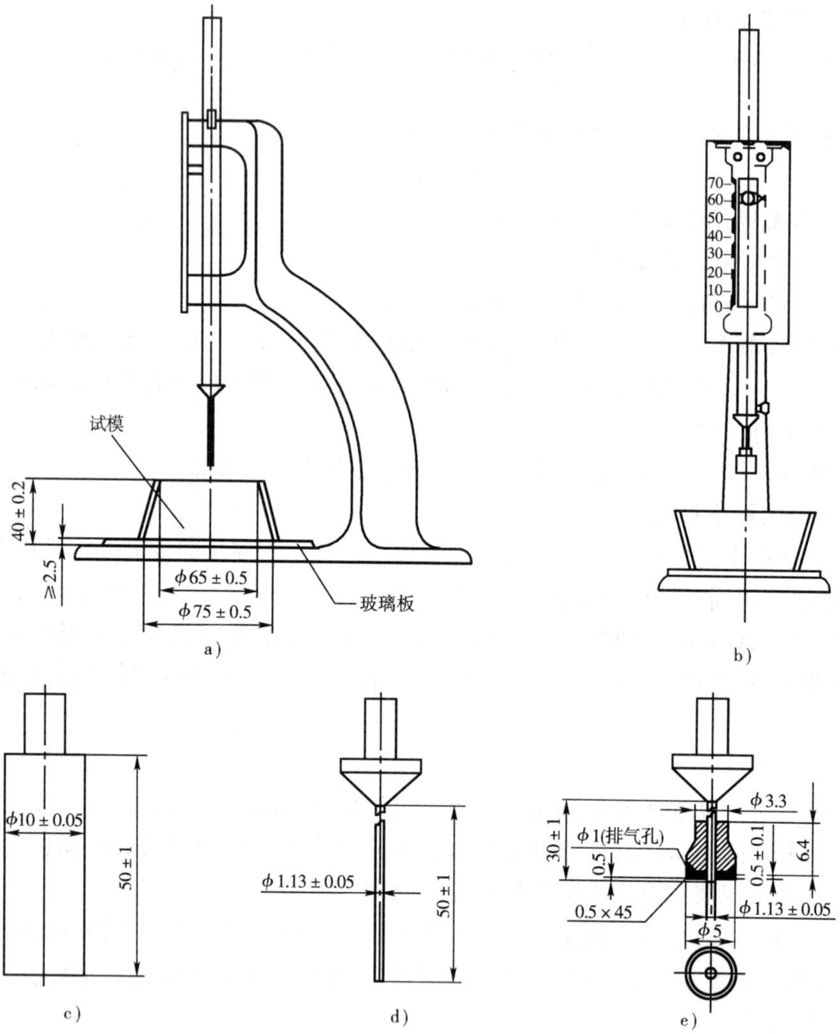

图 3-1-8　测定水泥标准稠度和凝结时间用的维卡仪(尺寸单位：mm)

a)初凝时间测定用立式试模侧视图；b)终凝时间测定用反转试模前视图；c)标准稠度试杆；d)初凝用试针；e)终凝用试针

3. 沸煮箱：有效容积约为 410mm×240mm×310mm，篦板结构应不影响试验结果，篦板与加热器之间的距离大于 50mm。箱的内层由不易锈蚀的金属材料制成，能在 30min±5min 内将箱内的试验用水由室温升至沸腾并可保持沸腾状态 3h 以上，整个试验过程中不需补充水量。

4. 雷氏夹：如图 3-1-9 所示，雷氏夹受力如图 3-1-10 所示。

5. 量水器：分度值为 0.1mL，精度 1%。

6. 天平：量程 1000g，感量 1g。

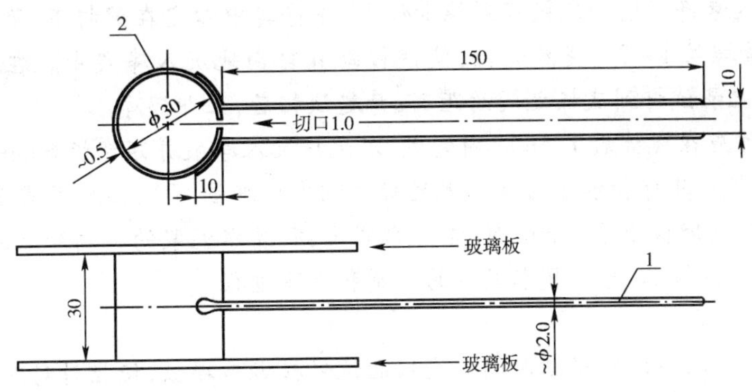

图 3-1-9　雷氏夹示意图（尺寸单位：mm）
1-指针；2-环模

7. 湿气养护箱：应能使温度控制在 20℃ ±1℃，相对湿度大于 90%。

8. 雷氏夹膨胀测定仪：如图 3-1-11 所示。

9. 秒表：分度值 1s。

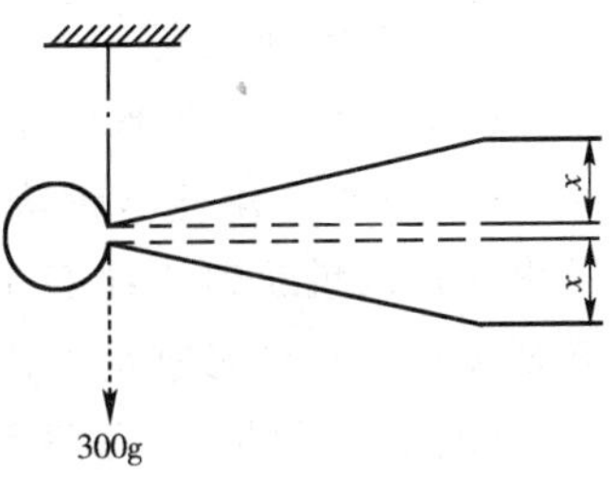

图 3-1-10　雷氏夹受力示意图

三、试样及用水

1. 水泥试样应充分拌匀，通过 0.9mm 方孔筛并记录筛余物情况，但要防止过筛时混进其它水泥。

2. 试验用水必须是洁净的淡水，如有争议时可用蒸馏水。

四、试验室温度、相对湿度

1. 试验室的温度为 20℃ ±2℃，相对湿度应大于 50%。

2. 水泥试样、拌和水、仪器和用具的温度应与试验室内室温一致。

五、标准稠度用水量测定（标准法）

1. 试验前必须做到

(1) 维卡仪的金属棒能够自由滑动。

(2) 调整至试杆接触玻璃板时指针对准零点。

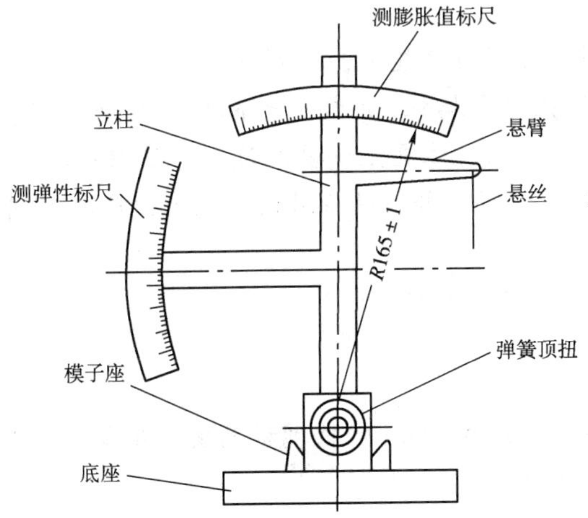

图 3-1-11　雷氏夹膨胀测定仪（尺寸单位：mm）

(3) 水泥净浆搅拌机运行正常。

2. 水泥净浆拌制

用水泥净浆搅拌机搅拌，搅拌锅和搅拌叶片先用湿布擦过，将拌和水倒入搅拌锅内，然后在 5 ~ 10s 内小心将称好的 500g 水泥加入水中，防止水和水泥溅出；拌和时，先将锅放在搅拌机的锅座上，升至搅拌位置，启动搅拌机，低速搅拌 120s，停 15s，同时将叶片和锅壁上的水泥浆刮入锅中间，接着高速搅拌 120s 停机。

3. 标准稠度用水量测定步骤

(1) 拌和结束后，立即将拌制好的水泥净浆装入已放在玻璃板上的试模中，用小刀插捣，轻轻振动数次，刮去多余的净浆。

(2)抹平后迅速将试模和底板移到维卡仪上,并将其中心定在试杆下,降低试杆直至与净浆表面接触,拧紧螺丝1~2s,突然放松,使试杆垂直自由地沉入净浆中。在试杆停止沉入或释放试杆30s时记录试杆到底板之间的距离,升起试杆后,立即擦净。

(3)整个操作应在搅拌后1.5min内完成,以试杆沉入净浆并距底板6mm±1mm的水泥净浆为标准稠度净浆。其拌和水量为该水泥的标准稠度用水量(P),按水泥质量的百分比计。

(4)当试杆距玻璃板小于5 mm时,应适当减水,重复水泥浆的拌制和上述过程;若距离大于7mm时,则应适当加水,并重复水泥浆的拌制和上述过程。

六、凝结时间测定

1.测定前准备工作:调整凝结时间测定仪的试针接触玻璃板,使指针对准零点。

2.试件的制备:以标准稠度用水量制成标准稠度净浆(记录水泥全部加入水中的时间作为凝结时间的起始时间)一次装满试模,振动数次刮平,立即放入湿气养护箱中。

3.初凝时间测定

(1)记录水泥全部加入水中至初凝状态的时间作为初凝时间,用“min”计。

(2)试件在湿气养护箱中养护至加水后30min时进行第一次测定。测定时,从湿气养护箱中取出试模放到试针下,降低试针与净浆表面接触。拧紧螺丝1~2s后,突然放松,试针垂直自由地沉入水泥净浆中。观察试针停止下沉或释放试针30s时指针的读数。

(3)临近初凝时,每隔5min测定一次。当试针沉至距底板4mm±1mm时,为水泥达到初凝状态。

(4)达到初凝时应立即重复测一次,当两次结论相同时才能定为达到初凝状态。

4.终凝时间测定

(1)由水泥全部加入水中至终凝状态的时间为水泥的终凝时间,用“min”表示。

(2)为了准确观测试针沉入的状况,在终凝针上安装了一个环形附件(见图3-1-8e)。在完成初凝时间测定后,立即将试模连同浆体以平移的方式从玻璃板上取下翻转180°,直径大端向上、小端向下放在玻璃板上,再放入湿气养护箱中继续养护。

(3)临近终凝时间时每隔15min测定一次,当试针沉入试件0.5mm时,即环形附件开始不能在试体上留下痕迹时,为水泥达到终凝状态。

(4)达到终凝时应立即重复测一次,当两次结论相同时才能定为达到终凝状态。

5.测定时应注意,在最初测定的操作时应轻轻扶持金属柱,使其徐徐下降,以防止试针撞弯,但结果以自由下落为准;在整个测试过程中试针沉入的位置至少要距试模内壁10mm。每次测定不能让试针落入原针孔,每次测试完毕须将试针擦净并将试模放回湿气养护箱内,整个测试过程要防止试模振动。

注:使用能得出与标准中规定方法相同结果的自动测试仪器时,不必翻转试体。

七、安定性测定(标准法)

1.测定前的准备工作

每个试样需要两个试件,每个雷氏夹需配备质量约75~80g的玻璃板两块。凡与水泥净浆接触的玻璃板和雷氏夹内表面都要稍稍涂上一层油。

2.雷氏夹试件的制备方法

将预先准备好的雷氏夹放在已稍擦油的玻璃板上,并立即将已制好的标准稠度净浆一次

装满雷氏夹，装浆时一只手轻轻扶持雷氏夹，另一只手用宽约10mm的小刀插捣数次，然后抹平，盖上稍涂油的玻璃板，接着立即将试件移至湿气养护箱内养护24h±2h。

3. 沸煮

(1)调整好沸煮箱内的水位，使之在整个沸煮过程中都能没过试件，不需中途添补试验用水，同时保证在30min±5min内水能沸腾。

(2)脱去玻璃板取下试件，先测量雷氏夹指针尖端间的距离A，精确到0.5mm，接着将试件放入水中箅板上，指针朝上，试件之间互不交叉，然后在30min±5min内加热水至沸腾，并恒沸3h±5min。

4. 结果判别

沸煮结束后，立即放掉沸煮箱中的热水，打开箱盖，待箱体冷却至室湿，取出试件进行判别。

测量雷氏夹指针尖端的距离C，准确至0.5mm，当两个试件煮后增加距离$(C-A)$的平均值不大于5.0mm时，即认为该水泥安定性合格；当两个试件的$(C-A)$值相差超过4.0mm时，应用同一样品立即重做一次试验。再如此，则认为该水泥为安定性不合格。

(6)强度。

强度是确定水泥强度等级的主要依据，也是反映水泥胶结能力的重要指标，强度愈高，承受荷载的能力愈强，胶结能力也愈大。

按水泥胶砂强度检验方法（ISO法）（T 0506—2005）规定，用水泥胶砂来评定水泥的强度。此方法是以1:3的水泥和中国ISO标准砂，按规定的水灰比0.5，用标准制作方法制成40mm×40mm×160mm的标准试件，在标准养护条件下，达到规定龄期（3d，28d）时，测定其抗折强度和抗压强度，根据28d抗压强度确定水泥强度等级。

（JTG E30—2005）中规定，硅酸盐水泥、普通硅酸盐水泥各分为六个强度等级，各强度等级水泥的各龄期强度不得低于表3-1-2的数值。

硅酸盐水泥、普通硅酸盐水泥各龄期强度（JTG E30—2005）　　表3-1-2

品　种	强度等级	抗压强度（MPa）		抗折强度（MPa）	
		3d	28d	3d	28d
硅酸盐水泥	42.5	17.0	42.5	3.5	6.5
	42.5R	22.0	42.5	4.0	6.5
	52.5	23.0	52.5	4.0	7.0
	52.5R	27.0	52.5	5.0	7.0
	62.5	28.0	62.5	5.0	8.0
	62.5R	32.0	62.5	5.5	8.0
普通硅酸盐水泥	32.5	11.0	32.5	2.5	5.5
	32.5R	16.0	32.5	3.5	5.5
	42.5	16.0	42.5	3.5	6.5
	42.5R	21.0	42.5	4.0	6.5
	52.5	22.0	52.5	4.0	6.5
	52.5R	26.0	52.5	5.0	7.0

水泥胶砂强度检验方法(ISO法)(T 0506—2005)

一、试验目的适用范围

本方法规定水泥胶砂强度检验基准方法的仪器、材料、胶砂组成、试验条件、操作步骤和结果计算。

本方法适用于硅酸盐水泥、普通硅酸盐水泥、矿渣硅酸盐水泥、粉煤灰硅酸盐水泥、复合硅酸盐水泥、道路硅酸盐水泥以及石灰石硅酸盐水泥的抗折与抗压强度的检验。采用其它水泥时必须研究本方法的适用性。

二、仪器设备

1. 胶砂搅拌机:胶砂搅拌机属行星式,制造质量应符合(JC/T 681—1997)的规定。

2. 振实台:振实台(图3-1-12)应符合(JC/T 682—1997)的规定。

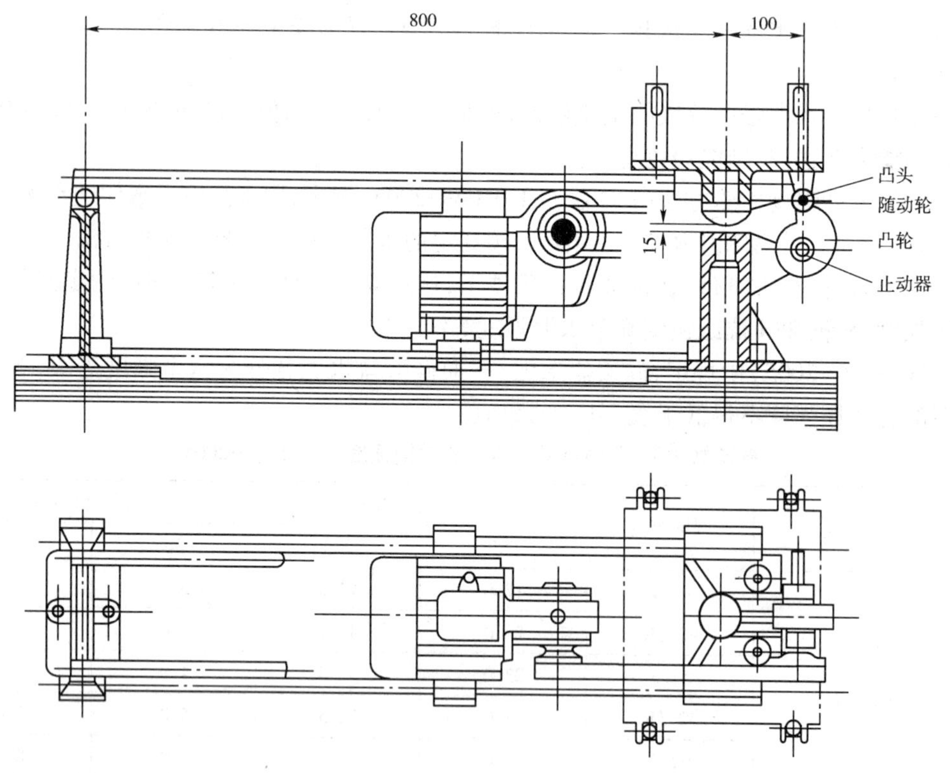

图3-1-12 典型的振实台

3. 试模及下料漏斗:试模制造质量应符合《水泥胶砂试模》(JC/T 726—1997)的规定。可同时成型三条截面为40mm×40mm×160mm的棱形试件 。下料漏斗(图3-1-13)由漏斗和模套两部分组成。

4. 抗折试验机和抗折夹具:抗折试验机应符合[JC/T 724—1982(1996)]中的要求,抗折强度测定加荷如图3-1-14。抗折夹具应符合(JC/T 724—1996)中的要求。

5. 抗压试验机和抗压夹具:抗压试验机的吨位以200~300kN为宜。抗压试验机,在较大

的4/5量程范围内使用时，记录的荷载应有±1.0%的精度，并具有按2400N/s±200N/s速率的加荷能力，应具有一个能指示试件破坏时荷载的指示器。抗压夹具由硬质钢材制成，应符合(JC/T 683—1997)的要求，受压面积为40mm×40mm，并应符合(JC/T 683—1997)的规定。

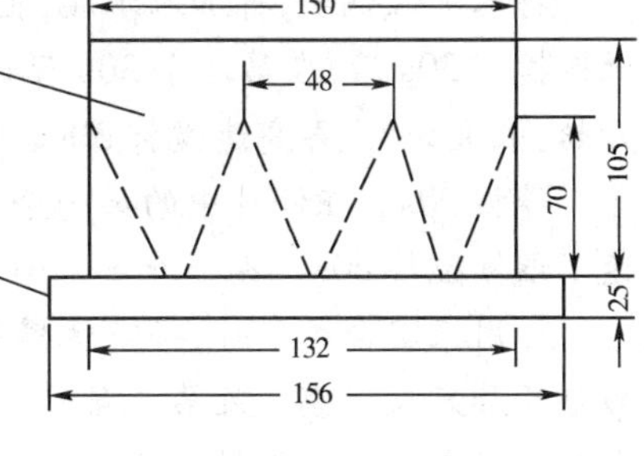

图3-1-13　下料漏斗(尺寸单位:mm)
1-漏斗;2-模套

6. 天平：感量为1g。

三、材料

1. 试验水泥从取样到试验要保持24h以上时，应将其储存在基本装满和气密的容器中，这个容器不能与水泥反应。

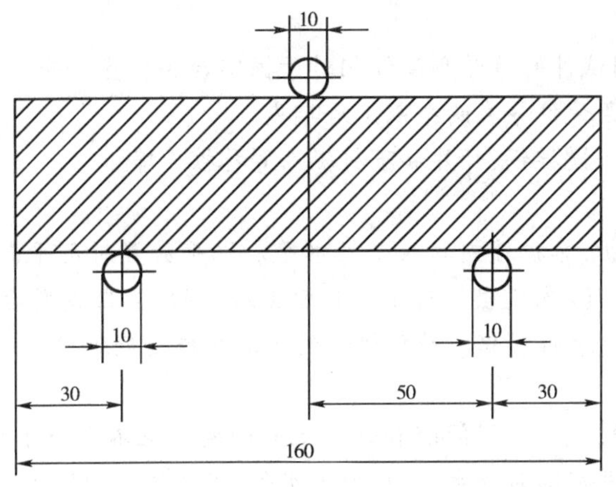

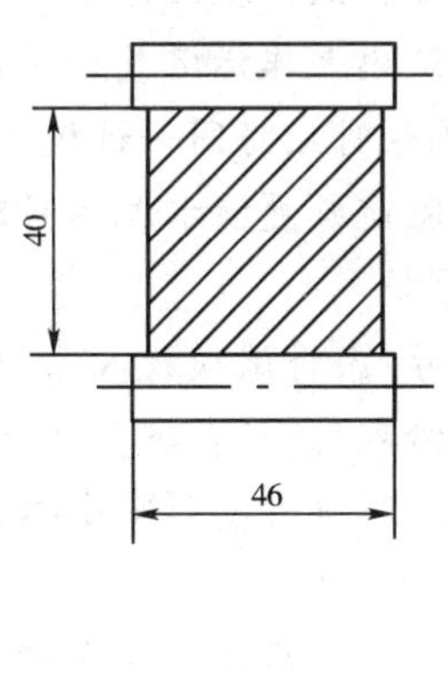

图3-1-14　抗折强度测定加荷图(尺寸单位:mm)

2. ISO标准砂：各国生产的ISO标准砂都可以用来按本方法测定水泥强度。中国标准砂符合ISO697中5.1.3要求，其质量控制按(GB/T 17671—1999)的11章进行。

3. 试验用水为饮用水。仲裁试验时用蒸馏水。

四、温度和相对湿度

1. 试件成型试验室的温度应保持在20℃±2℃(包括强度试验室)，相对湿度大于50%。水泥试样、ISO砂、拌和水及试模等的温度应与室温相同。

2. 养护箱或雾室温度20℃±1℃，相对湿度大于90%，养护水的温度20℃±1℃。

3. 试件成型试验室空气温度和相对湿度在工作期间每天至少记录一次。养护箱或雾室的温度和相对湿度至少每4h记录一次。

五、试件成型

1. 成型前将试模擦净，四周的模板与底座的接触面上应涂黄油，紧密装配，防止漏浆，内壁均匀地刷一薄层机油。

2. 水泥与ISO砂的质量比为1:3，水灰比0.5。

3. 每成型三条试件需称量的材料及用量为：水泥450g±2g;ISO砂1350g±5g;水225mL±1mL。

4. 每锅胶砂用搅拌机进行机械搅拌。先使搅拌机处于待工作状态，然后按以下的程序进行操作：

将水加入锅中，再加入水泥，把锅放在固定架上并上升至固定位置。然后立即开动机器，低速搅拌30s后，在第二个30s开始的同时均匀将砂子加入。当砂是分级装时，应从最粗粒级开始，依次加入，再高速搅拌30s。

停拌90s。在停拌中的第一个15s内用胶皮刮具将叶片和锅壁上的胶砂刮入锅中。在高速下继续搅拌60s。各个阶段时间误差应在±1s内。

5.用振实台成型时，将空试模和模套固定在振实台上，用适当的勺子直接从搅拌锅中将胶砂分两层装入试模。装第一层时，每个槽里约放300g砂浆，用大播料器垂直架在模套顶部，沿每个模槽来回一次将料层播平，接着振实60次。再装入第二层胶砂，用小播料器播平，再振实60次。移走模套，从振实台上取下试模，并用刮尺以90°的角度架在试模顶的一端，沿试模长度方向以横向锯割动作慢慢向另一端移动，一次将超过试模的胶砂刮去，并用同一直尺以近乎水平的角度将试体表面抹平。

6.在试模上作标记或加字条标明试件的编号和试件相对于振实台的位置。两个龄期以上的试件，编号时应将同一试模中的三条试件分在两个以上龄期内。

7.试验前或更换水泥品种时，须将搅拌锅、叶片和下料漏斗等抹擦干净。

六、养护

1.编号后，将试模放入养护箱养护，养护箱内箅板必须水平。水平放置时刮平面应朝上。对于24h龄期的，应在破型试验前20min内脱模。对于24h以上龄期的，应在成型后20～24h之间脱模。脱模时要非常小心，应防止试件损伤。硬化较慢的水泥允许延期脱模，但需记录脱模时间。

2.试件脱模后即放入水槽中养护，试件之间间隙和试体上表面的水深不得小于5mm。每个养护池中只能养护同类水泥试件，并应随时加水，保持恒定水位，不允许养护期间全部换水。

3.除24h龄期或延迟至48h脱模的试体外，任何到龄期的试体应在试验(破型)前15min从水中取出。抹去试件表面沉淀物，并用湿布覆盖。

七、强度试验

1.各龄期(试件龄期从水泥加水搅拌开始算起)的试件强度试验时间

龄期	试验时间
24h	24h±15min;
48h	48h±30min;
72h	72h±45min;
7d	7d±2h;
28d	28d±8h。

2.抗折强度试验

(1)以中心加荷法测定抗折强度。

(2)采用杠杆式抗折试验机试验时，试件放入前，应使杠杆呈水平状态，将试件成型侧面朝上放入抗折试验机内。试件放入后调整夹具，使杠杆在试件折断时尽可能地接近水平位置。

(3)抗折试验加荷速度为50N/s±10N/s，直至折断，并保持两个半截棱柱试件处于潮湿状态直至抗压试验。

(4)抗折强度按式(3-1-4)计算。

$$R_f = \frac{1.5F_f L}{b^3} \tag{3-1-4}$$

式中：R_f——抗折强度，MPa；

F_f——破坏荷载，N；

L——支撑圆柱中心距，mm；

b——试件断面正方形的边长，为40mm。

抗折强度计算值精确至0.1MPa。

(5)抗折强度结果取三个试件平均值，精确至0.1MPa。当三个强度值中有超出平均值±10%的，应剔除后再取平均值，以平均值作为抗折强度试验结果。

3. 抗压强度试验

(1)抗折试验后的断块应立即进行抗压试验。抗压试验须用抗压夹具进行，试件受压面为试件成型时的两个侧面，面积为40mm×40mm。试验前应清除试件受压面与加压板间的砂粒或杂物。试件的底面靠紧夹具定位销，断块试件应对准抗压夹具中心，并使夹具对准压力机压板中心，半截棱柱体中心与压力机压板中心差应在±0.5mm内，棱柱体露在压板外的部分约有10mm。

(2)压力机加荷速度应控制在2400N/s±200N/s速率范围内，在接近破坏时更应严格掌握。

(3)抗压强度按式(3-1-5)计算：

$$R_c = \frac{F_c}{A} \tag{3-1-5}$$

式中：R_c——抗压强度，MPa；

F_c——破坏荷载，N；

A——受压面积，40mm×40mm=1600mm^2。

抗压强度计算值精确至0.1MPa。

(4)抗压强度结果为一组6个断块试件抗压强度的算术平均值，精确至0.1MPa。如果6个强度值中有一个值超过平均值±10%的，应剔除后以剩下5个值的算术平均值作为最后结果。如果5个值中再有超过平均值±10%的，则此组试件无效。

2. 技术标准

硅酸盐水泥的技术标准符合我国现行国标《硅酸盐水泥、普通硅酸盐水泥》(GB 175—1999)的有关规定，列于表3-1-3。

硅酸盐水泥的技术标准　　表3-1-3

技术标准	细度比表面积(m^2/kg)	凝结时间(min)		安定性(沸煮法)	抗压强度(MPa)	不溶物(%)		水泥中MgO(%)	水泥中SO_3(%)	烧失量(%)		碱含量(%)
		初凝	终凝			Ⅰ型	Ⅱ型			Ⅰ型	Ⅱ型	
指标	>300	≥45	≤390	必须合格	见表3-1-2	≤0.75	≤1.5	≤5.0	≤3.5	≤3.0	≤3.5	0.60
试验方法	GB/T 8074	GB/T 1346		GB/T 1346	GB/T 17671	GB/T 176						

我国现行标准《硅酸盐水泥、普通硅酸盐水泥》(GB 175—1999)规定，凡氧化镁、三氧化硫、初凝时间、安定性中任一项不符合标准规定，均为废品。凡细度、终凝时间、不溶物和烧失量中任一项不符合标准规定或混合材料掺加量超过最大限量和强度低于商品强度等级的指标时为不合格品。水泥包装标志中水泥品种、强度等级、生产者名称和出厂编号不全的也属于不合格品。废品水泥在工程中严禁使用。

三、常用水泥的性质与用途

1. 掺混合料的硅酸盐水泥

为了改善硅酸盐水泥的某些性能，增加水泥品种，扩大应用范围，同时达到增加产量和降低成本的目的，在硅酸盐水泥熟料中掺入适量的混合材料，与石膏共同磨细制成不种品种的硅酸盐水泥，称为掺混合料的硅酸盐水泥。

1)水泥混合材料

(1)活性混合材料　磨成细粉掺入水泥后，其成分能与水泥中的矿物成分起化学反应，生成具有胶凝能力的水化产物，并能在水中硬化，这类材料称为活性混合材料。常用的有粒化高炉矿渣、火山灰和粉煤灰等。

(2)非活性混合材料　不与水泥起化学作用，仅起提高产量、调节水泥强度等级、节约水泥熟料、降低水化热、改善新拌混凝土的和易性等作用，这类材料称为非活性混合材料，又称为填充性混合材料，如石英砂、石灰石、粘土等。

2)普通硅酸盐水泥

凡由硅酸盐水泥熟料、6% ~15%混合材料、适量石膏磨细制成的水硬性胶凝材料，称为普通硅酸盐水泥(简称普通水泥)，代号 P·O。

普通硅酸盐水泥由于掺入混合材料的数量少，其技术性质与硅酸盐水泥相近。普通硅酸盐水泥各强度等级在规定龄期强度不得低于表 3-1-2 的数值。其它技术性能的要求，按我国现行国标《硅酸盐水泥、普通硅酸盐水泥》(GB 175—1999)的有关规定列于表 3-1-4。

普通硅酸盐水泥的技术标准　　表 3-1-4

技术标准	细度(80μm 方孔筛)的筛余量(%)	凝结时间		安定性(沸煮法)	强度(MPa)	水泥中 MgO(%)	水泥中 SO_3(%)	烧失量(%)	碱含量(%)
		初凝(min)	终凝(h)						
指标	≤10	≥45	≤10	必须合格	见表 3-1-2	≤5.0	≤3.5	≤5.0	0.60
试验方法	GB/T 1345	GB/T 1346		GB/T 1346 GB/T 750	GB/T 17671	GB/T 176			

3)矿渣硅酸盐水泥

凡由硅酸盐水泥熟料和粒化高炉矿渣、适量石膏磨细制成的水硬性胶凝材料称为矿渣硅酸盐水泥(简称矿渣水泥)，代号 P·S。水泥中粒化高炉矿渣掺加量按质量百分比计为20% ~70%。允许用石灰石、窑灰、粉煤灰和火山灰质混合料中的一种材料代替矿渣，代替数量不得超过水泥质量的 8%，替代后水泥中粒化高炉矿渣不得少于 20%。

4)火山灰硅酸盐水泥

凡由硅酸盐水泥熟料和火山灰质混合材料、适量石膏磨细制成的水硬性胶凝材料称为火

山灰硅酸盐水泥(简称火山灰水泥),代号 P·P。水泥中火山灰质混合材料掺量按质量百分比计为 20% ~50% 。

5)粉煤灰硅酸盐水泥

凡由硅酸盐水泥熟料和粉煤灰、适量石膏磨细制成的水硬性胶凝材料称为粉煤灰硅酸盐水泥(简称粉煤灰水泥),代号 P·F。水泥中粉煤灰掺量按质量百分比计为 20% ~40% 。

矿渣水泥、火山灰水泥及粉煤灰水泥虽有许多相同之处,但又各有特点,使用时应根据工程要求,合理选择水泥的品种,常用的几种硅酸盐水泥的特性及适用范围见表 3-1-5。

常用硅酸盐水泥特性及适用范围　　表 3-1-5

项目	普通水泥	矿渣水泥	火山灰水泥	粉煤灰水泥
特性	1. 早期强度高; 2. 水化热较大; 3. 耐冻性好; 4. 耐热性较差; 5. 耐腐蚀与耐水性差	1. 早期强度低,后期强度高; 2. 水化热较小; 3. 耐热性较好; 4. 耐硫酸盐类侵蚀及耐水性较好; 5. 抗冻性差和干缩性较大	1. 抗渗性好; 2. 耐热性好; 3. 其它性能与矿渣水泥相同	1. 干缩性较小; 2. 抗裂性较好; 3. 抗硫酸盐能力好; 4. 抗碳化能力差; 5. 其它同矿渣水泥
适用范围	适用于一般土木建筑工程中的混凝土、钢筋混凝土及预应力钢筋混凝土的地上、地下和水中结构,其中包括反复冰冻作用的结构,也可拌制快硬高强度混凝土	1. 优先用于有耐热要求的混凝土结构; 2. 适用于大体积混凝土结构; 3. 适用于蒸汽养护的构件; 4. 适用于一般地上、地下和水中的混凝土和钢筋混凝土结构	1. 优先用于水中、地下和大体积混凝土工程和有抗渗要求的混凝土工程; 2. 适用于蒸汽养护的构件; 3. 可用于一般混凝土和钢筋混凝土工程	1. 优先用于地上、地下和大体积混凝土工程; 2. 适用于蒸汽养护的构件; 3. 适用于一般混凝土工程和有硫酸盐腐蚀的一般性工程
不宜使用范围	1. 不宜用于大体积混凝土工程; 2. 不宜用于受化学作用的海水侵蚀的工程; 3. 不宜用于有水压的工程	1. 不宜用于早期强度要求较高的混凝土工程; 2. 不得用于严寒地区处在水位升降范围内的混凝土工程	1. 不宜用于处于干燥环境的混凝土工程; 2. 不宜用于耐磨性要求较高的工程; 3. 其它同矿渣水泥	1. 不宜用于抗碳化要求的工程; 2. 其它同矿渣水泥

6)复合硅酸盐水泥

凡由硅酸盐水泥熟料、两种或两种以上规定的混合材料、适量石膏磨细制成的水硬性胶凝材料,称为复合硅酸盐水泥(简称复合水泥),代号 P·C。水泥中混合材料总掺和量按质量百分比计应大于 15%,但不超过 50% 。

水泥中允许用不超过 8% 的窑灰代替部分混合材料,掺矿渣时混合材料掺量不得与矿渣硅酸盐水泥重复。

2. 其它品种水泥

1）道路硅酸盐水泥

以适当成分生料烧至部分熔融，得到以硅酸钙为主要成分和较多量的铁铝酸钙的硅酸盐水泥熟料，加0～10%活性混合材料和适量石膏磨细制成的水硬性胶凝材料称为道路硅酸盐水泥（简称道路水泥）。

道路水泥要求有较高的抗折强度，熟料中 C_4AF 含量不得小于16%。

道路水泥是一种强度高，特别是具有较高的抗折强度，耐磨性好，干缩性小，抗冲击性好，抗冻性和抗硫酸盐腐蚀性较好。适用于道路路面、机场跑道、城市广场等工程，可减少水泥混凝土路面的裂缝和磨耗等病害，减少维修，延长路面使用年限，因而可获得显著的社会效益和经济效益。

2）快硬硅酸盐水泥

凡由硅酸盐水泥熟料和适量石膏磨细制成的，以3d抗压强度表示强度等级的水硬性胶凝材料称为快硬硅酸盐水泥（简称快硬水泥）。

快硬水泥有32.5、37.5、42.5三个强度等级。快硬水泥硬化速度快，早期强度高，故适用于配制早强、高强度等级混凝土，及用于紧急抢修工程、低温施工工程和高强度预应力钢筋混凝土或混凝土预制构件等，不宜用于大体积工程。缺点是干缩变形大，容易吸湿降低强度，贮存期超过一个月，须重新检验。

3）抗硫酸盐硅酸盐水泥

以适当成分的生料，烧至部分熔融，得到以硅酸钙为主的特定矿物组成的熟料，加入适量石膏磨细制成的具有一定抗硫酸盐侵蚀性能的水硬性胶凝材料称为抗硫酸盐硅酸盐水泥（简称抗硫酸盐水泥）。

抗硫酸盐水泥有32.5、42.5、52.5三个强度等级。抗硫酸盐水泥要求熟料中 C_3S 含量小于50%，C_3A 含量小于5%，C_3A 和 C_4AF 总含量小于22%。抗硫酸盐水泥除具有抗硫酸盐侵蚀的能力外，水化热也低，适用于一般受硫酸盐侵蚀的海港、水利、地下、隧道、引水、道路和桥涵基础工程。

4）中热硅酸盐水泥和低热矿渣硅酸盐水泥（大坝水泥）

以适当成分的硅酸盐水泥熟料，加入适量石膏，磨细制成的具有中等水化热的水硬性胶凝材料称为中热硅酸盐水泥（简称中热水泥）。

以适当成分的硅酸盐水泥熟料，加入矿渣和适量石膏磨细制成的具有低水化热的水硬性胶凝材料，称为低热矿渣硅酸盐水泥（简称低热矿渣水泥）。

中热水泥和低热矿渣水泥通过限制水泥熟料中水化热大的 C_3A 和 C_3S 的含量，从而降低水化热。中热水泥和低热矿渣水泥主要适用于水化热较低的大坝和大体积混凝土工程。

四、水泥石的腐蚀与防止、水泥的贮运

1. 水泥石的腐蚀

普通水泥混凝土在适宜的环境中，水泥石强度将不断增长，但在某些环境中水泥石强度降低，甚至引起混凝土结构物的破坏，这种现象称为水泥石的腐蚀。水泥石腐蚀一般有以下几种

类型:

(1)淡水腐蚀　又称溶析性腐蚀,是指水泥石的水化产物被淡水溶解而带走,造成水泥混凝土中孔隙率增大、强度降低的一种侵蚀现象。

在硅酸盐水泥的水化产物中,$Ca(OH)_2$ 在水中的溶解度最大,首先被溶出。在水量小,静水或无压情况下,由于 $Ca(OH)_2$ 的迅速溶出,周围的水很快饱和,溶出作用也就中止。但在大量或流动的水中,由于 $Ca(OH)_2$ 不断被溶析,不仅混凝土的密度和强度降低,还会导致水化硅酸钙和水化铝酸钙的分解,最终可能导致整体结构物的破坏。

(2)硫酸盐的侵蚀　海水、沼泽水和工业污水中,常含有易溶的硫酸盐类,它们与水泥中的氢氧化钙反应生成石膏,石膏在水泥孔隙中结晶、体积膨胀,且石膏与水泥中的水化铝酸钙作用,生成水化硫铝酸钙(即钙矾石),其体积可增大 1.5 倍,因此水泥石产生很大的内应力,使混凝土结构的强度降低,甚至破坏。

(3)镁盐侵蚀　在海水、地下水或矿泉水中,常含有较多的镁盐,如氯化镁、硫酸镁。镁盐与水泥石中的 $Ca(OH)_2$ 反应生成无胶结能力、极易溶于水的氯化钙,或生成二水石膏,导致水泥石的破坏。

(4)碳酸侵蚀　在工业污水或地下水中常溶解有较多的 CO_2,CO_2 与水泥石中的$Ca(OH)_2$ 反应生成不溶于水的 $CaCO_3$,$CaCO_3$ 再与水中的 H_2CO_3 作用生成易溶于水的$Ca(HCO_3)_2$,这种可溶性使水泥石的强度下降。

2. 水泥石腐蚀的防止

(1)根据腐蚀环境特点,合理选用水泥品种。

(2)提高水泥石的密实度。

(3)敷设耐蚀保护层。

3. 水泥的贮运

水泥容易与水作用结成硬块,降低使用品质。所以在水泥的应用、存贮、运输过程中应特别注意:

(1)防止受潮。

(2)进场的水泥应按不同生产厂、品种、强度等级、批量分别存放,做好标记,严禁混杂,施工中不应将品种不同的水泥随意换用或混合使用。

(3)水泥存放时间不宜过长,否则会自行水化,降低强度或结成硬块。硅酸盐水泥、普通水泥、矿渣水泥、火山灰水泥、粉煤灰水泥的有效存放期为三个月(自出厂之日算起)。超过有效期的水泥应视为过期水泥,使用前必须经过检验,重新鉴定其强度等级,才能使用。

课题二　水泥混凝土

水泥混凝土是由水泥、水和粗集料(碎石或卵石)、细集料(砂),必要时掺入外加剂,按适当比例配合,经搅拌、成型、养护而成的复合材料。这种材料具有许多优点:较高的抗压强度和较好的耐久性,可以浇筑成任意形状、不同强度、不同性能的建筑物,原材料来源广泛,价格低廉。因此,水泥混凝土已成为道路与桥梁工程的主要建筑材料。但水泥混凝土存在抗拉强度低、受拉时变形能力小、容易受温度和湿度变化而开裂、自重大等缺点。

一、水泥混凝土对组成材料的技术要求

水泥混凝土是由水泥、水、砂石集料配制而成。其中水泥和水起胶结作用，集料起骨架填充作用，水泥与水发生反应后形成粘结性很强的水泥浆，将集料颗粒牢固地粘结成整体，使混凝土具有一定强度。此外，常在混凝土中加入各种外加剂，以改善混凝土性能。

1. 水泥

1）水泥品种的选择

五种常用水泥可根据混凝土工程的特点、所处环境、施工气候和条件等因素，参照表3-2-1进行选用。

2）水泥强度等级的选择

水泥强度等级选择，应与要求配制的混凝土强度等级相适应。如水泥强度等级选用过高，则混凝土中水泥用量过少，影响混凝土的和易性和耐久性。反之，如水泥强度等级选用过低，则混凝土中水泥用量太多，非但不经济，而且降低混凝土的某些技术品质（如收缩率增大等）。

五种常用水泥的选用　　表3-2-1

工程性质	适用范围＼水泥品种	硅酸盐水泥（P）	普通水泥（P·O）	矿渣水泥（P·S）	火山灰水泥（P·P）	粉煤灰水泥（P·F）
工程特点	1. 厚大体积混凝土	不得使用	可以使用	优先选用	优先选用	优先选用
	2. 快硬混凝土	优先选用	可以使用	不得使用	不得使用	不得使用
	3. 高强（大于C50）混凝土	优先选用	可以使用	可以使用	不得使用	不得使用
	4. 有抗渗要求的混凝土	优先选用	优先选用	不得使用	优先选用	优先选用
	5. 耐磨混凝土（水泥强度等级≥32.5）	优先选用	优先选用	可以使用	不得使用	不得使用
环境条件	1. 在普通气候环境中	可以使用	优先选用	可以使用	可以使用	可以使用
	2. 在干燥环境中	可以使用	优先选用	可以使用	不得使用	不得使用
	3. 在高温环境或永远处于水下的混凝土	可以使用	可以使用	优先选用	可以使用	可以使用
	4. 寒冷地区的露天混凝土，寒冷地区处于水位升降范围内的混凝土（水泥强度等级≥32.5）	优先选用	优先选用	可以使用	不得使用	不得使用
	5. 严寒地区处于水位升降范围内的混凝土（水泥强度等级≥32.5）	优先选用	优先选用	不得使用	不得使用	不得使用

2. 细集料

混凝土用细集料应采用级配良好、质地坚硬、颗粒洁净的天然砂，也可使用机制砂。砂按技术要求分为Ⅰ类、Ⅱ类、Ⅲ类。Ⅰ类宜用于强度等级大于C60的混凝土；Ⅱ类宜用于强度等级C30～C60及有抗冻、抗渗或其它要求的混凝土；Ⅲ类宜用于强度等级小于C30的混凝土和建筑砂浆。

配制混凝土时，对细集料的品质有以下要求。

1）有害杂质含量

砂中含泥量和泥块含量、云母、轻物质、有机物、硫化物及硫酸盐、氯盐含量应符合表3-2-2

的规定。

有害杂质含量　　表 3-2-2

项　　目	指　　标		
	Ⅰ类	Ⅱ类	Ⅲ类
含泥量(按质量计),%,<	1.0	3.0	5.0
泥块含量(按质量计),%	0	<1.0	<2.0
云母(按质量计),%,<	1.0	2.0	2.0
轻物质(按质量计),%,<	1.0	1.0	1.0
有机物(比色法)	合格	合格	合格
硫化物及硫酸盐(按 SO_3 质量计),%,<	0.5	0.5	0.5
氯化物(以氯离子质量计),%,<	0.01	0.02	0.06

2)砂的粗细程度和颗粒级配

砂的粗细程度和颗粒级配应使所配制的混凝土达到设计强度等级和节约水泥的目的。

砂的粗细程度是指不同粒径的砂粒,混合在一起后的总体的粗细程度。在相同质量条件下,粗砂的表面积较小,细砂的表面积较大。在混凝土中,砂的表面需由水泥浆包裹,砂的表面积越小,则需要包裹砂粒表面的水泥浆越少,从而在保证混凝土质量的前提下节省水泥,因此配制混凝土用粗砂比用细砂节约水泥。

砂的颗粒级配,表示砂的大小颗粒搭配的情况。在混凝土中砂粒之间的空隙是由水泥浆所填充,为了达到节约水泥和提高强度的目的,就应当尽量减少砂粒之间的空隙。为此,必须有大小不同粒径的颗粒搭配。

混凝土用砂的颗粒级配应符合表 3-2-3 的规定或图 3-2-1 中任何一个级配区所规定的级配范围。

颗　粒　级　配　　表 3-2-3

累计筛余(%) 级配区 / 方孔筛	1	2	3
9.5mm	0	0	0
4.75mm	10~0	10~0	10~0
2.36mm	35~5	2	15~0
1.18mm	65~35	50~10	25~0
600μm	85~71	70~41	40~16
300μm	95~80	92~70	85~55
150μm	100~90	100~90	100~90

注:①砂的实际颗粒级配与表中所列数字相比,除 4.75mm 和 600μm 筛档外,可以略有超出,但应小于 5%。

②1 区人工砂中 150μm 筛孔的累计筛余可以放宽到 100~85,2 区人工砂中 150μm 筛孔的累计筛余可以放宽到 100~80,3 区人工砂中 150μm 筛孔的累计筛余可以放宽到 100~75。

1 区砂属于粗砂范畴,用 1 区砂配制混凝土时,应较 2 区砂采用较大的砂率。否则,新拌制混凝土的内摩擦阻力较大，保水性差，不易捣实成型。2 区砂是由中砂和一部分偏粗的细砂组成，3 区砂系由细砂和一部分偏细的中砂组成。当用 3 区砂配制混凝土时，应较 2 区砂采用较小的砂率，因应用 3 区砂所配制成的新拌混凝土粘性略大，比较细软，易振捣成型，而且由于 3 区砂的级配细、比表面积大，所以对新拌混凝土的工作性影响比较敏感。

3）压碎值和坚固性

压碎值和坚固性指标值应符合表 3-2-4 的规定。

压碎值和坚固性指标 表 3-2-4

项　　目		指　　标		
		I 类	II 类	III 类
单级最大压碎指标，%	<	20	25	30
质量损失（硫酸钠 5 次循环），%	<	8	8	10

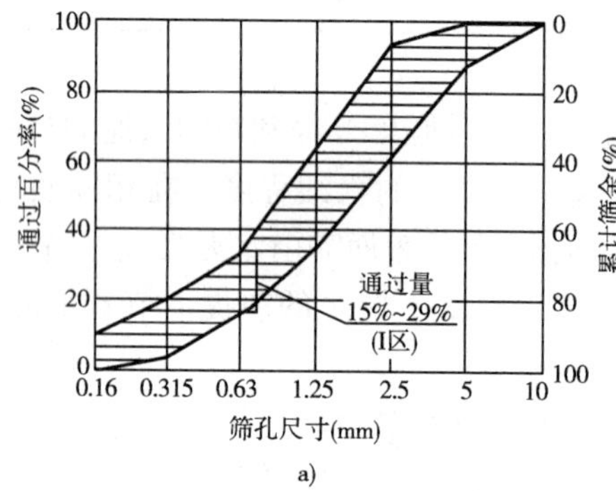

a)

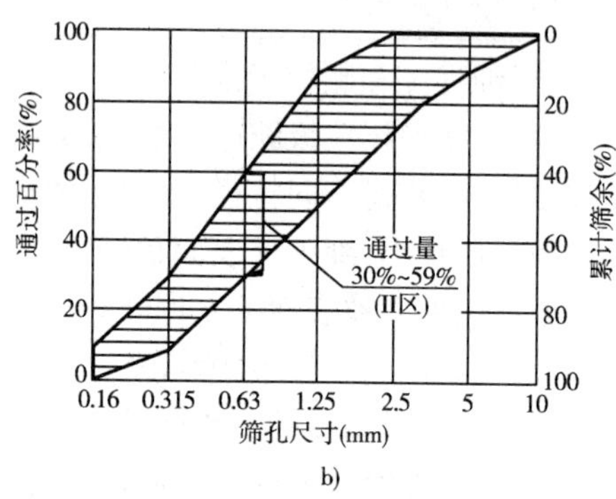

b)

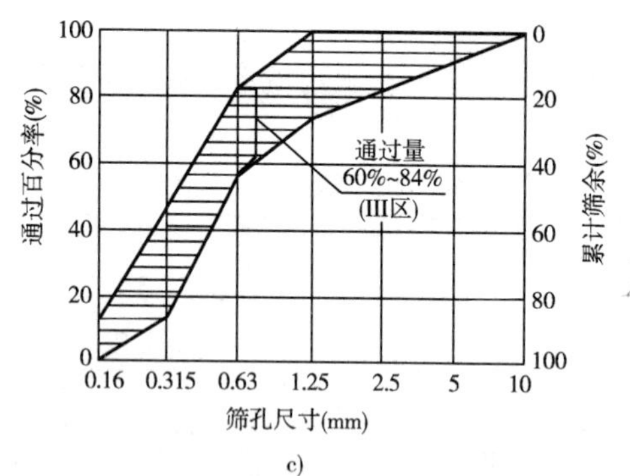

c)

图 3-2-1　水泥混凝土用砂级配范围曲线

a）I 区砂；b）II 区砂；c）III 区砂

3. 粗集料

普通混凝土中采用的粗集料主要是碎石和卵石。按卵石、碎石的技术要求分为 I 类、II 类、III 类。I 类宜用于强度等级大于 C60 的混凝土；II 类宜用于强度等级大于 C30 ~ C60 及抗冻、抗渗或其它要求的混凝土；III 类宜用于强度等级小于 C30 的混凝土。

配制混凝土时，对粗集料的品质有以下几方面的要求：

1）颗粒级配

粗集料应具有良好的颗粒级配，以减小空隙率，增强密实性，从而可以节约水泥，保证混凝

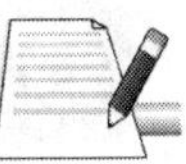

土拌合物的和易性及混凝土强度。特别是配制高强混凝土，粗集料级配尤为重要。

粗集料的颗粒级配可采用连续级配或连续级配与单粒级配合使用，粗集料的级配范围应符合表 3-2-5 的要求。

连续级配的优点：新拌混凝土较为密实，特别是具有优良的工作性，不易产生离析，故为经常采用的级配；缺点：配制相同强度的混凝土，比间断级配所需要的水泥用量要高。

间断级配优点：空隙率低，可以制成密实、高强的混凝土，而且水泥用量低；缺点：间断级配混凝土拌合物容易产生离析现象，适宜于配制稠硬性拌合物，并需采用强力振捣。

2）有害物质含量

卵石、碎石中含泥量和泥块含量、针片状颗粒、有机物、硫化物及硫酸盐含量应符合表3-2-6的规定。

颗　粒　级　配　　　　表 3-2-5

累计筛余（%）/ 方孔筛（mm）/ 公称粒径（mm）		2.36	4.75	9.50	16.0	19.0	26.5	31.5	37.5	53	63.0	75.0	90
连续粒级	5～10	95～100	80～100	0～15	0								
	5～16	95～100	85～100	30～60	0～10	0							
	5～20	95～100	90～100	40～80	—	0～10	0						
	5～25	95～100	90～100	—	30～70	—	0～5	0					
	5～31.5	95～100	90～100	70～90	—	15～45	—	0～5					
	5～40	—	95～100	70～90	—	30～65	—	—	0～5	0			
单粒级	10～20		95～100	85～100		0～15	0						
	16～31.5		95～100		85～100			0～10	0				
	20～40			95～100		80～100			0～10	0			
	31.5～63				95～100			75～100	45～75		0～10	0	
	40～80					95～100			70～100		30～60	0～10	0

碎石和卵石有害物质含量 表 3-2-6

项　目	指　标		
	Ⅰ类	Ⅱ类	Ⅲ类
含泥量(按质量计),%,<	0.5	1.0	1.5
泥块含量(按质量计),%	0	<0.5	<0.7
针片状颗粒(按质量计),%,<	5	15	25
有机物	合格	合格	合格
硫化物及硫酸盐(按 SO_3 质量计),%,<	0.5	1.0	1.0

3)坚固性

采用硫酸钠溶液法进行试验,卵石和碎石经 5 次循环后,其质量损失应符合表 3-2-7 的规定。

坚固性与压碎指标 表 3-2-7

项　目	指　标		
	Ⅰ类	Ⅱ类	Ⅲ类
质量损失,%,<	5	8	12
碎石压碎指标,%,<	10	20	30
卵石压碎指标,%,<	12	16	16

4)强度

(1)岩石抗压强度　在水饱和状态下,其抗压强度火成岩应不小于 80MPa,变质岩应不小于 60MPa,水成岩应不小于 30MPa。

(2)压碎指标　压碎指标值应符合表 3-2-7 的规定。

5)表观密度、堆积密度、空隙率

表观密度、堆积密度、空隙率应符合如下规定:表观密度大于 2500kg/m^3;松散堆积密度大于 1350kg/m^3;空隙率小于 47%。

6)碱集料反应

水泥混凝土中水泥的碱与某些碱活性集料发生化学反应,可引起混凝土产生膨胀、开裂,甚至破坏,这种化学反应称为碱集料反应。经碱集料反应试验后,由石子制备的试件无裂缝、酥裂、胶体外溢等现象,试件养护 6 个月龄期膨胀率应小于 0.10%。

7)最大粒径的选择

粗集料中公称粒级的上限称为该粒级的最大粒径。新拌混凝土随最大粒径的增大,单位用水量相应减少。在固定用水量和水灰比的条件下,加大最大粒径,可获得较好的工作性,通常在结构断面允许条件下,尽量增大最大粒径以节约水泥(注意最大粒径增大,抗拉强度会降低)。《混凝土结构工程施工质量验收规范》(GB 50204—2002)规定,粗集料最大粒径不得大于结构物最小尺寸的 1/4 和钢筋最小净距的 3/4;对于混凝土实心板,允许采用最大粒径为 1/2板厚的颗粒级配,但最大粒径不得超过 50mm。

8)颗粒形状及表面特征

粗集料的粒形以接近立方体者为最佳。针、片状颗粒不仅本身容易折断,而且会增加集料

的空隙率,影响混凝土的质量,也对混凝土拌合物的和易性有明显的影响。针状颗粒指颗粒长度大于该颗粒所属粒级平均粒径的2.4倍者,片状颗粒指颗粒厚度小于该颗粒所属粒级平均粒径的0.4倍者。

粗集料的表面特征主要指集料表面的粗糙程度及孔隙特征等。一般情况下,当混凝土的水泥用量与用水量相同时,碎石混凝土比卵石混凝土的强度高20%左右,但卵石混凝土拌合物的和易性较好。

4.拌和用水

凡符合国家标准的生活饮用水,均可用于拌制混凝土。

二、水泥混凝土的技术性质

水泥混凝土的技术性质主要包括:新拌混凝土的工作性;硬性化后混凝土的力学性质和耐久性。

1.新拌混凝土的工作性(和易性)

水泥混凝土在尚未凝结硬化以前,称为新拌混凝土或称混凝土拌合物。新拌混凝土的工艺性质,称之为工作性(或称和易性)。

1)新拌混凝土工作性的概念

水泥混凝土的工作性,也称和易性,是指混凝土拌合物易于施工操作(拌和、运输、浇筑、振捣)且成型后质量均匀、密实的性能。实际上,混凝土拌合物的和易性是一项综合技术性质,包括流动性、粘聚性和保水性等三方面含义。流动性是指混凝土拌合物在自重或机械振捣作用下,能产生流动,并均匀密实地填满模板的性能。粘聚性是指混凝土拌合物在施工过程中其组成材料之间有一定的粘聚力,不致产生分层和离析的现象。保水性是指混凝土拌合物在施工过程中,具有一定的保水能力,不致产生严重的泌水现象。

2)新拌混凝土工作性的测定方法

混凝土拌合物工作性常用的测定方法,有坍落度试验和维勃稠度试验两种。

水泥混凝土拌合物的拌和方法(T 0521—2005)

一、目的和适用范围

本方法规定了在常温中室内水泥混凝土拌合物的拌和方法。

轻质水泥混凝土、防水水泥混凝土、碾压水泥混凝土等其它特种水泥混凝土的拌和方法,可以参照本方法进行,但因其特殊性所引起的对试验设备及方法的特殊要求,均应遵照对这些水泥混凝土的有关技术规定进行。

二、仪器设备

1.搅拌机:自由式或强制式。

2.振动台:标准振动台,符合《混凝土试验用振动台》(JG/T 3020—1994)的要求。

3.磅秤:感量满足称量总量1%的磅秤。

4.天平:感量满足称量总量0.5%的天平。

5.其它:铁板、铁铲等。

三、材料

1. 所有材料均应符合有关要求，拌和前材料应放在温度20℃ ±5℃的室内。

2. 为防止粗集料的离析，可将集料按不同粒径分开，使用时再按一定比例混合。试样从抽取至试验完毕过程中，不要风吹日晒，必要时应采取保护措施。

四、拌和步骤

1. 拌和时保持室温20℃ ±5℃。

2. 拌合物的总量至少应比所需量高20%以上。拌制混凝土的材料用量应以质量计。称量的精确度：集料为 ±1%，水、水泥、掺合料和外加剂为 ±0.5%。

3. 粗集料、细集料均以干燥状态为基准，计算用水量时应扣除粗集料、细集料的含水量。

注：干燥状态是指含水率小于0.5%的细集料和含水率小于0.2%的粗集料。

4. 外加剂的加入

对于不溶于水或难溶于水且不含潮解型盐类，应先和一部分水泥拌和，以保证充分分散。

对于不溶于水或难溶于水但含潮解型盐类，应先和细集料拌和。

对于水溶性液体，应先和水拌和。

其它特殊外加剂，应遵守有关规定。

5. 拌制混凝土所用各种用具，如铁板、铁铲、抹刀，应预先用水润湿，使用完后必须清洗干净。

6. 使用搅拌机前，应先用少量砂浆进行涮膛，再刮出涮膛砂浆，以避免正式拌和混凝土时水泥砂浆粘附筒壁的损失。涮膛砂浆的水灰比及砂灰比，应与正式的混凝土配合比相同。

7. 用搅拌机拌和时，拌和量宜在搅拌机公称容量的1/4 ~3/4之间。

8. 搅拌机搅拌

按规定称好原材料，往搅拌机内顺序加入粗集料、细集料、水泥。开动搅拌机，将材料拌和均匀，在拌和过程中徐徐加水，全部加料时间不宜超过2min。水全部加入后，继续拌和2min，尔后将拌合物倾出在铁板上，再经人工翻拌1 ~2min，务必使拌合物均匀一致。

9. 人工拌和

采用人工拌和时，先用湿布将铁板、铁铲润湿，再将称好的砂和水泥在铁板上拌匀，加入粗集料，再混合搅拌均匀。尔后将此拌合物堆成长堆，中心扒成长槽，将称好的水倒入约一半，将其与拌合物仔细拌匀，再将材料堆成长堆，扒成长槽，倒入剩余的水，继续进行拌和，来回翻拌至少6遍。

10. 从试样制备完毕到开始做各项性能试验不宜超过5min（不包括成型试件）。

水泥混凝土拌合物稠度试验方法（坍落度仪法）（T 0522—2005）

一、目的和适用范围

本方法规定了采用坍落度仪测定水泥混凝土拌合物稠度的方法和步骤。

本方法适用于坍落度大于10mm，集料公称最大粒径不大于31.5mm的水泥混凝土的坍落度测定。

二、仪器设备

1. 坍落筒：如图3-2-2所示，符合《混凝土坍落度仪》（JG 3021—1994）中有关技术要求。

2. 捣棒：符合《混凝土坍落度仪》（JG 3021—1994）中有关技术要求，为直径16mm、长约600 mm并具有半球形端头的钢质圆棒。

3. 其它：小铲、木尺、小钢尺、镘刀和钢平板等。

三、试验步骤

1. 试验前将坍落筒内外洗净，放在经水润湿过的平板上（平板吸水时应垫以塑料布），踏紧脚踏板。

2. 将代表样分三层装入筒内，每层装入高度稍大于筒高的1/3，用捣棒在每一层的横截面上均匀插捣25次。插捣在全部面积上进行，沿螺旋线由边缘至中心，插捣底层时插至底部，插捣其它两层时，应插透本层并插入下层约20～30mm，插捣须垂直压下（边缘部分除外），不得冲击。在插捣顶层时，装入的混凝土应高出坍落筒口。随插捣过程随时添加拌合物。当顶层插捣完毕后，将捣棒用锯和滚的动作清除掉多余的混凝土，用镘刀抹平筒口，刮净筒底周围的拌合物。尔后立即垂直地提起坍落筒，提筒在5～10s内完成，并使混凝土不受横向及扭力作用。从开始装料到提出坍落度筒整个过程应在150s内完成。

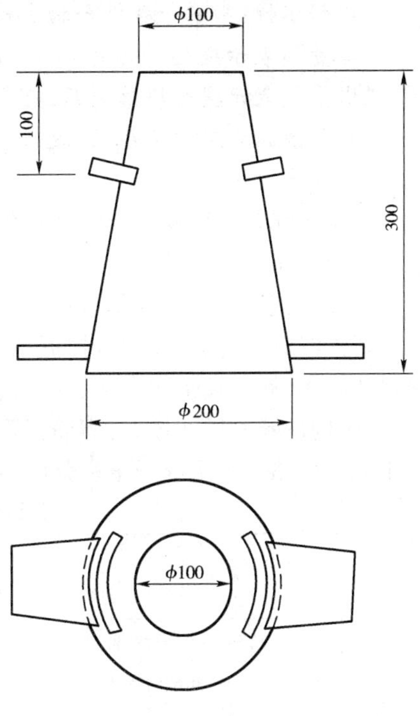

图3-2-2　坍落度试验用坍落筒（尺寸单位：mm）

3. 将坍落筒放在锥体混凝土试样一旁，筒顶平放木尺，用小钢尺量出木尺底面至试样顶面最高点的垂直距离，即为该混凝土拌合物的坍落度，精确至1mm。

4. 当混凝土试件的一侧发生崩坍或一边剪切破坏，则应重新取样另测。如果第二次仍发生上述情况，则表示该混凝土和易性不好，应记录。

5. 当混凝土拌合物的坍落度大于220mm时，用钢尺测量混凝土扩展后最终的最大直径和最小直径，在这两个直径之差小于50mm的条件下，用其算术平均值作为坍落扩展度值；否则，此次试验无效。

6. 坍落度试验的同时，可用目测方法评定混凝土拌合物的下列性质，并予记录。

(1) 棍度：按插捣混凝土拌合物时难易程度评定，分“上”、“中”、“下”三级。

“上”：表示插捣容易；

“中”：表示插捣时稍有石子阻滞的感觉；

“下”：表示很难插捣。

(2) 含砂情况：按拌合物外观含砂多少而评定，分“多”、“中”、“少”三级。

“多”：表示用镘刀抹拌合物表面时，一两次即可使拌合物表面平整无蜂窝；

“中”：表示抹五、六次才可使拌合物表面平整无蜂窝；

“少”：表示抹面困难，不易抹平，有空隙及石子外露等现象。

(3) 粘聚性：观测拌合物各组分相互粘聚情况。评定方法是用捣棒在已坍落的混凝土锥体侧面轻打，如锥体在轻打后逐渐下沉，表示粘聚性良好；如锥体突然倒坍、部分崩裂或发生石子离析现象，即表示粘聚性不好。

(4)保水性:指水分从拌合物中析出情况,分"多量"、"少量"、"无"三级评定。

"多量":表示提起坍落筒后,有较多水分从底部析出;

"少量":表示提起坍落筒后,有少量水分从底部析出;

"无":表示提起坍落筒后,没有水分从底部析出。

四、试验结果

混凝土拌合物坍落度和坍落扩展度值以毫米(mm)为单位,测量精确至1mm,结果修约至最接近的5mm。

3)新拌混凝土工作性的选择

新拌混凝土的坍落度,应根据结构物的断面尺寸、钢筋疏密和振捣方式来确定。当构件断面尺寸较小、钢筋较密或人工振捣时,选择较大的坍落度,易于浇捣密实,以保证施工质量。反之,对于构件断面尺寸较大,钢筋配置稀疏,采用机械振捣时,尽可能选择较小的坍落度,以节约水泥。公路桥涵用混凝土坍落度参考表3-2-8选用。

公路桥涵用混凝土坍落度参考表 表3-2-8

项次	结构种类	坍落度(mm)	
		机械振捣	人工振捣
1	桥涵基础、墩台、仰拱、挡土墙及大型预制块,便于灌筑捣实的混凝土结构	0~20	20~40
2	上列桥涵墩台等工程中较不便施工处	10~30	30~50
3	普通配筋的钢筋混凝土结构,如钢筋混凝土板、梁、柱等	30~50	50~70
4	钢筋较密、断面较小的钢筋混凝土结构(梁、柱、墙等)	50~70	70~90
5	钢筋配置特密、断面高而狭小极不便灌筑捣实的特殊结构部位	70~90	100~140

4)影响新拌混凝土工作性的因素

新拌混凝土工作性的影响因素主要有混合料的集浆比、水灰比和砂率,具体表现在混合料中水泥浆的数量与稠度以及砂石用量比例。此外,还与组成材料的品种和环境、温度、时间等因素有关。

(1)单位用水量。

增加用水量,流动性增大,但硬化后混凝土会产生较大的孔隙,从而降低了混凝土的强度和耐久性。另外,用水量过多,会使新拌混凝土产生分层、泌水现象,反而降低了工作性。因此,在保证混凝土的强度和耐久性的条件下,根据流动性要求来确定单位用水量。

(2)集浆比的影响。

集浆比就是单位混凝土拌合物中,集料与水泥浆绝对体积之比。水泥浆在混凝土拌合物中,除了填充集料间的空隙外,还包裹集料的表面,以减小集料颗粒间的摩阻力,使拌合物具有一定的流动性。在单位体积的混凝土拌合物中,如水灰比保持不变,则水泥浆数量越多,即集浆比越小,拌合物的流动性越大。但水泥浆过多,则出现流浆、泌水、分层等不良现象。

(3)水灰比的影响。

水灰比指水的质量与水泥质量之比。在水泥浆数量固定的情况下,水灰比即决定水泥浆的稠度,水灰比越大,水泥浆越稀,拌合物流动性也越大,但粘聚性和保水性却随之变差。在实际工作中常采用保持水灰比不变、同时增加或减少水与水泥用量的方法来调整工作性。

(4)砂率的影响。

砂率是指混凝土中砂的质量占砂、石总量的百分率。砂率反映了粗细集料的相对比例，它影响混凝土集料的空隙率和总表面积。砂率过大时集料的空隙率和总表面积增大，在水泥浆用量一定的条件下，拌合物流动性小。当砂率过小时，虽集料总表面积减小，但砂浆量不足，不能起润滑作用，流动性降低，更严重的是影响拌合物的粘聚性和保水性。因此，砂率应有一个合理值。合理砂率是指在水泥浆用量一定时，能使新拌混凝土获得最大流动性，且能保持粘聚性和保水性良好的砂率值。

(5)水泥特性的影响。

水泥的品种、细度、矿物组成及混合料的掺量都会影响需水量。不同品种的水泥达到标准稠度用水量不同，配制的混凝土拌合物具有不同的流动性。通常普通水泥比矿渣水泥和火山灰水泥混凝土拌合物的工作性好。矿渣水泥拌合物的流动性虽大，但粘聚性差，易泌水离析；火山灰水泥拌合物的流动性小，但粘聚性最好。

(6)集料特性的影响。

表面光滑、形状较圆、少棱角的卵石，所拌制的混合料流动动性好，但强度较表面粗糙、有棱角的碎石混凝土低。此外，具有优良级配、集料最大粒径较大的混凝土拌合物工作性较好。

(7)温度和时间的影响。

温度升高会导致坍落度减小，混合料随时间延长而变得干稠，造成坍落度损失。

(8)外加剂的影响。

在混凝土拌合物中加入少量的外加剂，可在不增加用水量和水泥用量的情况下，有效地改善其工作性，同时可提高混凝土的强度和耐久性。

5)改善新拌混凝土工作性的主要措施

(1)调节混凝土的材料组成。

在保证混凝土强度、耐久性和经济性的前提下，适当调整混凝土配合比以提高工作性。

(2)掺加外加剂。

如减水剂、引气剂等均能提高新拌混凝土的工作性，同时提高强度和耐久性，且节约水泥。

2. 硬化后混凝土的力学性质

硬化后混凝土的力学性质包括强度和变形两个方面。

1)强度

强度是硬化后混凝土的主要力学性质，我国现行国标《普通混凝土力学性能试验方法标准》(GB/T 50081—2002)规定，混凝土强度有抗压强度、轴心抗压强度、劈裂抗拉强度和抗折强度等，其中主要指标有抗压强度和抗折强度。

(1)抗压强度标准值和强度等级。

在结构设计时，混凝土材料的强度是用强度等级作为依据的。混凝土各种力学强度值，均可由强度等级换算，所以强度等级是混凝土各种力学强度标准值的基础。

①立方体抗压强度(f_{cc})：按照标准的制作方法制成边长为150mm的立方体试件，在标准养护条件(温度20℃ ±2℃，相对湿度95%以上)下，养护至28d龄期，按标准的测定方法测其抗压强度值，即为混凝土立方体试件抗压强度(简称立方体抗压强度)。

②立方体抗压强度标准值($f_{cu,k}$)：按照标准方法制作和养护的边长为150mm的立方体试件，在28d龄期，用标准试验方法测得的具有95%保证率的抗压强度(以MPa计)，以$f_{cu,k}$表示。

③强度等级:混凝土强度等级是按立方体抗压强度标准值来确定的,强度等级的表示方法,是用符号“C”和“立方体抗压强度标准值”两项内容表示,例如:“C30”即表示混凝土立方体抗压强度标准值$f_{cu,k}=30\mathrm{MPa}$。

我国现行行业标准《公路钢筋混凝土及预应力混凝土桥涵设计规范》(JTG D62—2004)规定,普通混凝土按立方体抗压强度标准值划分为:C15、C20、C25、C30、C35、C40、C45、C50、C55、C60、C65、C70、C75和C80等14个强度等级。

(2)抗弯拉强度(f_f)。

道路路面或机场道面用水泥混凝土,以抗弯拉强度(或称抗折强度)为主要强度指标,抗压强度为参考强度指标。

道路水泥混凝土抗弯拉强度是以标准制作方法制成150mm×150mm×550mm的棱柱体试件,在标准养护条件(温度20℃±2℃,相对湿度95%以上)下,养护28d龄期,按三分点加荷方式测定其抗弯拉强度值。

水泥混凝土试件制作方法(T 0551—2005)

一、目的和适用范围

本方法规定了在常温环境中室内试验时水泥混凝土试件制作方法。

轻质水泥混凝土、防水水泥混凝土、碾压混凝土等其它特种水泥混凝土的制作方法,可以参照本方法进行。

二、仪器设备

1. 搅拌机:自由式或强制式。

2. 振动台:符合《混凝土试验用振动台》(JG/T 3020—1994)中技术要求的规定。

3. 混凝土试模:试模应符合《混凝土试模》(JG 3019—1994)中技术要求的规定。

4. 捣棒、铁锹、镘刀等。

三、试件的制作

1. 成型前试模内壁涂一薄层矿物油 。

2. 取拌合物的总量至少应比所需量高20%以上,并取出少量混凝土拌合物代表样,在5min内进行坍落度或维勃试验,认为品质合格后,应在15min内开始制作或做其它试验。

3. 对于坍落度小于25mm时,可采用ϕ25mm的插入式振捣棒成型。将混凝土拌合物一次装入试模,装料时应用抹刀沿各试模壁插捣,并使混凝土拌合物高出试模口;振捣时振捣棒距底板10~20mm,且不要接触底板。振捣直到表面出浆为止,且应避免过振,以防止混凝土离析,一般振捣时间为20s。振捣棒拔出时要缓慢,拔出后不得留有孔洞。用刮刀刮去多余的混凝土,在临近初凝时,用镘刀抹平。试件抹面与试模边缘高低差不得超过0.5mm。

注:这里不适合用水量非常低的水泥混凝土;同时不适于直径或高度不大于100mm的试件。

4. 当坍落度大于25mm且小于70mm时,用标准振动台成型。将试模放在振动台上夹牢,防止试模自由跳动,将拌合物一次装满试模并稍有富余,开动振动台至混凝土表面出现乳状水泥浆为止,振动过程中随时添加混凝土使试模常满,记录振动时间(约为维勃秒数的2~3倍,一般不超过90s)。振动结束后,用金属直尺沿试模边缘刮去多余的混凝土,用镘刀将表面初次抹平,待试件收浆后,再次用镘刀将试件仔细抹平,试件抹面与试模边缘的高低差不得超过0.5mm。

5. 当坍落度大于70mm时，用人工成型。拌合物分厚度大致相等的两层装入试模。捣固时按螺旋方向从边缘到中心均匀地进行。插捣底层混凝土时，捣棒应达到模底；插捣上层时，捣棒应贯穿上层后插入下层20～30mm处。插捣时应用力将捣棒压下，保持捣棒垂直，不得冲击，捣完一层后，用橡皮锤轻轻击打试模外端面10～15下，以填平插捣过程中留下的孔洞。

每层插捣次数 $100cm^2$ 截面积内不得少于12次。试件抹面与试模边缘高低差不得超过0.5mm。

四、养护

1. 试件成型后，用湿布覆盖表面（或其它保持湿度办法），在室温20℃±5℃，相对湿度大于50%的环境下，静放一到两个昼夜，然后拆模并作第一次外观检查、编号，对有缺陷的试件应除去，或加工补平。

2. 将完好试件放入标准养护室进行养护，标准养护室温度为20℃±2℃，相对湿度在95%以上，试件宜放在铁架或木架上，间距至少10～20mm，试件表面应保持一层水膜，并避免用水直接冲淋。当无标准养护室时，将试件放入温度20℃±2℃的不流动的 $Ca(OH)_2$ 饱和溶液中养护。

3. 标准养护龄期为28d（从搅拌加水开始）。非标准的龄期为1d、3d、7d、60d、90d、180d。

水泥混凝土立方体抗压强度试验方法（T 0553—2005）

一、试验目的和适用范围

本方法规定了测定水泥混凝土抗压极限强度的方法和步骤。本方法可用于确定水泥混凝土的强度等级，作为评定水泥混凝土品质的主要指标。

本方法适用于各类水泥混凝土立方体试件的极限抗压强度试验。

二、仪器设备

1. 压力机或万能试验机：压力机除符合《液压式压力试验机》（GB/T 3722—1992）及《试验机通用技术要求》（GB/T 2611—1992）中的要求外，其测量精度为±1%，试件破坏荷载应大于压力机全量程的20%且小于压力机全量程的80%。同时应具有加荷速度指示装置或加荷速度控制装置。

2. 球座：钢质坚硬，面部平整度要求在100mm距离内高低差值不超过0.05mm，球面及球窝粗糙度 $R_a=0.32\mu m$，研磨、转动灵活。

3. 混凝土强度等级大于等于C60时，试验机上、下压板之间应各垫一钢垫板，平面尺寸应不小于试件的承压面，其厚度至少为25mm。试件周围应设置防崩裂网罩。

三、试件制备和养护

1. 试件制备和养护应符合T 0551中有关规定。

2. 混凝土抗压强度试件尺寸符合T 0551中表T 0551-1（教材略）规定。

3. 集料公称最大粒径符合T 0551中表T 0551-1（教材略）规定。

4. 混凝土抗压强度试件应同龄期者为一组，每组为3个同条件制作和养护的混凝土试块。

四、试验步骤

1. 至试验龄期时，自养护室取出试件，应尽快试验，避免其湿度变化。

2. 取出试件，检查其尺寸及形状，相对两面应平行。量出棱边长度，精确至1mm。试件受力截面积按其与压力机上下接触面的平均值计算。在破型前，保持试件原有湿度，在试验时擦干试件。

3. 以成型时侧面为上下受压面，试件中心应与压力机几何对中。

4. 强度等级小于C30的混凝土取0.3～0.5 MPa/s的加荷速度；强度等级大于C30小于C60时，则取0.5～0.8MPa/s的加荷速度；强度等级大于C60的混凝土取0.8～1.0MPa/s的加荷速度。当试件接近破坏而开始迅速变形时，应停止调整试验机油门，直至试件破坏，记录破坏极限荷载F(N)。

五、试验结果

1. 混凝土立方体抗压强度应按下式计算：

$$f_{cu}=\frac{F}{A} \tag{3-2-1}$$

式中：f_{cu}——混凝土立方体试件抗压强度，MPa；

F——极限荷载，N；

A——受压面积，mm^2。

混凝土立方体抗压强度计算应精确至0.1MPa。

2. 以3个试件测值的算术平均值作为测定值，计算精确至0.1MPa。三个测值中的最大值或最小值中如有一个与中间值之差超过中间值的15%，则取中间值为测定值；如最大值和最小值与中间值之差均超过中间值的15%，则该组试件的试验结果无效。

3. 混凝土强度等级小于C60时，非标准试件的抗压强度应乘以尺寸换算系数（见表3-2-9），并应在报告中注明。当混凝土强度等级大于等于C60时，宜用标准试件，使用非标准试件时，换算系数由试验确定。

立方体抗压强度尺寸换算系数　　表3-2-9

试件尺寸(mm)	尺寸换算系数	试件尺寸(mm)	尺寸换算系数
100×100×100	0.95	200×200×200	1.05

水泥混凝土抗弯拉强度试验方法(T 0558—2005)

一、目的和适用范围

本方法规定了测定水泥混凝土抗弯拉极限强度的方法，以提供设计参数，检查水泥混凝土施工品质和确定抗弯拉弹性模量试验加荷标准。

本方法适用于各类水泥混凝土棱柱体试件。

二、仪器设备

1. 压力机或万能试验机：符合T 0553中的规定。

2. 抗弯拉试验装置（即三分点处双点加荷和三点自由支承式混凝土抗弯拉强度与抗弯拉弹性模量试验装置）：如图3-2-3。

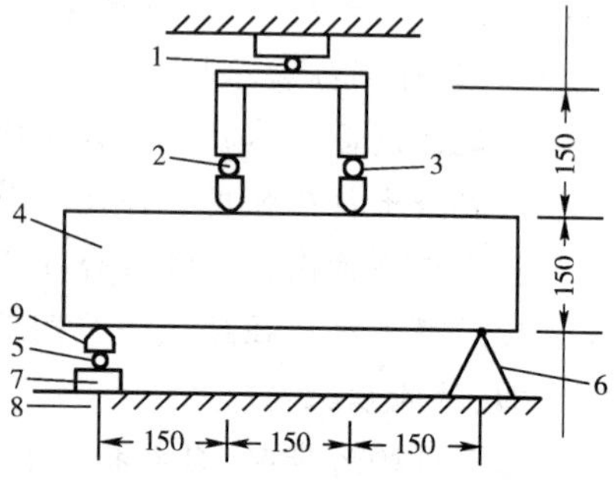

图3-2-3　抗弯拉试验装置（尺寸单位：mm）

1、2-一个钢球；3、5-两个钢球；4-试件；6-固定支座；7-活动支座；8-机台；9-活动船形垫块

三、试件制备和养护

1. 试件尺寸应符合T 0551中表T 0551-1（教材略）的规定，同时在试件长向中部1/3区段内表面不得有直径超过5mm、深度超过2mm的孔洞。

2. 混凝土抗弯拉强度试件应取同一龄期者为一组，每组3个同条件制作和养护的试件。

四、试验步骤

1. 试件取出后，用湿毛巾覆盖并及时进行试验，保持试件干湿状态不变。在试件中部量出其宽度和高度，精确至1mm。

2. 调整两个可移动支座，将试件安装在支座上，试件成型时的侧面朝上，几何对中后，务必使支座及承压面与活动船形垫块的接触面平稳、均匀，否则应垫平。

3. 加荷时应保持均匀、连续。当混凝土的强度等级小于C30时，加荷速度为0.02～0.05MPa/s；当混凝土的强度等级大于等于C30且小于C60时，加荷速度为0.05～0.08MPa/s；当混凝土的强度等级大于等于C60时，加荷速度为0.08～0.10MPa/s。当试件接近破坏而开始迅速变形时，不得调整试验机油门，直至试件破坏，记下破坏极限荷载F(N)。

4. 记录下最大荷载和试件下边缘断裂的位置。

五、试验结果

1. 当断面发生在两个加荷点之间时，抗弯拉强度f_f按下式计算：

$$f_f = \frac{FL}{bh^2} \tag{3-2-2}$$

式中：f_f——抗弯拉强度，MPa；

F——极限荷载，N；

L——支座间距离，mm；

b——试件宽度，mm；

h——试件高度，mm。

2. 以3个试件测值的算术平均值为测定值。3个试件中最大值或最小值中如有一个与中间值之差超过中间值的15%，则把最大值和最小值舍去，以中间值作为试件的抗弯拉强度；如最大值和最小值与中间值之差均超过中间值的15%，则该组试验结果无效。

3个试件中如有一个断裂面位于加荷点外侧，则混凝土抗弯拉强度按另外两个试件的试验结果计算。如果这两个测值的差值不大于这两个测值中较小值的15%，则以两个测值的平均值为测试结果，否则结果无效。

如果有两个试件均出现断裂面位于加荷点外侧，则该组结果无效。

注：断面位置在试件断块短边一侧的底面中轴线上量得。

抗弯拉强度计算应精确至0.1MPa。

3. 采用100mm×100mm×400mm非标准试件时，应乘以尺寸换算系数0.85；当混凝土强度等级大于等于C60时，应采用标准试件。

2）影响水泥混凝土强度的因素

（1）水泥强度和水灰比　试验表明，在配合比相同的条件下，水泥强度越高，制成的混凝土强度也越高。当水泥强度一定时，混凝土的强度主要取决于水灰比的大小，水灰比越小，水泥混凝土强度越高。

（2）集料的品种、质量与数量　在其它条件相同的情况下，用碎石拌制的混凝土比卵石混凝土的强度高。集料强度过低、集料中有害杂质含量过多时会降低混凝土的强度。集浆比对混凝土、特别对高强度混凝土强度有一定影响。在水灰比相同的条件下，达到最优集浆比后，混凝土的强度随集浆比的减小而降低。

(3)养护条件　混凝土在潮湿条件下养护强度高,在干燥条件下强度低。试验资料表明,混凝土在干燥条件下经过几个月后放在水中养护,强度仍会继续增长,时间愈长强度愈高。在湿度相同的养护条件下,低温养护强度发展较慢,当温度降至零度时,混凝土强度不仅停止增长,遭遇严寒还会引起混凝土崩溃。高温养护可以提高早期强度。温度对强度的影响见图3-2-4。

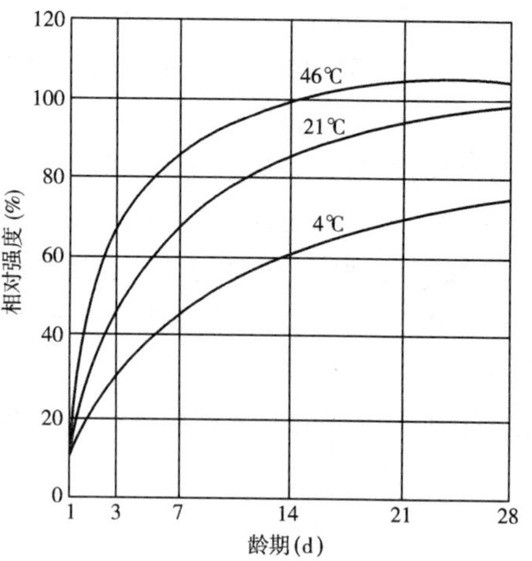

图3-2-4　养护温度条件对混凝土强度的影响

(4)龄期　混凝土在标准养护条件下,其强度与龄期的对数成正比,如图3-2-5所示。

(5)试验条件　相同材料组成、制备和养护条件相同的混凝土试件,其力学强度还取决于试验条件。影响混凝土力学强度的试验条件主要有:试件形状和尺寸、试件温度和湿度、支承条件和加载方式等。

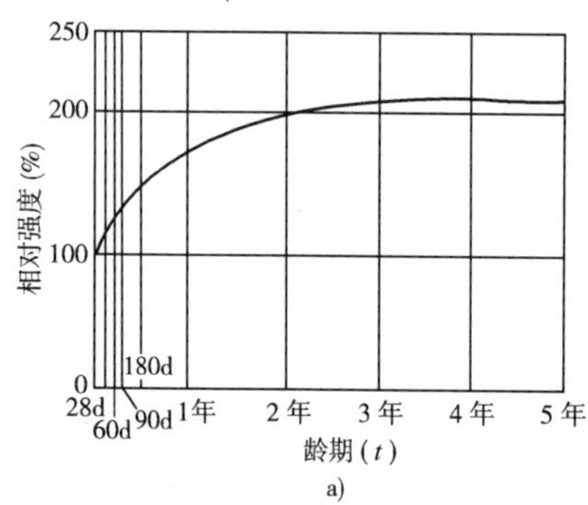

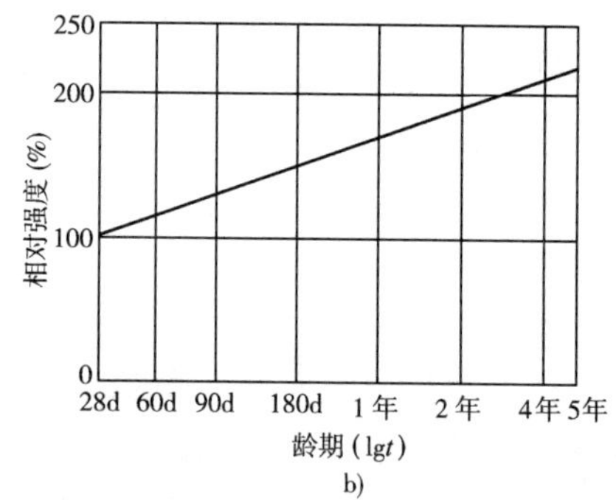

图3-2-5　混凝土强度与龄期的对数关系

a)龄期为常坐标;b)龄期为对数坐标

3)提高水泥混凝土强度的措施

选用高强度水泥和早强型水泥;降低水灰比和浆集比以提高混凝土的密实度;采用蒸汽养护和蒸压养护以提高混凝土的早期强度;掺加外加剂和掺合料,采用机械搅拌和振捣。

4)变形

硬化后水泥混凝土的变形,包括非荷载作用下的化学变形、干湿变形和温度变形,以及荷载作用下的弹—塑性变形和徐变。

3. 混凝土的耐久性

道路与桥梁用混凝土长期遭受风霜雨雪的侵蚀,对耐久性要求首要为抗冻性;其次,路面混凝土还要求具有一定的耐磨性;桥梁墩台混凝土要求具有对海水、污水的耐蚀性;隧道混凝土要求具有对气体的耐蚀性。此外,近年来因碱—集料反应而导致的高速公路及桥梁结构的破坏,亦引起人们的关注。

1)抗冻性

混凝土抗冻性是指混凝土在饱水状态下,能经受多次冻融循环而不破坏的性能,一般以抗

冻标号表示。

影响混凝土抗冻性的因素很多,主要是材料本身的性质及混凝土的密实度、强度等。

2)耐磨性

耐磨性是路面和桥梁用混凝土的重要性能之一。作为高级路面的水泥混凝土,必须具有抵抗车辆轮胎磨耗和磨光的性能,大型桥梁的墩台混凝土要具有抵抗湍流空蚀的能力。

3)碱—集料反应

碱—集料反应会导致高速公路路面或大型桥梁墩台的开裂和破坏,并且会不断发展,难以补救。因此,引起世界各国的普遍关注。

碱—集料反应必须具备三个条件:混凝土中的集料具有活性;混凝土中含有一定量可溶性碱;有一定湿度。

提高混凝土耐久性的措施有:合理选用水泥品种;合理选用水灰比和水泥用量,对“最大水灰比”和“最小水泥用量”加以限制;选用良好的砂石材料,改善集料的级配;采用减水剂或加气剂;施工中加强搅拌、振捣、养护,严格控制施工质量。

三、普通水泥混凝土的配合比设计

1. 概述

混凝土中各组成材料用量之比即混凝土的配合比。混凝土的配合比设计就是根据原材料的性能和对混凝土的技术要求,通过计算和试配调整,确定出满足工程技术经济指标的混凝土各组成材料的用量。

1)混凝土配合比表示方法

(1)单位用量表示法　以每 $1m^3$ 混凝土中各种材料的用量表示。例如,水泥:水:细集料:粗集料 =330kg:180kg:720kg:1250kg。

(2)相对用量表示法　以水泥质量为 1,并按“水泥:细集料:粗集料;水灰比”的顺序排列表示。例如,1:2.18:3.79;$W/C=0.55$。

2)配合比设计的基本要求

(1)满足结构物设计强度的要求。

(2)满足施工工作性的要求。

(3)满足环境耐久性的要求。

(4)满足经济性的要求。

3)混凝土配合比设计的三参数

由水泥、水、细集料和粗集料组成的普通混凝土的配合比设计,就是确定这四组分的分配比例,四组分的比例关系通常用三个参数表示。

(1)水灰比　水与水泥组成水泥浆体。水泥浆体的性能,在水与水泥性质固定的条件下,就决定于水与水泥的比例,即“水灰比”。

(2)砂率　细集料与粗集料组成矿质混合料,矿料骨架的性能在砂石性质固定的条件下,就取决于砂与石子之间的用量比例,即“砂率”。

(3)单位用水量　当水灰比固定的条件下,用水量既定,水泥用量亦随之确定。在 $1m^3$ 拌合物中,水与水泥用量既定,集料的总用量亦确定。所以用水量即表示水泥浆与集料之间的用量比例关系。

4)混凝土配合比设计的步骤

(1)计算“初步配合比” 根据原始资料,按我国现行的配合比设计方法,计算初步配合比,即水泥:水:细集料:粗集料 = $m_{co}:m_{wo}:m_{so}:m_{go}$。

(2)提出“基准配合比” 根据初步配合比,采用施工实际材料,进行试拌,测定混凝土拌合物的工作性(坍落度或维勃稠度),调整材料用量,提出一个满足工作性要求的“基准配合比”,即 $m_{ca}:m_{wa}:m_{sa}:m_{ga}$。

(3)确定“试验室配合比” 以基准配合比为基础,增加和减少水灰比,拟定几组(通常为三组)适合工作性要求的配合比,通过制备试块,测定强度,确定既符合强度和工作性要求,又较经济的试验室配合比,即 $m_{cb}:m_{wb}:m_{sb}:m_{gb}$。

(4)换算“工地配合比” 根据工地现场材料的实际含水率,将试验室配合比换算为工地配合比,即 $m_c:m_w:m_s:m_g$ 或 $1:m_s/m_c:m_g/m_c;m_w/m_c$。

2. 普通混凝土配合比设计方法(以抗压强度为指标的计算方法)

1)初步配合比的计算

(1)确定混凝土配制强度($f_{cu,o}$)。

为了使配制的混凝土具有必要的强度保证率(即 $P=95\%$),要求配制强度必须大于标准值,按式(3-2-3)确定:

$$f_{cu,o}=f_{cu,k}+1.645\sigma \tag{3-2-3}$$

式中:$f_{cu,o}$——混凝土配制强度,MPa;

$f_{cu,k}$——混凝土立方体抗压强度标准值(即设计强度),MPa;

σ——混凝土强度标准差,MPa。

混凝土强度标准差宜根据同类混凝土统计资料计算确定,按式(3-2-4)计算:

$$\sigma=\sqrt{\frac{\sum_{i=1}^{n}f_{cu,i}^{2}-n\mu_{f_{cu}}^{2}}{n-1}} \tag{3-2-4}$$

式中:$f_{cu,i}$——第 i 组混凝土试件立方体抗压强度值,MPa;

$\mu_{f_{cu}}$——n 组混凝土试件立方体抗压强度平均值,MPa;

n——统计周期内混凝土试件总组数。

计算时,强度试件组数不应小于25组。当混凝土强度等级为C20和C25级,其强度标准差计算值小于2.5MPa时,计算配制强度用的标准差应取不小于2.5MPa;当混凝土强度等级等于或大于C30级,其强度标准差计算值小于3.0MPa时,计算配制强度用的标准差应取不小于3.0MPa。

当无统计资料时,强度标准差可按现行国标《混凝土结构工程施工及验收规范》(GB 50204)规定取用,见表3-2-10。

混凝土强度标准差参考值 表3-2-10

强度等级(MPa)	低于C20	C20～C25	高于C25
标准差 σ(MPa)	4.0	5.0	6.0

(2)计算水灰比(W/C)。

①按强度要求计算水灰比 我国根据大量的试验资料统计结果,提出灰水比、水泥实际强

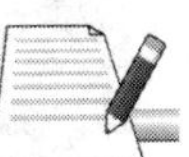

度与混凝土 28d 立方体抗压强度的关系公式(3-2-5)。

$$f_{cu,28}=\alpha_a f_{ce}\left(\frac{C}{W}-\alpha_b\right) \tag{3-2-5}$$

式中:$f_{cu,28}$——混凝土的立方体抗压强度,MPa;

f_{ce}——水泥实际强度,MPa;

$\frac{C}{W}$——灰水比;

α_a、α_b——回归系数,可按表 3-2-11 选用。

回归系数 α_a、α_b 选用表　　表 3-2-11

集料类别	回归系数	
	α_a	α_b
碎石	0.46	0.07
卵石	0.48	0.33

当无水泥 28d 抗压强度实测值时,公式(3-2-5)中的 f_{ce} 值可按下式确定:

$$f_{ce}=\gamma_c\times f_{ce.g} \tag{3-2-6}$$

式中:γ_c——水泥强度等级值的富余系数,可按实际统计资料确定,通常取 $\gamma_c=1.13$;

$f_{ce.g}$——水泥强度等级标准值,MPa。

②按耐久性要求校核水灰比　按照强度要求计算出的水灰比,应根据混凝土所处环境条件与满足耐久性要求所规定的最大水灰比值(表 3-2-12)进行比较,选取较小值使用。

混凝土最大水灰比和最小水泥用量　　表 3-2-12

<table>
<tr><th colspan="2" rowspan="2">环境条件</th><th rowspan="2">结构物类别</th><th colspan="3">最大水灰比</th><th colspan="3">最小水泥用量(kg)</th></tr>
<tr><th>素混凝土</th><th>钢筋混凝土</th><th>预应力混凝土</th><th>素混凝土</th><th>钢筋混凝土</th><th>预应力混凝土</th></tr>
<tr><td colspan="2">1. 干燥环境</td><td>正常的居住或办公用房屋内部件</td><td>不作规定</td><td>0.65</td><td>0.60</td><td>200</td><td>260</td><td>300</td></tr>
<tr><td rowspan="2">2. 潮湿环境</td><td>无冻害</td><td>1)高湿度的室内部件;
2)室外部件;
3)在非侵蚀性土和(或)水中的部件</td><td>0.70</td><td>0.60</td><td>0.60</td><td>225</td><td>280</td><td>300</td></tr>
<tr><td>有冻害</td><td>1)经受冻害的室外部件;
2)在非侵蚀性土和(或)水中且经受冻害的部件;
3)高湿度且经受冻害的室内部件</td><td>0.55</td><td>0.55</td><td>0.55</td><td>250</td><td>280</td><td>300</td></tr>
<tr><td colspan="2">3. 有冻害除冰剂的潮湿环境</td><td>经受冻害和除冰剂作用的室内和室外部件</td><td>0.50</td><td>0.50</td><td>0.50</td><td>300</td><td>300</td><td>300</td></tr>
</table>

注:①摘自《普通水泥混凝土配合比设计规程》(JGJ 55—2000)。

②当用活性掺合料取代部分水泥时,表中的最大水灰比及最小水泥用量即为替代前的水灰比和水泥用量。

③配制 C15 级及其以下等级的混凝土,可不受本表限制。

(3)选定单位用水量(m_{wo})。

①塑性混凝土(坍落度为10~90mm)用水量的确定:

a. 水灰比在0.40~0.80范围时,根据粗集料的品种、粒径及施工要求的混凝土拌合物稠度,其用水量可按表3-2-13选取。

塑性混凝土的用水量(kg/m^3)　　表3-2-13

拌合物稠度		卵石最大粒径(mm)				碎石最大粒径(mm)			
项目	指标	10	20	31.5	40	16	20	31.5	40
坍落度(mm)	10~30	190	170	160	150	200	185	175	165
	35~50	200	180	170	160	210	195	185	175
	55~70	210	190	180	170	220	205	195	185
	75~90	215	195	185	175	230	215	205	195

注:①本表用水量系采用中砂时的平均取值。采用细砂时,每立方米混凝土用水量可增加5~10kg;采用粗砂时,则可减少5~10kg。

②掺用各种外加剂或掺合料时,用水量应相应调整。

b. 水灰比小于0.40的混凝土以及采用特殊成型工艺的混凝土用水量应通过试验确定。

②流动性混凝土(坍落度为100~150mm)和大流动性混凝土(坍落度等于或大于160mm)的用水量,以表3-2-13中坍落度90mm的用水量为基础,按坍落度每增大20mm用水量增加5kg,计算出未掺外加剂时的混凝土的用水量。

③掺外加剂时混凝土用水量(m_{wa})可按下式的计算:

$$m_{wa} = m_{wo}(1 - \beta) \tag{3-2-7}$$

式中:m_{wo}——未掺外加剂时每立方米混凝土的用水量,kg;

β——外加剂的减水率,无减水作用的外加剂$\beta = 0$。

(4)计算单位水泥用量(m_{ca})。

①按强度要求计算单位水泥用量:

$$m_{co} = \frac{m_{wo}}{W/C} \tag{3-2-8}$$

②按耐久性要求校核单位水泥用量　根据耐久性要求,普通水泥混凝土的最小水泥用量,依据结构物所处环境条件确定,见表3-2-12。

(5)选定砂率(β_s)。

①坍落度为10~60mm的混凝土砂率,可根据粗集料品种、最大粒径及水灰比按表3-2-14选取。

②坍落度大于60mm的混凝土砂率,可经试验确定,也可在表3-2-14的基础上,按坍落度每增大20mm,砂率增大1%的幅度予以调整。

③坍落度小于10mm的混凝土,其砂率应经试验确定。

混凝土的砂率(%)　　表 3-2-14

水灰比(W/C)	卵石最大粒径(mm)			碎石最大粒径(mm)		
	10	20	40	16	20	40
0.40	26 ~ 32	25 ~ 31	24 ~ 30	30 ~ 35	29 ~ 34	27 ~ 32
0.50	30 ~ 35	29 ~ 34	28 ~ 33	33 ~ 38	32 ~ 37	30 ~ 35
0.60	33 ~ 38	32 ~ 37	31 ~ 36	36 ~ 41	35 ~ 40	33 ~ 38
0.70	36 ~ 41	35 ~ 40	34 ~ 39	39 ~ 44	38 ~ 43	36 ~ 41

注:①本表数值系中砂的选用砂率,对细砂或粗砂,可相应地减少或增大砂率。

②只用一个单粒级粗集料配制混凝土时,砂率应适当增大。

③对薄壁构件,砂率取偏大值。

④本表中的砂率系指砂与集料总量的质量比。

(6)计算粗、细集料的单位用量(m_{go}、m_{so})。

粗、细集料的单位用量,可用体积法计算。该法是假定混凝土拌合物的体积等于各组成材料绝对体积和混凝土拌合物中所含空气体积之总和,可由式(3-2-9)的关系求得。

$$\left.\begin{aligned}&\frac{m_{co}}{\rho_c}+\frac{m_{wo}}{\rho_w}+\frac{m_{so}}{\rho_s}+\frac{m_{go}}{\rho_g}+0.01\alpha=1\\&\frac{m_{so}}{m_{so}+m_{go}}\times100\%=\beta_s\end{aligned}\right\}\tag{3-2-9}$$

式中:ρ_c——水泥密度,kg/m^3,可取 2900 ~ 3100kg/m^3;

ρ_g——粗集料的表观密度,kg/m^3;

ρ_s——细集料的表观密度,kg/m^3;

ρ_w——水的密度,kg/m^3,可取 1000kg/m^3;

α——混凝土的含气量百分数,在不使用引气型外加剂时,α 可取 1。

粗集料和细集料的表观密度(ρ_g、ρ_s)应按我国现行标准《公路工程集料试验规程》(T 0308—2005)及(T 0328—2005)规定的方法测定。

(7)初步配合比。

$$m_{co}:m_{wo}:m_{so}:m_{go}=\text{水泥}:\text{水}:\text{砂}:\text{石}$$

2)试配调整,提出基准配合比

(1)试配。

①试配材料　试配混凝土所用的各种材料应采用工程中实际使用的原材料,粗、细集料的称量均以干燥状态为基准,如不是用干燥集料配制,称料时应在用水量中扣除集料中的含水量,集料称量也相应增加。

②搅拌方法和拌合物数量　混凝土搅拌方法,宜与生产时使用的方法相同。试配时,每盘混凝土的最小搅拌量应符合表 3-2-15 的规定;当采用机械搅拌时,其搅拌量不应小于搅拌机额定搅拌量的 1/4。

混凝土试配的最小搅拌量　　表 3-2-15

集料最大粒径(mm)	拌合物数量(L)
31.5	15
40	25

(2)校核工作性,提出基准配合比。

按计算出的初步配合比进行试配,以校核混凝土拌合物的工作性。如试拌得出的拌合物的坍落度(或维勃稠度)不能满足要求,或粘聚性和保水性能不好时,应在保证水灰比不变的条件下相应调整用水量或砂率,直至符合要求为止。然后提出供混凝土强度试验用的"基准配合比",即 $m_{ca}:m_{wa}:m_{sa}:m_{ga}$。

3)检验强度,确定试验室配合比

(1)制作试件、检验强度。

为校核混凝土的强度,至少应采用三个不同的配合比,当采用三个不同的配合比时,其中一个为按上述得出的基准配合比,另外两个配合比的水灰比,应较基准配合比分别增加和减少0.05,用水量与基准配合比相同,砂率可分别增加和减少1%。

制作检验混凝土强度试验的试件时,应检验混凝土拌合物的坍落度或维勃稠度、粘聚性、保水性及拌合物的表观密度,并以此结果作为代表相应配合比的混凝土拌合物的性能。

为检验混凝土强度,每种配合比至少应制作一组(三块)试件,标准养护到28d进行抗压强度测试。有条件的单位可同时制作几组试件,供快速检验或较早龄期(3d、7d等)时抗压强度测试,以便提前定出混凝土配合比供施工使用。但应以标准养护28d抗压强度的检验结果为依据调整配合比。

(2)确定试验室配合比。

根据强度检验结果进一步修正配合比,即可得到"试验室配合比设计值"。

①确定用水量(m_{wb})　取基准配合比中的用水量(m_{wa})并根据制作强度检验试验时测得坍落度(或维勃稠度)值加以适当调整确定。

②确定水泥用量(m_{cb})　以调整后的用水量乘以由"强度—灰水比"关系定出的为达到配制强度($f_{cu,o}$)所必须的灰水比值。

③确定粗、细集料用量(m_{gb}、m_{sb})　取基准配合比中的石、砂用量,并按定出的灰水比进行调整。

4)施工配合比换算

试验室最后确定的配合比,是以集料为干燥(或饱和面干)状态计算的。而施工现场砂、石材料均含一定水分。因此,施工配料前必须测定现场砂、石的含水率,将试验室配合比换算成施工配合比。

设施工现场实测砂、石含水率分别为 $a\%$、$b\%$,则施工配合比的各种材料单位用量:

$$\begin{cases} m_c = m_{cb} \\ m_s = m_{sb} \times (1 + a\%) \\ m_g = m_{gb} \times (1 + b\%) \\ m_w = m_{wb} - (m_{sb}a\% + m_{gb}b\%) \end{cases} \tag{3-2-10}$$

施工配合比为:$m_c:m_w:m_s:m_g$ 或 $1:m_s/m_c:m_g/m_c;m_w/m_c$。

水泥混凝土配合比设计例题

【题目】　试设计钢筋混凝土桥T型梁用混凝土配合比(采用以抗压强度为指标的设计方法)。

【原始资料】

(1)已知混凝土设计强度等级为C30,无强度历史统计资料,要求混凝土拌合物坍落度为30~50mm,桥梁所在地区属寒冷地区。

(2)组成材料:可供应硅酸盐水泥,强度等级为42.5,密度$\rho_c=3.10g/cm^3$,富余系数$\gamma_c=1.13$;砂为中砂,表观密度$\rho_s=2.65g/cm^3$,工地实测含水率为3%;碎石最大粒径$d_{max}=40mm$,表观密度$\rho_g=2.70g/cm^3$,工地实测含水率为1%。

【设计要求】

(1)按题给资料计算出初步配合比。

(2)按初步配合比在试验室进行试拌调整得出试验室配合比。

(3)根据工地实测含水率,计算施工配合比。

【设计步骤】

1. 计算初步配合比

1)确定混凝土配制强度$f_{cu,o}$

按题意已知:$f_{cu,k}=30MPa$,无强度统计资料,查表3-2-10,标准差$\sigma=6.0MPa$。

$$f_{cu,o}=f_{cu,k}+1.645\sigma=30+1.645\times6.0=39.9MPa$$

2)计算水灰比

(1)按强度要求计算水灰比$\frac{W}{C}$。

$$f_{ce}=\gamma_c\times f_{ce,g}=1.13\times42.5=48.03MPa$$

$$\frac{W}{C}=\frac{\alpha_a f_{ce}}{f_{cu,o}+\alpha_a\alpha_b f_{ce}}=\frac{0.46\times48.03}{39.9+0.46\times0.07\times48.03}=0.53$$

(2)按耐久性要求校核水灰比。

根据混凝土所处的环境条件属于寒冷地区,查表3-2-12,最大水灰比为0.55。故采用计算水灰比0.53。

3)确定单位用水量(m_{wo})

根据所用碎石最大粒径$d_{max}=40mm$及混凝土坍落度为30~50mm的要求,查表3-2-13,得$m_{wo}=175kg$。

4)计算单位水泥用量(m_{co})

(1)按强度要求计算水泥用量。

$$m_{co}=\frac{m_{wo}}{\frac{W}{C}}=\frac{175}{0.53}=330kg/m^3$$

(2)按耐久性要求校核单位水泥用量。

查表3-2-12,最小水泥用量为280kg/m³,故采用单位水泥用量$m_{co}=330kg/m^3$。

5)确定砂率

根据水灰比、碎石最大粒径,按表3-2-14选用砂率$\beta_s=33\%$。

6)计算砂石用量

采用体积法,由式(3-2-9)得:

$$\frac{330}{3.10}+\frac{175}{1}+\frac{m_{so}}{2.65}+\frac{m_{go}}{2.70}+10\times1=1000$$

$$\frac{m_{so}}{m_{so}+m_{go}}\times100\%=33\%$$

解方程组得: $m_{so}=627\text{kg/m}^3, m_{go}=1274\text{kg/m}^3$

初步配合比: $m_{co}:m_{wo}:m_{so}:m_{go}=330:175:627:1274$

即 $1:1.90:3.86; W/C=0.53$

2. 调整工作性,提出基准配合比

1)计算试拌材料用量

根据集料最大粒径,查表3-2-15得拌合物数量为25L,按照体积法的配合比计算材料用量:

水泥 $330\times0.025=8.25\text{kg}$

水 $175\times0.025=4.38\text{kg}$

砂 $627\times0.025=15.68\text{kg}$

碎石 $1274\times0.025=31.85\text{kg}$

2)调整工作性

将上述材料均匀拌和,测得坍落度为10mm,小于30~50mm的设计要求,为此,保持水灰比不变,增加5%的水泥浆。再经拌和测得坍落度为40mm,粘聚性和保水性亦良好,满足工作性要求,此时1m^{3}混凝土中各种材料的用量为

$$m_{ca}=330\times(1+5\%)=347\text{kg}$$

$$m_{wa}=175\times(1+5\%)=184\text{kg}$$

$$m_{sa}=627\text{kg}$$

$$m_{go}=1274\text{kg}$$

3)提出基准配合比

基准配合比 $m_{ca}:m_{wa}:m_{sa}:m_{ga}=347:184:627:1274$

即 $1:1.81:3.67; W/C=0.53$

3. 检验强度,确定试验室配合比

1)检验强度

采用水灰比分别为$(W/C)_A=0.48$,$(W/C)_B=0.53$和$(W/C)_C=0.58$拌制三组混凝土拌合物,试件成型后标准养护28d,按规定方法测其立方体抗压强度值,列于表3-2-16。

不同水灰比的混凝土强度值 表3-2-16

组别	水灰比(W/C)	灰水比(C/W)	28d立方体抗压强度$f_{cu,28}$(MPa)
A	0.48	2.08	45.3
B	0.53	1.89	39.5
C	0.58	1.72	34.2

根据表3-2-16试验结果，绘制混凝土28d立方体抗压强度($f_{cu,28}$)与灰水比(C/W)关系图，如图3-2-6所示。

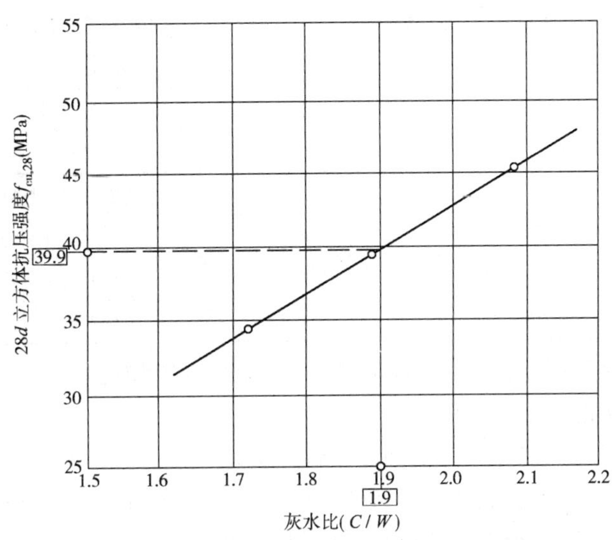

图3-2-6　混凝土28d抗压强度与灰水比关系曲线

由图3-2-6可知，相应混凝土配制强度$f_{cu,o}=39.9$MPa的灰水比$C/W=1.90$，即水灰比$W/C=0.53$。

2)确定试验室配合比

按强度试验结果修正配合比，因水灰比与基准配合比中水灰比相同，所以各材料用量仍为基准配合比中的用量。

因此，试验室配合比为$m_{cb}:m_{wb}:m_{sb}:m_{gb}=347:184:627:1274$。

4. 换算施工配合比

根据工地实测，砂的含水率$w_s=3\%$；碎石的含水率$w_g=1\%$，计算各种材料的用量为：

水泥用量　　$m_c=347$kg

砂用量　　$m_s=627\times(1+3\%)=646$kg

碎石用量　　$m_g=1274\times(1+1\%)=1287$kg

水用量　　$m_w=180-(627\times3\%+1274\times1\%)=148$kg

施工配合比为：　　$m_c:m_w:m_s:m_g=347:148:646:1287$

四、混凝土外加剂

在拌制混凝土过程中掺入量不大于水泥质量5%(特殊情况除外)，用以改善混凝土性能的材料，称为混凝土外加剂。

混凝土外加剂的种类繁多，按其主要功能归纳有如下几种，见表3-2-17。

1)减水剂

混凝土外加剂分类

表 3-2-17

类　别		使用效果
减水剂	普通减水剂	减水、提高强度或改善和易性
	高效减水剂(流化剂或称超塑剂)	配制流动混凝土或早强高强混凝土
引气剂		增加含气量,改善和易性,提高抗冻性
调凝剂	缓凝剂	延缓凝结时间,降低水化热
	早强剂(促凝剂)	提高混凝土早期强度
	速凝剂	速凝、提高早期强度
防冻剂		使混凝土在负温下水化,达到预期强度
防水剂		提高混凝土抗渗性,防止潮气渗透
膨胀剂		减少干缩

减水剂是在混凝土坍落度基本相同的条件下,能减少拌和用水的外加剂。

加入减水剂的经济效果:

(1)当混凝土配合比不变时,可不同程度地增大坍落度,且不影响混凝土的强度。

(2)如果保持流动性和水泥用量不变时,则可减少拌和用水量 10% ~20%,使水灰比降低,混凝土强度提高 15% ~20%,同时也提高了耐久性。

(3)如果保持混凝土强度和流动性不变,则可节约水泥用量 10% ~15%。

2)引气剂

掺入混凝土中经搅拌能引入大量分布均匀的微小气泡,以改善混凝土拌合物的和易性,并在硬化后仍能保留微小气泡以改善混凝土抗冻性的外加剂称为引气剂。对于新拌混凝土,由于这些气泡的存在,可改善工作性,减少泌水和离析。对硬化后的混凝土,由于气泡彼此隔离切断毛细孔信道,水分不易渗入,又可缓冲其水分结冰膨胀的作用,因而提高了混凝土的抗冻性、抗渗性和抗蚀性。但是,由于气泡的存在,混凝土强度会有所降低。

3)缓凝剂

缓凝剂的作用是延缓水泥的凝结时间。缓凝剂的缓凝作用是由于在水泥颗粒表面形成了不溶性物质,使水泥悬浮体的稳定程度提高并抑制水泥颗粒凝聚,因而延缓水泥的水化和凝聚。

4)早强剂

能提高混凝土早期强度,并对后期强度无显著影响的外加剂,称为早强剂。混凝土中掺入早强剂,可缩短混凝土的凝结时间,提高早期强度,常用于混凝土的快速低温施工。但掺加了氯化钙早强剂,会加速钢筋的锈蚀,为此氯化钙的掺量应加以限制,通常对于配筋混凝土不得超过 1%,无筋混凝土掺量亦不宜超过 3%。氯化钙早强剂一般与阻锈剂复合使用。

5)速凝剂

速凝剂是促使水泥迅速凝结的外加剂。掺量通常为水泥用量的 2.5% ~4.0%,可以保证水泥初凝时间在 5min 之内,终凝在 10min 内完成。速凝剂可用于桥梁隧道的修补、抢修等工程。

6)防水剂

混凝土防水剂是一种能减少孔隙和堵塞毛细信道,用以降低混凝土在静水压力下透水性

的外加剂。掺入防水剂后，混凝土的抗渗性大大增强。由于水工结构、地下室、隧道等混凝土工程抗渗和防水要求均较高，可选用适宜的防水剂和防水复合外加剂。

五、道路混凝土

1. 概述

道路混凝土主要指路面混凝土。混凝土路面板直接承受车辆荷载的冲击、摩擦和反复弯曲作用，同时由于长期暴露在自然环境条件下，板中的温度、湿度经常随环境的变化而受到影响。这就决定了作为路面面层所用的混凝土应具有较高的抗折强度和抗疲劳强度以及抗滑性，同时还应具有耐久性好、弹性模量低和收缩小等优点，另外，为便于施工操作还要求道路混凝土具有良好的和易性。

2. 路面水泥混凝土配合比设计方法（以抗弯拉强度为指标的设计方法）

水泥混凝土路面用混凝土配合比设计，按《公路水泥混凝土路面施工技术规范》（JTG F30—2003）的规定，采用以抗弯拉强度或抗压强度为指标的方法。

3. 普通混凝土路面的配合比设计要求

普通混凝土路面的配合比设计在兼顾经济性的同时，应满足下列三项技术要求：

1）弯拉强度

应按式（3-2-11）计算配制 28d 弯拉强度的均值。

$$f_c = \frac{f_r}{1 - 1.04C_v} + ts \tag{3-2-11}$$

式中：f_c——配制 28d 弯拉强度的均值，MPa；

f_r——设计弯拉强度标准值，MPa；

s——弯拉强度试验样本的标准差，MPa；

t——保证率系数，应按表 3-2-18 确定；

C_v——弯拉强度变异系数，应按统计数据在表 3-2-19 的规定范围内取值；在无统计数据时，弯拉强度变异系数应按设计取值；如果施工配制弯拉强度超出设计给定的弯拉强度变异系数上限，则必须改进机械装备和提高施工控制水平。

保证率系数　　表 3-2-18

公路技术等级	判别概率 p	样本数 n（组）				
		3	6	9	15	20
高速公路	0.05	1.36	0.79	0.61	0.45	0.39
一级公路	0.10	0.95	0.59	0.46	0.35	0.30
二级公路	0.15	0.72	0.46	0.37	0.28	0.24
三、四级公路	0.20	0.56	0.37	0.29	0.22	0.19

各级公路混凝土路面弯拉强度变异系数　　表 3-2-19

公路技术等级	高速公路	一级公路		二级公路	三、四级公路	
混凝土弯拉强度变异水平等级	低	低	中	中	中	高
弯拉强度变异系数 C_v 允许变化范围	0.05～0.10	0.05～0.10	0.10～0.15	0.10～0.15	0.10～0.15	0.15～0.20

2)工作性

滑模摊铺前拌合物最佳工作性及允许范围应符合表3-2-20的规定。

混凝土路面滑模摊铺最佳工作性及允许范围　　表3-2-20

指标 / 界限	坍落度 S_L(mm)		振动粘度系数 η(N·s/m²)
	卵石混凝土	碎石混凝土	
最佳工作性	20~40	25~50	200~500
允许波动范围	5~55	10~65	100~600

3)耐久性

各交通等级路面混凝土满足耐久性要求的最大水灰(胶)比和最小单位水泥用量应符合表3-2-21的规定。最大单位水泥用量不宜大于400kg/m³;掺粉煤灰时,最大单位胶材总量不宜大于420kg/m³。

混凝土满足耐久性要求的最大水灰(胶)比和最小单位水泥用量　　表3-2-21

公路技术等级		高速公路、一级公路	二级公路	三、四级公路
最大水灰(胶)比		0.44	0.46	0.48
抗冰冻要求最大水灰(胶)比		0.42	0.44	0.46
抗盐冻要求最大水灰(胶)比		0.40	0.42	0.44
最小单位水泥用量(kg/m³)	42.5级	300	300	290
	32.5级	310	310	305
抗冰(盐)冻时最小单位水泥用量(kg/m³)	42.5级	320	320	315
	32.5级	330	330	325
掺粉煤灰时最小单位水泥用量(kg/m³)	42.5级	260	260	255
	32.5级	280	270	265
抗冰(盐)冻掺粉煤灰最小单位水泥用量(42.5级水泥)(kg/m³)		280	270	265

4. 配合比参数的计算要求

1)水灰(胶)比的计算和确定

(1) 根据粗集料的类型,水灰比可分别按下列统计公式计算。

碎石或碎卵石混凝土:

$$\frac{W}{C}=\frac{1.5684}{f_c+1.0097-0.3595f_s} \tag{3-2-12}$$

卵石混凝土:

$$\frac{W}{C}=\frac{1.2618}{f_c+1.5492-0.4709f_s} \tag{3-2-13}$$

式中:$\frac{W}{C}$——水灰比;

f_s——水泥实测28d抗折强度,MPa。

(2)掺用粉煤灰时,应计入超量取代法中代替水泥的那一部分粉煤灰用量(代替砂的超量部分不计入),用水胶比$\frac{W}{C+F}$代替水灰比$\frac{W}{C}$。

(3)应在满足弯拉强度计算值和耐久性(表3-2-21)两者要求的水灰(胶)比中取小值。

2)砂率确定

砂率应根据砂的细度模数和粗集料种类,查表3-2-22取值。在软做抗滑槽时,砂率在表3-2-22基础上可增大1%~2%。

砂的细度模数与最优砂率关系　　表3-2-22

砂细度模数		2.2~2.5	2.5~2.8	2.8~3.1	3.1~3.4	3.4~3.7
砂率 S_p(%)	碎石	30~34	32~36	34~38	36~40	38~42
	卵石	28~32	30~34	32~36	34~38	36~40

注:碎卵石可在碎石和卵石混凝土之间内插取值。

3)计算单位用水量

根据粗集料种类和表3-2-20中适宜的坍落度,分别按下列经验式计算单位用水量(砂石料以自然风干状态计):

碎石:
$$W_o = 104.97 + 0.309S_L + 11.27\frac{C}{W} + 0.61S_p \tag{3-2-14}$$

卵石:
$$W_o = 86.89 + 0.370S_L + 11.24\frac{C}{W} + 1.00S_p \tag{3-2-15}$$

式中:W_o——不掺外加剂与掺合料混凝土的单位用水量,kg/m^3;

S_L——坍落度,mm;

S_p——砂率,%;

$\frac{C}{W}$——灰水比,水灰比之倒数。

4)单位水泥用量确定

单位水泥用量应由式(3-2-16)计算,并取计算值与表3-2-20规定值两者中的大值。

$$C_o = \left(\frac{C}{W}\right)W_o \tag{3-2-16}$$

式中:C_o——单位水泥用量,kg/m^3。

5)砂石料用量

可按密度法或体积法计算。按密度法计算时,混凝土单位质量可取2400~2450kg/m^3;按体积法计算时,应计入设计含气量。采用超量取代法掺用粉煤灰时,超量部分应代替砂,并折减用砂量。经计算得到的配合比,应验算单位粗集料填充体积率,且不宜小于70%。

6)重要路面、桥面工程

应采用正交试验法进行配合比优选。

六、粉煤灰混凝土

1.概述

粉煤灰混凝土,是指掺加粉煤灰组分的混凝土。在混凝土工程中掺加粉煤灰时,应根据工

程的性质选用不同质量等级的粉煤灰。按国标(GB 146—90)规定,各级粉煤灰适用范围如下:

(1)I级粉煤灰适用于钢筋混凝土和跨度小于6m的预应力混凝土;

(2)II级粉煤灰适用于钢筋混凝土和无筋混凝土;

(3)III级粉煤灰主要用于无筋混凝土。对设计强度等级C30及以上的无筋粉煤灰混凝土宜采用I、II级粉煤灰。

(4)用于预应力混凝土、钢筋混凝土及设计强度等级C30及以上的无筋混凝土的粉煤灰等级,如经试验论证,可采用比上述三条规定低一级的粉煤灰。

2. 粉煤灰混凝土的主要技术性质

1)新拌粉煤灰混凝土的性能

(1)减水性　粉煤灰对新拌混凝土改性,主要表现在与基准混凝土和易性相同时粉煤灰混凝中的用水量降低。这首先是为改善新拌混凝土的和易性提供了基本条件;其次是为硬化中的粉煤灰混凝土减少了出现收缩裂缝的危险;对硬化混凝土来说,则有利于提高强度和减少体积变化。因此,粉煤灰的减水率是粉煤灰混凝土首要的工程性能参数。

(2)和易性　粉煤灰是矿物质粉料,掺入混凝土中,可以弥补混凝土中水泥用量和细集料中细粉部分的不足,可以增强新拌混凝土的保水能力,改善新拌混凝土的和易性。当水分蒸发时,有效水灰比降低,强度增高。粉煤灰还可阻塞泌水信道,提高抗渗性。

2)硬化后粉煤灰混凝土的抗压强度

通常认为现代水泥混凝土硬化较快,一般28d时就能达到其最大强度值。但粉煤灰混凝土具有后期强度较高的特点,在28d龄期时,仍处于未成熟期,混凝土强度还在继续提高。因此按28d性能设计,只不过是为满足现行规程的要求,其未利用的潜力是相当可观的。

粉煤灰对混凝土后期抗压强度的贡献是十分明显的,60~90d强度,一般比28d标准强度增长20%~30%,半年至1年的强度增长可达50%~70%。

3)徐变

徐变是持续应力下混凝土应变随时间的增长逐渐增加,而在恒定应变下,混凝土应力随时间的增长逐渐减小(松弛)的现象。粉煤灰混凝土因后期强度提高,徐变大大减小,其减小值受到多种因素的影响,包括粉煤灰的质量、掺量、养护条件等。

4)收缩和膨胀

混凝土的收缩在塑性阶段就已开始。粉煤灰混凝土的塑性收缩和硬化中早期收缩都比基准混凝土的略小。在空气中存放的混凝土的干燥收缩部分,是全部收缩的主要部分。

3. 粉煤灰混凝土配合比设计

混凝土中掺用粉煤灰的配合比设计方法,按国标(GB 146—90)规定,可以采用等量取代法、超量取代法和外加法等。但是目前多采用超量取代法。

1)配合比设计原则

掺粉煤灰混凝土配合比设计,是以基准混凝土(即未掺粉煤灰的混凝土)的配合比为基础,等稠度、等强度等级的原则,用超量取代法进行调整。

所谓“等稠度”和“等强度等级”,是指配制成的粉煤灰混凝土具有与基准混凝土拌和物相

同的稠度,硬化后指定龄期的强度等级相等。

所谓“超量取代法”是粉煤灰总掺入量中,一部分取代等体积的水泥,超量部分粉煤灰取代等体积的砂。

2)设计步骤

(1)计算基准混凝土配合比　根据普通混凝土配合比设计方法,计算得基准配合比 m_{co}、m_{so}、m_{go}、和 m_{wo}。

(2)选定粉煤灰取代水泥的掺量百分率和粉煤灰超量系数　粉煤灰取代水泥的掺量百分率 $f(\%)$,不得超过表 3-2-23 规定的允许最大限量。

粉煤灰取代法水泥最大限量　　表 3-2-23

混凝土种类	粉煤灰取代水泥最大限量(%)			
	硅酸盐水泥	普通硅酸盐水泥	矿渣硅酸盐水泥	火山灰硅酸盐水泥
预应力钢筋混凝土	25	15	10	
钢筋混凝土、高强度混凝土、耐冻混凝土、蒸养混凝土	30	25	20	15
中低强度混凝土、泵送混凝土、大体积混凝土、地下和水下混凝土	50	40	30	20
碾压混凝土	65	55	45	35

粉煤灰超量系数(δ_f)根据粉煤灰的等级按表 3-2-24 选用。

各级粉煤灰的超量取代系数　　表 3-2-24

粉煤灰等级	Ⅰ	Ⅱ	Ⅲ
超量取代系数 δ_f	1.1~1.4	1.3~1.7	1.5~2.0

(3)计算粉煤灰取代水泥量、超量部分质量和总掺量:

粉煤灰取代水泥量　$$m_{f1}=m_{co}f \tag{3-2-17}$$

粉煤灰超量部分质量　$$m_{f2}=m_{cf}(1-\delta_f) \tag{3-2-18}$$

粉煤灰总掺量　$$m_f=m_{f1}+m_{f2} \tag{3-2-19}$$

(4)计算粉煤灰混凝土的单位水泥用量:　$$m_{cf}=m_{co}-m_{f1} \tag{3-2-20}$$

(5)计算粉煤灰混凝土的单位砂用量:　$$m_{cf}=m_{so}-\frac{m_{f2}}{\rho_f\rho_s} \tag{3-2-21}$$

(6)确定粉煤灰混凝土各种材料用量由前已计算得 m_{sf}、m_{cf},取 $m_{gf}=m_{go}$、$m_{wf}=m_{wo}$,粉煤灰各材料用量为 $m_{cf}:m_{wf}:m_{sf}:m_{gf}$。

(7)试拌调整提出试验室配合比。

七、其它功能混凝土

在道路与桥梁工程中,除了普通水泥混凝土材料外,高强混凝土、聚合物混凝土以及新型混凝土等都有了很大的发展,现对这几种混凝土作简要介绍。

1. 高强混凝土

强度等级在 C60 及其以上的混凝土称为高强混凝土。为了减轻自重、增大跨径,现代高

架公路、立体交叉和大型桥梁等混凝土结构均采用高强混凝土。

2. 轻集料混凝土

采用轻集料混凝土作为桥梁建筑材料是近年来研究的新动向。用轻粗集料、轻细集料(或普通砂)和水泥配制成的混凝土,其干表观密度不大于1900kg/m^{3}者,称为轻集料混凝土。

轻集料混凝土应用于桥梁工程,可减轻自重、增大跨度,节约工程投资。但是由于轻集料混凝土的弹性模量较低和徐变较大等问题还需进一步研究,目前仅应用于中小型桥梁,大跨度桥梁中应用较少。

3. 流态混凝土

流态混凝土是在预拌的坍落度为80~120mm的基体混凝土拌合物中,加入外加剂(流化剂),经过二次搅拌,使基体混凝土拌合物的坍落度等于或大于160mm,能自流填满模型或钢筋间隙的混凝土,又称超塑性混凝土。它是由基体混凝土、流化剂、掺合料组成的新型混凝土。

流态混凝土具有下列特点:

流动性好,能自流填满模型或钢筋间隙,适于泵送,施工方便;由于使用流化剂,可大幅度降低水灰比而不需多用水泥,避免了水泥浆多带来的缺点,可制得高强、耐久、不渗水的优质混凝土,一般有早强和高强效果。流态混凝土流动度大但无离析和泌水现象。

流态混凝土在道路与桥梁工程中应用日益广泛,越江隧道的水泥混凝土路面、斜拉桥的混凝土主塔以及地铁的衬砌封顶等均须采用流态混凝土。

4. 纤维增强混凝土

纤维增强混凝土简称纤维混凝土。是以水泥混凝土为基材与不连续而分散的纤维为增强材料所组成的一种复合材料。掺入的短纤维可以改善混凝土的脆性,从而提高混凝土的抗拉强度和韧性。常作为增强材料的纤维有钢纤维、玻璃纤维、合成纤维和天然纤维等。目前用于道路路面或桥梁桥面混凝土的增强纤维,主要为钢纤维。

钢纤维与混凝土组成复合材料后,可使混凝土的抗弯拉强度、抗裂强度、韧性和冲击强度等性能得到改善,所以钢纤维混凝土广泛应用于道路与桥隧工程中,如机场道面、高等级路面、桥梁桥面铺装和隧道衬砌等工程。

5. 滑模混凝土

滑模混凝土是采用滑模摊铺机摊铺的,满足摊铺工作性、强度及耐久性等要求的较低塑性水泥混凝土材料。

滑模混凝土广泛使用在水泥混凝土路面、大型桥面、机场跑道、城市快车道、停车场、大面积地坪和广场混凝土道面上,具有良好的使用效果。

课题三　水 泥 砂 浆

砂浆是由胶结料、细集料、掺合料和水配制而成的建筑工程材料,在工程中起粘结、衬垫和传递应力的作用。常用的胶结材料为水泥、石灰等,细集料则多采用天然砂。

在道路和桥隧工程中,砂浆主要用于砌筑挡土墙、桥涵或隧道等圬工砌体及砌体表面的抹面。因此按其用途可分为砌筑砂浆和抹面砂浆。

砌筑砂浆是将砖、石或砌块等粘结成为整体的砂浆,它又分为水泥砂浆和水泥混合砂浆,

水泥砂浆是由水泥、细集料和水配制而成的砂浆；水泥混合砂浆是由水泥、细集料、掺合料和水配制而成的砂浆。现就其组成材料的要求、技术性质以及配合比设计简述如下。

一、水泥砂浆对组成材料的技术要求

1. 水泥

砌筑砂浆用水泥的强度等级应根据设计要求进行选择。水泥砂浆采用的水泥，其强度等级不宜大于 32.5 级，水泥混合砂浆采用的水泥，其强度等级不宜大于 42.5 级。

2. 掺合料

为提高砂浆的和易性，除水泥外，还掺加各种掺合料（如石灰膏、粘土和粉煤灰等）作为结合料。粉煤灰的品质指标和磨细生石灰的品质指标应符合国家标准《用于水泥和混凝土中的粉煤灰》（GB 1596—91）及行业标准《建筑生石灰粉》（JC/T 480—92）的要求。

3. 砂

砌筑砂浆用砂宜选用中砂，其中毛石砌体宜选用粗砂。砂的含泥量不应超过 5%，强度等级为 M2.5 的水泥混合砂浆，砂的含泥量不应超过 10%。

4. 水

配制砂浆用水应符合《混凝土拌和用水标准》（JGJ 63）的规定。

二、水泥砂浆的技术性质

新拌砂浆应保证有较好的和易性，硬化后有足够的强度。

1. 砂浆的和易性

砂浆的和易性包括流动性和保水性两方面。

（1）流动性　是指新拌砂浆在自重或外力作用下，易于产生流动的性质。砂浆的流动性采用稠度仪测定。稠度值越大表明砂浆的流动性越好。

砂浆的流动性大小主要取决于用水量以及胶结材料的种类和用量、细集料的种类、颗粒形状及级配、搅拌时间等。砌筑砂浆的稠度应按表 3-3-1 的规定选用。

砌筑砂浆的稠度　　表 3-3-1

砌体种类	砂浆稠度(mm)
烧结普通砖砌体	70~90
轻骨料混凝土小型空心砌块砌体	60~90
烧结多孔砖，空心砖砌体	60~80
烧结普通砖平拱式过梁空斗墙，筒拱普通混凝土小型空心砌块砌体，加气混凝土砌块砌体	50~70
石砌体	30~50

（2）保水性　是指新拌砂浆在运输和施工过程中保持水分不流失和各组成材料不离析的能力。保水性优良的砂浆不仅在使用过程中不易产生离析现象，而且在铺筑后仍能保持必要的水分，以保证胶凝材料在硬化过程中所需的水分。砂浆保水性以分层度仪测定，分层度越大表明砂浆的保水性越差。砌筑砂浆的分层度不得大于 30mm。

影响保水性的主要因素是胶结材料的种类、用量和用水量，以及砂的品种、细度和用量等。掺有石灰膏和粘土的混合砂浆具有较好的保水性。

建筑砂浆稠度试验(JGJ 70—1990)

一、目的和适用范围

本方法适用于确定配合比或施工过程中控制砂浆的稠度,以达到控制用水量为目的。

二、仪器设备

稠度试验所用仪器应符合下列规定:

1. 砂浆稠度仪:由试锥、容器和支座三部分组成(见图3-3-1)。试锥由钢材或铜材制成,试锥高度为145mm、锥底直径为75mm、试锥连同滑杆的质量应为300g;盛砂浆容器由钢板制成,筒高为180mm,锥底内径为150mm;支座分底座、支架及稠度显示三个部分,由铸铁、钢及其它金属制成。

2. 钢制捣棒:直径10mm、长350mm,端部磨圆。

3. 秒表等。

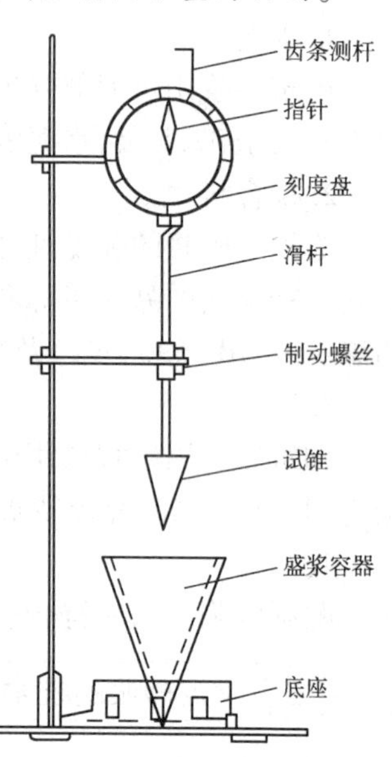

图3-3-1　砂浆稠度测定仪

三、试验步骤

1. 盛浆容器和试锥表面用湿布擦干净,并用少量润滑油轻擦滑杆,后将滑杆上多余的油用吸油纸擦净,使滑杆能自由滑动。

2. 砂浆拌合物一次装入容器,使砂浆表面低于容器口约10mm左右,用捣棒自容器中心向边缘插捣25次,然后轻轻地将容器摇动或敲击56下,使砂浆表面平整,随后将容器置于稠度测定仪的底座上。

3. 拧开试锥滑杆的制动螺丝,向下移动滑杆,当试锥尖端与砂浆表面刚接触时,拧紧制动螺丝,使齿条侧杆下端刚接触滑杆上端,并将指针对准零点上。

4. 拧开制动螺丝,同时计时间,待10s立即固定螺丝,将齿条测杆下端接触滑杆上端,从刻度盘上读出下沉深度(精确至1mm)即为砂浆的稠度值。

5. 圆锥形容器内的砂浆,只允许测定一次稠度,重复测定时,应重新取样测定之。

四、试验结果

1. 取两次试验结果的算术平均值,计算值精确至1mm;

2. 两次试验值之差如大于20mm,则应另取砂浆搅拌后重新测定。

2. 硬化后砂浆的强度

砂浆硬化后应具有足够的强度。砂浆在圬工砌体中,主要是传递压力,所以要求砌筑砂浆应具有一定的抗压强度。砂浆抗压强度是确定其强度等级的重要依据。

砂浆抗压强度等级是以70.7mm×70.7mm×70.7mm的正方体试件,在标准条件(温度20℃±3℃,相对湿度对水泥混合砂浆为60%~80%,对水泥砂浆为90%以上)下,养护28d龄期的平均极限抗压强度而确定的。

我国现行标准《砌筑砂浆配合比设计规程》(JGJ 98—2000)规定,砂浆分为M20、M15、M10、M7.5、M5、M2.5等6个强度等级。

3. 粘结力

砂浆应具有较强的粘结力,以便将砌体材料牢固粘结成为一个整体。砂浆的粘结力与其

强度密切相关，通常砂浆强度越高则粘结力越大。此外，砖石表面状态、清洁程度、湿润情况及施工养护条件也对粘结力有一定的影响。

4. 耐久性

圬工砂浆经常受环境水的作用，故除强度外，还应考虑抗渗、抗冻、抗侵蚀等性能。提高砂浆的耐久性，主要是提高其密实度。

水泥砂浆立方体抗压强度试验方法（T 0570—2005）

一、目的和适用范围

本试验规定了测定水泥砂浆抗压极限强度的方法，以确定水泥砂浆的强度等级，作为评定水泥砂浆品质的主要指标。

本试验适用于测定各类水泥砂浆的70.7mm×70.7mm×70.7mm立方体试件。

二、仪器设备

1. 试模：试模为70.7mm×70.7mm×70.7mm立方体，由铸铁或钢制成，应具有足够的刚度并拆装方便。试模的内表面应用机械加工，其不平度应为每100mm不超过0.05mm。组装后各相邻面的不垂直度不应超过±0.5°。

2. 捣棒：直径10mm，长350mm的钢棒，端部应磨圆。

3. 压力试验机：符合JG/T 3020中压力机的要求。

4. 垫板：试验机上、下压板及试件之间可垫以钢垫板，垫板的尺寸应大于试件的承压面，其不平度应为每100mm不超过0.02mm。

三、试件制备及养护

1. 制作砌筑砂浆试件时，将无底试模放在普通粘土砖上（砖的吸水率不小于10%，含水率不大于2%），试模内壁事先涂刷薄层机油或脱模剂。

2. 使用前预先在普通粘土砖上铺上吸水性较好的纸，如湿的新闻纸（或其它未粘过胶凝材料的纸），纸的大小要以能盖过砖的四边为准，砖的使用面要求平整，凡砖四个垂直面粘过水泥或其它胶结材料后，不允许再使用。

3. 向试模内一次注满砂浆，用捣棒均匀由外向里按螺旋方向插捣25次，为了防止低稠度砂浆插捣后可能留下孔洞，允许用油灰刀沿模壁插数次，使砂浆高出试模顶面6～8mm。

4. 当砂浆表面开始出现麻斑状态时（约15～30min）将高出部分的砂浆沿试模顶面削去抹平。

5. 试件制作后应在20℃±5℃温度环境下停置一昼夜（24h±2h），当气温较低时，可适当延长时间，但不应超过两昼夜，然后对试件进行编号并拆模。试件拆模后，应在标准养护条件下继续养护至28d，然后进行试压。

6. 标准养护的条件：

（1）水泥混合砂浆：标准养护的条件为温度20℃±3℃，相对湿度60%～80%。

（2）水泥砂浆和微沫砂浆：标准养护的条件为温度20℃±2℃，相对湿度90%以上。

（3）养护期间，试件彼此间隔10mm以上。

四、试验步骤

1. 试件从养护地点取出后，应尽快进行试验，以免试件内部的温、湿度发生显著变化。先将试件擦拭干净，测量尺寸，并检查其外观。试件尺寸测量精确至1mm，如果实测尺寸与公称尺寸之差不超过1mm,按公称尺寸进行计算。

2. 将试件安放在试验机的下压板上(或下垫板上),试件的承压面应与成型时的顶面垂直,试件中心应与试验机下压板(或下垫板)中心对准。

开动试验机,当上压板与试件(或上垫板)接近时,调整球座,使接触面均衡受压。承压试验应连续而均匀加荷,加荷速度为0.5~1.5kN/s(砂浆强度5MPa及5MPa以下时,取下限为宜,砂浆强度5MPa以上取上限为宜),保持试验机油门,直至试件破坏。

五、试验结果计算

1. 立方体抗压强度应按下列公式计算:

$$f_{m,cu}=\frac{F_u}{A} \tag{3-3-1}$$

式中:$f_{m,cu}$——砂浆立方体抗压强度,MPa;

F_u——破坏荷载,N;

A——试件承压面积,mm^2。

2. 结果处理

以6个试件的算术平均值作为该组试件的抗压强度,精确至0.1MPa。

三、砌筑砂浆的配合比计算

1. 水泥混合砂浆配合比计算

1)计算砂浆的试配强度$f_{m,o}$(MPa)

$$f_{m,o}=f_2+0.645\sigma \tag{3-3-2}$$

式中:$f_{m,o}$——砂浆的试配强度,精确至0.1MPa;

f_2——砂浆抗压强度平均值,精确至0.1MPa;

σ——砂浆现场强度标准差,精确至0.01MPa。

现场确定砌筑砂浆标准差的方法如下:

(1)有统计资料时,按式(3-3-3)计算。

$$\sigma=\sqrt{\frac{\sum_{i=1}^{n}f_{m,i}^2-n\mu_{f_m}^2}{n-1}} \tag{3-3-3}$$

式中:$f_{m,i}$——统计周期内同一品种砂浆第i组试件的强度,MPa;

μ_{f_m}——统计周期内同一品种砂浆第n组试件的强度的平均值,MPa;

n——统计周期内同一品种砂浆试件的总组数,$n\geq25$。

(2)当不具有近期统计资料时,试件现场强度标准差σ可按表3-3-2取用。

试件强度标准差σ选用值(MPa) 表3-3-2

施工水平 \ 砂浆强度等级	M2.5	M5	M7.5	M10	M15	M20
优良	0.50	1.00	1.50	2.00	3.00	4.00
一般	0.62	1.25	1.88	2.50	3.75	5.00
较差	0.75	1.50	2.25	3.00	4.50	6.00

2）水泥用量的计算

（1）每立方米砂浆中的水泥用量按式（3-3-4）计算。

$$Q_c = \frac{1000(f_{m,o} - \beta)}{\alpha f_{ce}} \tag{3-3-4}$$

式中：Q_c——每立方米砂浆中的水泥用量，精确至1kg；

$f_{m,o}$——砂浆的试配强度，精确至0.1MPa；

f_{ce}——水泥的实测强度，精确至0.1MPa；

α、β——砂浆的特征系数，其中$\alpha = 3.03$，$\beta = -15.09$。

（2）在无法取得水泥的实测强度值时，可按式（3-3-5）计算f_{ce}。

$$f_{ce} = \gamma_c \cdot f_{ce,k} \tag{3-3-5}$$

式中：$f_{ce,k}$——水泥强度等级对应的强度值；

γ_c——水泥强度等级值的富余系数，该值应按实际统计资料确定。无统计资料时γ_c可取1.0。

3）水泥混合砂浆的掺合料用量，应按式（3-3-6）计算。

$$Q_D = Q_A - Q_C \tag{3-3-6}$$

式中：Q_D——每立方米砂浆的掺合料用量，精确至1kg；石灰膏、粘土膏使用时的稠度为120mm±5mm；

Q_C——每立方米砂浆的水泥用量，精确至1kg；

Q_A——每立方米砂浆中水泥和掺合料的总用量，精确至1kg，宜在300～350kg之间。

4）每立方米砂浆中的砂子用量，应按干燥状态（含水率小于0.5%）的堆积密度值作为计算值（kg）。

5）每立方米砂浆中的用水量，根据砂浆稠度要求，可选用240～310kg。

2. 水泥砂浆配合比选用

水泥砂浆材料用量可按表3-3-3选用。

每立方米水泥砂浆材料用量 表3-3-3

强度等级	水泥用量（kg）	砂子用量（kg）	用水量（kg）
M2.5～M5	200～230	1m^{3}砂子的堆积密度值	220～230
M7.5～M10	220～280		
M15	280～340		
M20	340～400		

注：①摘自《砌筑砂浆配合比设计规程》（JGJ 98—2000）。

②此表水泥强度等级为32.5级，大于32.5级水泥用量宜取下限。

③根据施工水平合理选择水泥用量。

④当采用细砂或粗砂时，用水量分别取上限或下限。

⑤稠度小于70mm时，用水量可小于下限。

⑥施工现场气候炎热或干燥季节，可酌量增加用水量。

⑦试配强度应按式（3-3-1）计算。

3. 配合比试配、调整与确定

(1)试配时应采用工程中实际使用的材料,按要求拌和。按计算或查表所得配合比进行试拌时,应测定其拌合物的稠度和分层度,当不能满足要求时,应调整材料用量,直到符合要求为止。然后确定试配时的砂浆基准配合比。

(2)试配时至少应采用三个不同的配合比,其中一个为基准配合比,其它配合比的水泥用量应按基准配合比分别增加及减少10%。在保证稠度、分层度合格的条件下,可将用水量或掺合料用量作相应调整。

(3)对三个不同的配合比进行调整后,按现行标准《建筑砂浆基本性能试验方法》(JGJ 70—1990)的规定成型试件,测定砂浆强度,并选定符合试配强度要求的且水泥用量最低的配合比作为砂浆配合比。

单元四　石灰、粉煤灰及稳定材料

【理论要求】

掌握石灰的消化和硬化原理及粉煤灰的成分、技术性质与技术要求；熟练掌握石灰的技术性质与技术指标、无机结合料稳定土的技术性质与技术要求，及其组成配合比设计。

【技能要求】

具备测定石灰活性含量、粉煤灰烧失量、灰土灰剂量、无机结合料稳定土击实试验及无侧限抗压强度的能力。

在建筑工程中，能以自身的物理化学作用将松散材料（如砂、石）胶结成为具有一定强度的整体结构材料，统称为胶凝材料。胶凝材料按其化学成分不同分为有机胶凝材料（如各种沥青和树脂）和无机胶凝材料两大类。无机胶凝材料根据其硬化条件不同又分为水硬性胶凝材料和气硬性胶凝材料。气硬性胶凝材料只能在空气中硬化、保持或继续提高强度（如石灰、石膏、菱苦土和水玻璃等）。水硬性胶凝材料则不仅能在空气中硬化，而且能更好地在水中硬化，且可在水中或适宜的环境中保持并继续提高强度，各种水泥都属于水硬性胶凝材料。

在粉碎的或原来松散的土（包括各种粗、中、细粒土）中，掺入足量的石灰、水泥、工业废渣后，经拌和、压实及养生后，得到的具有较高后期强度、整体性和水稳定性均较好的材料，称为无机结合料稳定土。

课题一　石　　灰

石灰俗称白灰，根据成品加工方法的不同，可分为：

(1) 块状生石灰：由原料煅烧而成的原产品，主要成分为 CaO；

(2) 生石灰粉：由块状生石灰磨细而得到的细粉，其主要成分亦为 CaO；

(3) 消石灰：将生石灰用适量的水消化而得的粉末，亦称熟石灰，其主要成分为 $Ca(OH)_2$；

(4) 石灰浆：将生石灰加多量的水（约为石灰体积的 3～4 倍）消化而得可塑性浆体，称为石灰膏，主要成分为 $Ca(OH)_2$ 和水。如果水分加的更多，则呈白色悬浮液，称为石灰乳。

石灰按氧化镁含量不同分为钙质石灰和镁质石灰。当氧化镁含量小于 5% 时，称为钙质石灰;超过5%时,称为镁质石灰。

一、石灰的生产工艺概述

将富含氧化钙的岩石(如石灰石、白云石、白垩、贝壳等),或用含有氧化钙和部分氧化镁的岩石,经过高温煅烧(通常需加热至900℃以上),逸出 CO_2 气体,得到白色或灰白色的块状材料即为生石灰,其化学反应表示如下:

$$CaCO_3 \xrightarrow{\text{大于}900℃} CaO + CO_2\uparrow \tag{4-1-1}$$

优质的石灰,色质洁白或带灰色,质量较轻,块状石灰堆积密度为800~1000kg/m³。石灰在烧制过程中,往往由于石灰石原料的尺寸过大或窑中温度不匀等原因,使得石灰中含有未烧透的内核,这种石灰即称为"欠火石灰"。欠火石灰的未消化残渣含量高,有效氧化钙和氧化镁含量低,使用时缺乏粘结力。另一种情况是由于烧制的温度或时间过长,使得石灰表面出现裂缝或玻璃状的外壳,体积收缩明显,颜色呈灰黑色,块体密度大,消化缓慢,这种石灰称为"过火石灰"。过火石灰用于建筑结构物中还能继续消化,以致引起体积膨胀,导致产生裂缝等破坏现象,故危害极大。

二、石灰的消化和硬化

1. 石灰的消化

烧制成的生石灰为块状的,在使用时必须加水使其"消化"成为粉末状的"消石灰",这一过程亦称"熟化",故消石灰亦称"熟石灰"。其化学反应为:

$$CaO + H_2O \longrightarrow Ca(OH)_2 + 64.9J/mol \tag{4-1-2}$$

消石灰的主要化学成分为氢氧化钙 $Ca(OH)_2$。式(4-1-2)中理论需水量仅为石灰的32%,但是由于石灰消化是一个放热反应过程,实际加水量需达70%以上。

在石灰消化时,应注意加水量和加水速度。对消解速度快、活性大的石灰,如加水过慢,水量不够,则已消化的石灰颗粒生成 $Ca(OH)_2$,包围于未消化颗粒周围,使内部石灰不易消化,这种现象称为"过烧"现象;相反,对于活性差的石灰,如加水过快,则发热量少,水温过低,增加了未消化颗粒,这种现象称为"过冷"现象。石灰消化时,为了消除"过火石灰"的危害,可在消化后"陈伏"半月左右再使用。石灰浆在陈伏期间,在其表面应有一层水分,使之与空气隔绝,以防止碳化。

2. 石灰的硬化

石灰的硬化过程包括干燥硬化和碳酸化两部分。

1)石灰浆的干燥硬化(结晶作用)

石灰浆在干燥过程中水分逐渐蒸发,或被周围砌体吸收,$Ca(OH)_2$ 从饱和溶液中结晶析出,固体颗粒互相靠拢粘紧,强度也随之提高。

2)硬化石灰浆的碳化(碳化作用)

$Ca(OH)_2$ 与空气中的二氧化碳作用生成碳酸钙晶体,其化学反应如下:

$$Ca(OH)_2 + H_2O + CO_2 \longrightarrow CaCO_3 + 2H_2O \tag{4-1-3}$$

石灰浆体的硬化包括上面两个同时进行的过程，既表层以碳化为主，内部以结晶为主。随着反应的发生，石灰表面形成一层坚硬的 $CaCO_3$ 薄层，CO_2 不易进入内部，内部水分也不易蒸发，石灰的硬化随时间逐渐减慢。

三、石灰的技术要求和技术标准

1. 技术要求

用于道路或桥梁工程的石灰，应符合下列技术要求：

1）有效氧化钙和氧化镁含量

石灰中产生粘结性的有效成分是活性氧化钙和氧化镁，其含量是指石灰中活性氧化钙和氧化镁的质量占石灰试样总质量的百分率，这是评价石灰质量的主要指标。石灰中活性成分（$CaO + MgO$）含量愈多，活性愈高，质量也愈好。

2）石灰未消化残渣含量

石灰未消化残渣含量是指石灰在标准消解条件下，存留于 5 mm圆孔筛上的残渣质量占石灰试样总质量的百分率。这些残渣为欠火石灰或过火石灰颗粒，它的含量愈多，石灰的品质愈差，必须加以限制。

3）石灰含水量

石灰在消解过程中，由于加水量难以控制，致使消石灰粉中含有少量的游离水分，对石灰品质有影响，故对其应加以限制。

4）细度

消石灰粉消解是否完全及生石灰磨细程度直接影响石灰的粘结力，细度与石灰的质量有密切关系。

2. 技术标准

在公路工程中，石灰技术指标应符合我国行业标准《公路路面基层施工技术规范》（JTJ 034—2000）的规定，如表 4-1-1 所示。

石灰的技术指标　　　表 4-1-1

类别 / 指标 / 项目	钙质生石灰			镁质生石灰			钙质消石灰			镁质消石灰		
	等级											
	I	II	III	I	II	III	I	II	III	I	II	III
有效钙加氧化镁含量（%）	≥85	≥80	≥70	≥80	≥75	≥65	≥65	≥60	≥55	≥60	≥55	≥50
未消化残渣含量（5 mm圆孔筛的筛余，%）	≤7	≤11	≤17	≤10	≤14	≤20						
含水量（%）							≤4	≤4	≤4	≤4	≤4	≤4
细度　0.71mm 方孔筛的筛余（%）							0	≤1	≤1	0	≤1	≤1
细度　0.125mm 方孔筛的累计筛余（%）							≤13	≤20	—	≤13	≤20	—
钙镁石灰的分类界限，氧化镁含量（%）	≤5			>5			≤4			>4		

注：硅、铝、镁氧化物含量之和大于 5% 的生石灰，有效钙加氧化镁含量指标，I 等≥75%，II 等≥70%，III 等≥60%；未消化残渣含量指标与镁质生石灰指标相同。

四、石灰的应用和贮存

1. 石灰的应用

(1)石灰砂浆:石灰砂浆主要用于地面以上部分的砌筑工程,并可用于抹面等装饰工程。

(2)加固软土地基:在软土地基中打入生石灰桩,可利用生石灰吸水产生膨胀对桩周土壤起挤密作用,利用生石灰和粘土矿物间产生的胶凝反应使周围的土固结,从而达到提高地基承载力的目的。

(3)石灰和粘土按一定比例拌和制成石灰土,或与粘土、砂石、矿渣制成三合土,用于道路工程的垫层。

(4)在道路工程中,随着半刚性基层在高等级路面中的应用,石灰稳定土、石灰粉煤灰稳定土及其稳定碎石等广泛用于路面基层。在桥梁工程中,石灰砂浆、石灰水泥砂浆、石灰粉煤灰砂浆广泛用于圬工砌体。

2. 石灰的贮存

(1)磨细的生石灰粉应贮存于干燥仓库内,采取严格防水措施。

(2)如需较长时间贮存生石灰,最好将其消解成石灰浆,并使表面隔绝空气,以防碳化。

有效氧化钙和氧化镁含量的简易测定方法(T 08013—94)

一、适用范围

本试验方法适用于氧化镁含量在5%以下的低镁石灰。

注:氧化镁被水分解的作用缓慢,如果氧化镁含量高,到达滴定终点的时间很长,从而增加了与空气中二氧化碳的作用时间,影响测定结果。

二、仪器设备

(1)筛子:0.15mm,1个。

(2)烘箱:50~250℃,1台。

(3)干燥器:ϕ25cm,1个。

(4)称量瓶:ϕ30mm×50mm,10个。

(5)瓷研钵:ϕ12~13cm,1个。

(6)分析天平:万分之一,1台。

(7)架盘天平:感量0.1g,1台。

(8)电炉:1500W,1个。

(9)石棉网:20cm×20cm,1块。

(10)玻璃珠:Φ3mm,一袋(0.25kg)。

(11)漏斗:短颈,3个。

(12)塑料洗瓶,1个。

(13)塑料桶:20L,1个。

(14)下口蒸馏水瓶:5000mL,1个。

(15)三角瓶:300mL,10个。

(16)容量瓶:1000mL,1个。

(17)量筒:200mL、5mL,各1个。

(18)试剂瓶:1000mL,5个。

(19)滴瓶:60mL,3个。

(20)酸滴定管:50mL,2支。

(21)大肚移液管:25mL、50mL,各1支。

(22)玻璃棒:8mm×250mm及4mm×180mm各10支。

(23)试剂勺:5个。

(24)吸水管:8mm×150mm,5支。

(25)洗耳球:大、小各1个。

三、试剂

(1)0.1%甲基橙指示剂:称取0.05g甲基橙溶于50mL蒸馏水中。

(2)1N盐酸标准液:取83mL(相对密度1.19)浓盐酸以蒸馏水稀释至1000 mL,按下述方法标定其当量浓度后备用。

称取约1.500~2.000 g(准确至0.0002g)已在180℃烘干2h的碳酸钠,置于300mL三角瓶中,加100mL水使其完全溶解;然后加入2~3滴0.1%甲基橙指示剂,用待标定的盐酸标准溶液滴定,至碳酸钠溶液由黄色变为橙红色;将溶液加热至沸,并保持微沸3min,然后放在冷水中冷却至室温,如此时橙红色变为黄色,则再用盐酸标准溶液滴定,至溶液出现稳定橙红色时为止。

盐酸标准溶液的当量浓度按下式计算:

$$N = Q/V \times 0.053 \tag{4-1-4}$$

式中:N——盐酸标准溶液当量浓度;

Q——称取碳酸钠的质量,g;

V——滴定时消耗盐酸标准溶液的体积,mL。

(3)1%酚酞指示剂:称取0.5g酚酞溶于50mL95%的乙醇中。

四、准备试样

(1)生石灰试样:将生石灰样品打碎,使颗粒不大于2㎜。拌和均匀后用四分法缩减至200g左右,放入瓷研钵中研细。再经四分法缩减几次至剩下20g左右。研磨所得石灰样品,使通过0.10㎜的筛。从此试样中均匀挑取10余克,置于称量瓶中在100℃烘干1h,贮于干燥器中,供试验用。

(2)消石灰试样:将消石灰样品用四分法缩减至10余克左右。如有大颗粒存在须在瓷研钵中磨细至无不均匀颗粒存在为止。置于称量瓶中在105~110℃烘干1h,贮于干燥器中,供试验用。

五、试验步骤

迅速称取石灰试样0.8~1.0 g(准确至0.0005g)放入300 mL三角瓶中。加入150 mL新煮沸并已冷却的蒸馏水和10颗玻璃球。瓶口上插一短颈漏斗,加热5min,但勿使沸腾,迅速冷却。滴入酚酞指示剂2滴,在不断摇动下以盐酸标准液滴定,控制速度为每秒2~3滴,至粉红色完全消失,稍停,又出现红色,继续滴入盐酸,如此重复几次,直至5 min内不出现红色为止。如滴定过程持续半小时以上,则结果只能作参考。

六、计算

$$(CaO + MgO)\% = \frac{V \times N \times 0.028}{G} \times 100 \tag{4-1-5}$$

式中：V——滴定消耗盐酸标准液的体积，mL；

N——盐酸标准液的当量浓度；

G——样品质量，g；

0.028——氧化钙的毫克当量。因氧化镁含量甚少，并且两者之毫克当量相差不大，故有效(CaO + MgO)%的毫克当量都以 CaO 的毫克当量计算。

七、精密度或允许误差

对同一石灰样品至少应做两个试样和进行两次测定，并取两次测定结果的平均值代表最终结果。

课题二　粉　煤　灰

一、粉煤灰的来源与成分

粉煤灰是火力发电厂的工业废料。火力发电厂为了提高煤的燃烧程度，一般将块状煤磨细成粉末状煤粉，在温度为 1100～1400℃的炉内燃烧，从烟道内依据机械装置或静电聚灰装置收集起来的一种非常细小的轻质粉末状灰尘，就是粉煤灰。它不仅可用作制造粉煤灰水泥的原料，而且在公路与桥梁工程中，除了用作水泥混凝土的组成材料外，更大量的是用于无机结合料稳定土中。

粉煤灰主要是从煤层裂缝中聚集的岩屑得来，占煤质量的百分率为 8%～14%左右。它与煤渣不同，煤渣是从炉底掉下来的粒状副产品。

煤粉经燃烧炉内燃烧时，其内部含有的细粒状铝硅酸盐类粘土被熔化和玻璃化，冷却后，在表面张力作用下，迫使细粉颗粒转变为玻璃质的球形颗粒。因而，粉煤灰颗粒是实心的或空心的球状颗粒，玻璃质含量(非晶质材料)占总质量的 71%～88%。粉煤灰的颗粒粒径大小在 0.01～0.25mm 之间变化，小于 0.075 mm的颗粒含量可在 60%～98%之间变化，它的比表面积一般在 2000～3500cm^2/g 之间。粉煤灰的非晶质成分是石灰(或水泥)粉煤灰火山反应中的主要成分。

粉煤灰化学成分以二氧化硅和三氧化二铝为主(氧化硅含量在 48%左右，氧化铝含量在 27%左右)，其它成分为氧化钙、氧化镁、氧化钾、氧化钠、三氧化硫、三氧化二铁及未燃尽有机质(烧失量)。不同来源的煤和不同燃烧条件下产生的粉煤灰，其化学成分差别很大(见表 4-2-1)。

我国 31 个有代表性的火力发电厂粉煤灰的化学成分(%)　　表 4-2-1

成分	二氧化硅	三氧化二铝	三氧化二铁	氧化钙	氧化镁	氧化钾	氧化钠	三氧化硫	烧失量
变化范围	33.9～59.7	16.5～35.4	1.5～19.7	0.8～10.4	0.7～1.9	0.6～2.9	0.2～1.1	0～1.1	1.2～23.6
平均值	50.6	27.1	7.1	2.8	1.2	1.3	0.5	0.3	8.2

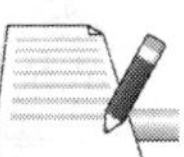

氧化钙(CaO)含量一般在2%～6%,这种粉煤灰可称做硅铝粉煤灰。个别地方的粉煤灰含有10%～40%的氧化钙,这种粉煤灰可称做高钙粉煤灰。

粉煤灰是一种火山灰质材料,是一种硅质或硅铝质材料。因其内含有少量的氧化钙,它本身很少或几乎没有粘结性。细分散状态的粉煤灰与石灰(或水泥)拌和后,在常温下经氧化钙或氢氧化钙的激活,活性氧化硅和氧化铝具有一定的火山灰作用,形成水化硅酸钙和水化铝酸钙,使其具有一定的粘结性。一般组分中玻璃质球体与结晶质之比越大,其火山灰质活性愈强烈,因而,活性氧化硅和氧化铝的含量是评定粉煤灰应用的重要指标,通常要求其含量不低于70%。隋性材料氧化铁及焦炭残留物不具备活性,一般对其含量加以限制。

粉煤灰的品质变化幅度很大,影响其品质的因素有:煤的品种、煤的燃烧条件、磨细程度以及收集方法等。煤的品种不同,其化学组成成分含量差别很大。煤粉燃烧时温度越高,时间越长,焦炭残留物越少,玻璃质含量增加,其品质越好。细度越细、比表面积越大,活性越好,但其需水量增大,干缩性越大。

粉煤灰有湿排灰法和干排灰法两种。干排灰法排出的粉煤灰常在露天堆放,为了防止干灰在空气中飞扬,往往向干灰堆浇水。由于其内含有一定数量的CaO,含水堆售的粉煤灰可能产生粘结性并结成块体,在使用前要将其粉碎过筛。在某些情况下,粉煤灰被排放在池中,会有很多水,需用时从池中回收。

二、粉煤灰的技术指标与技术标准

1. 粉煤灰的技术指标

1)粉煤灰的细度

粉煤灰颗粒的粗细程度,直接影响与结合料(如石灰、水泥)混合后反应所形成的水化生成物的数量,从而影响混合料的强度。粉煤灰的颗粒越细,比表面积越大,粉煤灰的活性越强。所以细度是粉煤灰分级的一项指标。细度是以0.045㎜方孔筛的筛余百分率表示。

2)粉煤灰的烧失量

粉煤灰的烧失量是指粉煤灰在高温灼烧下损失的质量占总质量的百分率。粉煤灰中含有一定数量未烧尽的固态碳,这些碳成分的增加,即意味活性氧化硅和氧气成分的降低,同时会导致粉煤灰需水量的增加,降低混合料的强度,因此,要加以限制。我国现行国标规定的测定方法如下:

(1)取粉煤灰试样约1kg,准确称量质量(准确至1g),置于已灼烧至恒重的瓷坩埚内,并将盖斜置于坩埚上。

(2)将瓷坩埚放入高温炉内,从低温开始逐渐升高温度,温度控制在950～1000℃以上灼烧15～20min,取出坩埚,置于干燥器中,冷却至室温。

(3)准确称量质量,如此反复灼烧,直至恒重,称其质量为m_1。

(4)按下式计算烧失量B:

$$B=\frac{m-m_1}{m}\times 100 \tag{4-2-1}$$

式中:B——粉煤灰的烧失量,%;

m——未灼烧前粉煤灰的质量,g;

m_1——灼烧至恒重时粉煤灰的质量,g。

3)粉煤灰的需水量比

粉煤灰的需水量比是指在相同流动度下,粉煤灰的需水量与硅酸盐水泥的需水量之比值。需水量比小的粉煤灰掺入水泥混凝土中,可增加其流动性,改善和易性,提高强度,必须加以限制。

4)粉煤灰中有害杂质含量

粉煤灰中 SO_3 含量超过一定限量时,可使其制作混合料(如水泥混凝土、稳定土)后期生成有害的钙矾石,导致结构物产生危害,因此,对其含量必须加以限制。粉煤灰中 SO_3 含量是先测定硫酸盐含量,折算成 SO_3 含量。

5)氧化物含量($SiO_2+A1_2O_3+Fe_2O_3$)

粉煤灰中氧化物的含量对混合料的强度有明显影响。一般规定粉煤灰中氧化物的含量要大于70%。

2. 粉煤灰的技术标准

我国现行国标《用于水泥和混凝土中的粉煤灰》(GB 1596—91)规定,用于拌制混凝土作为掺合料的粉煤灰,按上述细度、需水量比、烧失量和 SO_3 含量四项指标分为三个等级,如表4-2-2所示。

拌制水泥混凝土用粉煤灰的分级 表4-2-2

粉煤灰等级	质量指标			
	细度0.045mm方孔筛的筛余(%)	烧失量(%)	需水量(%)	SO_3 含量(%)
I	≤12	≤5	≤95	≤3
II	≤20	≤8	≤105	≤3
III	≤45	≤15	≤115	≤3

我国现行行业标准《公路路面基层施工技术规范》(JTJ 034—2000)规定,用于石灰工业废渣稳定土中的粉煤灰,其 SiO_2、$A1_2O_3$ 和 Fe_2O_3 的总含量应大于70%,烧失量不应超过20%,粉煤灰的比表面积宜大于2500cm^2/g(或90%通过0.3mm筛孔,70%通过0.075 mm筛孔)。

课题三　无机结合料稳定材料

一、无机结合料稳定材料概述

1. 无机结合料稳定材料的概念

采用一定的技术措施,在粉碎的或原来松散的土中,掺入适量的无机结合料(如水泥、石灰等)和水,经拌和均匀、压实和养生后得到的一种强度或耐久性符合规定要求的复合混合料,称为无机结合料稳定材料,又称无机结合料稳定土。

工程上用于无机结合料稳定的土,通常按照土中单个颗粒(包括碎石、砾石和砂颗粒,不

包括土块或土团）的粒径大小和组成，将土分为下列三种：

（1）细粒土：土颗粒的最大粒径小于9.5mm，且其中粒径小于2.36mm的颗粒含量不少于90%（如塑性指数不同的各种粘性土、粉性土、砂性土、砂和石屑等）。

（2）中粒土：土颗粒的最大粒径小于26.5mm，且其中粒径小于19mm的颗粒含量不少于90%（如砂砾土、碎石土、级配砂砾、级配碎石等）。

（3）粗粒土：土颗粒的最大粒径小于37.5mm，且其中粒径小于31.5mm的颗粒含量不少于90%（如砂砾石、碎石土、级配砂砾和级配碎石等）。

2. 无机结合料稳定土的分类

无机结合料稳定土的种类很多，可按下列情况分类：

1）按无机结合料的种类分

按无机结合料的种类不同可分为：石灰稳定土类、水泥稳定土类、综合稳定土类、石灰工业废渣稳定土类等。

（1）石灰稳定土类：用石灰（消石灰粉或磨细生石灰粉）稳定各类土而得到的混合料。

（2）水泥稳定土类：用水泥稳定各类土而得到的混合料。

（3）综合稳定土类：同时用石灰和水泥稳定某种土得到的混合料，其中按水泥用量占石灰水泥总用量的百分比可分为：水泥用量占石灰水泥总用量30%以上的，称为水泥综合稳定土；水泥用量占石灰水泥总用量30%以下的，称为石灰综合稳定土。

（4）石灰工业废渣稳定土类：用石灰稳定工业废渣或稳定工业废渣与某种土的混合物而得到的混合料，称为石灰工业废渣稳定土类。其中按稳定土是否含有活性材料，粉煤灰又可分为：①石灰粉煤灰稳定土类，用石灰粉煤灰稳定工业废渣或某种土的混合物而得到的混合料；②石灰其它废渣稳定土类，用石灰废渣稳定某种土或工业废渣与某种土的混合物而得到的混合料。

2）按土的粒径大小和组成分

按土的粒径大小和组成可分为：无机结合料稳定土和无机结合料稳定粒料。

（1）无机结合料稳定土：用无机结合料稳定细粒土而得到的混合料，如石灰土、水泥土、石灰粉煤灰土（简称二灰土）等。

（2）无机结合料稳定粒料：用无机结合料稳定中粒土或粗粒土等而得到的混合料。其中按粒料种类不同可分为：①无机结合料稳定砂砾，用无机结合料稳定中粒土或粗粒土，原材料为天然砂砾或级配砂砾（砂砾中无土）所得到的混合料。常见的有石灰砂砾土、石灰土砂砾、水泥砂砾、石灰粉煤灰砂砾（简称二灰砂砾）与石灰煤渣砂砾等。②无机结合料稳定碎石，用无机结合料稳定中粒土或粗粒土，原材料为天然碎石土或级配碎石（包括未筛分碎石）所得到的混合料。常见的有石灰碎石土、石灰土碎石、水泥碎石、石灰粉煤灰碎石（二灰碎石）与石灰煤渣碎石等。

3. 无机结合料稳定土的优缺点

近一二十年来，无机结合料稳定土在道路工程中应用发展很快，究其原因主要是它具有很多的优点。

（1）它具有良好的力学性能，其抗压强度和抗弯拉强度较高，而且强度与模量随龄期不断增长，水稳定性好，具有抗冻性，结构本身自成板块，在外力作用下变形小，因而又称为半刚性材料。

(2)便于就地取材,易于实现机械化施工,养护费用低。

(3)利用工矿企业废渣,既解决筑路材料来源的困难,又解决废渣的堆放处理问题,因此,它是一种品质优良的筑路材料,已广泛用于修建高等级公路路面的基层和底基层。

但是,无机结合料稳定土的最大缺点是干缩或低温收缩容易产生裂缝,这种裂缝会反射到路面的表面;另外,其耐磨性差,一般不宜用于路表面。

二、无机结合料稳定土组成材料的技术要求

为了保证无机结合料稳定土具有良好的技术性能和使用品质,必须正确选用原材料。

1. 无机结合料

无机结合料目前最常用的有水泥和石灰(消石灰粉与磨细生石灰粉),它们是稳定土强度形成的主要来源,又是组成材料中价格最贵的。正确的选择原则是,既要满足工程质量的要求,又要满足经济性的要求。

1)水泥

普通硅酸盐水泥、矿渣硅酸盐水泥和火山灰质硅酸盐水泥都可用于稳定土。为了满足施工操作工艺过程的需要,应选用初凝时间3h以上和终凝时间较长(宜在6h以上)的水泥。快硬水泥、早强水泥以及受潮变质的水泥不得使用。宜采用强度等级较低的水泥,如32.5级或42.5级。

2)石灰

各种化学组成的石灰均可用于稳定土,但其石灰质量应符合合格品以上标准。石灰放置时间过久,其有效钙和有效镁的含量会有很大损失,因此要尽量缩短石灰的存放时间。如需存放较长时间,应采用覆盖封存措施以妥善保管,一般最好在生产后不迟于三个月内投入使用。对于等级低于合格品标准的等外石灰及贝壳石灰或珊瑚石灰,可适当增加剂量,经试验其无侧限抗压强度必须满足要求,就可使用。对于高速公路和一级公路,为了获得很好的稳定效果,通常采用磨细生石灰粉。

2. 土质

对土的一般要求是易于粉碎,满足一定的级配要求,便于碾压成形。

1)液限与塑性指数

水泥稳定类,土的液限不宜超过25%,塑性指数不宜超过16;用水泥稳定粒径较均匀的砂类,难于碾压,可在砂中掺入少量塑性指数小于10的粘质土或石灰土;二灰稳定类,土的塑性指数为12~20;石灰稳定类,土的塑性指数为15~20。

2)颗粒组成

用做基层时,颗粒的最大粒径不应超过31.5mm;用做底基层时,粒料最大粒径不超过53mm。最大粒径太大,拌和、摊铺、压实均有困难,表面平整度也难达到要求。最大粒径太小,则动稳性不足且投资增加。水泥稳定类材料用做底基层时,土的均匀系数应大于5。实际工程中均匀系数宜大于10(均匀系数指通过率为60%的筛孔尺寸与通过率为10%的筛孔尺寸的比值)。水泥稳定类集料的颗粒组成应满足表4-3-1的要求。表中3号级配可用于基层,1、2号可用于底基层。二灰级配砂砾中粒料适宜的颗粒级配组成见表4-3-2。二灰级配碎石中

集料适宜的颗粒级配组成见表4-3-3。

水泥稳定类粒料的颗粒组成范围 表4-3-1

筛孔尺寸(mm)		37.5	31.5	26.5	19	9.5	4.75	2.36	0.6	0.075
通过百分率(%)	1	100					50~100		17~100	0~30
	2	100	90~100		67~90	45~68	29~50	18~38	8~22	0~7
	3		100	90~100	72~89	47~67	29~49	17~35	8~22	0~7

注:粒料中0.5mm以下细粒土有塑性指数时,小于0.075mm的颗粒含量不应超过5%;细粒土无塑性指数时,小于0.075mm的颗粒含量不应超过7%。

二灰级配砂砾中粒料的颗粒组成范围 表4-3-2

编号	通过下列筛孔(mm)的质量百分比(%)								
	37.5	31.5	19.0	9.50	4.75	2.36	1.18	0.60	0.075
1	100	85~100	65~85	50~70	35~55	25~45	17~35	10~27	0~15
2		100	85~100	55~75	39~59	27~47	17~35	10~25	0~10

二灰级配碎石中集料的颗粒组成范围 表4-3-3

编号	通过下列筛孔(mm)的质量百分比(%)								
	37.5	31.5	19.0	9.50	4.75	2.36	1.18	0.60	0.075
1	100	90~100	72~90	48~68	30~50	18~38	10~27	6~20	0~7
2		100	81~98	52~70	30~50	18~38	10~27	6~20	0~7

3)压碎值

无机结合料稳定土所用的碎、砾石应具有一定的抗压碎能力。二级和二级以下公路的粒料压碎值不大于35%(底基层可放宽至40%);高速公路和一级公路的粒料压碎值不大于30%。

4)硫酸盐与腐殖质

水泥稳定类,有机质含量不应大于2%,硫酸盐含量不应大于0.25%。有机质含量超过2%以及塑性指数偏高的土,不应单用水泥稳定,若需采用这种土,必须先用石灰进行处理之后,方可用水泥稳定。石灰及二灰稳定类所用土的有机质含量不应超过10%,硫酸盐含量不应超过0.8%。

3. 工业废料

1)活性材料——粉煤灰

粉煤灰中SiO_2、Al_2O_3和Fe_2O_3的总含量应大于70%,粉煤灰的烧失量不应超过20%,粉煤灰的比表面积宜大于2500cm^2/g。干粉煤灰和湿粉煤灰都可以使用,干粉煤灰若堆在空地上,应加水湿润,防止飞扬造成污染;湿粉煤灰的含水量不宜超过35%。使用前,应将凝固的粉煤灰块打碎或过筛,同时清除有害杂质。

2)煤渣

煤渣是煤经锅炉燃烧后所得到的残渣,它的主要成分是SiO_2、Al_2O_3,它的松干密度在700~1100kg/m^3之间。纯粗颗粒不宜碾压密实,纯细颗粒施工对含水量变化很敏感,一般要求所使用的煤渣最大粒径应不大于30mm,其颗粒组成宜有一定级配,且不宜含有杂质。

4. 水

凡人或牲畜饮用的水源，均可用于无机结合料稳定土的拌和与养护用水。遇到可疑水源时，应进行试验鉴定。

三、无机结合料稳定土的技术性质与技术标准

1. 稳定土的压实性

无机结合料稳定土的强度、水稳定性、抗冻性及缩裂现象等均与密实度有关。一般稳定土的密实度每增加1%，强度约增加4%左右，同时其水稳定性和抗冻性也会提高，缩裂现象减少，由此可见提高密实度的重要意义。

现行《公路路面基层施工技术规范》(JTJ 034—2000)规定，采用重型击实试验确定无机结合料稳定土的最佳含水量和最大干密度，以规定工地实际压实机械碾压时的合适含水量和应达到的最大干密度。同时，为确定制备无机结合料稳定土强度试验和耐久性试验的试件应该用的含水量和干密度，以及制备承载比试验试件的材料含水量。规范规定的各种稳定土的压实度如表4-3-4。

无机结合料稳定土的压实度(%)　　表4-3-4

公路等级		高速公路、一级公路		二级和二级以下公路	
		中粒土和粗粒土	细粒土	中粒土和粗粒土	细粒土
水泥稳定土	基层	98	98	97	93
	底基层	97	95	95	93
石灰稳定土	基层	—	—	97	93
	底基层	97	95	95	93
石灰工业废渣稳定土	基层	98	98	97	93
	底甚层	97	95	95	93

无机结合料稳定土的击实试验方法(T 0804—94)

一、目的和适用范围

1. 本试验法适用于在规定的试筒内，对水泥稳定土(在水泥水化前)、石灰稳定土及石灰(或水泥)粉煤灰稳定土进行击实试验，以绘制稳定土的含水量—干密度关系图，从而确定其最佳含水量和最大干密度。

2. 试验集料的最大粒径宜控制在25mm以内，最大不得超过40mm(圆孔筛)。

3. 试验方法类别：本试验方法分三类，各类击实方法的主要参数列于表4-3-5。

试验方法类别　　表4-3-5

类别	锤的质量(kg)	锤击面直径(cm)	落高(cm)	试筒尺寸			锤击层数	每层锤击次数	平均单位击实力(J)	容许最大粒径(mm)
				内径(cm)	高(cm)	容积(cm^3)				
甲	4.5	5.0	45	10	12.7	997	5	27	2.687	25
乙	4.5	5.0	45	15.2	12.0	2177	5	59	2.687	25
丙	4.5	5.0	45	15.2	12.0	2177	3	98	2.677	40

二、仪器设备

1. 击实筒：小型，内径100mm、高127mm的金属圆筒，套环高50mm，底座；中型，内径152mm、高170mm的金属圆筒，套环高50mm，直径151mm和高50mm的筒内垫块，底座。

2. 击锤和导管：击锤的底面直径50mm，总质量4.5kg。击锤在导管内的总行程为450mm。

3. 天平：感量0.01g。

4. 台秤：称量15 kg，感量5g。

5. 圆孔筛：孔径40mm、25mm、20mm以及5mm的筛各1个。

6. 其它：量筒、刮土刀、刮平尺、金属盘、平头小铲、脱模器、铝盒、烘箱等。

三、试料准备

将具有代表性的风干试样(必要时也可以在50℃的烘箱内烘干)用木锤或木碾捣碎。土团均应捣碎到能通过5mm的筛孔，但应注意不使粒料的单个颗粒破碎或不使其破碎程度超过施工中拌和机械的破碎率。

如试料是细粒土，将已捣碎的具有代表性的土过5mm的筛备用(用甲法或乙法做试验)。

如试料中含有粒径大于5mm的颗粒，则先将试料过25mm的筛，如存留在筛孔25mm筛的颗粒的含量不超过20%，则过筛料留作备用(用甲法或乙法做试验)。

如试料中粒径大于25mm的颗粒含量过多，则将试料过40mm的筛备用(用丙法做试验)。

每次筛分后，均应记录超尺寸颗粒的百分率。

在预定做击实试验的前一天，取有代表性的试料测定其风干含水量。对于细粒土，试样应不少于100g；对于中粒土(粒径小于25mm的各种集料)，试样应不少于1000g；对于粗粒土的各种集料，试样不应少于2000g。

四、试验步骤

1. 甲法

(1)将已筛分的试样用四分法逐次分小，至最后取出约10～15kg试料。再用四分法将已取出的试料分成5～6份，每份试料的干质量为2.0kg(对于细粒土)或2.5 kg(对于各种中粒土)。

(2)预定5～6个不同的含水量，依次相差1%～2%①，且其中至少有两个大于和两个小于最佳含水量。对于细粒土，可参照其塑限估计素土的最佳含水量。一般其最佳含水量较塑限约小3%～10%，对于砂性土接近3%，对于粘性土约为6%～10%。天然砂砾土、级配集料等的最佳含水量与集料中细土的含量和塑性指数有关，一般在5%～12%之间变化。对于细土少的、塑性指数为0的未筛分碎石，其最佳含水量接近5%。对于细土偏多的、塑性指数较大的砂砾土，其最佳含水量约在10%左右。水泥稳定土的最佳含水量与素土的接近，石灰稳定土的最佳含水量较素土大1%～3%。

注①：对于中粒土，在最佳含水量附近取1%，其余取2%。对于细粒土，取2%，但对于粘土，特别是重粘土，可能需要取3%。

(3)按预定含水量制备试样。将1份试料平铺于金属盘内，将事先计算得的该份试料中应加的水量均匀地喷洒在试料上，用小铲将试料充分拌和到均匀状态(如为石灰稳定土和水泥、石灰综合稳定土，可将石灰和试样一起拌匀)，然后装入密闭容器或塑料口袋内浸润备用。

浸润时间：粘质土 12 ~ 24h；粉质土、砂砾土、红土砂砾、级配砂砾等可以缩短到 4h 左右；含土很少的未筛分碎石、砂砾和砂可缩短到 2h。

应加水量可按下式计算：

$$Q_W = \left(\frac{Q_n}{1+0.01w_n}+\frac{Q_c}{1+0.01w_c}\right)\times 0.01w - \frac{Q_n}{1+0.01w_n}\times 0.01w_n - \frac{Q_c}{1+0.01w_c}\times 0.01w_c \tag{4-3-1}$$

式中：Q_W——混合料中应加的水量，g；

Q_n——混合料中素土（或集料）的质量，g；

w_n——混合料中素土（或集料）的原始含水量，即风干含水量，%；

Q_c——混合料中水泥或石灰的质量，g；

w_c——混合料中水泥或石灰的原始含水量，%；

w——要求达到的混合料的含水量，%。

（4）将所需的稳定剂水泥加到浸润后的试样中，并用小铲、泥刀或其它工具充分拌和到均匀状态。加有水泥的试样拌和后，应在 1h 内完成下述击实试验，拌和后超过 1h 未用的试样，应予作废（石灰稳定土和石灰粉煤灰除外）。

（5）试筒套环与击实底板应紧密联结。将击实筒放在坚实地面上，取制备好的试样（仍用四分法）400 ~ 500g（其量应使击实后的试样等于或略高于筒高的 1/5）倒入筒内，整平其表面并稍加压紧，然后按所需击数进行第一次试样的击实。击实时，击锤应自由铅直落下，落高应为 45cm，锤击必须均匀分布于试样面。第一层击实完后，检查该层高度是否合适，以便调整以后几层的试样用量。用刮土刀或改锥将已击实层的表面“拉毛”，然后重复上述做法，进行其余四层试样的击实。最后一层试样击实后，试样超出试筒顶的高度不得大于 6mm，超出高度过大的试件应该作废。

（6）用刮土刀沿套环内壁削挖（使试样与套环脱离）后，扭动并取下套环。齐筒顶细心刮平试样，并拆除底板。如试样底面略突出筒外或有孔洞，则应细心刮平或修补。最后用工字形刮平尺齐筒顶和筒底将试样刮平。擦净试筒的外壁，称其质量并准确至 5 g。

（7）用脱模器扒出筒内试样。从试样内部自上而下取两个有代表性的样品（可将脱出试件用锤打碎后，用四分法采取），测定其含水量，计算至 0.1%。两个试样含水量的差值不得大于 1%。所取样品的数量见表 4-3-6（如只取一个样品测定含水量，则样品的质量应为表列数值的 2 倍）。

测稳定土含水量的样品数量　表 4-3-6

最大粒径（mm）	样品质量（g）
2	约 50
5	约 100
25	约 500

烘箱的温度应事先调整到 110℃ 左右，以使放入的试样能立即在 105 ~ 110℃ 的温度下烘干。

（8）按第（3）~ 第（7）项的步骤进行其余含水量下稳定土的击实和测定工作。

凡已做过的试样，一律不再重复使用。

2. 乙法

在缺乏内径 10cm 的试筒时，以及在需要与承载比等试验结合起来进行时，采用乙法进行

击实试验。本法更适宜于粒径达25mm的集料。

(1)将已过筛的试料用四分法逐次分小，至最后取出约30kg试料。再用四分法将取出的试料分成5~6份，每份试料的干质量约为4.4kg(细粒土)或5.5kg(中粒土)。

(2)以下各步的做法与甲法第(2)~第(8)项相同，但应该先将垫块放入筒内底板上，然后加料并击实。所不同的是，每层需取制备好的试样约900g(对于水泥或石灰稳定细粒土)或1100g(对于稳定中粒土)，每层的锤击次数为59次。

3. 丙法

(1)将已过筛的试料用四分法逐次分小，至最后取出约33kg试料。再用四分法将取出的试料分成6份(至少要5份)，每份质量约5.5kg(风干质量)。

(2)预定5~6个不同的含水量，依次相差1%~2%。在估计的最佳含水量左右可只差1%，其余差2%。

(3)同甲法第(3)项。

(4)同甲法第(4)项。

(5)将试筒、套环与夯击底板紧密地联结在一起，并将垫块放在筒内底板上。击实筒应放在坚实(最好是水泥混凝土)地面上，取制备好的试样1.8kg左右[其量应使击实后的试样略高于(高出1~2mm)筒高的1/3]倒入筒内，整平其表面，并稍加压紧。然后按所需击数进行第一次试样的击实(共击98次)。击实时，击锤应自由铅直下落，落高应为45cm，锤迹必须均匀分布于试样面。第一层击实完后检查该层的高度是否合适，以便调整以后两层的试样用量。用刮刀或改锥将已击实的表面“拉毛”，然后重复上述做法，进行其余两层试样的击实。最后一层试样击实后，试样超出试筒顶的高度不得大于6mm。超出高度过大的试样应该作废。

(6)用刮土刀沿套环内壁削挖(使试样与套环脱离)后，扭动并取下套环。齐筒顶细心刮平试样，并拆除底板，取走垫块。擦净试筒的外壁，称质量，准确至5 g。

(7)用脱模器推出筒内试样。从试样内部从上到下取两个有代表性的样品(可将脱出后的试样用锤打碎后，用四分法采取)，测定其含水量，计算至0.1%。两个试样的含水量的差值不得大于1%。所取样品的数量应不少于700g，如只取一个样品测定含水量，则样品的数量应不少于1400g。烘箱的温度应事先调整到110℃左右，以使放入的试样能立即在105~110℃的温度下烘干。

(8)按本法第(3)~第(7)项进行其余含水量下稳定土的击实和测定。凡已用过的试样，一律不再重复使用。

五、计算及绘图

1. 按下式计算每次击实后稳定土的湿密度：

$$\rho_W = \frac{Q_1 - Q_2}{V} \tag{4-3-2}$$

式中：ρ_W——稳定土的湿密度，g/cm^3；

Q_1——试筒与湿试样的合质量，g；

Q_2——试筒的质量，g；

V——试筒的容积，cm^3。

2. 按下式计算每次击实后稳定土的干密度：

$$\rho_d = \frac{\rho_W}{1 + 0.01w} \tag{4-3-3}$$

式中：ρ_d——试样的干密度，g/cm³；

w——试样的含水量，%。

3. 以干密度为纵坐标，以含水量为横坐标，在普通直角坐标纸上绘制干密度与含水量的关系曲线，驼峰形曲线顶点的纵横坐标分别为稳定土的最大干密度和最佳含水量。最大干密度用两位小数表示。如最佳含水量的值在12%以上，则用整数表示（即精确到1%）；如最佳含水量的值在6%～12%，则用一位小数“0”或“5”表示（即精确到0.5%）；如最佳含水量的值小于6%，则取一位小数，并用偶数表示（即精确到0.2%）。

如试验点不足以连成完整的驼峰形曲线，则应该进行补充试验。

4. 超尺寸颗粒的校正

当试样中大于规定最大粒径的超尺寸颗粒的含量为5%～30%时，按下式对试验所得最大干密度和最佳含水量进行校正（超尺寸颗粒的含量小于5%时，可以不进行校正）。

最大干密度按下式校正：

$$\rho'_{dm} = \rho_{dm}(1 - 0.01p) + 0.9 \times 0.01pG'_a \tag{4-3-4}$$

式中：ρ'_{dm}——校正后的最大干密度，g/cm³；

ρ_{dm}——试验所得的最大干密度，g/cm³；

p——试样中超尺寸颗粒的百分率，%；

G'_a——超尺寸颗粒的毛体积相对密度。

计算精确至0.01g/cm³。

最佳含水量按下式校正：

$$w'_o = w_o(1 - 0.01p) + 0.01pw_a \tag{4-3-5}$$

式中：w'_o——校正后的最佳含水量，%；

w_o——试验所得的最佳含水量，%；

p——试样中超尺寸颗粒的百分率，%；

w_a——超尺寸颗粒的吸水量，%。

对于同一试验样品，应做两次平行试验，两次试验最大干密度的差不应超过0.05g/cm³（稳定细粒土）和0.08g/cm³（稳定中粒土和粗粒土），最佳含水量的差不应超过0.5%（最佳含水量小于10%）和1.0%（最佳含水量大于10%）。

2. 稳定土的强度

无机结合料稳定土是一种非均质性的复合材料。在土中掺入适量的无机结合料（如水泥、消石灰粉或磨细生石灰粉等），并在最佳含水量时拌匀压实，使结合料与土发生一系列的物理化学作用，从而使土的工程性质发生根本的变化。初期表现为土的结团、塑性降低、最佳含水量增大和最大干密度减小等；后期变化主要表现在结晶结构的形成，致使刚度不断增大，土的强度和稳定性不断提高。

现行《公路路面基层施工技术规范》（JTJ 034—2000）规定，采用无机结合料稳定土无侧限

抗压强度指标来表征，同时采用它进行材料组成设计，选定最适宜于水泥或石灰稳定的材料（包括土），确定施工中所用的无机结合料的最佳剂量，为工地施工提供质量评定标准。各种无机结合料稳定土的抗压强度如表4-3-7所示。

无机结合料稳定土的抗压强度的标准

表4-3-7

结合料类型 \ 层位 \ 公路等级		二级和二级以下公路	高速公路和一级公路
石灰①	基层	≥0.8MPa③	—
	底基层	0.5～0.7MPa④	≥0.8MPa
水泥②	基层	2.5～3.0MPa⑤	3.0～5.0MPa⑥
	底基层	1.5～2.0MPa⑤	1.5～2.5MPa⑥
石灰粉煤灰（1:2～1:4）	基层	0.6～0.8MPa	0.8～1.1MPa⑥
	底基层	≥0.5MPa	≥0.6MPa

注：①包括石灰+少量（占总剂量的30%以下）水泥的综合稳定土，强度标准指石灰稳定细粒土。

②包括石灰+部分（占总剂量的31%以上）水泥的综合稳定土。

③在低塑性土（塑性指数小于7）地区，石灰稳定砂砾土和碎石土的7d浸水抗压强度应大于0.5 MPa（100g平衡锥测液限）。

④低限用于塑性指数小于7的粘性土，且低限值宜仅用于二级以下公路。高限用于塑性指数大于7的粘性土。

⑤二级以下公路可取低限值；行驶重载车辆的公路，应取较高的值；二级公路可取中值；行驶重载车辆的二级公路应取高限值。某一具体公路应采用一个值，而不用某一范围。

⑥设计累计标准轴次小于 12×10^6 的公路可采用低限值；设计累计标准轴次超过 12×10^6 的公路可用中值；主要行驶重载车辆的公路应用高限值。某一具体公路应采用一个值，而不用某一范围。

无机结合料稳定土的无侧限抗压强度试件规定如下：按最佳含水量和工地预期达到的压实度计算出干密度及材料用量，制备直径：高等于1:1的圆柱试件，在规定条件下保湿养生6d，浸水1d，进行无侧限抗压强度试验。做平行试验的试件数量应符合表4-3-8中的规定。在整个养生期间试验规定温度为：在北方地区应保持20℃±2℃，在南方地区应保持在25℃±2℃；规定湿度为：水分变化不超过1g。

最少的试件数量

表4-3-8

稳定土类型	下列偏差系数时的试件数量		
	小于10%	10%～15%	15%～20%
细粒土	6	9	
中粒土	6	9	13
粗粒土		9	13

1）影响石灰土强度的主要因素

（1）石灰的品质　石灰的品种和等级不同，其稳定效果不同。各种化学组成的石灰均可用于稳定土。在剂量不大的情况下，钙质石灰比镁质石灰稳定土的初期强度高，但镁质石灰稳定土的后期效果并不比钙质石灰差，尤其是在剂量较大时，还优于钙质石灰。石灰的等级愈高，其活性 $CaO+MgO$ 含量愈大，稳定效果愈好。在相同剂量下，石灰细度愈大，其比表面积

愈大，石灰与土粒的作用愈充分，反应进行得愈快，因而稳定效果愈好。

对用于高速公路和一级公路稳定土的石灰，为了获得很好的稳定效果，宜采用磨细生石灰粉。生石灰在灰土中消解可放出大量热能加速灰土的硬化。另外，刚消解的石灰呈胶体 $Ca(OH)_2$，其活性和溶解度均较高，能保证石灰与土中的胶粒更好的作用。因而，采用生石灰稳定土的稳定效果优于消石灰稳定土。但应注意，用磨细生石灰稳定土时，成形时间对其使用效果有着重要的影响。成形过早，会因产生的水化热过多使土体胀松；成形过晚，则水化热不能得到充分利用，会影响其稳定效果。一般磨细生石灰与土拌匀后闷料约 3h 成形，则可取得最佳效果。

(2)石灰的剂量　石灰的剂量是指石灰稳定土中石灰的质量占全部粗细土（即砾石、砂粒、粉粒和粘粒）干质量的百分率，其测定方法有 EDTA 滴定法和直接式测钙仪法。石灰的剂量对石灰稳定土强度影响显著，石灰剂量较低时（小于 3%～4%），石灰主要起稳定作用，使土的塑性、膨胀性、吸水性降低，具有一定的水稳定性。随着剂量的增加，石灰稳定土的强度和稳定性均提高，如图 4-3-1 所示。但当剂量超过一定范围，过多石灰在土中以自由灰形式存在，将导致稳定土的强度反而下降。因此，石灰稳定土中石灰存在一个最佳剂量，其最佳剂量随土质不同而异，同时亦与养生龄期有关。生产实践中，最佳剂量的选用范围，对于粘性土及粉性土为 8%～16%，对于砂性土则为 10%～18%。

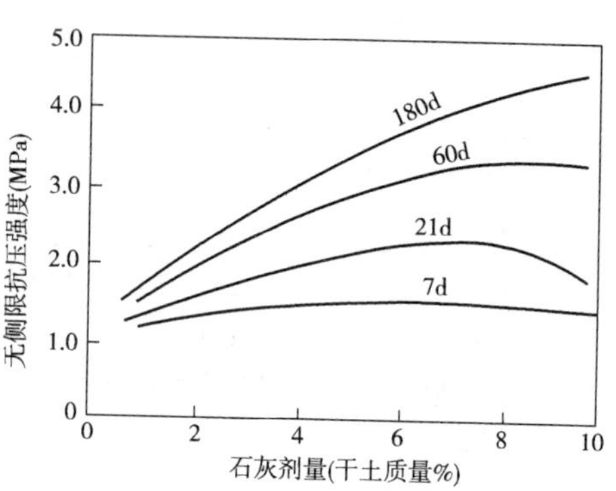

图 4-3-1　石灰土强度同石灰剂量的关系

水泥或石灰稳定土中水泥或石灰剂量的测定方法
EDTA 滴定法（T 0809—94）

一、目的和适用范围

本试验方法适用于在工地快速测定水泥和石灰稳定土中水泥和石灰的剂量，并可用以检查拌和的均匀性。用于稳定的土可以是细粒土，也可以是中粒土和粗粒土。本方法不受水泥和石灰稳定土龄期（7d 以内）的影响。工地水泥和石灰稳定土含水量的少量变化（±2%），实际上不影响测定结果。用本方法进行一次剂量测定，只需 10min 左右。

本方法也可以用来测定水泥和石灰综合稳定土中结合料的剂量。

二、仪器设备

(1)滴定管（酸式）：50mL，1 支。

(2)滴定台：1 个。

(3)滴定管夹：1 个。

(4)大肚移液管：10mL，10 支。

(5)锥形瓶（即三角瓶）：200mL，20 个。

(6)烧杯：2000mL（或 1000mL），1 只；300mL，10 只。

(7)容量瓶：1000mL，1 个。

(8)搪瓷杯：容量大于 1200mL，10 只。

(9)不锈钢棒(或粗玻璃棒):10 根。

(10)量筒:100mL 和 5mL,各一只;50mL,2 只。

(11)棕色广口瓶:60mL,1 只(装钙红)。

(12)托盘天平:称量 500g、感量 0.5g 和称量 100g、感量 0.1g,各一台。

(13)秒表:1 只。

(14)表面皿:ϕ9cm,10 个。

(15)研钵:ϕ12 ~ 13cm,1 个。

(16)土样筛:筛孔 2.0mm 或 2.5mm,1 个。

(17)洗耳球(1 两或 2 两),1 个。

(18)精密试纸:pH12 ~ 14。

(19)聚乙烯桶:20L,1 个(装蒸馏水);10L,2 个(装氯化铵及 EDTA 二钠标准液);5L,1 个(装氢氧化钠)。

(20)毛刷、去污粉、吸水管、塑料勺、特种铅笔、厘米纸。

(21)洗瓶(塑料):500mL,1 只。

三、试剂

(1)0.1mol/m^3 乙二胺四乙酸二钠(简称 EDTA 二钠)标准液:准确称取 EDTA 二钠(分析纯)37.226g,用微热的无二氧化碳蒸馏水溶解,待全部溶解并冷至室温后,定容至 1000mL。

(2)10%氯化铵(NH_4Cl)溶液:将 500g 氯化铵(分析纯或化学纯)放在 10L 的聚乙烯桶内,加蒸馏水 4500mL,充分振荡,使氯化铵完全溶解。也可以分批在 1000mL 的烧杯内配制,然后倒入塑料桶内摇匀。

(3)1.8%氢氧化钠(内含三乙醇胺)溶液:用 100g 架盘天平称 18g 氢氧化钠(NaOH)(分析纯),放入洁净干燥的 1000mL 烧杯中,加 1000mL 蒸馏水使其全部溶解,待溶液冷至室温后,加入 2mL 三乙醇胺(分析纯),搅拌均匀后储于塑料桶中。

(4)钙红指示剂:将 0.2g 钙试剂羟酸钠(分子式 $C_{21}H_{13}O_7N_2SNa$,分子量 460.39)与 20g 预先在 105℃烘箱中烘 1h 的硫酸钾混合。一起放入研钵中,研成极细粉末,储于棕色广口瓶中,以防吸潮。

四、准备标准曲线

1.取样:取工地用石灰和集料。风干后分别过 2.0 或 2.5mm 筛,用烘干法或酒精法测其含水量(如为水泥可假定其含水量为 0%)。

2.混合料组成的计算(以石灰或水泥稳定土为例):

$$\text{干料质量} = \frac{\text{湿料质量}}{1 + \text{含水量}} \tag{4-3-6}$$

$$\text{干混合料质量} = \frac{300\text{g}}{1 + \text{最佳含水量}} \tag{4-3-7}$$

$$\text{干土质量} = \frac{\text{干混合料质量}}{1 + \text{石灰(或水泥)剂量}} \tag{4-3-8}$$

$$\text{干石灰(或水泥)质量} = \text{干混合料质量} - \text{干土质量} \tag{4-3-9}$$

$$\text{湿土质量} = \text{干土质量} \times (1 + \text{土的风干含水量}) \tag{4-3-10}$$

$$湿石灰质量=干石灰质量\times(1+石灰的风干含水量) \tag{4-3-11}$$

$$石灰土中应加入的水=300g-湿土质量-湿石灰质量 \tag{4-3-12}$$

3. 准备5种试样，每种2个样品（以水泥集料为例），如下：

1种：称2份300g集料①分别放在2个搪瓷杯内，集料的含水量应等于工地预期达到的最佳含水量。集料中所加的水应与工地所用的水相同(300g为湿质量)。

2种：准备2份水泥剂量为2%的水泥土混合料试样，每份均重300g，并分别放在2个搪瓷杯内。水泥土混合料的最佳含水量应等于工地预期达到的最佳含水量。混合料中所加的水应与工地所用的水相同。

3种、4种、5种：各准备2份水泥剂量分别为4%、6%、8%②的水泥土混合料试样，每份均重300g，并分别放在6个搪瓷杯内，其它要求同1种。

4. 取一个盛有试样的搪瓷杯，在杯内加600mL10%氯化铵溶液③，用不锈钢搅拌棒充分搅拌3 min（每分钟搅110～120次）。如水泥（或石灰）土混合料中的土是细粒土，则也可以用1000mL具塞三角瓶代替搪瓷杯，手握三角瓶（瓶口向上）用力振荡3min（每分钟120次±5次），以代替搅拌棒搅拌。放置沉淀4min［如4min后得到的是混浊悬浮液，则应增加放置沉淀时间，直到出现澄清悬浮液为止，并记录所需的时间，以后所有该种水泥（或石灰）土混合料的试验，均应以同一时间为准］，然后将上部清液转移到300mL烧杯内，搅匀，加盖表面皿待测。

注①：如为细粒土，则每份的质量可以减为100g。

②：在此，准备标准曲线的水泥剂量为0%、2%、4%、6%和8%，实际工作中应使工地实际所用水泥或石灰的剂量位于准备标准曲线时所用剂量的中间。

③：当仅用100g混合料时，只需200mL10%氯化铵溶液。

5. 用移液管吸取上层（液面下1～2cm）悬浮液10.0mL放入200mL的三角瓶内，用量筒量取50mL1.8%氢氧化钠（内含三乙醇胺）倒入三角瓶中，此时溶液pH值为12.5～13.0（可用ph12～14精密试纸检验），然后加入钙红指示剂（体积约为黄豆大小），摇匀，溶液呈玫瑰红色。用EDTA二钠标准液滴定到纯蓝色为终点，记录EDTA二钠的耗量（以mL计，读至0.1mL）。

6. 对其它几个搪瓷杯中的试样，用同样的方法进行试验，并记录各自的EDTA二钠的耗量。

7. 以同一水泥或石灰剂量混合料消耗EDTA二钠毫升数的平均值为纵坐标，以水泥或石灰剂量（%）为横坐标制图。两者的关系应是一根顺滑的曲线，如图4-3-2所示。如素集料或水泥或石灰改变，必须重做标准曲线。

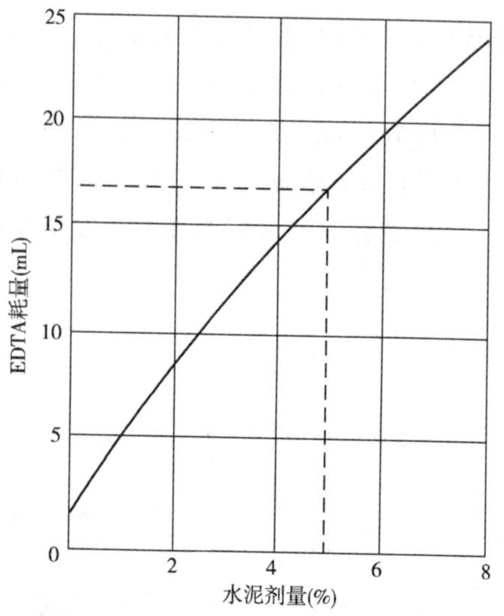

图4-3-2 标准曲线

五、试验步骤

1. 选取有代表性的水泥土或石灰土混合料，称300g放在搪瓷杯中，用搅拌棒将结块搅散，加600mL10%氯化铵溶液，然后如前述步骤那样进行试验。

2. 利用所绘制的标准曲线，根据所消耗的EDTA二钠

毫升数,确定混合料中的水泥或石灰剂量(参看图4-3-2)。

注意:

(1)每个样品搅拌的时间、速度和方式应力求相同,以增加试验的精度。

(2)做标准曲线时,如工地实际水泥剂量较大,素集料和低剂量水泥的试样可以不做,而直接用较高的剂量做试验,但应有两种剂量大于实用剂量,以及两种剂量小于实用剂量。

(3)配制的氯化铵溶液最好当天用完,不要放置过久,以免影响试验的精度。

(3)土质　各种成因的亚砂土、亚粘土、粉质土和粘质土都可以用石灰来稳定。一般来说,粘质土颗粒的活性强,比表面积大,其稳定效果显著,强度高。高液限粘质土施工时不易粉碎和拌和,稳定效果反而差些;低液限粘质土易于粉碎拌和,难以压碾成形,稳定效果不显著。粉质土早期强度较低,后期强度可以满足行车要求。因而,粉质粘土的稳定效果较好。

(4)含水量　水是石灰土的重要组成部分,它能促使石灰土发生物理化学变化,形成强度,施工过程中便于土的粉碎、拌和和压实,并且有利于养生。不同土质的石灰土具有不同的最佳含水量,需通过重型击实试验确定。

(5)密实度　如前所述,石灰土的密实度增加,其强度也会增加,水稳性和抗冻性也会提高,缩裂现象亦会减少。

(6)石灰土的龄期　石灰土的强度随龄期而增长。一般初期强度低,前期(1~2个月)强度增长率较后期快,半年时的强度约为一个月时的一倍以上,并随时间增长趋于稳定。

(7)养生条件　养生条件不同,石灰土的强度形成差异很大。气温高时,物理化学作用强,强度增长快;气温低时强度增长缓慢,在负温度下强度甚至不增长。养生时的湿度对石灰土强度形成也有很大影响,在潮湿条件下养生比在一般空气中养生强度高。

2)影响水泥土强度的因素

(1)水泥的剂量　水泥稳定土的强度随着水泥剂量的增加而增长,如图4-3-3所示。过多使用水泥虽获得强度增加,同时也使温缩和干缩现象增多,在经济上也不一定合理。通常在保证土的技术性能起根本性的变化,且能保证水泥稳定土达到设计规定的强度和稳定性的前提下,考虑到水泥稳定土的抗温缩与抗干缩以及经济性,应尽可能降低水泥剂量。水泥剂量控制在5%~10%较为合理。

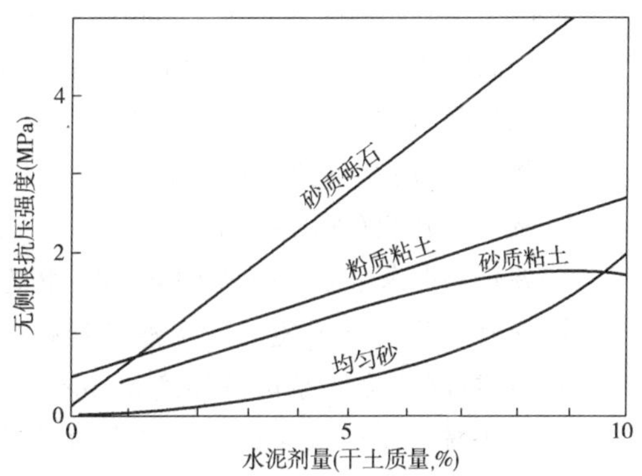

图4-3-3　水泥剂量对强度(7d龄期)的影响

(2)土质　土的类别和性质是影响水泥稳定土的重要因素,除有机质或硫酸盐含量高的土外,各种砂砾土、砂土、粉质土和粘质土均可用水泥稳定,但稳定效果不同。试验和生产实践证明,用水泥稳定级配良好的土,既可节约水泥,又可取得满意的稳定效果。稳定效果最好的是级配良好的碎(砾)石和砂砾,其次是砂性土,再次是粉性土和粘性土。对于重粘土,由于难以粉碎和拌和,不适宜用水泥稳定。

(3)含水量　含水量对水泥稳定土强度影响很大,当含水量不足时,水泥不能在混合料中完全水化和水解,发挥不了水泥对土的稳定作用,影响强度形成。同时,含水量小,致使混合料达不到最佳含水量,也影响水泥稳定土的压实度。因此,使混合料含水量达到最佳含水量的同时,也要满足水泥完全水化水解的需要。一般水泥正常水化所需的水量约为水泥质量的20%。对于砂性土,完全水化达到最高强度的含水量较最佳密实度时的含水量小,而对于粘质土,则相反。

(4)施工工艺过程　水泥、土和水拌和得愈均匀,且能在最佳含水量下压实,其密实度愈大,强度和稳定性就高。水泥稳定土从开始加水拌和到完全压实的延长时间要尽可能短,一般不要超过6h。若时间过长,则水泥凝结,在碾压时,不但达不到压实度的要求,而且也会破坏已结硬水泥的胶凝作用,反而会使水泥稳定土强度下降。

(5)养生条件　水泥稳定土需要湿法养生,使混合料中能够维持足够的水分,以满足水泥水化水解作用的需要。同时,养生温度越高,强度增长越快。因此,要保证水泥稳定土在养生期间具有一定的温度和湿度,以满足强度不断增长的需要。

无机结合料稳定土的无侧限抗压强度试验方法(T 0805—94)

一、目的和适用范围

本试验方法适用于测定无机结合料稳定土(包括稳定细粒土、中粒土和粗粒土)试件的无侧限抗压强度。本试验方法包括:按照预定干密度用静力压实制备试件以及用击锤法制备试件。试件都是高:直径 =1:1 的圆柱体。应该尽可能用静力压实法制备等干密度的试件。

其它稳定材料或综合稳定土的抗压强度试验应参照本法。

二、仪器设备

1. 圆孔筛:孔径40mm、25mm(或20mm)及5mm的筛各1个。

2. 试模:适用于下列不同土的试模尺寸为:

细粒土(最大粒径不超过10mm):试模直径×高 =50mm×50mm;

中粒土(最大直径不超过25mm):试模直径×高 =100mm×100mm;

粗粒土(最大直径不超过40mm):试模直径×高 =150mm×150mm。

3. 脱模器。

4. 反力框架:规格为400kN以上。

5. 液压千斤顶(200~500kN)。

6. 夯锤和导管:同试验T 0804—94中的第(2)项。

7. 密封湿气箱或湿气池放在能保持恒温的小房间内。

8. 水槽:深度应大于试件高度50mm。

9. 路面材料强度试验仪或其它合适的压力机,但后者的规格应不大于200kN。

10. 天平:称量0.01g。

11. 台秤:称量10kg,感量5g。

12. 量筒、拌和工具、漏斗、大小铝盒、烘箱等。

三、试料准备

将具有代表性的风干试料(必要时,也可以在50℃烘箱内烘干),用木锤和木碾捣碎,但应避免破碎粒料的原粒径。将土过筛并进行分类。如试料为粗粒土,则除去大于40mm的颗粒备用;如试料为中粒土,则除去大于25mm或20mm的颗粒备用;如试料为细粒土,则除去大于

10mm 的颗粒备用。

在预定做试验的前一天，取有代表性的试料测定其风干含水量。对于细粒土，试样应不少于 100g；对于粒径小于 25mm 的中粒土，试样应不少于 1000g；对于粒径小于 40mm 的粗粒土，试样应不少于 2000g。

四、测最佳含水量和最大干密度

按 T 0804—94 确定无机结合料混合料的最佳含水量和最大干密度。

五、制试件

1. 对于同一无机结合料剂量的混合料，需要制相同状态的试件数量（即平行试验的数量）与土类及操作的仔细程度有关。对于无机结合料稳定细粒土，至少应该制 6 个试样；对于无机结合料稳定中粒土和粗粒土，至少分别应该制备 9 个和 13 个试件。

2. 称取一定数量的风干土并计算干土的质量，其数量随试件大小而变。对于 50mm × 50mm 的试件，1 个试件约需干土 180 ~ 210g；对于 100mm × 100mm 的试件，1 个试件约需干土 1700 ~ 1900g；对于 150mm × 150mm 的试件，1 个试件约需干土 5700 ~ 6000g。

对于细粒土，可以一次称取 6 个试件的土；对于中粒土，可以一次称取 3 个试件的土；对于粗粒土，一次只称取 1 个试件的土。

3. 将称好的土放在长方盘（约 400 mm × 600mm × 70mm）内，向土中加水，对于细粒土（特别是粘性土），使其含水量较最佳含水量小 3%；对于中粒土和粗粒土，可按最佳含水量加水。将土和水拌和均匀后放在密闭容器内浸润备用。如为石灰稳定土和水泥、石灰综合稳定土，可将石灰和土一起拌匀后进行浸润。

浸润时间：粘性土 12 ~ 24h，粉性土 6 ~ 8h，砂性土、砂砾土、红土砂砾、级配砂砾等可以缩短到 4h 左右；含土很少的未筛分碎石、砂砾及砂可以缩短到 2h。

4. 在浸润过的试样中，加入预定数量的水泥或石灰并拌和均匀。在拌和过程中，应将预留的 3% 的水（对于细粒土）加入土中，使混合料的含水量达到最佳含水量。拌和均匀的加有水泥的混合料应在 1h 内按下述方法制成试件，超过 1h 的混合料应该作废。其它结合料稳定土，混合料虽不受此限，但也应尽快制成试件。

六、按预定的干密度制件

用反力框架和液压千斤顶制件。制备一个预定干密度的试件，需要的稳定土混合料数量 m_1 随试模的尺寸而变。

$$m_1 = \rho_d V(1 + w) \tag{4-3-13}$$

式中：m_1——稳定土混合料的质量，g；

V——试模的体积；

w——稳定土混合料的含水量，%；

ρ_d——稳定土试件的干密度，g/cm^3。

将试模的下压柱放入试模的下部，但外露 2cm 左右。将称量的规定数量 m_2(g) 的稳定土混合料分 2 ~ 3 次灌入试模中（利用漏斗），每次灌入后用夯棒轻轻均匀插实。如制的是 50mm × 50mm 的小试件，则可以将混合料一次倒入试模中。然后将上压柱放入试模内，应使其也外露 2 cm左右（即上下压柱露出试模外的部分应相等）。

将整个试模（连同上下压柱）放在反力框架内的千斤顶上（千斤顶上应放一扁球座），加压直到上下压柱都压入试模为止。维持压力1min。解除压力后取下试模，拿去上压柱，并放到脱模器上将试件顶出（利用千斤顶和下压柱）。称试件的质量m_2，小试件准确到1g；中试件准确到2g；大试件准确到5g。然后用游标卡尺量试件的高度h，准确到0.1mm。

用击锤制件，步骤同前，只是用击锤（可以利用做击实试验的锤，但压柱顶面需要垫一块牛皮或胶皮，以保护锤面和压柱顶面不受损伤）将上下压柱打入试模内。

七、养生

试件从试模内脱出并称量后，应立即放到密封湿气箱和恒温室内进行保温保湿养生。但中试件和大试件应先用塑料薄膜包覆。有条件时，可采用蜡封保湿养生。养生时间视需要而定，作为工地控制，通常都只取7d，整个养生期间的温度，在北方地区应保持20℃ ±2℃，在南方地区应保持25℃ ±2℃。

养生期的最后一天，应该将试件浸泡在水中，水的深度应使水面在试件顶上约2.5㎝。在浸泡水中之前，应再次称试件的质量m_3，在养生期间，试件质量的损失应该符合下列规定：小试件不超过1g；中试件不超过4g；大试件不超过10g。质量损失超过此规定的试件应该作废。

八、试验步骤

1.将已浸水一昼夜的试件从水中取出，用软的旧布吸去试件表面的可见自由水，并称试件的质量m_4。

2.用游标卡尺量试件的高度h_1，准确到0.1mm。

3.将试件放到路面材料强度试验仪的升降台上（台上先放一扁球座），进行抗压试验。试验过程中，应使试件的变形等速增加，并保持速率约为1㎜/min。记录试件破坏时的最大压力P(N)。

4.从试件内部取出有代表性的样品（经过打破），测定其含水量w_1。

九、计算

试件的无侧限抗压强度R_C用下列相应的公式计算：

对于小试件
$$R_C=\frac{P}{A}=0.00051P \tag{4-3-14}$$

对于中试件
$$R_C=\frac{P}{A}=0.000127P \tag{4-3-15}$$

对于大试件
$$R_C=\frac{P}{A}=0.000057P \tag{4-3-16}$$

式中：P——试件破坏时的最大压力，N；

A——试件的截面积，$A=\frac{\pi}{4}D^2$，D为试样的直径，单位取mm。

对于试样样品的试验应进行多次平行试验，若干次平行试验的偏差系数C_V(%)应符合下列规定：

小试件不大于10%；

中试件不大于15%；

大试件不大于20%。

3.稳定土的缩裂特性

无机结合料稳定土的最大缺点是抗变形能力低，特别是在温度和湿度变化时容易产生裂

缝。当采用无机结合料稳定土作为沥青路面的基层时，这些裂缝易于反射到面层，造成路面产生裂缝，进而严重影响沥青路面的使用性能。了解无机结合料稳定土的缩裂规律，对减少裂缝的危害和防治裂缝具有十分重要的意义。

无机结合料稳定土的缩裂现象主要有干缩裂缝和温缩裂缝两种。

1）干缩裂缝

随着无机结合料稳定土强度的不断形成，水分逐渐消耗以及蒸发，体积发生收缩，收缩变形受到约束时，逐渐产生裂缝，称为干缩裂缝。试验研究表明，若以最佳含水量状态下各种无机结合料稳定土的干缩系数的大小排序，则为石灰土 > 石灰砂砾 > 二灰土 > 二灰砂砾 > 水泥砂砾。无机结合料稳定土干缩裂缝的产生与结合料的种类与用量、含细粒土的多少及养护条件有关。石灰稳定土比水泥稳定土容易产生干缩裂缝。对于含细粒土较多的无机结合料稳定土，常以干缩为主，故应加强初期养护，保证石灰土表面潮湿，减轻稳定土的干缩裂缝。

2）温缩裂缝

无机结合料稳定土具有热胀冷缩性质。随着气温的降低，稳定土会产生冷却收缩变形，收缩变形受到约束时，逐渐会形成裂缝，称为温缩裂缝。试验研究表明，若以最佳含水量状态下各种无机结合料稳定土的温缩系数大小排序，则为石灰土 > 石灰砂砾 > 二灰土 > 水泥砂砾 > 二灰砂砾。无机结合料稳定土温缩裂缝的产生与结合料的种类与用量、土的粗细程度与成分以及养护条件有关。石灰稳定土比水泥稳定土的温缩大，细粒土比粗粒土的温缩大。掺入一定数量的粉煤灰可以降低温缩系数。早期养生良好的无机结合料稳定土易于成形，早期强度高，可以减少裂缝的产生。

无机结合料稳定土裂缝防治措施有：

（1）改善土质　无机结合料稳定土的缩裂性质与用土的粘性有关。用土愈粘，则缩裂愈严重。故应采用粘性较小的土，或在粘性土中掺入砂土、粉煤灰等，以降低土的塑性指数。

（2）控制压实含水量及压实度　稳定土因含水量过多产生的干缩裂缝显著，压实度小时产生的干缩要比压实度大时严重。因此，稳定土压实时含水量比最佳含水量略小为好，并尽可能达到最佳压实效果。

（3）掺加粗粒料　掺入一定数量（掺入量 60% ~ 70%）的粗粒料，如砂、碎石、砾石、煤渣及矿渣等，使混合料满足最佳组成要求，可以提高其强度和稳定性，减少缩裂产生，同时可以节约结合料和改善碾压时的拥挤现象。

（4）其它措施　加强初期养护，设立隔裂过渡层等。

四、稳定类材料组成设计

材料组成设计也称混合料设计，它是路面设计和施工质量管理的重要组成部分。所谓材料组成设计是指：根据对某种材料规定的技术要求，选择合适的原材料，确定结合料的种类和数量及混合料的最佳含水量。通过设计，使铺筑的路面在技术上可靠，经济上合理。

混合料组成的选择必须是稳定类材料：

（1）具有合适的强度和耐久性。

（2）用作高等级道路路面基层时，具有小的收缩变形和强抗冲刷能力。

（3）就地取材，便于施工。

(4)技术可行,经济合理。

1. 混合料配合比设计流程

无机结合料稳定土混合料配合比设计流程,如图4-3-4所示。

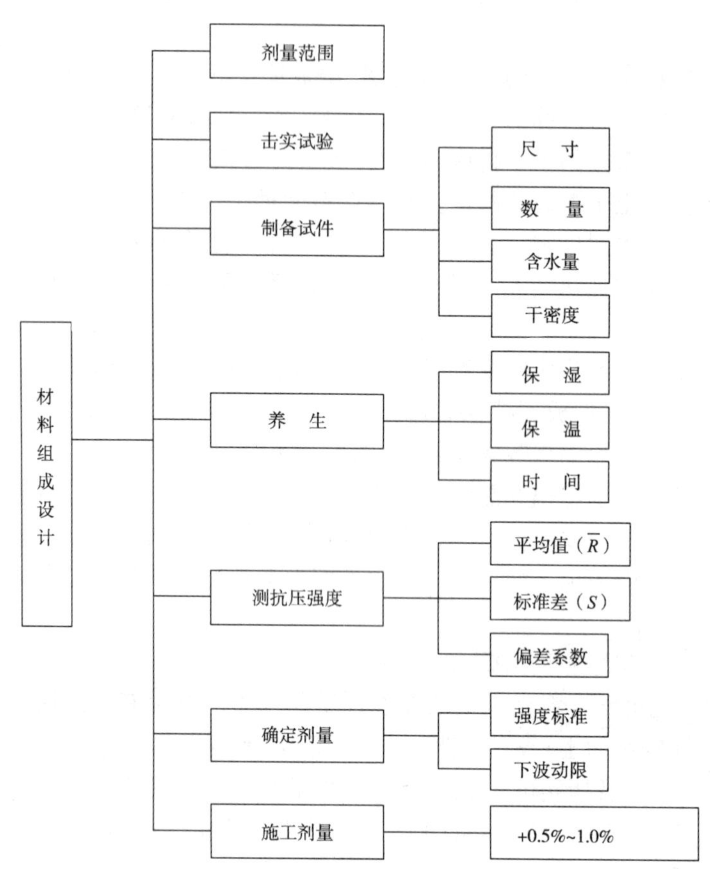

图4-3-4　混合料配合比设计流程图

2. 混合料的强度标准

进行无机结合料稳定土混合料的组成设计时,要有规定的强度标准。各种无机结合料稳定土的强度标准值列在表4-3-7中。

3. 材料组成设计步骤

1)原材料试验

原材料试验主要包括材料(各种土)和稳定剂性质试验。对于粗粒土和中粒土应做筛分或压碎值试验,以检验材料的颗粒组成和颗粒强度。对于稳定剂,主要测定石灰的钙、镁含量和水泥的强度等级及终凝时间。

2)拟定混合料配合比

初步拟定混合料配合比,按如下要求进行:

(1)选定不同的石灰(或水泥)剂量,根据《公路路面基层施工技术规范》(JTJ 034—2000)建议的剂量如表4-3-9、表4-3-10所示。

初拟配合比时规范建议的水泥剂量(%) 表 4-3-9

层位	土类	水泥稳定土
基层	中、粗粒土	3 4 5 6 7
	塑性指数小于 12 的细粒土	5 7 8 9 11
	其它细粒土	8 10 12 14 16
底基层	中、粗粒土	3 4 5 6 7
	塑性指数小于 12 的土	4 5 6 7 9
	其它细粒土	6 8 9 10 12

初拟配合比时规范建议的石灰剂量(%) 表 4-3-10

层位	土类	石灰稳定土
基层	砂砾土和碎石土	3 4 5 6 7
	塑性指数小于 12 的粘性土	10 12 13 14 16
	塑性指数大于 12 的粘性土	5 7 9 11 13
底基层	塑性指数小于 12 的粘性土	8 10 11 12 14
	塑性指数大于 12 的粘性土	5 7 8 9 11

对于石灰粉煤灰稳定土，采用石灰粉煤灰土做基层或底基层时，石灰与粉煤灰的比例常用 1:2 ~ 1:4（对于粉土，以 1:2 为宜），石灰粉煤灰与细粒土的比例可以是 30:70 ~ 10:90；采用石灰粉煤灰集料做基层时，石灰与粉煤灰的比例常用 1:2 ~ 1:4，石灰粉煤灰与集料（中粒土和粗料土）的比应是 20:80 ~ 15:85。

(2) 确定各种混合料的最佳含水量和最大干密度，至少做三组不同结合料剂量的混合料击实试验，即最小剂量、中间剂量和最大剂量。其它两个剂量混合料的最佳含水量和最大干密度，用内插法确定。

(3) 按最佳含水量和计算得到的干密度（按规定的压实度要求计算）制备试件进行强度试验时，作为平行试验的试件数量应符合表 4-3-11 的规定。

最少的试验数量 表 4-3-11

稳定土类型	试件尺寸(mm)	下列偏差系数时的试验数量		
		<10%	10% ~ 15%	15% ~ 20%
细粒土	$\phi50\times50$	6	9	—
中粒土	$\phi100\times100$	6	9	13
粗粒土	$\phi150\times150$	—	9	13

如试验结果的偏差系数大于表中规定的值，则应重做试验，找出原因，加以解决。如不能降低偏差系数，则应增加试验数量。

3) 试件的强度试验

试件在规定温度（北方 20℃ ±2℃，南方 25℃ ±2℃）下保湿养生 6d，浸水 1d，然后进行无侧限抗压强度试验。

根据表 4-3-7 的强度标准，选定合适的结合料剂量。此剂量的试件室内试验结果的平均

抗压强度 $\bar{R}$,应符合下式的要求:

$$\bar{R} \geqslant \frac{R_d}{1 - Z_\alpha C_V} \tag{4-3-17}$$

式中:R_d——设计抗压强度;

C_V——试验结果的偏差系数(以小数计);

Z_α——标准正态分布表中随保证率(或置信度 α)而变的系数,高速公路和一级公路应取保证率95%,此时 $Z_\alpha = 1.645$;其它公路应取保证率90%,此时 $Z_\alpha = 1.282$。

考虑到室内试验和现场条件的差别,工地实际采用的结合料剂量应较室内试验确定的剂量多0.5%~1.0%。拌和机械的拌和效果好,可只增加0.5%;如拌和机械的拌和效果较差,则需要增加1.0%。

石灰稳定土混合料配合比设计例题

【题目】 某地区一级公路路面底基层设计为石灰稳定土,试按现行技术规范所要求的方法进行石灰稳定土混合料配合比设计。

【设计资料】

该路面底基层设计为30㎝厚石灰稳定土,要求7d无侧限抗压强度为0.8MPa。该路石灰土混合料生产采用集中厂拌法,分两层铺筑,压实度指标按95%控制。

【设计步骤】

1. 原材料检验及选定

(1)石灰材料:该路段沿线盛产钙质石灰,经试验检测各项技术指标均符合现行有关规范要求。

(2)土料:该路土场的土质为低塑限粘土,经试验检测该土料的各项技术指标均符合现行有关规范要求。

2. 确定石灰剂量的掺配范围

参照当地的经验,石灰土的石灰剂量按8%、10%、12%、14%和16%5种比例配制。

3. 确定最佳含水量和最大干密度

用重型击实试验法确定各种不同石灰剂量的石灰土混合料最佳含水量和最大干密度,结果列于表4-3-12中。

混合料标准击实试验结果表 表4-3-12

石灰剂量(%)	8	10	12	14	16
最佳含水量(%)	14.1	14.7	15.6	16.1	16.3
最大干密度(g/cm^3)	1.84	1.82	1.81	1.80	1.79

4. 测定7d无侧限抗压强度

(1)制作试件:对石灰稳定土路面底基层混合料强度试件的制备,按现行技术规范规定采用 ϕ50mm×50mm 的圆柱体试件,每种石灰剂量按6个试件配制,工地压实度按95%控制,现将制备试件所需的基本参数计算如下:

①制备一个试件需要混合料的数量(以8%剂量为例)

$$m = V\rho_d K(1 + w_o) = \frac{\pi \times 5^2}{4} \times 5 \times 1.84 \times 95\%(1 + 14.1\%) = 195.8\text{g}$$

②配制同种石灰剂量 6 个试件所需的各种原材料的总量

a. 首先测定风干土和消石灰粉的原始含水量，分别为 3% 和 2%。

b. 对于细粒土来讲可以一次配制 6 个试件所需混合料，再按以上每个试件质量分别称取，成型 6 个试件。

按需要干土质量 $Q_{s.d}=1200g$(每个试件所需干土量约为 200g)计算：

风干土： $Q=1200\times(1+3\%)=1236g$

干石灰： $Q_{L.d}=Q_{s.d}\times 8\%=1200\times 8\%=96g$

含水石灰： $Q_{L.w}=Q_{L.d}\times(1+w_L)=96\times(1+2\%)=97.9g$

需加水量： $Q_w=(Q_{s.d}+Q_{L.d})\times w_o-Q_{s.d}\times w_s-Q_{L.d}\times w_L$

$=(1200+96)\times 14.1\%-1200\times 3\%-96\times 2\%=144.8g$

用同样的方法对石灰剂量为 10%、12%、14% 和 16% 的混合料制件参数进行计算，计算结果列入表 4-3-13 中。

(2)测定无侧限抗压强度，按规定方法测得 7d 无侧限抗压强度结果如表 4-3-14。

混合料制件计算结果表

表 4-3-13

石灰剂量(%)		8	10	12	14	16
6 个试件所需原材料数量(g)	风干土	1236	1236	1236	1236	1236
	含水石灰	97.9	122.4	146.9	171.4	195.8
	需加水量	144.8	155.6	171.8	180.9	187.1
一个试件混合料数量(g)		195.8	194.7	195.1	195.0	194.2

抗压强度试验结果汇总表

表 4-3-14

石灰剂量(%)	8	10	12	14	16
强度平均值 $\bar{R}$(MPa)	0.82	0.90	1.10	1.16	1.24
强度偏差系数 C_V(%)	7.0	6.2	6.3	7.8	6.4
$\frac{R_d}{1-Z_\alpha C_V}$(MPa)	0.90	0.89	0.89	0.92	0.89
是否满足公式 $\bar{R}\geq\frac{R_d}{1-Z_\alpha C_V}$	否	是	是	是	是

注：表中 Z_α 取 1.645 计算。

5. 最佳石灰剂量确定

(1)比较强度平均值和设计要求值，根据试验结果，石灰剂量为 8%、10%、12%、14% 和 16% 时，试件强度平均值均满足不低于 0.8MPa 设计值要求。

(2)考虑到试验数据的偏差和施工中的保证率，对石灰剂量 8%、10%、12%、14% 和 16% 时的强度数据通过公式 $\bar{R}\geq\frac{R_d}{1-Z_\alpha C_V}$ 验算，石灰剂量为 8% 时强度不能满足强度指标要求。

(3)通过计算结果看来，采用大于 8% 的石灰剂量去稳定这种低塑限粘土，就能满足强度指标要求，以技术经济观点分析，最终石灰剂量应取 10% 比较合理。

水泥稳定碎石混合料配合比设计示例题

【题目】 某山区高等级公路采用水泥稳定碎石路面基层，试按现行技术规范所要求的方法进行水泥稳定碎石混合料配合比设计。

【设计资料】

山区一级公路,路线所经地区属暖温带气候,基层水泥稳定碎石30cm厚,7d无侧限抗压强度要求值4.0MPa。

施工时混合料采用厂拌,铺筑现场采用摊铺机摊铺,分两层碾压成型,下层厚18cm,上层厚12cm,压实度指标按98%控制。

解:1.原材料检验及选定

(1)水泥:水泥要求用32.5级普通硅酸盐水泥,经检验各项技术指标均满足有关规范的要求。

(2)碎石:当地某石料场可提供10~30mm碎石、5~10mm碎石和小于5mm的石屑,石屑中小于0.5mm料塑性指数为8,经检验各项技术指标均满足有关规范的要求。对三种规格碎石材料进行筛分试验,根据筛分结果通过试算法组配混合石料,经计算混合石料级配满足设计要求,可采用。计算结果如表4-3-15。

集料筛分和集料级配计算结果表 表4-3-15

筛孔(mm)	集料筛分(通过量)结果(%)						集料级配(%)	集料级配要求值	
	10~30料		5~10料		<5料			中值	范围
	100%	20%	100%	45%	100%	35%			
31.5	100.0	20.0	100.0	45.0	100.0	35.0	100	100	100
19.0	54.8	11.0	100.0	45.0	100.0	35.0	91.0	93.5	72~89
9.5	1.5	0.3	65.4	29.4	100.0	35.0	64.7	67.0	47~67
4.75	1.1	0.2	5.9	2.7	97.8	34.2	37.1	39.0	29~49
2.36	0	0	0.7	0.3	78	27.3	27.6	26.0	17~35
0.60	—	—	0	0	32.5	11.4	11.4	15	8~22
0.075	—	—	—	—	13.7	4.8	4.8	3.5	0~7

2.确定水泥剂量的掺配范围

水泥稳定级配碎石路面基层,设计要求7d无侧限抗压强度不小于4.0MPa,根据经验,水泥剂量按4%、5%、6%、7%四种比例配制混合料,即水泥:碎石为4:100,5:100,6:100和7:100。

3.确定最佳含水量和最大干密度

对四种不同水泥剂量的混合料做标准击实试验,确定出最大干密度和最佳含水量,如表4-3-16。

混合料标准击实试验结果表 表4-3-16

水泥剂量(%)	4	5	6	7
最佳含水量(%)	5.9	6.0	6.2	6.4
最大干密度(g/cm^3)	2.325	2.330	2.335	2.340

4.测定7d无侧限抗压强度

(1)制作试件:对水泥稳定级配碎石路面基层混合料强度试件的制备,按现行技术规范规

定采用 ϕ150mm×150mm 的圆柱体试件，每种水泥剂量按 13 个试件配制，工地压实度按 98%控制，现将制备试件所需的基本参数计算如下：

①制备一个试件需要混合料的数量（以 4% 剂量为例）。

$$m = V\rho_{d}K(1+w_{o}) = \frac{\pi \times 15^{2}}{4} \times 15 \times 2.325 \times 98\% (1+5.9\%) = 6390.0\text{g}$$

②配制一种剂量一个试件所需的各种原材料数量。

成型一个试件按 6390g×1.01＝6453.9 g（考虑 1% 损耗）混合料配制，取水泥和碎石材料的含水量为 0。

水泥：$6453.9 \times \frac{4}{100+4} = 248.2\text{g}$

集料：$6453.9 \times \frac{100}{100+4} = 6205.7\text{g}$

需加水量：6453.9×5.9%＝380.8g

③用同样的方法对水泥剂量为 5%、6% 和 7% 的混合料制件参数进行计算，计算结果列于表 4-3-17 中。

（2）测定无侧限抗压强度，按规定方法测得 7d 无侧限抗压强度结果，如表 4-3-18。

混合料制件计算结果表　　表 4-3-17

水泥剂量(%)			4	5	6	7
试件干密度（g/cm³）			2.279	2.283	2.288	2.293
一个试件所需材料数量（g）	水泥		248	312	368	427
	碎石	10～30(20%)	1241	1234	1228	1221
		5～10(45%)	2793	2777	2762	2747
		<5(35%)	2172	2160	2148	2137
	需加水量		381	389	403	418
一个试件混合料数量(g)			6390	6416	6442	6468

抗压强度试验结果汇总表　　表 4-3-18

水泥剂量(%)	4	5	6	7
强度平均值 $\bar{R}$(MPa)	3.92	4.13	5.75	6.48
强度标准差 σ(MPa)	0.410	0.426	0.561	0.728
强度偏差系数 C_V(%)	10.5	10.6	9.8	11.2
$\frac{R_d}{1-Z_\alpha C_V}$(MPa)	4.84	4.84	4.77	4.90
是否满足公式 $\bar{R} \geq \frac{R_d}{1-Z_\alpha C_V}$	否	否	是	是

注：表中 Z_α 取 1.645 计算。

5. 确定试验室配合比（目标配合比）

通过以下方法确定水泥最佳剂量：

（1）比较强度平均值和设计要求值，根据试验结果，水泥剂量为 5%、6%、7% 时试件强度平均值均满足不低于4.0MPa设计值要求。

(2)考虑到试验数据的偏差和施工中的保证率,对水泥剂量5%、6%、7%时的强度数据通过公式 $\bar{R} \geqslant \frac{R_d}{1 - Z_a C_V}$ 验算,对一级公路,取95%的保证率,则系数 $Z_a = 1.645$,通过计算,水泥剂量为6%和7%强度能满足强度指标要求。

(3)从工程经济性考虑,6%的水泥剂量为满足强度指标要求的最小水泥用量,为最佳水泥用量。

则试验室配合比为:

水泥:集料=6:100,混合料的最佳含水量为6.2%,最大干密度为2.335g/cm^3,施工时压实度按98%控制。

6. 确定生产配合比

据施工现场情况,对试验室确定的配合比进行调整,对集中厂拌法施工,水泥剂量要增加0.5%,对粗粒土拌和,含水量要较最佳含水量大0.5%~1.0%,所以经调整后得到的生产配合比为:

水泥:集料=6.5:100,混合料含水量7.0%,最大干密度为2.338g/cm^3,施工时压实度按98%控制。

本例在配合比设计计算时对集料含水量忽略不计,但在工地施工时集料的含水量不能忽略不计,在施工时可根据具体情况对上述生产配合比进行调整,得出最终的施工配合比。

单元五 沥青材料

【理论要求】

掌握石油沥青的化学组分、胶体结构、技术性质和技术标准;掌握乳化沥青的组成材料、分类及其技术性质和技术标准;掌握改性沥青分类及其特性、技术性质和技术标准;了解其它沥青的组成和性质。

【技能要求】

具备石油沥青的取样、试样制备的能力;熟练掌握沥青三大指标、沥青与粗集料的粘附性的测定方法;掌握测定乳化沥青恩氏粘度、蒸发残留物含量的试验方法;掌握测定聚合物改性沥青弹性恢复、离析的试验方法。

沥青材料(Bituminous material)是一种有机胶凝材料,是由一些极其复杂的高分子的碳氢化合物及其非金属(氧、硫、氮)的衍生物所组成的混合物。

沥青在常温下一般呈固体或半固体,也有少数品种的沥青呈粘性液体状态,可溶于二硫化碳、四氯化碳、三氯甲烷和苯等有机溶剂,颜色为黑褐色或褐色。

沥青按其在自然界中获得的方式,可分为地沥青和焦油沥青两大类。

(1)地沥青(Asphalt)是由天然产状或石油精制加工得到。按其产源又可分为:

①天然沥青(Natural asphalt) 是石油在自然条件下,长时间经受地球物理因素作用而形成的产物。

②石油沥青(Petroleum asphalt) 是将石油原油分馏出各种产品后的残渣加工而得到的产品。

(2)焦油沥青是各种有机物(煤、泥炭、木材等)干馏加工得到的焦油,经再加工而得到的产品。焦油沥青按其加工的有机物名称而命名,如由煤干馏所得的煤焦油,经再加工后得到的沥青,即称为煤沥青。

以上各类沥青,可归纳如下:

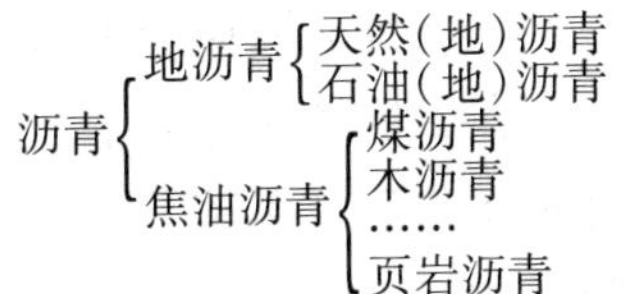

在道路建筑中最常用的主要是石油沥青和煤沥青两类,其次是天然沥青,我国亦有较大储量。

课题一　石 油 沥 青

一、概述

1. 石油沥青生产工艺概述

从油井开采出来的石油,一般简称原油,它是多种分子量大小不等的烃类（烷烃、环烷和芳香烃等)的复杂混合物。炼油厂将原油分馏而提取汽油、煤油、柴油和润滑油等石油产品后所剩残渣,再进行加工可制得各种石油沥青。

在常压塔底收集的常压重油,能否直接加工成沥青,主要决定于原油的稠度。我国大部分油田的大多数油井开采的原油,稠度均较低,所得常压重油通常需要进入减压塔作减压蒸馏后,再进入氧化塔或深拔装置或溶剂脱沥青装置,经过进一步加工而得到沥青。但也有少数油井开采的原油稠度较大,其常压重油稠度也大,直接经减蒸或深拔后即可得到直馏沥青。

为了改善粘稠沥青的使用性能,还可采取各种方式将其加工成液体沥青、调合沥青、乳化沥青、混合沥青及其它改性沥青。石油沥青生产工艺流程如图 5-1-1 所示。

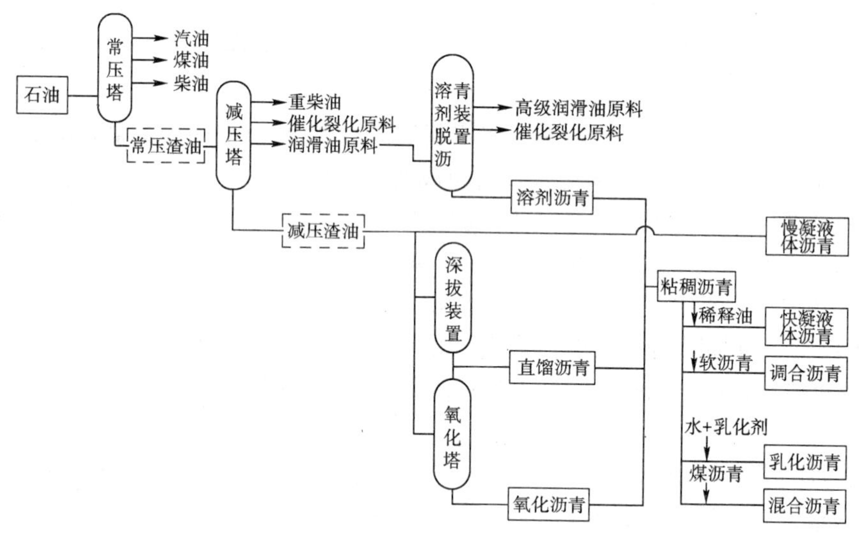

图 5-1-1　石油沥青生产工艺流程示意图

2. 石油的基属分类

原油是生产石油沥青的原料。石油沥青的性质首先与石油沥青的基属有关。

原油的分类一般是根据“关键馏分特性”和“含硫量”,可分为石蜡基原油、环烷基原油和中间基原油,以及高硫原油(含硫量 >2%),含硫原油(含硫量 0.5% ~2%)和低硫原油(<0.5%)。由不同基属原油炼制的石油沥青分别为:

(1)石蜡基沥青　这种沥青因原油中含有大量烷烃,沥青中含蜡量一般大于 5%,有的高

达10%以上。蜡在常温下往往以结晶体存在,降低了沥青的粘结性和塑性。

(2)环烷基沥青　也称沥青基沥青,含有较多的环烷烃和芳香烃,所以此种沥青的芳香性高,含蜡量一般少于2%,沥青的粘结性和塑性均较高。

(3)中间基沥青　也称混合基沥青。所含烃类成分和沥青的性质一般均介于石蜡基和环烷基沥青之间。

作为生产沥青原料的原油基属的选择,最好是环烷基原油,其次是中间基原油,最好不选用石蜡基原油,因为蜡的存在给沥青路用性能带来不良的影响。

我国石油油田分布广,但国产石油多属石蜡基和中间基原油。

3. 沥青常温下的稠度分类

根据用途的不同,要求石油沥青具有不同的稠度,一般可分为粘稠沥青和液体沥青两大类。粘稠沥青在常温下为半固体或固体状态。如按针入度分级时,针入度小于40者为固体沥青,针入度在40~300之间的呈半固体,而针入度大于300者为粘性液体状态。

液体沥青在常温下多呈粘稠液体或液体状态,并可按标准粘度分级划分为慢凝、中凝和快凝液体沥青。在生产应用中,常在粘稠沥青中掺入一定比例的溶剂,配制得稠度很低的液体沥青,称为稀释沥青。

二、石油沥青的组成和结构

1. 元素组成

石油沥青是由多种碳氢化合物及其非金属(氧、硫、氮)的衍生物组成的混合物,它的分子表达式通式为 $C_nH_{2n+a}O_bS_cN_d$。化学组成主要是碳(80%~87%)、氢(10%~15%),其次是非烃元素,如氧、硫、氮等(<3%)。此外,还含有一些微量的金属元素,如镍、钒、铁、锰、钙、镁、钠等,但含量都很少,约为几个至几十个ppm(百万分之一)。

2. 石油沥青的化学组成

石油沥青是由多种化合物所组成的混合物,由于它的结构复杂性,将其分离为纯粹的化合物单体在分析技术上还有一定困难,在生产应用中,也没有这样的必要,因此,许多研究者就致力于沥青"化学组分"分析的研究。化学组分分析就是将沥青分离为化学性质相近,而且与其路用性质有一定联系的几个组,这些组就称为"组分"。

组分分析方法还在不断修正和发展中,我国现行《公路工程沥青及沥青混合料试验规程》(JTJ 052—2000 T 0617—93)中规定有三组分和四组分两种分析法。

1)三组分分析法

石油沥青的三组分分析法是将石油沥青分离为油分、树脂和沥青质三个组分。因我国富产石蜡基或中间基沥青,在油分中往往含有蜡,故在分析时还应将油蜡分离。按三组分分析法所得各组分的性状列如表5-1-1。

2)四组分分析法

L·W·科尔贝特首先提出将沥青分离为饱和分、环烷—芳香分、极性—芳香分和沥青质等四组分。后来也有将上述4个组分称为饱和分、芳香分、胶质和沥青质。

沥青中各组分相对含量对其路用性能有着重要的影响。一般认为:沥青质和胶质的含量高,其针入度值较小(稠度较高),软化点较高;饱和分含量高,其针入度值较大(稠度较低),软化点较低;芳香分含量对针入度、软化点无影响,但极性芳香分含量高,对其粘附性有利;胶质含量增大,可使沥青的延性增加;在有饱和分存在的条件下,沥青质含量增加,可使沥青获得低的感温性。

石油沥青三组分分析法的各组分的性状 表 5-1-1

性状 组分	外观特征	平均分子量 M_W	碳氢比 C/H	物化特征
油 分	淡黄色透明液体	200~700	0.5~0.7	几乎可溶于大部分有机溶剂,具有光学活性,常发现有荧光,相对密度约0.910~0.925
树 脂	红褐色粘稠半固体	800~3000	0.7~0.8	温度敏感性高,熔点低于100℃,相对密度大于1.000
沥青质	深褐色固体末状微粒	1000~5000	0.8~1.0	加热不熔化,分解为硬焦炭,使沥青呈黑色

3)沥青的含蜡量

蜡组分的存在对沥青性能的影响,是沥青性能研究的一个重要课题。特别是我国富产石蜡基原油的情况下,更是广受关注。现有研究认为,蜡对沥青路用性能的影响主要有以下几个方面:

(1)沥青中蜡的存在,在高温时使沥青容易发软,导致沥青路面的高温稳定性降低,出现车辙;

(2)蜡在低温时会使沥青变得脆硬,导致路面低温抗裂性降低,出现裂缝;

(3)蜡会使沥青与石料粘附性降低,在水分的作用下,会使路面石子与沥青产生剥落现象,造成路面破坏;

(4)更严重的是,含蜡沥青会使沥青路面的抗滑性降低,影响路面的行车安全性。

我国现行《重交通道路用石油沥青技术要求》(JTJ 052—2000 T 0615—2000)规定,含蜡量(蒸馏法)不大于3%。

3. 石油沥青的胶体结构

沥青的技术性质,不仅取决于它的化学组分及其化学结构,而且取决于它的胶体结构。

1)胶体的结构类型

根据沥青中各组分的化学组成和相对含量的不同,可以形成不同的胶体结构。沥青的胶体结构,可分为下列三个类型:

(1)溶胶结构　沥青质含量较少,由于树脂作用,沥青质完全胶溶分散于油分介质中。胶团之间没有吸引力或者吸引力极小,如图 5-1-2a)所示。液体沥青多属溶胶型沥青,这种结构沥青粘滞性小,流动性大,塑性好,温度稳定性较差。

(2)凝胶结构　沥青质含量较多,并有相当数量的胶质来形成胶团,胶团相互吸引形成空间网络结构,如图 5-1-2c)所示。这种结构的特点是弹性和粘性较高,温度敏感性较小,流动性、塑性较低。

(3)溶—凝胶结构　沥青质含量适量,并有较多的树脂作为保护物质。它所组成的胶团之间相互有一定的吸引力,在常温下,这种结构的沥青处于以上两种结构之间,其性质介于两者之间,如图 5-1-2b)所示。大多数优质的路用沥青都属于溶—凝胶型沥青。

2)胶体结构类型的判定

沥青的胶体结构与其路用性能有密切的关系。为工程使用方便,通常采用针入度指数法。

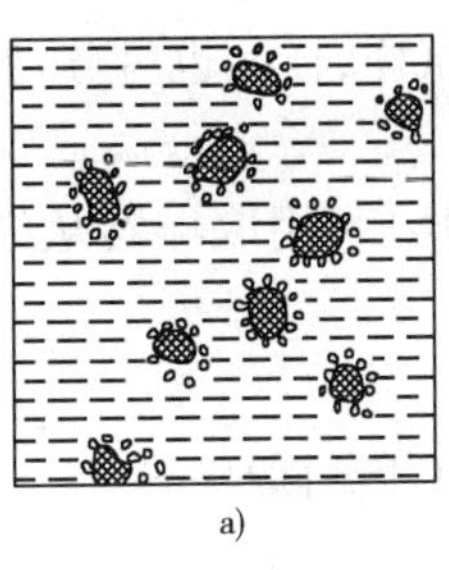
a)

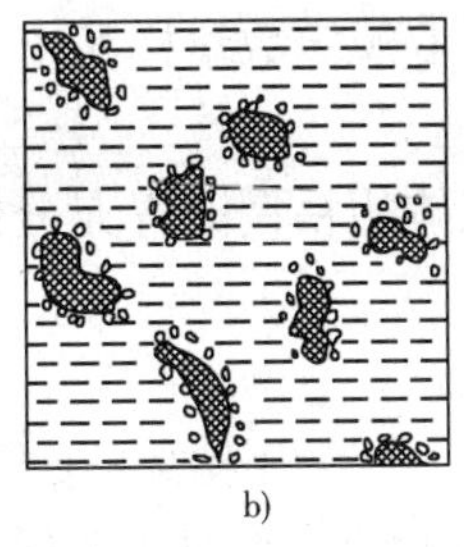
b)

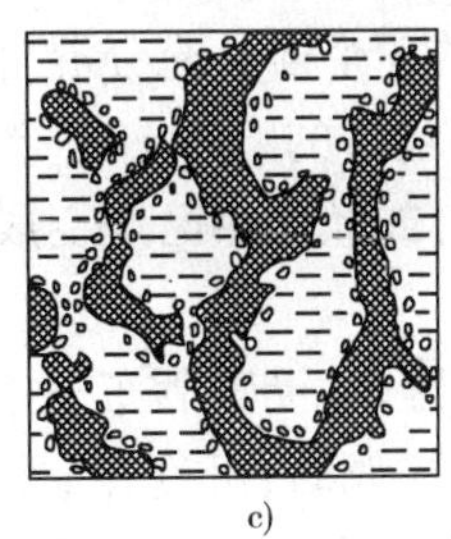
c)

图 5-1-2　沥青的胶体结构示意图

a)溶胶型结构;b)溶—凝胶型结构;c)凝胶型结构

该法是根据沥青的针入度指数 PI 值,按表 5-1-2 来划分其胶体结构类型。

沥青的针入度指数和胶体结构类型　　表 5-1-2

沥青的针入度指数(PI)	沥青胶体结构类型
< -2	溶 胶
-2 ~ +2	溶凝胶
> +2	凝 胶

三、石油沥青的技术性质

用于现代沥青路面的沥青材料,应具备下列主要技术性质:

1. 密度

沥青密度是在规定温度条件下,单位体积的质量,单位为 g/cm^3。我国现行试验规程(JTJ 052—2000 T 0603—1993)规定测定沥青密度的标准温度为 15℃。也可用相对密度表示,相对密度是指 25℃温度下,沥青密度与水密度之比。

沥青的密度与其化学组成有密切的关系,通过沥青的密度测定,可以概略地了解沥青的化学组成。通常粘稠沥青的密度波动在 0.96 ~ 1.04 范围。

首先介绍为检查沥青产品质量而采集各种沥青样品的取样法(T 0601—2000)和沥青试样准备方法(T 0602—1993)。

1)从贮油罐中取样

(1)无搅拌设备的贮罐

①液体沥青或经加热已经变成流体的粘稠沥青取样时,应先关闭进油阀和出油阀,然后取样。

②用取样器(如图 5-1-3)按液面上、中、下位置(液面高各为 1/3 等分处,但距罐底不得低于总液面高度的 1/6)各取规定数量样品。每层取样后,取样器应尽可能倒净。当储罐过深时,亦可在流出口按不同流出深度分 3 次取样。对静态存取的沥青,不得仅从罐顶用小桶取样,也不能仅从罐底阀门流出少量沥青取样。

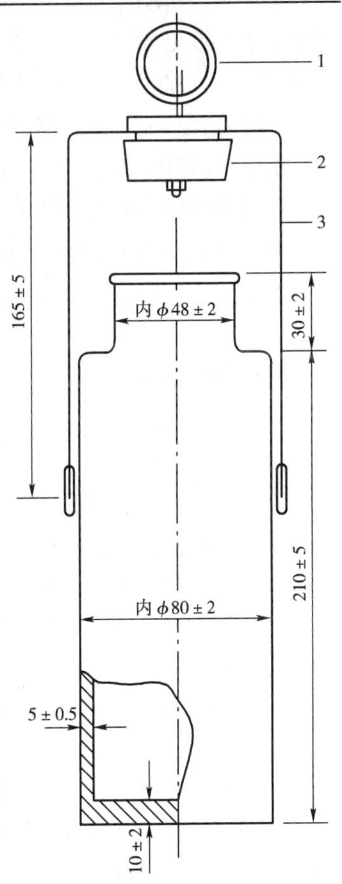

图 5-1-3　沥青取样器(尺寸单位:mm)

1-吊环;2-聚四氟乙烯塞;3-手柄

③将取出的3个样品充分混合后取规定数量样品作为试样,样品也可分别进行检验。

(2)有搅拌设备的贮罐

将液体沥青或经加热已经变成流体的粘稠沥青充分搅拌后,用取样器从沥青层的中部取规定数量试样。

2)从槽车、罐车、沥青洒布车中取样

(1)设有取样阀时,可旋开取样阀,待流出至少4kg或4L后再取样。

(2)仅有放料阀时,待放出全部沥青的一半时再取样。

(3)从顶盖处取样,可用取样器从中部取样。

3.热沥青试样制备

应按《公路工程沥青及沥青混合料试验规程》(JTJ 052—2000)(T 0602—1993)准备。

(1)将装有试样的盛样器带盖放入恒温烘箱中,当石油沥青试样中含有水分时,烘箱温度80℃左右,加热至沥青全部熔化后供脱水用。当石油沥青中无水分时,烘箱温度宜为软化点温度以上90℃,通常为135℃左右。对取来的沥青试样不得直接采用电炉或煤气炉明火加热。

(2)当石油沥青试样中含有水分时,将盛样器皿放在可控温的砂浴、油浴、电热套上加热脱水,不得已采用电炉、煤气炉加热脱水时必须加放石棉垫。时间不超过30min,并用玻璃棒轻轻搅拌,防止局部过热。在沥青温度不超过100℃的条件下,仔细脱水至无泡沫为止,最后的加热温度不超过软化点以上100℃(石油沥青)或50℃(煤沥青)。

(3)将盛样器中的沥青通过0.6mm的滤筛过滤,不等冷却立即一次灌入各项试验的模具中。根据需要也可将试样分装入擦拭干净并干燥的一个或数个沥青盛样器皿中,数量应满足一批试验项目所需的沥青样品并有富余。

(4)在沥青灌模过程中如温度下降可放入烘箱中适当加热,试样冷却后反复加热的次数不得超过2次,以防沥青老化影响试验结果。注意在沥青灌模时不得反复搅拌沥青,应避免混进气泡。

(5)灌模剩余的沥青应立即清洗干净,不得重复使用。

沥青密度与相对密度试验(T 0603—1993)

一、目的与适用范围

本方法适用于利用比重瓶测定各种沥青材料的密度与相对密度。非经注明,测定沥青密度的标准温度为15℃。沥青与水的相对密度是指25℃相同温度下的密度之比。本方法可以测定15℃密度,换算得相对密度(25℃/25℃);也可以测定相对密度(25℃/25℃),换算求得密度(15℃)。二者之间可由下式换算:

沥青与水的相对密度(25℃/25℃) = 沥青的密度(15℃) ×0.996

注:对液体石油沥青,也可以采用适宜的液体比重计测定密度或相对密度。

二、仪具与材料

1.比重瓶:玻璃制,瓶塞下部与瓶口须经仔细研磨。瓶塞中间有一个垂直孔,其下部为凹形,以便由孔中排除空气。比重瓶的容积为20~30mL,质量不超过40g,形状和尺寸如图5-1-4。

2.恒温水槽:控温的准确度为0.1℃。

3. 烘箱:200℃,装有温度自动调节器。

4. 天平:感量不大于1mg。

5. 滤筛:0.6mm、2.36mm 各一个。

6. 温度计:0~50℃,分度为0.1℃。

7. 烧杯:600~800mL。

8. 真空干燥器。

9. 洗液:玻璃仪器清洗液,三氯乙烯(分析纯)等。

10. 蒸馏水(或去离子水)

11. 表面活性剂:洗衣粉(或洗涤灵)。

12. 其它:软布、滤纸等。

三、方法与步骤

1. 准备工作

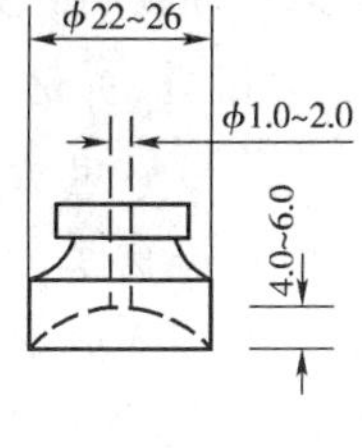

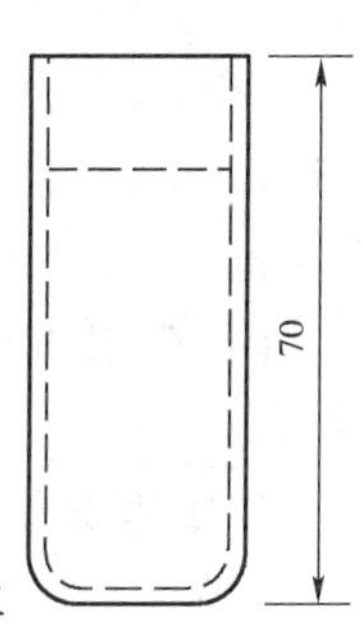

图 5-1-4　比重瓶
(尺寸单位:mm)

(1)用洗液、水、蒸馏水先后仔细洗涤比重瓶,然后烘干称其质量(m_1),准确至1mg 。

(2)将盛有新煮沸并冷却的蒸馏水的烧杯浸入恒温水槽中一同保温,在烧杯中插入温度计,水的深度必须超过比重瓶顶部40mm 以上。

(3)使恒温水槽及烧杯中的蒸馏水达到规定的试验温度±0.1℃。

2. 比重瓶水值的测定步骤

(1)将比重瓶及瓶塞放入恒温水槽中,烧杯底浸没水中的深度应不少于100mm,烧杯口露出水面,并用夹具将其固牢。

(2)待烧杯中水温再次达至规定温度后并保温30min 后,将瓶塞塞入瓶口,使多余的水由瓶塞上的毛细孔中挤出。注意,比重瓶内不得有气泡。

(3)将烧杯从水槽中取出,再从烧杯中取出比重瓶,立即用干净软布将瓶塞顶部擦拭一次,再迅速擦干比重瓶外面的水分,称其质量(m_2),准确至1mg。注意瓶塞顶部只能擦试一次,即使由于膨胀塞上有小水滴也不能再擦拭。

(4)以 m_2-m_1 作为试验温度时比重瓶的水值。

注:比重瓶的水值应经常校正,一般每年至少进行一次。

3. 液体沥青试样的试验步骤

(1)将试样过筛(0.6mm)后注入干燥比重瓶中至满,注意不要混入气泡。

(2)将盛有试样的比重瓶及瓶塞移入恒温水槽(测定温度±0.1℃)内盛有水的烧杯中,水面应在瓶口下约40mm。注意勿使水浸入瓶内。

(3)从烧杯内的水温达到要求的温度后起算保温30min 后 ,将瓶塞塞上,使多余的试样由瓶塞的毛细孔中挤出。仔细用蘸有三氯乙烯的棉花擦净孔口挤出的试样,并注意保持孔中充满试样。

(4)从水中取出比重瓶,立即用干净软布仔细地擦去瓶外的水分或粘附的试样(注意不得再揩孔口)后,称其质量(m_3),准确至1mg。

4. 粘稠沥青试样的试验步骤

(1)按规程(T 0602)方法准备沥青试样,沥青的加热温度不高于估计软化点以上100℃

(石油沥青)或50℃(煤沥青),仔细注入比重瓶中,约至2/3 高度。注意勿使试样粘附瓶口或上方瓶壁,并防止混入气泡。

(2)取出盛有试样的比重瓶,移入干燥器中,在室温下冷却不少于1h,连同瓶塞称其质量(m_4),准确至1mg。

(3)从水槽中取出盛有蒸馏水的烧杯,将蒸馏水注入比重瓶,再放入烧杯中(瓶塞也放进烧杯中),然后把烧杯放回已达试验温度的恒温水槽中,从烧杯中的水温达到规定温度时起算保温30min后,使比重瓶中气泡上升到水面,用细针挑除。保温至水的体积不再变化为止。待确认比重瓶已经恒温且无气泡后,再用保温在规定温度水中的瓶塞塞紧。使多余的水从塞孔中溢出,此时应注意不得带入气泡。

(4)保温30min后,取出比重瓶,按前述方法迅速揩干瓶外水分后称其质量(m_5),准确至1mg。

5. 固体沥青试样的试验步骤

(1)试验前,如试样表面潮湿,可用干燥、清洁的空气吹干,或置50℃烘箱中烘干。

(2)将50~100g 试样打碎,过0.6mm 及2.36mm 筛。取0.6~2.36mm 的粉碎试样不少于5g 放入清洁、干燥的比重瓶中,塞紧瓶塞后称其质量(m_6),准确至1mg。

(3)取下瓶塞,将恒温水槽内烧杯中的蒸馏水注入比重瓶,水面高于试样约10mm,同时加入几滴表面活性剂溶液(如1%洗衣粉、洗涤灵),并摇动比重瓶使大部分试样沉入水底。必须使试样颗粒表面上附气泡逸出,注意摇动时勿使试样摇出瓶外。

(4)取下瓶塞,将盛有试样和蒸馏水的比重瓶置真空干燥箱(器)中抽真空,逐渐达到真空度98kPa(735mmHg)不少于15min。如比重瓶试样表面仍有气泡,可再加几滴表面活性剂溶液,摇动后再抽真空。必要时,可反复几次操作,直至无气泡为止。

注:抽真空不宜过快,防止将样品带出比重瓶。

(5)将保温烧杯中的蒸馏水再注入比重瓶中至满,轻轻地塞好瓶塞,再将带塞的比重瓶放入盛有蒸馏水的烧杯中,并塞紧瓶塞。

(6)将有比重瓶的盛水烧杯再置恒温水槽(试验温度±0.1℃)中保持至少30min后,取出比重瓶,迅速揩干瓶外水分后称其质量(m_7),准确至1mg。

四、计算

1. 试验温度下液体沥青试样的密度或相对密度按式(5-1-1)及式(5-1-2)计算。

$$\rho_b = \frac{m^3 - m_1}{m_2 - m_1} \times \rho_w \tag{5-1-1}$$

$$\gamma_b = \frac{m_3 - m_1}{m_2 - m_1} \tag{5-1-2}$$

式中:ρ_b——试样在试验温度下的密度,g/cm^3;

γ_b——试样在试验温度下的相对密度;

m_1——比重瓶质量,g;

m_2——比重瓶与盛满水时的合计质量,g;

m_3——比重瓶与盛满试样时的合计质量,g;

ρ_w——试验温度下水的密度,15℃水的密度为0.99910g/cm^3,25℃水的密度为0.99703

g/cm³。

2. 试验温度下粘稠沥青试样的密度或相对密度按式(5-1-3)及式(5-1-4)计算。

$$\rho_b = \frac{m_4 - m_1}{(m_2 - m_1) - (m_5 - m_4)} \times \rho_w \tag{5-1-3}$$

$$\gamma_b = \frac{m_4 - m_1}{(m_2 - m_1) - (m_5 - m_4)} \tag{5-1-4}$$

式中：m_4——比重瓶与沥青试样合计质量，g；

m_5——比重瓶与试样和水合计质量，g。

3. 试验温度下固体沥青试样的密度或相对密度按式(5-1-5)及式(5-1-6)计算。

$$\rho_b = \frac{m_6 - m_1}{(m_2 - m_1) - (m_7 - m_6)} \times \rho_w \tag{5-1-5}$$

$$\gamma_b = \frac{m_6 - m_1}{(m_2 - m_1) - (m_7 - m_6)} \tag{5-1-6}$$

式中：m_6——比重瓶与沥青试样合计质量，g；

m_7——比重瓶与试样和水合计质量，g。

五、报告

同一试样应平行试验两次，当两次试验结果的差值符合重复性试验的精密度要求时，以平均值作为沥青的密度试验结果，并准确至3位小数，试验报告应注明试验温度。

六、精密度或允许差

1. 对粘稠石油沥青及液体沥青，重复性试验的允许差为0.003g/cm³；复现性试验的允许差为0.007g/cm³。

2. 对固体沥青，重复性试验的允许差为0.01g/cm³，复现性试验的允许差为0.02g/cm³。

3. 相对密度的精密度要求与密度相同(无单位)。

2. 粘滞性(粘性)

粘滞性是指沥青在外力作用下胶团之间产生相互位移时抵抗变形的能力。

各种石油沥青的粘滞性变化范围很大，粘滞性的大小与组分及温度有关。当沥青质含量较高，又含适量的树脂、含少量的油分时，则粘滞性较大。在一定温度范围内，当温度升高时，粘滞性随之降低，反之则增大。

粘滞性是与沥青路面力学性质联系最密切的一种性质。粘滞性亦称粘性，通常用粘度表示。在现代交通条件下，为防止路面出现车辙，对沥青粘度的选择成为首要考虑的因素。

沥青粘度的测定方法可分为两类，一类为“绝对粘度法”，如采用毛细管粘度计等；另一类为“相对粘度”(或称“条件粘度”)法，由一些经验方法如针入度法、道路标准粘度计法、赛氏粘度计法和恩氏粘度计法等确定。

由于绝对粘度测定较为复杂，因此在实际应用上多测定沥青的相对粘度。

1)针入度

是测定粘稠石油沥青粘滞性的常用技术指标，采用针入度仪测定。沥青的针入度是在规定温度条件下，以具有规定荷载的标准针经历规定的时间，贯入试样的深度，以0.1mm表示。试验条件以$P_{T,m,t}$表示，其中P为针入度，T为试验温度，m为荷载，t为贯入时间。针入度值越

小,表示粘度越大。

我国现行试验方法《公路工程沥青及沥青混合料试验规程》(JTJ 052—2000)规定:标准针和针连杆组合件总质量为(50 ±0.05)g,另加50g ±0.05g砝码一只,试验时总质量为 100g ±0.05g,试验温度为 25℃(当计算针入度指数 PI 时,可采用 15℃、30℃、25℃或 5℃),标准针贯入时间为 5s。例如某沥青在上述条件时测得针入度为 65(0.1mm),可表示为:P(25℃,100g,5s) =65(0.1mm)。

沥青针入度试验(T 0604—2000)

一、目的与适用范围

本方法适用于测定道路石油沥青、改性沥青针入度以及液体石油沥青蒸馏或乳化沥青蒸发后残留物的针入度。其标准试验条件为温度 25℃,荷重 100g,贯入时间 5s,以 0.1mm 计。用本方法评定聚合物改性沥青的改性效果时,仅适用于熔混均匀的样品。

针入度指数用以描述沥青的温度敏感性,宜在 15℃、25℃、30℃等 3 个或 3 个以上温度条件下测定针入度后按规定方法计算得到。若 30℃时的针入度值过大,可采用 5℃代替。

二、仪具与材料

1. 针入度仪:凡能保证针和针连杆在无明显摩擦下垂直运动,并能指示针贯入深度准确至 0.1mm 的仪器均可使用。针和针连杆组合件总质量为 50g ±0.05g,另附 50g ±0.05g 砝码一只,试验时总质量为 100g ±0.05g。当采用其它试验条件时,应在试验结果中注明。仪器设有放置平底玻璃保温皿的平台,并有调节水平的装置,针连杆应与平台相垂直。仪器设有针连杆制动按钮,使针连杆可自由下落。针连杆易于装拆,以便检查其质量。仪器还设有可自由转动与调节距离的悬臂,其端部有一面小镜或聚光灯泡,借以观察针尖与试样表面接触情况。当为自动针入度仪时,各项要求与此项相同,温度采用温度传感器测定,针入度值采用位移计测定,并能自动显示或记录,且应对自动装置的准确性经常校验。为提高测试精密度,不同温度的针入度试验宜采用自动针入度仪进行。

2. 标准针由硬化回火的不锈钢制成,洛氏硬度 HRC54 ~60,表面粗糙度 Ra 为 0.2 ~0.3μm,针及针杆总质量 2.5g ±0.05g,针杆上应打印有号码标志,针应设有固定用装置盒(筒),以免碰撞针尖,每根针必须附有计量部门的检验单,并定期进行检验,其尺寸及形状如图 5-1-5。

3. 盛样皿:金属制,圆柱形平底。小盛样皿的内径 55mm,深 35mm(适用于针入度小于 200);大盛样皿内径 70mm,深 45mm(适用于针入度 200 ~350);对针入度大于 350 的试样需使用特殊盛样皿,其深度不小于 60mm,试样体积不小于 125mL。

4. 恒温水槽:容量不少于 10L,控温的准确度为 0.1℃。水槽中应设有一带孔的搁架,位于水面下不得小于 100mm,距水槽底不得小于 50mm 处。

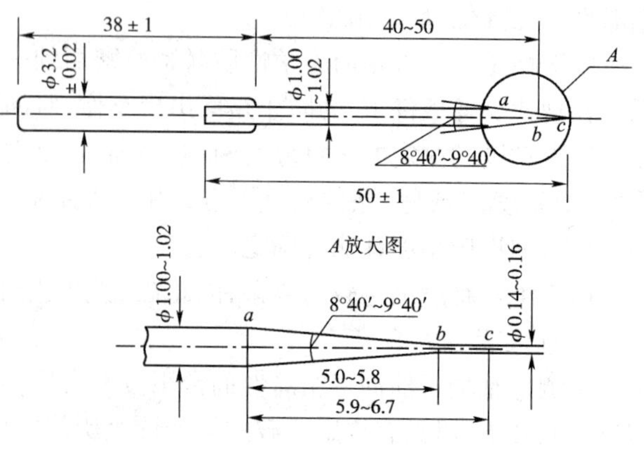

图 5-1-5　针入度标准针(尺寸单位:mm)

5. 平底玻璃皿：容量不少于1L，深度不小于80mm。内设有一不锈钢三脚支架，能使盛样皿稳定。

6. 温度计：0℃～50℃，分度为0.1℃。

7. 秒表：分度0.1s。

8. 盛样皿盖：平板玻璃，直径不小于盛样皿开口尺寸。

9. 溶剂：三氯乙烯等。

10. 其它：电炉或砂浴，石棉网，金属锅或瓷把坩埚等。

三、方法与步骤

1. 准备工作

(1)按规程T 0602的方法准备试样。

(2)按试验要求将恒温水槽调节到要求的试验温度25℃，或15℃、30℃(5℃)等，保持稳定。

(3)将试样注入盛样皿中，试样高度应超过预计针入度值10mm，并盖上盛样皿，以防落入灰尘。盛有试样的盛样皿在15℃～30℃室温中冷却1～1.5h(小盛样皿)、1.5～2h(大盛样皿)或2～2.5h(特殊盛样皿)后移入保持规定试验温度±0.1℃的恒温水槽中1～1.5h(小盛样皿)、1.5～2h(大盛样皿)或2～2.5h(特殊盛样皿)。

(4)调整针入度仪使之水平。检查针连杆和导轨，以确认无水和其它外来物，无明显摩擦。用三氯乙烯或其它溶剂清洗标准针，并拭干。将标准针插入针连杆，用螺丝固紧。按试验条件，加上附加砝码。

2. 试验步骤

(1)取出达到恒温的盛样皿，并移入水温控制在试验温度±0.1℃(可用恒温水槽中的水)的平底玻璃皿中的三脚支架上，试样表面以上的水层深度不小于10mm。

(2)将盛有试样的平底玻璃皿置于针入度仪的平台上。慢慢放下针连杆，用适当位置的反光镜或灯光反射观察，使针尖恰好与试样表面接触。拉下刻度盘的拉杆，使与针连杆顶端轻轻接触，调节刻度盘或深度指示器的指针指示为零。

(3)开动秒表，在指针正指5s的瞬间，用手紧压按钮，使标准针自动下落贯入试样，经规定时间，停压按钮使针停止移动。

注：当采用自动针入度仪时，计时与标准针落下贯入试样同时开始，至5s时自动停止。

(4)拉下刻度盘拉杆与针连杆顶端接触，读取刻度盘指针或位移指示器的读数，准确至0.5(0.1mm)。

(5)同一试样平行试验至少3次，各测试点之间及与盛样皿边缘的距离不应少于10mm。每次试验后应将盛有盛样皿的平底玻璃皿放入恒温水槽，使平底玻璃皿中水温保持试验温度。每次试验应换一根干净标准针或将标准针取下用蘸有三氯乙烯溶剂的棉花或布揩净，再用干棉花或布擦干。

(6)测定针入度大于200的沥青试样时，至少用3支标准针，每次试验后将针留在试样中，直至3次平行试验完成后，才能将标准针取出。

(7)测定针入度指数PI时，按同样的方法在15℃、25℃、30℃(或5℃)3个或3个以上(必要时增加10℃、20℃)温度条件下，分别测定沥青的针入度，但用于仲裁试验的温度条件应为5

个。

四、计算

同一试样3次平行试验结果的最大值和最小值之差在下列允许偏差范围内时,计算3次试验结果的平均值,取整数作为针入度试验结果,以0.1mm为单位。

针入度(0.1mm)	允许差值(0.1mm)
0~49	2
50~149	4
150~249	12
250~500	20

当试验值不符此要求时,应重新进行。

五、精密度或允许差

1. 当试验结果小于50(0.1mm)时,重复性试验的允许差为2(0.1mm),复现性试验的允许差为4(0.1mm)。

2. 当试验结果等于或大于50(0.1mm)时,重复性试验的允许差为平均值的4%,复现性试验的允许差为平均值的8%。

我国现行使用的粘稠石油沥青技术标准中,针入度是划分沥青技术等级的主要指标。针入度值越大,表示沥青越软(稠度愈小)。

2)标准粘度计法(见图5-1-6)

我国现行试验方法《公路沥青及沥青混合料试验规程》(JTJ 052—2000)规定:液体状态的沥青材料,在标准粘度计中,于规定的温度条件下(20℃、25℃、30℃或60℃),通过规定的流孔直径(3mm,4mm,5mm及10mm)流出50mL体积所需的时间(s),试验条件以$C_{T,d}$表示。其中C为粘度,T为试验温度,d为流孔直径。例如某沥青在60℃时,自5mm孔径流出50mL沥青所需时间为100s,表示为$C_{60,5}=100s$。在相同温度和相同流孔条件下,流出时间愈长,表示沥青粘度愈大。

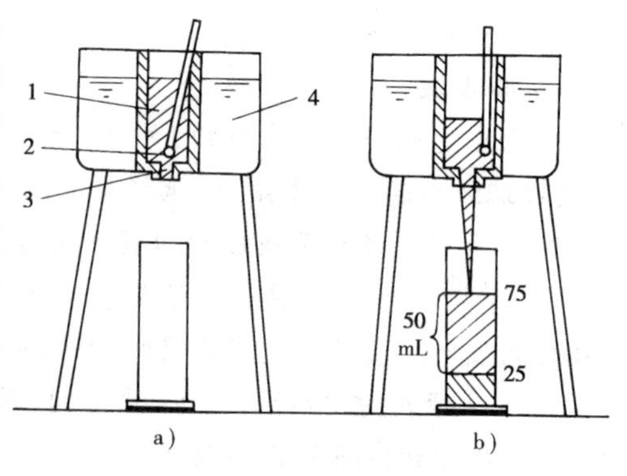

图5-1-6 标准粘度计测定液体沥青示意图

1-沥青试样;2-活动球杆;3-流孔;4-水

我国液体沥青是采用粘度来划分技术等级的。

3. 塑性

塑性是指沥青在外力作用下发生变形而不破坏的能力。影响塑性大小的因素与沥青的组分及温度有关。沥青中树脂含量多,油分及沥青质含量适当,则塑性较大。当温度升高,塑性增大,沥青膜层愈厚则塑性愈高。反之,塑性愈差。在常温下,塑性好的沥青不易产生裂缝,并减小摩擦时的噪声。同时它对于沥青在温度降低时抵抗开裂的性能有重要影响。

《公路工程沥青及沥青混合料试验规程》(JTJ 052—2000)规定:沥青的塑性用延度表示,用延度仪测定。沥青延度是将沥青试样制成∞字形标准试模(中间最小截面积为1cm²),在规定速度(如5cm/min)和规定温度(如25℃)下拉断时的长度,以厘米表示。

沥青延度试验(T 0605—1993)

一、目的与适用范围

1. 本方法适用于测定道路石油沥青、液体沥青蒸馏残留物和乳化沥青蒸发残留物等材料的延度。

2. 沥青延度的试验温度与拉伸速率可根据要求采用,通常采用的试验温度为25℃、15℃、10℃或5℃,拉伸速度为5cm/min±0.25cm/min。当低温采用1cm/min±0.05cm/min拉伸速度时,应在报告中注明。

二、仪具与材料

1. 延度仪:将试件浸没于水中,能保持规定的试验温度及按照规定拉伸速度拉伸试件且试验时无明显振动的延度仪均可使用,其形状及组成如图5-1-7。

2. 试模:黄铜制,由两个端模和两个侧模组成,其形状及尺寸如图5-1-8。试模内侧表面粗糙度Ra0.2μm,当装配完好后可浇铸成表5-1-3尺寸的试样。

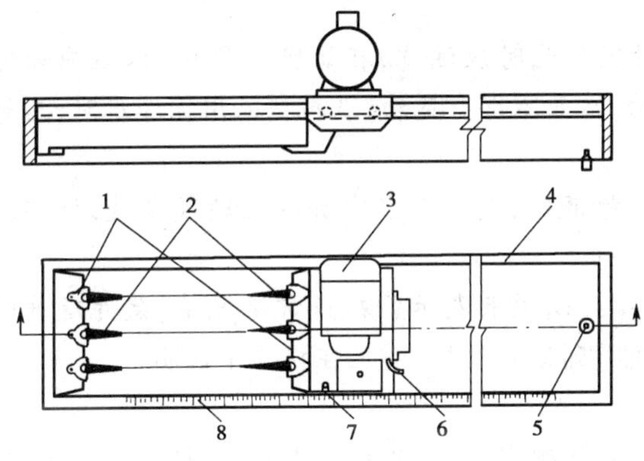

图5-1-7　延度仪(尺寸单位:mm)

1-试模;2-试样;3-电机;4-水槽;5-泄水孔;6-开关柄;7-指针;8-标尺

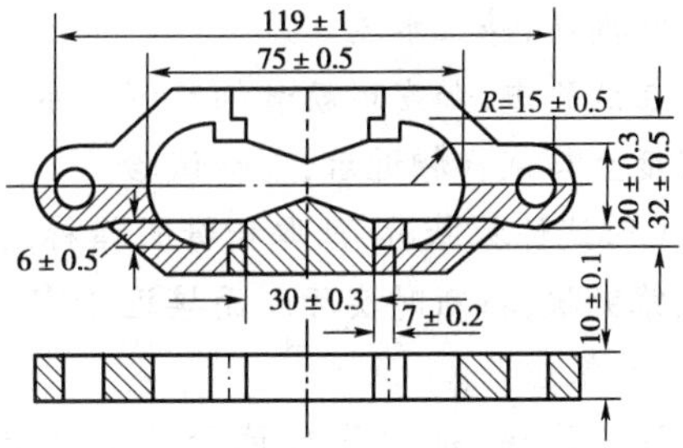

图5-1-8　延度试模(尺寸单位:mm)

3. 试模底板:玻璃板或磨光的铜板、不锈钢板(表面粗糙度Ra 0.2μm)。

4. 恒温水槽:容量不少于10L,控制温度的准确度为0.1℃,水槽中应设有带孔搁架,搁架距水槽底不得小于50mm。试件浸入水中深度不小于100mm。

5. 温度计:0℃~50℃,分度为0.1℃。

6. 砂浴或其它加热炉具。

7. 甘油滑石粉隔离剂(甘油与滑石粉的质量比2:1)。

8. 其它:平刮刀、石棉网、酒精、食盐等。

延度试样尺寸(mm)　　表5-1-3

总　　长	74.5~75.5
中间缩颈部长度	29.7~30.3
端部开始缩颈处宽度	19.7~20.3
最小横断面宽	9.9~10.1
厚度(全部)	9.9~10.1

三、方法与步骤

1. 准备工作

(1)将隔离剂拌和均匀,涂于清洁干燥的试模底板和两个侧模的内侧表面,并将试模在试模底板上装妥。

(2)按规程 T 0602 规定的方法准备试样,然后将试样仔细自试模的一端至另一端往返数次缓缓注入模中,最后略高出试模,灌模时应注意勿使气泡混入。

(3)试件在室温中冷却 30 ~ 40min,然后置于规定试验温度 ±0.1℃的恒温水槽中,保持 30min 后取出,用热刮刀刮除高出试模的沥青,使沥青面与试模面齐平。沥青的刮法应自试模的中间刮向两端,且表面应刮得平滑。将试模连同底板再浸入规定试验温度的水槽中 1 ~ 1.5h。

(4)检查延度仪延伸速度是否符合规定要求,然后移动滑板使其指针正对标尺的零点。将延度仪注水,并保温达试验温度 ±0.5℃。

2.试验步骤

(1)将保温后的试件连同底板移入延度仪的水槽中,然后将盛有试样的试模自玻璃板或不锈钢板上取下,将试模两端的孔分别套在滑板及槽端固定板的金属柱上,并取下侧模。水面距试件表面应不小于 25mm。

(2)开动延度仪,并注意观察试样的延伸情况。此时应注意,在试验过程中,水温应始终保持在试验温度规定范围内,且仪器不得有振动,水面不得有晃动,当水槽采用循环水时,应暂时中断循环,停止水流。

在试验中,如发现沥青细丝浮于水面或沉入槽底时,则应在水中加入酒精或食盐,调整水的密度至与试样相近后,重新试验。

(3)试件拉断时,读取指针所指标尺上的读数,以厘米表示。在正常情况下,试件延伸时应呈锥尖状,拉断时实际断面接近于零。如不能得到这种结果,则应在报告中注明。

四、报告

同一试样,每次平行试验不少于 3 个,如 3 个测定结果均大于 100cm,试验结果记作“ >100cm”;特殊需要也可分别记录实测值。如 3 个测定结果中,有一个以上的测定值小于 100cm 时,若最大值或最小值与平均值之差满足重复性试验精密度要求,则取 3 个测定结果的平均值的整数作为延度试验结果,若平均值大于 100cm,记作“ >100cm”;若最大值或最小值与平均值之差不符合重复性试验精密度要求时,试验应重新进行。

五、精密度或允许差

当试验结果小于 100cm 时,重复性试验的允许差为平均值的 20%;复现性试验的允许差为平均值的 30%。

沥青的延度越大,塑性越好,柔性和抗断裂性越好。

4.温度稳定性 (感温性)

是指沥青的粘性和塑性随温度升降而变化的性能。当温度升高时,沥青由固态或半固态逐渐软化成粘流状态,当温度降低时由粘流态转变成固态甚至变脆。在工程上使用的沥青,要求有较好的温度稳定性。

1)高温敏感性用软化点表示。软化点是沥青材料由固体状态变为具有一定流动态时的温度间隔的 87.21% 为软化点。

我国现行试验方法《公路沥青及沥青混合料试验规程》(JTJ 052—2000)规定:沥青软化点

一般采用环球法软化点仪测定，将沥青试样注于规定尺寸的铜环内（内径 18.9mm），试样上放置标准钢球（重 3.5g），浸入水或甘油中，以规定的升温速度（5℃/min）加热，使沥青软化，直至在钢球荷载作用下，使沥青产生 25.4mm 挠度时的温度（以℃表示），称为软化点。软化点愈高，表明沥青的耐热性愈好，即温度稳定性愈好。

沥青软化点试验（环球法）（T 0606—2000）

一、目的与适用范围

本方法适用于测定道路石油沥青、煤沥青的软化点，也适用于测定液体石油沥青经蒸馏或乳化沥青破乳蒸发后残留物的软化点。

二、仪具与材料

1. 软化点试验仪：如图 5-1-9，由下列部件组成：

(1) 钢球：直径 9.53mm，质量 3.5g ±0.05g。

(2) 试样环：黄铜或不锈钢等制成，形状尺寸如图 5-1-10。

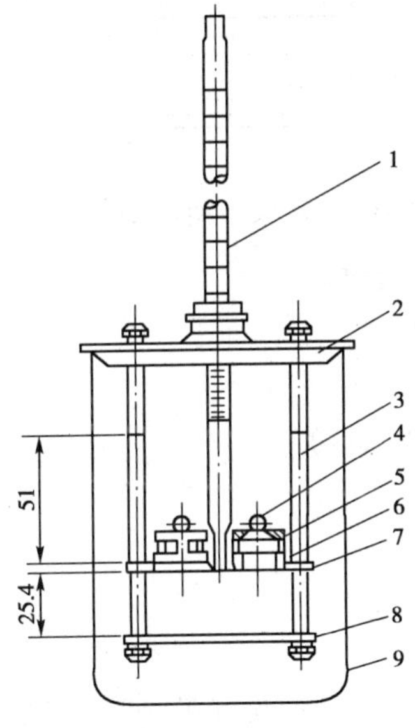

图 5-1-9　软化点试验仪（尺寸单位：mm）

1-温度计；2-上盖板；3-立杆；4-钢球；5-钢球定位环；6-金属环；7-中层板；8-下底板；9-烧环

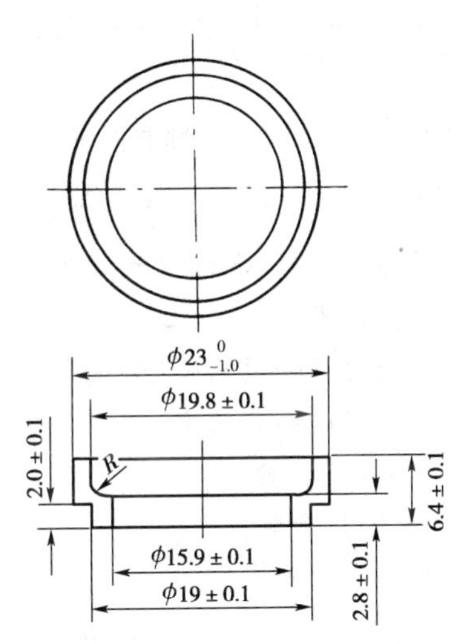

图 5-1-10　试样环（尺寸单位：mm）

(3) 钢球定位环：黄铜或不锈钢制成，形状尺寸如图 5-1-11。

(4) 金属支架：由两个主杆和三层平行的金属板组成。上层为一圆盘，直径略大于烧杯直径，中间有一圆孔，用以插放温度计。中层板形状尺寸如图 5-1-12，板上有两个孔，各放置金属环，中间有一小孔可支持温度计的测温端部。一侧立杆距环上面 51mm 处刻有水高标记。环下面距下层底板为 25.4mm，而下底板距烧杯底不小于 12.7mm，也不得大于 19mm。三层金属板和两个主杆由两螺母固定在一起。

(5) 耐热玻璃烧杯：容量 800 ~ 1000mL，直径不小于 86mm，高不小于 120mm。

(6) 温度计：0℃ ~80℃，分度为 0.5℃。

2. 环夹：由薄钢条制成，用以夹持金属环，以便刮平表面，形状、尺寸如图 5-1-13。

3. 装有温度调节器的电炉或其它加热炉具（液化石油气、天然气等）。应采用带有振荡搅拌器的加热电炉，振荡子置于烧杯底部。

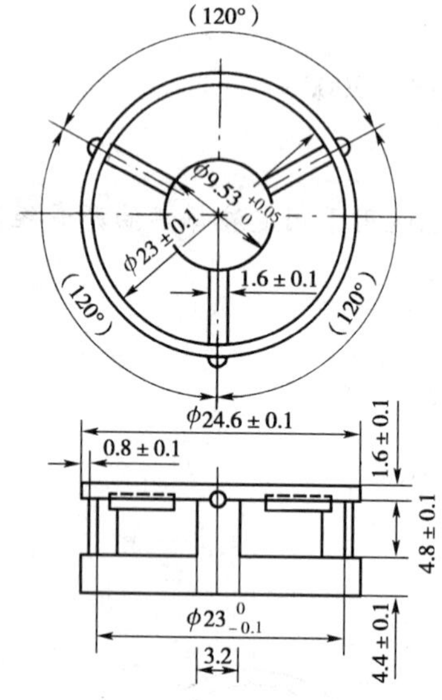

图 5-1-11　钢球定位环（尺寸单位：mm）

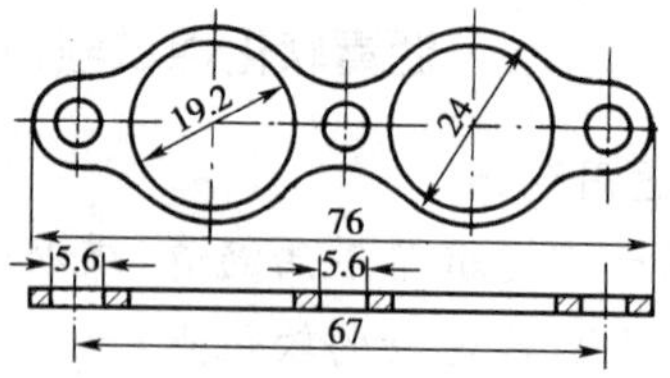

图 5-1-12　中层板（尺寸单位：mm）

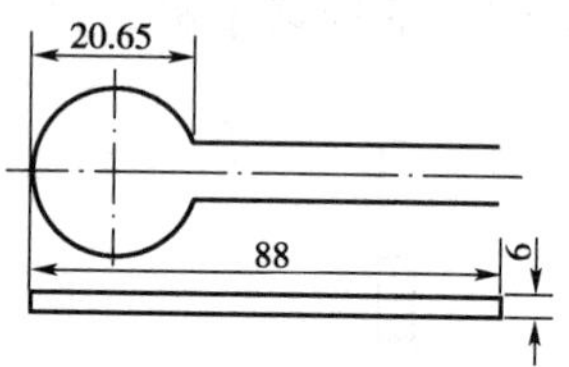

图 5-1-13　环夹（尺寸单位：mm）

4. 试样底板：金属板（表面粗糙度应达 $Ra0.8\mu m$）或玻璃板。

5. 恒温水槽：控温的准确度为 0.5℃。

6. 平直刮刀。

7. 甘油滑石粉隔离剂（甘油与滑石粉的比例为质量比 2:1）。

8. 新煮沸过的蒸馏水。

9. 其它：石棉网。

三、方法与步骤

1. 准备工作

（1）将试样环置于涂有甘油滑石粉隔离剂的试样底板上。按规程 T 0602 的规定方法将准备好的沥青试样徐徐注入试样环内至略高出环面为止。

如估计试样软化点高于 120℃，则试样环和试样底板（不用玻璃板）均应预热至 80℃ ~ 100℃。

（2）试样在室温冷却 30min 后，用环夹夹着试样杯，并用热刮刀刮除环面上的试样，务必使与环面齐平。

2. 试验步骤

（1）试样软化点在 80℃ 以下者：

①将装有试样的试样环连同试样底板置于 5℃ ±0.5℃ 水的恒温水槽中至少 15min；同时将金属支架、钢球、钢球定位环等亦置于相同水槽中。

②烧杯内注入新煮沸并冷却至 5℃ 的蒸馏水，水面略低于立杆上的深度标记。

③从恒温水槽中取出盛有试样的试样环放置在支架中层板的圆孔中，套上定位环；然后将整个环架放入烧杯中，调整水面至深度标记，并保持水温为5℃±0.5℃。环架上任何部分不得附有气泡。将0℃~80℃的温度计由上层板中心孔垂直插入，使端部测温头底部与试样环下面齐平。

④将盛有水和环架的烧杯移至放有石棉网的加热炉具上，然后将钢球放在定位环中间的试样中央，立即开动振荡搅拌器，使水微微振荡，并开始加热，使杯中水温在3min内调节至维持每分钟上升5℃±0.5℃。在加热过程中，应记录每分钟上升的温度值，如温度上升速度超出此范围时，则试验应重做。

⑤试样受热软化逐渐下坠，至与下层底板表面接触时，立即读取温度，准确至0.5℃。

(2)试样软化点在80℃以上者：

①将装有试样的试样环连同试样底板置于装有32℃±1℃甘油的恒温槽中至少15min；同时将金属支架、钢球、钢球定位环等亦置于甘油中。

②在烧杯内注入预先加热至32℃的甘油，其液面略低于立杆上的深度标记。

③从恒温槽中取出装有试样的试样环，按上述(1)的方法进行测定，准确至1℃。

四、报告

同一试样平行试验两次，当两次测定值的差值符合重复性试验精密度要求时，取其平均值作为软化点试验结果，准确至0.5℃。

五、精密度或允许差

1. 当试样软化点小于80℃时，重复性试验的允许差为1℃，复现性试验的允许差为4℃。

2. 当试样软化点等于或大于80℃时，重复性试验的允许差为2℃，复现性试验的允许差为8℃。

针入度是在规定温度下沥青的条件粘度，而软化点则是沥青达到规定条件粘度时的温度。软化点既是反映沥青材料感温性的一个指标，也是沥青粘度的一种量度。

以上所论及的针入度、延度、软化点是评价粘稠石油沥青路用性能最常用的经验指标，所以通称“三大指标”。

2)低温抗裂性用脆点表示

脆点是指沥青材料由粘塑状态转变为固体状态达到条件脆裂时的温度。

我国规范《公路工程沥青及沥青混合料试验规程》(JTJ 052—2000)规定，采用弗拉斯法测定沥青脆点。脆点试验是将沥青试样涂在金属片上，置于有冷却设备的脆点仪内摇动脆点仪的曲柄，使涂有沥青的金属片产生弯曲。

随制冷剂温度降低，沥青薄膜温度逐渐降低，当沥青薄膜在规定弯曲条件下，产生断裂时的温度，即为脆点，见图5-1-14、图5-1-15。

在工程实际应用中，要求沥青具有较高的软化点和较低的脆点，否则容易发生沥青材料夏季流淌或冬季变脆甚至开裂等现象。

5. 耐久性

沥青在路面施工时需要在空气介质中进行加热，路面建成后又长期裸露在现代工业环境中，经受日照、降水、气温变化等自然因素的作用，因此，影响沥青耐久性的因素主要有：大气(氧)、日照(光)、温度(热)、雨雪(水)、环境(氧化剂)以及交通(应力)等因素。沥青在上述因素的综合作用下,产生“不可逆”的化学变化,导致路用性能逐渐劣化,这种变化过程称为“老化”。

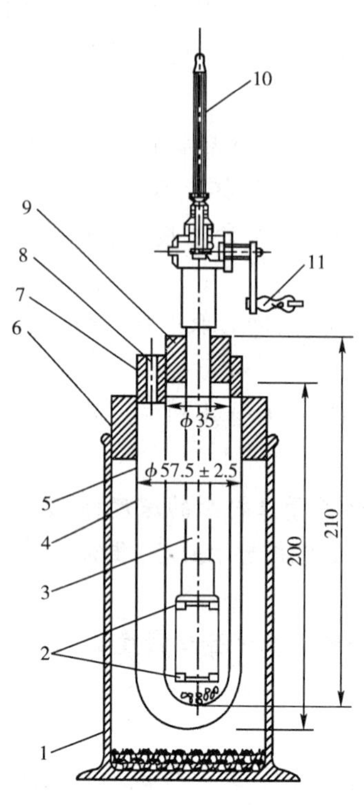

图5-1-14 弗拉斯脆点仪(尺寸单位:mm)

1-外筒;2-夹钳;3-硬塑料管;4-真空玻璃管;5-试样管;6-橡胶管;7-橡胶管;8-通冷却液管道;9-橡胶管;10-温度计;11-摇把

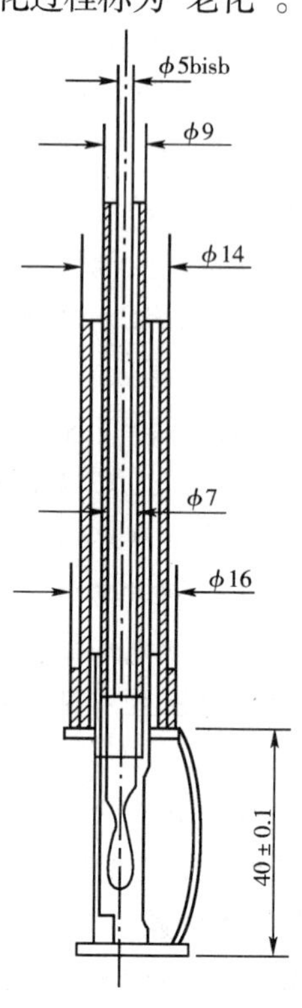

图5-1-15 弯曲器(尺寸单位:mm)

沥青老化后,在物理力学性质方面,表现为针入度减小,延度降低,软化点升高,绝对粘度提高,脆点降低等。

对于路面施工由于加热导致沥青性能变化的评价,我国现行行业标准《公路沥青及沥青混合料试验规程》(JTJ 052—2000)规定:对于中、轻交通量用道路粘稠石油沥青采用“蒸发损失试验”(JTJ 052 T 0608—93);对于重交通量用道路粘稠石油沥青采用“沥青薄膜加热试验”(JTJ 052 T 0609—93);对于液体石油沥青采用“蒸馏试验”(JTJ 052 T 0632—93)。

1)沥青的蒸发损失试验

将50g沥青试样装入盛样皿(筒状,内径55mm,深35mm)内,置于烘箱内,在163℃下保持受热时间5h,冷却测定质量损失,并测定残留物的针入度。这种方法由于沥青试样与空气接触面积太小,试样太厚,所以试验效果较差。

沥青经加热损失试验后由于沥青中轻质馏分挥发,不稳定成分发生氧化、聚合等作用,导致残留物性能与原始材料性能有很大差别,表现为针入度减小,软化点升高和延度降低。

2)沥青薄膜加热试验

该法是将50g沥青试样盛于盛样皿(内径140mm,深9.5~10mm)内,使沥青成为厚约3.2mm的薄膜,沥青薄膜在163℃的标准薄膜加热烘箱中加热5h后,取出冷却,测定其质量损

失，并按规定的方法测定残留物的针入度、延度等技术指标。

沥青薄膜加热试验（T 0609—1993）

一、目的与适用范围

本方法适用于测定道路石油沥青薄膜加热后的质量损失，并根据需要，测定薄膜加热后残留物的针入度、粘度、软化点、脆点及延度等性质的变化，以评定沥青的耐老化性能。

二、仪具与材料

1. 薄膜加热烘箱：形状和尺寸如图 5-1-16，标称温度范围 200℃，控温的准确度为 1℃，装有温度调节器和可转动的圆盘架（图 5-1-17）。圆盘直径 360 ~ 370mm 上有浅槽 4 个，供放置盛样皿，转盘中心由一垂直轴悬挂于烘箱的中央，由传动机构使转盘水平转动，速度为 5.5r/min ± 1r/min。门为双层，两层之间应留有间隙，内层门为玻璃制，只要打开外门，即可通过玻璃读取烘箱中温度计的读数。烘箱应能自动通风，为此在烘箱上下部设有气孔，以供热空气和蒸气的逸出和空气进入。

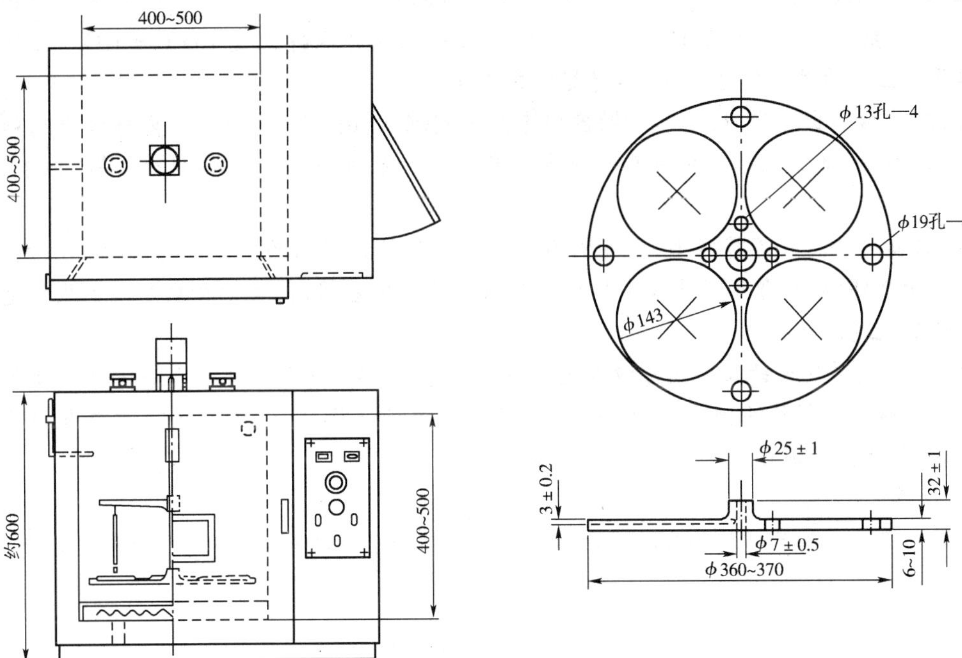

图 5-1-16 薄膜加热烘箱（尺寸单位：mm）

图 5-1-17 圆盘架（尺寸单位：mm）

2. 盛样皿：铝或不锈钢制成，不少于 4 个，形状及尺寸如图 5-1-18。

3. 温度计：0℃ ~200℃，分度为 0.5℃（允许由普通温度计代替）。

4. 天平：感量不大于 1mg。

5. 其它：干燥器、计时器等。

三、方法与步骤

1. 准备工作

（1）将洁净、烘干、冷却后的盛样皿编号，称其质量（m_0），准确至 1mg。

(2)按规程(T 0602)沥青试样准备方法准备沥青试样,分别注入4个已称质量的盛样皿中50g±0.5g,并形成沥青厚度均匀的薄膜,放入干燥器中冷却至室温后称取质量(m_1),准确至1mg。同时按规定方法,测定沥青试样薄膜加热试验前的针入度、粘度、软化点、脆点及延度等性质。当试验项目需要,预计沥青数量不够时,可增加盛样皿数目,但不允许将不同品种或不同标号的沥青,同时放在一个烘箱中试验。

(3)将温度计垂直悬挂于转盘轴上,位于转盘中心,水银球应在转盘顶面上的6mm处,并将烘箱加热并保持至163℃±1℃。

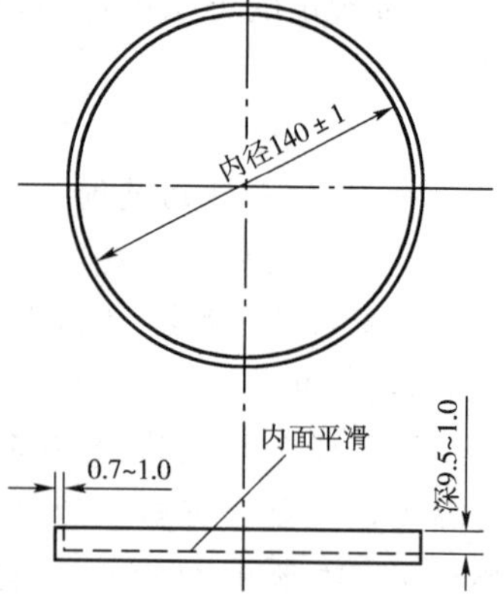

图5-1-18　盛样皿(尺寸单位:mm)

2. 试验步骤

(1)把烘箱调整水平,使转盘在水平面上以5.5r/min±1r/min的速度旋转,转盘与水平面倾斜角不大于3°,温度计位置距转盘中心和边缘距离相等。

(2)在烘箱达到恒温163℃后,将盛样皿迅速放入烘箱内的转盘上,并关闭烘箱门和开动转盘架;使烘箱内温度回升至162℃时开始计时,连续5h并保持温度163℃±1℃。但从放置盛样皿开始至试验结束的总时间,不得超过5.25h。

(3)加热后取出盛样皿,放入干燥器中冷却至室温后,随机取其中两个盛样皿分别称其质量(m_2),准确至1mg。注意,即使不进行质量损失测定的,亦应放入干燥器中冷却,但不称量,然后进行以下步骤。

(4)将盛样皿置一石棉网上,并连同石棉网放回163℃±1℃的烘箱中转动15min;然后,取出石棉网和盛样皿,立即将沥青残留物样品刮入一适当的容器内,置于加热炉上加热并适当搅拌使充分融化达流动状态。

(5)将热试样倾入针入度盛样皿或延度、软化点等试模,并按规定方法进行针入度等各项薄膜加热试验后残留物的相应试验。如在当日不能进行试验时,试样应在容器内冷却后放置过夜,但全部试验必须在加热后72 h内完成。

四、计算

1. 沥青薄膜试验后质量损失按式(5-1-7)计算,精确至小数点后一位(质量损失为负值,质量增加为正值)。

$$L_T=\frac{m_2-m_1}{m_1-m_0}\times 100 \tag{5-1-7}$$

式中:L_T——试样薄膜加热质量损失,%;

m_0——试样皿质量,g;

m_1——薄膜烘箱加热前盛样皿与试样合计质量,g;

m_2——薄膜烘箱加热后盛样皿与试样合计质量,g。

2. 沥青薄膜烘箱试验后,残留物针入度比以残留物针入度占原试样针入度的比值按式(5-1-8)计算。

$$K_P=\frac{P_2}{P_1}\times 100 \tag{5-1-8}$$

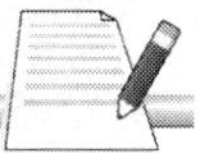

式中：K_P——试样薄膜加热后残留物针入度比，%；

P_1——薄膜加热试验前原试样的针入度，0.1mm；

P_2——薄膜烘箱加热后残留物的针入度，0.1mm。

3. 沥青薄膜加热试验的残留物软化点增值按式(5-1-9)计算。

$$\Delta T = T_2 - T_1 \tag{5-1-9}$$

式中：ΔT——薄膜加热试验后软化点增值，℃；

T_1——薄膜加热试验前软化点，℃；

T_2——薄膜加热试验后软化点，℃。

五、报告

本试验的报告应注明下列结果：

1. 质量损失，当两个试样皿的质量损失符合重复性试验精密度要求时，取其平均值作为试验结果，准确至小数点后2位。

2. 根据需要报告残留物的针入度及针入度比、软化点及软化点增值、粘度及粘度比、老化指数、延度、脆点等各项性质的变化。

六、精密度或允许差

1. 当薄膜加热后质量损失小于或等于0.4%时，重复性试验的允许差为0.04%，复现性试验的允许差为0.16%。

2. 当薄膜加热后质量损失大于0.4%时，重复性试验的允许差为平均值的8%，复现性试验的允许差为平均值的40%。

3. 残留物针入度、软化点、延度、粘度等性质试验的精密度应符合相应的试验方法的规定。

薄膜加热试验后的性质与沥青在拌和机中加热拌和后的性质有很好的相关性。沥青在薄膜加热试验后的性质，相当于在150℃拌和机中拌和1.0～1.5min后的性质。

3）液体石油沥青蒸馏试验

该法是测定试样受热时，在规定温度范围内蒸出的馏分含量，以占试样体积百分率表示。除非特殊需要，各馏分蒸馏的标准切换温度为225℃、316℃、360℃。通过此试验可了解液体沥青含各温度范围内轻质挥发油的数量，并可根据残留物的性质测定预估液体沥青在道路路面中的性质。

沥青老化后，在物理力学性质方面，表现为针入度减小，延度减低，软化点升高，绝对粘度提高，脆点降低等。

6. 安全性

沥青材料在使用时必须加热，当加热至一定温度时，沥青材料中挥发的油分蒸气与周围空气组成混合气体，此混合气体遇火焰则易发生闪火。若继续加热，油分蒸气的饱和度增加，由于此种蒸气与空气组成的混合气体遇火焰极易燃烧，而引起溶油车间发生火灾或导致沥青烧坏，为此必须测定沥青的闪点和燃点。

我国规范《公路工程沥青及沥青混合料试验规程》（JTJ 052—2000）规定对粘稠石油沥青采用克利夫兰开口杯法测定（见图5-1-19），简称COC法。将沥青试样盛于标准杯中，按规定加热速度进行加热。当加热到某一温度时，点火器扫拂过沥青试样任何一部分表面，出现一瞬即灭的蓝色火焰状闪光时，此时温度即为闪火点。按规定加热速度继续加热，至达点火器扫拂过沥青试样表面发生燃烧火焰,并持续5s以上,此时的温度即为燃烧点。

闪点和燃点是保证沥青加热质量和施工安全的一项重要指标。

7. 溶解度

沥青的溶解度是指石油沥青在三氯乙烯中溶解的百分率(即有效物质含量)。那些不溶解的物质为有害物质(沥青炭、似炭物),会降低沥青的性能,应加以限制。

8. 含水量

沥青中含有水分,施工中挥发太慢,影响施工速度,所以要求沥青中含水量不宜过多。在加热过程中,如水分过多,易产生“溢锅”现象,引起火灾,使材料损失。所以在熔化沥青时应加快搅拌速度,促进水分蒸发,控制加热温度。

9. 针入度指数

是一种评价沥青感温性的指标。建立这一指标的基本思路是:沥青针入度(P)与温度(T)为曲线关系(如图5-1-20a);而针入度值的对数($\lg P$)与温度(T)具有线性关系(如图5-1-20b),即

$$\lg P = AT + K \tag{5-1-10}$$

式中:A——直线斜率;

K——截距(常数)。

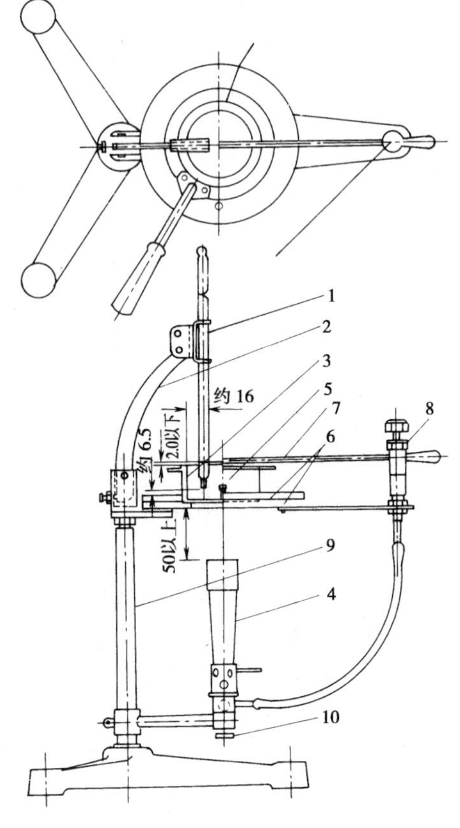

图5-1-19 克里夫开口杯式闪点仪(尺寸单位:mm)
1-温度计;2-温度计支架;3-金属试验杯;4-加热器具;5-试验标准球;6-加热板;7-试验火焰喷嘴;8-试验火焰调节开关;9-加热板支架;10-加热器调节钮

采用斜率 $A = \mathrm{d}(\lg P)/\mathrm{d}T$ 来表征沥青针入度($\lg P$)随温度(T)的变化率,故称 A 为针入度—温度感应性系数。

根据已知的针入度值 $P_{25℃,100g,5s}$(1/10mm)和软化点 $T_{R\&B}$(℃),并假设软化点时的针入度值为800(1/10mm),参见图5-1-21,可知斜率 A 由式(5-1-11)计算:

$$A = \frac{\lg 800 - \lg P_{(25℃,100g,5s)}}{T_{R\&B} - 25} \tag{5-1-11}$$

按式(5-1-11)计算得的 A 值均为小数,为使用方便起见,改用针入度指数(PI)表示,如式(5-1-12):

$$PI = \frac{30}{1 + 50A} - 10 \tag{5-1-12}$$

【例题5-1-1】 现有70号石油沥青,经测定不同温度时针入度如表5-1-4,试用计算法求其针入度指数(PI)。

表5-1-4

测定温度 T(℃)	5	15	20	25	30
针入度 P(T℃,100g,5s)(1/10mm)	10	26	43	71	112

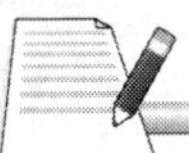

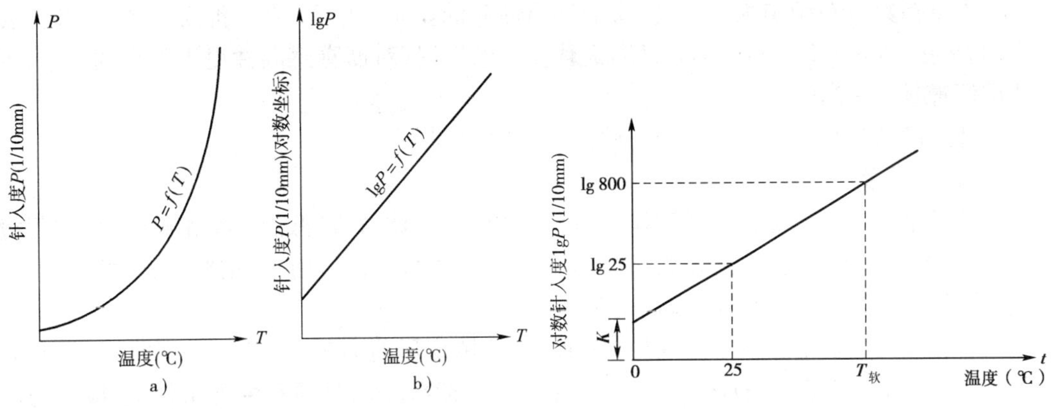

图 5-1-20　针入度—温度关系图

a)针入度—温度关系;b)针入度的对数—温度关系

图 5-1-21　针入度—温度关系图

解:用回归分析法解 $\lg P = AT + K$ 方程中的 A、K:

$\sum T = 95$　　$\sum \lg P = 7.9489$　　$n = 5$

$\overline{T} = 19$　　$\overline{\lg P} = 1.5898$

$\sum T^2 = 2175$　　$\sum \lg^2 P = 13.2968$　　$\sum (T \cdot \lg P) = 166.6520$

$(\sum T)^2/n = 1805$　　$(\sum \lg P)^2/n = 12.6370$　　$[(\sum T)(\sum \lg P)]/n = 151.0294$

$L_{XX} = 370$　　$L_{YY} = 0.6598$　　$L_{XY} = 15.6225$

$A = L_{XY}/L_{XX} = 15.6225/370 = 0.0442$

$K = \overline{\lg P} - \overline{AT} = 1.5898 - 0.0442 \times 19 = 0.7500$

$r = L_{XY}/\sqrt{L_{XX} \cdot L_{YY}} = 15.6225/\sqrt{370 \times 0.6598} = 0.9999$

$PI = \dfrac{30}{1 + 50A} - 10 = -0.3540$

备注:回归方程可采用最小二乘法确定,因其确定的方程偏差最小。基本原理为:当所有测量数据偏差的平方和最小时,所配的直线最优。根据这个条件可以求得:

$$b = L_{XY}/L_{XX}$$

$$a = \bar{y} - b\bar{x}$$

相关系数

$$r = \frac{L_{XY}}{\sqrt{L_{XX} \cdot L_{YY}}}$$

式中:

$$L_{XY} = \sum_{i=1}^{n}(x_i - \bar{x})(y_i - \bar{y})$$

$$L_{XX} = \sum_{i=1}^{n}(x_i - \bar{x})^2$$

$$L_{YY} = \sum_{i=1}^{n}(y_i - \bar{y})^2$$

针入度指数(PI)值愈大,表示沥青的感温性愈低。通常按 PI 来评价沥青感温性时,要求沥青的 PI 在 $-1 \sim +1$ 之间。但是随着近代交通的发展,对沥青感温性提出更高的要求,因此也要求沥青具有更高的 PI 值。

按针入度指数可将沥青划分为三种胶体结构,见表 5-1-2。

10. 劲度模量

劲度模量是表征沥青粘—弹性联合效应的指标。当沥青在低温(高粘度)和瞬时荷载作用下,弹性形变占主要地位;而在高温(低粘度)和长时间荷载作用下,主要为粘性变形。在大多数实际使用情况下,沥青表现为弹—粘性。

范·德·彼尔在论述粘—弹性材料(沥青)的抗变形能力时,以荷载作用时间(t)和温度(T)作为应力(σ)与应变(ε)之比的函数,即在一定荷载作用时间和温度条件下,应力与应变的比值称为劲度模量(简称劲度)(S_b)。

四、石油沥青的技术标准

1. 沥青路面使用性能气候分区

沥青路面采用的沥青标号应适应公路环境条件的需要,能承受高温、低温、雨(雪)水的考验。沥青路面的气候条件按我国行业标准《公路沥青路面施工技术规范》(JTG F40—2004)气候分区执行。各地宜按照该规范的方法对本地区作更为具体的气候区划分,以适应地区具体气候条件的需要。

沥青路面气候分区由温度和雨量组合而成,第一个数字代表高温分区,第二个数字代表低温分区,第三个数字代表雨量分区,数字越小表示气候因素影响越严重。沥青及沥青混合料气候分区应符合表 5-1-5 的要求。

沥青及沥青混合料气候分区指标　　表 5-1-5

气候区名		温度(℃)		雨量(mm)
		最热月平均最高气温(℃)	年极端最低气温(℃)	年降雨量(mm)
1-1-4	夏炎热冬严寒干旱	>30	< -37.0	<250
1-2-2	夏炎热冬寒湿润	>30	-37.0 ~ -21.5	500 ~ 1000
1-2-3	夏炎热冬寒半干	>30	-37.0 ~ -21.5	250 ~ 500
1-2-4	夏炎热冬寒干旱	>30	-37.0 ~ -21.5	<250
1-3-1	夏炎热冬冷潮湿	>30	-21.5 ~ -9.0	>1000
1-3-2	夏炎热冬冷湿润	>30	-21.5 ~ -9.0	500 ~ 1000
1-3-3	夏炎热冬冷半干	>30	-21.5 ~ -9.0	250 ~ 500
1-3-4	夏炎热冬冷干旱	>30	-21.5 ~ -9.0	<250
1-4-1	夏炎热冬温潮湿	>30	> -9.0	>1000
1-4-2	夏炎热冬温湿润	>30	> -9.0	500 ~ 1000

续上表

气候区名		温度(℃)		雨量(mm)
		最热月平均最高气温(℃)	年极端最低气温(℃)	年降雨量(mm)
2-1-2	夏热冬严寒湿润	20～30	< -37.0	500～1000
2-1-3	夏热冬严寒半干	20～30	< -37.0	250～500
2-1-4	夏热冬严寒干旱	20～30	< -37.0	<250
2-2-1	夏热冬寒潮湿	20～30	-37.0～-21.5	>1000
2-2-2	夏热冬寒湿润	20～30	-37.0～-21.5	500～1000
2-2-3	夏热冬寒半干	20～30	-37.0～-21.5	250～500
2-2-4	夏热冬寒干旱	20～30	-37.0～-21.5	<250
2-3-1	夏热冬冷潮湿	20～30	-21.5～-9.0	>1000
2-3-2	夏热冬冷湿润	20～30	-21.5～-9.0	500～1000
2-3-3	夏热冬冷半干	20～30	-21.5～-9.0	250～500
2-3-4	夏热冬冷干旱	20～30	-21.5～-9.0	<250
2-4-1	夏热冬温潮湿	20～30	> -9.0	>1000
2-4-2	夏热冬温湿润	20～30	> -9.0	500～1000
2-4-3	夏热冬温半干	20～30	> -9.0	250～500
3-2-1	夏凉冬寒潮湿	<20	-37.0～-21.5	>1000
3-2-2	夏凉冬寒湿润	<20	-37.0～-21.5	500～1000

2. 粘稠石油沥青的技术标准

沥青路面采用的沥青标号，宜按照公路等级、气候条件、交通条件、路面类型及在结构层中的层位及受力特点、施工方法等，结合当地的使用经验，经技术论证后确定。

(1)对高速公路、一级公路，夏季温度高、高温持续时间长、重载交通、山区及丘陵区上坡路段、服务区、停车场等行车速度慢的路段，尤其是汽车荷载剪应力大的层次，宜采用稠度大、60℃粘度大的沥青，也可提高高温气候分区的温度水平选用沥青等级；对冬季寒冷的地区或交通量小的公路、旅游公路宜选用稠度小、低温延度大的沥青；对温度日温差、年温差大的地区宜注意选用针入度指数大的沥青。当高温要求与低温要求发生矛盾时，应优先考虑满足高温性能的要求。

(2)当缺乏所需标号的沥青时，可采用不同标号掺配的调和沥青，其掺配比例由试验决定。各个沥青等级的适用范围应符合表5-1-6的规定。掺配后的沥青质量应符合表5-1-7的要求。

道路石油沥青的适用范围　　表5-1-6

沥青等级	适用范围
A级沥青	各个等级的公路，适用于任何场合和层次
B级沥青	①高速公路、一级公路沥青下面层及以下的层次，二级及二级以下公路的各个层次； ②用作改性沥青、乳化沥青、改性乳化沥青、稀释沥青的基质沥青
C级沥青	三级及三级以下公路的各个层次

道路石油沥青技术要求

表 5-1-7

指标	单位	等级	沥青标号																试验方法①
			160号④	130号④	110号			90号					70号③					50号	30号④	
针入度(25℃,5s,100g)	0.1mm		140~200	120~140	100~120			80~100					60~80					40~60	20~40	T 0604
适用的气候分区⑥			注④	注④	2-1	2-2	3-2	1-1	1-2	1-3	2-2	2-3	1-3	1-4	2-2	2-3	2-4	1-4	注④	附录A⑤
针入度指数PI②		A	-1.5~+1.0																	T 0604
		B	-1.8~+1.0																	
软化点(R&B) 不小于	℃	A	38	40	43			45			44		46		45			49	55	T 0606
		B	36	39	42			43			42		44		43			46	53	
		C	35	37	41			42					43					45	50	
60℃动力粘度②不小于	Pa.s	A	-	60	120			160			140		180		160			200	260	T 0620
10℃延度②不小于	cm	A	50	50	40			45	30	20	30	20	20	15	25	20	15	15	10	T 0605
		B	30	30	30			30	20	15	20	15	15	10	20	15	10	10	8	
15℃延度 不小于	cm	A、B	100															80	50	
		C	80	80	60			50					40					30	20	
蜡含量(蒸馏法) 不大于	%	A	2.2																	T 0615
		B	3.0																	
		C	4.5																	
闪点 不小于	℃		230					245					260							T 0611
溶解度 不小于	%		99.5																	T 0607
密度(15℃)	g/cm³		实测记录																	T 0603
TFOT(或RTFOT)后⑤																				T 0610 或 T 0609
质量变化 不大于	%		±0.8																	
残留针入度比 不小于	%	A	48	54	55			57					61					63	65	T 0604
		B	45	50	52			54					58					60	62	
		C	40	45	48			50					54					58	60	
残留延度(10℃) 不小于	cm	A	12	12	10			8					6					4	—	T 0605
		B	10	10	8			6					4					2	—	
残留延度(15℃) 不小于	cm	C	40	35	30			20					15					10	—	T 0605

注:①试验方法按照现行《公路工程沥青及沥青混合料试验规程》(JTJ 052—2000)规定的方法执行。用于仲裁试验求取PI时的5个温度的针入度关系的相关系数不得小于0.997。
②经建设单位同意,表中PI值、60℃动力粘度、10℃延度可作为选择性指标,也可不作为施工质量检验指标。
③70号沥青可根据需要要求供应商提供针入度范围为60~70或70~80的沥青,50号沥青可要求提供针入度范围为40~50或50~60的沥青。
④30号沥青仅适用于沥青稳定基层。130号和160号沥青除寒冷地区可直接在中低级公路上直接应用外,通常用作乳化沥青、稀释沥青、改性沥青的基质沥青。
⑤老化试验以TFOT为准,也可以RTFOT代替。

在同一品种粘稠石油沥青中，牌号愈大，沥青愈软，此时针入度、延度愈大，而软化点降低；牌号愈小，沥青愈硬，此时针入度、延度愈小，而软化点升高。

3. 液体石油沥青的技术标准

道路用液体石油沥青的技术要求，按液体沥青的凝固速度分为快凝 AL(R)、中凝 AL(M)、慢凝 AL(S)三个等级，快凝的液体沥青又划分为三个标号。除粘度外，对蒸馏的馏分及残留物性质闪点和水分等亦提出相应的要求。技术要求列如表 5-1-8。

道路用液体石油沥青技术要求　　表 5-1-8

试验项目		单位	快凝		中凝						慢凝						试验方法
			AL(R)-1	AL(R)-2	AL(M)-1	AL(M)-2	AL(M)-3	AL(M)-4	AL(M)-5	AL(M)-6	AL(S)-1	AL(S)-2	AL(S)-3	AL(S)-4	AL(S)-5	AL(S)-6	
粘度	$C_{25.5}$		<20		<20						<20						T 0621
	$C_{60.5}$	s		5~15		5~15	16~25	26~40	41~100	101~200		5~15	16~25	26~40	41~100	101~200	
蒸馏体积	225℃前	%	>20	>15	<10	<7	<3	<2	0	0							T 0632
	315℃前	%	>35	>30	<35	<25	<17	<14	<8	<5							
	360℃前	%	>45	>35	<50	<35	<30	<25	<20	<15	<40	<35	<25	<20	<15	<5	
蒸馏后残留物	针入度(25℃)	0.1 mm	60~200	60~200	100~300	100~300	100~300	100~300	100~300	100~300							T 0604
	延度(25℃)	cm	>60	>60	>60	>60	>60	>60	>60	>60							T 0605
	浮漂度(50℃)	s									<20	<20	<30	<40	<45	<50	T 0631
闪点(TOC 法)		℃	>30	>30	>65	>65	>65	>65	>65	>65	>70	>70	>100	>100	>120	>120	T 0633
含水量　不大于		%	0.2	0.2	0.2	0.2	0.2	0.2	0.2	0.2	2.0	2.0	2.0	2.0	2.0	2.0	T 0612

课题二　乳 化 沥 青

一、概述

乳化沥青是将粘稠沥青加热至流动态，经机械力的作用而形成微滴（粒径约为 2～5μm），分散在有乳化剂—稳定剂的水中，由于乳化剂—稳定剂的作用而形成均匀而稳定的乳状液，又称沥青乳液，简称乳液。

乳化沥青具有许多优越性，其主要优点为：

(1)冷态施工、节约能源：乳化沥青可以冷态施工，现场无需加热设备和能源消耗，扣除制备乳化沥青所消耗的能源后，仍然可以节约大量能源。

(2)便于施工、节约沥青：由于乳化沥青粘度低、混合料中含有水分、施工和易性好，施工方便，可节约劳动力。此外，由于乳化沥青在集料表面形成的沥青膜较薄，不仅提高沥青与集料的粘附性，而且可以节约沥青用量。

(3)保护环境、保障健康：乳化沥青施工不需加热，故不污染环境；同时，避免了操作人员受沥青挥发物的毒害。

二、乳化沥青组成材料

乳化沥青主要是由沥青、乳化剂、稳定剂和水等组分所组成。

1.沥青

沥青是乳化沥青组成的主要材料,占55%~70%。沥青的质量直接关系到乳化沥青的性能。在选择作为乳化沥青用的沥青时,首先要考虑它的易乳化性。沥青的易乳化性与其化学结构有密切关系。以工程适用为目的,可认为易乳化性与沥青中的沥青酸含量有关。通常认为沥青酸总量大于1%的沥青,采用通用乳化剂和一般工艺即易于形成乳化沥青。一般来说,相同油源和工艺的沥青,针入度较大者易于形成乳液。但是针入度的选择,应根据乳化沥青在路面工程中的用途而决定。

2.乳化剂

乳化剂是乳化沥青形成的关键材料。沥青乳化剂是表面活性剂的一种类型,从化学结构上考察,它是一种"两亲性"分子,分子的一部分具有亲水性质,而另一部分具有亲油性质,这两个基团具有使互不相溶的沥青与水连接起来的特殊功效。在沥青、水分散体系中,沥青微粒被乳化剂分子的亲油基吸引,此时以沥青微粒为固体核,乳化剂包裹在沥青颗粒表面形成吸附层。乳化剂的另一端与水分子吸引,形成一层水膜,它可机械地阻碍颗粒的聚集。

沥青乳化剂按其亲水基在水中是否电离而分为离子型和非离子型两大类。离子型乳化剂按其离子电性,又衍生为阴(或负)离子型、阳(或正)离子型和两性离子型等三类。沥青乳化剂分类如下:

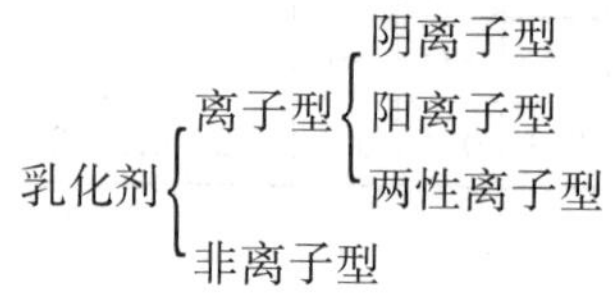

(1)阴离子型乳化剂　阴离子型沥青乳化剂是在溶于水中时,能电离为离子或离子胶束,且与亲油基相连的亲水基团带有阴(或负)电荷的乳化剂。

阴离子沥青乳化剂最主要的亲水基团有羧酸盐(如COONa)、硫酸酯盐(如OSO_3Na)、磺酸盐(如SO_3Na)等三种。

(2)阳离子型乳化剂　阳离子型沥青乳化剂是在溶于水中时,能电离为离子或离子胶束,且与亲油基相连接的亲水基团带有阳(或正)电荷的乳化剂。

阳离子型沥青乳化剂按其化学结构,主要有季胺盐类、烷基胺类、酰胺类、咪唑啉类、环氧乙烷二胺类和胺化木质素类等。

(3)两性离子型乳化剂　两性离子型沥青乳化剂是在水中溶解时,电离成离子或离子胶团,且与亲油基相连接的亲水基团,既带有阴电荷又带有阳电荷的乳化剂。

两性离子型沥青乳化剂按其两性离子的亲水基团的结构和特性,主要分为氨基酸型、甜菜型和咪唑啉型等。

(4)非离子型乳化剂　非离子型沥青乳化剂是在水中溶解时,不能离解成离子或离子胶束,而是依赖分子所含的羟基(—OH)和醚链(—O—)等作为亲水基团的乳化剂。

非离子型沥青乳化剂根据亲水基团的结构可分为醚基类、酯基类、酰胺类和杂环类等，但应用最多的为环氧乙烷缩合物和一元醇或多元醇的缩合物。

3. 稳定剂

为使乳液具有良好的贮存稳定性，以及在施工中喷洒或拌和的机械作用下的稳定性，必要时加入适量的稳定剂。稳定剂可分为两类：

(1)有机稳定剂　常用的有聚乙烯醇、聚丙烯酰胺、羧甲基纤维素钠、糊精、MF 废液等。这类稳定剂可提高乳液的贮存稳定性和施工稳定性。

(2)无机稳定性　常用的有氯化钙、氯化镁、氯化铵和氯化铬等。这类稳定剂可提高乳液的贮存稳定性。

稳定剂对乳化剂协同作用必须通过试验来确定，并且稳定剂的用量不宜过多，一般为沥青乳液的 0.1% ~0.15% 为宜。

4. 水

水是乳化沥青的主要组成部分。水在乳化沥青中起着润湿、溶解及化学反应的作用。所以要求乳化沥青中的水应当纯净，不含其它杂质，每升水中氧化钙含量不得超过 80mg。水的用量一般为 30% ~70% 。

三、乳化沥青的形成机理

根据乳状液理论，由于沥青与水这两种物质的表面张力相差较大，将沥青分散于水中，则会因表面张力的作用使已分散的沥青颗粒重新聚集结成团块。欲使已分散的沥青能稳定均匀地存在(实际上是悬浮)于水中，必须使用乳化剂。沥青能够均匀稳定地分散在乳化剂水溶液中的原因主要是：

(1)乳化剂降低界面能的作用　由于沥青与水的界面张力较大，在一般情况下是不能互溶的。当加入一定量的乳化剂后，由于乳化剂是一种两亲性物质，它在沥青—水的体系中，非极性端朝向沥青、极性端朝向水，这样定向排列可使沥青与水的界面张力(σ_{aw})大大降低，因而使沥青—水体系形成稳定的分散系。

(2)增强界面膜的稳定作用　乳化剂分子的亲油基吸附在沥青微滴的表面，在沥青—水界面上形成界面膜，此界面膜具有一定的强度，对沥青微滴起保护作用，使其在相互碰撞时不易聚结。

(3)界面电荷稳定作用　通常稳定的沥青乳液中沥青微滴都带有电荷，这电荷来源于电离、吸附和沥青微滴与水之间的摩擦。电离与吸附带电是同时发生的，此时在沥青—水界面上形成扩散双电层。由于每一沥青微滴界面都带相同电荷，并有扩散双电层的作用，故水—沥青体系成为稳定体系。

四、乳化沥青的生产

沥青乳液的制备可以采用各种设备，但其主要流程基本相同，如图 5-2-1 所示。一般沥青乳液制备设备由下列 5 个主要部分组成。

(1)乳化剂水溶液的调制设备：在水中加入需要数量的乳化剂和稳定剂，将水温调节至乳化剂和稳定剂溶解所需的温度，使其在水中充分溶解。

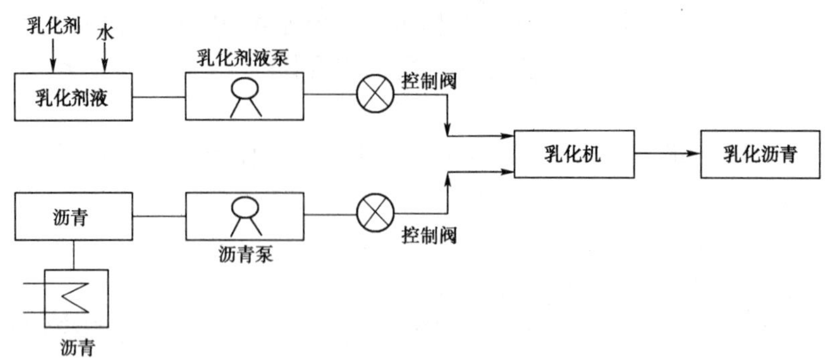

图 5-2-1　制备乳化沥青的工艺流程示意图

(2)沥青加热及贮存设备。

(3)沥青与水比例控制机构。

(4)乳化设备,常用的为胶体磨或其它同类设备。

(5)乳液成品贮存设备。

五、乳化沥青在集料表面的分裂

乳化沥青在路面施工时,为发挥其粘结的功能,沥青液滴必须从乳化液中分裂出来,聚集在集料表面而形成一层连续的沥青薄膜,这一过程称为分裂(俗称破乳)。乳液产生分裂的外观特征是它的颜色由棕褐色变成黑色。

(1)水的蒸发作用　由于路面施工环境气温、相对湿度和风速等因素的影响,乳液中水的蒸发,破坏乳化沥青的稳定性,而造成分裂。

(2)集料的吸收作用　由于集料的矿物构造孔隙对乳液水分的吸收,同样能破坏乳液的稳定性造成分裂。

(3)集料物理—化学作用　乳化沥青中带电荷的微滴与不同化学性质的集料接触后产生复杂的物理—化学作用,而使乳化沥青分裂并在集料表面形成薄膜。

(4)机械的激波作用　在施工过程中压路机的碾压和开放交通后汽车的行驶,各种机械力对路面的振颤而产生激波作用,也能促进乳化沥青的稳定性破坏和沥青薄膜结构的形成。

六、乳化沥青技术性质与技术要求

乳化沥青在使用中,与砂石集料拌和成型后,在空气中逐渐脱水,水膜变薄,使沥青微粒靠拢,将乳化剂薄膜挤裂而凝成连续的沥青粘结膜层。成膜后的乳化沥青具有一定的耐热性、粘结性、抗裂性、韧性及防水性。以下介绍乳化沥青具有典型意义的几种技术性质。

1. 粘结性

乳化沥青及煤沥青的粘结性一般采用沥青标准粘度计或恩格拉粘度计测定。沥青标准粘度计法已在课题一中介绍;恩格拉粘度计测定方法按我国《公路工程沥青及沥青混合料试验规程》(JTJ 052—2000)T 0622—1993 规定:在恩格拉粘度计(如图 5-2-2)流出管下方放置一个洁净干燥的试样接受瓶,在规定温度下,提离木塞,当试样流至第一条标线 50mL 时启动秒表,至达到第二条标线 100mL 时,立即按停秒表,并记取时间。

则恩格拉粘度按式(5-2-1)计算。

$$E_v = \frac{t_T}{t_w} \tag{5-2-1}$$

式中:E_v——试样在温度 T 时的恩格拉度;

t_T——试样在温度 T 时的流出时间,s;

t_w——恩格拉粘度计的水值,即水在 25℃时流出相同体积 50mL 的时间(s),可以直接测定。

2. 乳化沥青的破乳速度

乳化沥青的破乳速度按我国《公路工程沥青及沥青混合料试验规程》(JTJ 052—2000)T 0658—1993 规定:乳液试样与规定级配的矿料拌和后,从矿料表面被乳液薄膜裹覆的均匀情况,判断乳液的拌和效果,从而鉴别乳液是属于快裂、中裂或慢裂类型中的哪一种。

3. 乳化沥青的贮存稳定性

乳化沥青的贮存稳定性是在规定的容器和条件下,贮存规定的时间后,竖直方向上试样浓度的变化程度,以上、下两部分乳液蒸发残留物质量百分率的差值表示,以判断乳液贮存后的稳定性能。我国贮存时间采用 5d。

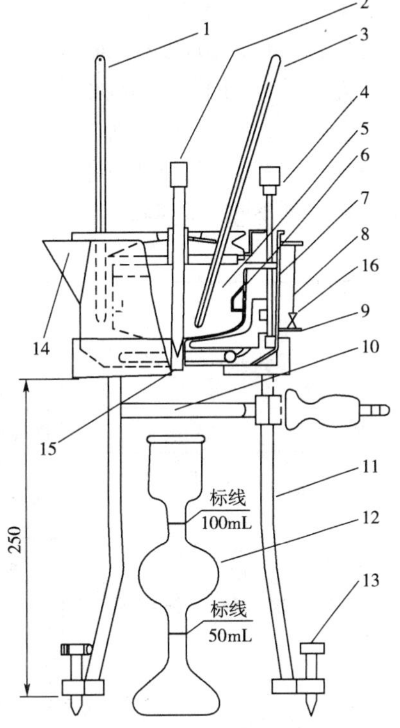

图 5-2-2 恩格拉粘度计(尺寸单位:mm)

1-保温浴温度计;2-硬木塞杆;3-试样用温度计;4-容器盖;5-盛样器;6-液面标记;7-保温浴槽;8-保温浴搅拌器;9-电热器;10-燃气灯;11-三脚架;12-量杯;13-水平脚架;14-溢出口;15-白金制流出口;16-水准器

按我国《公路工程沥青及沥青混合料试验规程》(JTJ 052—2000)T 0655—1993 规定:储存稳定性采用稳定性试验管测定,其形状和尺寸如图 5-2-3,带有上下两个支管口,开口部配有橡胶塞或软木塞。

将过滤后的乳液试样搅匀注入稳定性试验管内,使液面达到管壁上的 250mL 标线处。在室温下静置 5 昼夜。静置过程中,经常观察并记录乳液有否分层、沉淀或变色等情况以及 5d 内的室温变化情况(最高及最低温度),分别取从上、下支管口流出的试样各约 50g,测定其蒸发残留物含量 P_A 及 P_B。按式(5-2-2),P_A 及 P_B 之差的绝对值即为乳化沥青的储存稳定性。

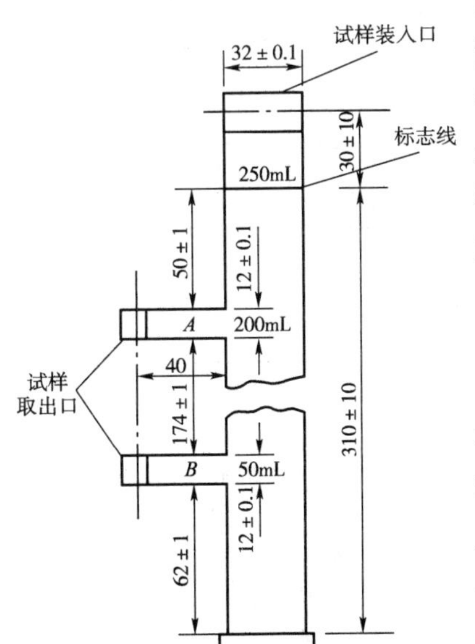

图 5-2-3 稳定性试验管(尺寸单位:mm)

$$S_s = |P_A - P_B| \tag{5-2-2}$$

4. 乳化沥青蒸发残留物含量试验

测定乳化沥青蒸发残留物含量及其残留物性质的方法较为简单,按我国《公路工程沥青及沥青混合料试验规程》(JTJ 052—2000)T 0651—1993 规定:称取容器、玻璃棒及乳化沥青试样(300g ± 1g)的合计质量,将盛有试样的容器连同玻璃棒一起置于电炉或燃气炉(放有石棉垫)上缓缓加热,边加热边搅拌,直至完全蒸发,冷却后称取容器、玻璃棒及沥青一起的合计质量。蒸发残留物含量即残留物质量占乳液质量的百分率。

5. 乳化石油沥青技术要求

乳化沥青用于修筑路面,不论是阳离子型乳化沥青(代号 C)或阴离子型乳化沥青(代号 A),有两种施工方法:①洒布法(代号 P),如透层、粘层、表面处治或贯入式沥青碎石路面;②拌和法(代号 B),如沥青碎石或沥青混合料路面。乳化沥青按其分裂速度,可分为快裂、中裂和慢裂三种类型。各种牌号乳化沥青的用途列如表 5-2-1。

道路用乳化沥青技术要求 表 5-2-1

试验项目		单位	品种及代号										试验方法
			阳离子				阴离子				非离子		
			喷洒用			拌和用	喷洒用			拌和用	喷洒用	拌和用	
			PC-1	PC-2	PC-3	BC-1	PA-1	PA-2	PA-3	BA-1	PN-2	BN-1	
破乳速度			快裂	慢裂	快裂或中裂	慢裂或中裂	快裂	慢裂	快裂或中裂	慢裂或中裂	慢裂	慢裂	T 0658
粒子电荷			阳离子(+)				阴离子(-)				非离子		T 0653
筛上残留物(1.18mm 筛),不大于		%	0.1				0.1				0.1		T 0652
粘度	恩格拉粘度计 E_{25}		2~10	1~6	1~6	2~30	2~10	1~6	1~6	2~30	1~6	2~30	T 0622
	道路标准粘度计 $C_{25.3}$	s	10~25	8~20	8~20	10~60	10~25	8~20	8~20	10~60	8~20	10~60	T 0621
蒸发残留物	残留分含量,不小于	%	50	50	50	55	50	50	50	55	50	55	T 0651
	溶解度,不小于	%	97.5				97.5				97.5		T 0607
	针入度(25℃)	0.1mm	50~200	50~300	45~150		50~200	50~300	45~150		50~300	60~300	T 0604
	延度(15℃),不小于	cm	40				40				40		T 0605
与粗集料的粘附性,裹附面积,不小于			2/3			—	2/3			—	2/3	—	T 0654
与粗、细粒式集料拌和试验			—			均匀	—			均匀	—		T 0659
水泥拌和试验的筛上剩余,不大于		%	—				—				—	3	T 0657
常温贮存稳定性: 1d 不大于 5d 不大于		%	1 5				1 5				1 5		T 0655

注:①P 为喷洒型,B 为拌和型,C、A、N 分别表示阳离子、阴离子、非离子乳化沥青。

②粘度可选用恩格拉粘度计或沥青标准粘度计之一测定。

③表中的破乳速度与集料的粘附性、拌和试验的要求、所使用的石料品种有关,质量检验时应采用工程上实际的石料进行试验,仅进行乳化沥青产品质量评定时可不要求此三项指标。

④贮存稳定性根据施工实际情况选用试验时间,通常采用 5d,乳液生产后能在当天使用时也可用 1d 的稳定性。

⑤当乳化沥青需要在低温冰冻条件下贮存或使用时,尚需按 T 0656 进行 -5℃低温贮存稳定性试验,要求没有粗颗粒、不结块。

⑥如果乳化沥青是将高浓度产品运到现场经稀释后使用时,表中的蒸发残留物等各项指标指稀释前乳化沥青的要求。

课题三　改性沥青

一、概述

随着国民经济的高速发展,社会对交通运输的需求不断提高,现代高等级沥青路面的交通特点是交通量大、车辆轴载重、荷载作用间歇时间短、高速化以及形成渠化交通。由于这些特点造成沥青路面高温出现车辙,低温产生裂缝,抗滑性能很快衰降,使用年限不长,易出现坑槽、松散等水损坏以及局部龟裂等。为进一步提高沥青混合料的路用性能,必须对沥青材料加以改性,亦即提高沥青的流变性能,改善沥青与集料的粘附性,延长沥青的耐久性。

改性沥青是指掺加橡胶、树脂、高分子聚合物、磨细的橡胶粉或其它填料等外掺剂(改性剂),或采取对沥青轻度氧化加工等措施,使其性能得以改善的沥青。

改性剂是指在沥青中加入的天然的或人工的有机或无机材料,可溶融分散在沥青中,改善或提高沥青路面性能(与沥青发生反应或裹覆在集料表面上)的材料。

二、改性沥青的分类及其特性

狭义地讲,现在所指道路改性沥青一般是指聚合物改性沥青。按照改性剂的不同,一般分为以下几类:

(1)热塑性橡胶类改性沥青　即热塑性弹性体,主要是苯乙烯类嵌段共聚物,如苯乙烯—丁二烯—苯乙烯(SBS)、苯乙烯—异戊二烯—苯乙烯(SIS)、苯乙烯—聚乙烯/丁基—聚乙烯(SE/BS)。其中SBS常用于路面沥青混合料。在SBS用于道路改性沥青之前,它的最大用途是做皮鞋底,即人们通常所说的“牛筋底”,它的最大特点是高弹性、高温下不软化、低温下不发脆,目前已成为世界上最为普遍使用的道路沥青改性剂。

SBS类改性沥青最大特点是高温、低温性能都好,且有良好的弹性恢复性能,以软化点、5℃低温延度、弹性恢复作为主要指标。

SBS类改性沥青,适于在各种气候条件下使用,应该根据所在地区的高、低温情况及主要目的选择相适宜的标号。

(2)橡胶类改性沥青　通常称为橡胶沥青,其中使用最多的是丁苯橡胶(SBR)和氯丁橡胶(CR)。它不仅是世界上最早出现并广泛应用的改性沥青品种,也是我国较早得到研究和推广的品种。其中SBR是世界上应用最广泛的改性剂之一,尤其是胶乳形式的SBR使用越来越广泛。CR具有极性,常掺入煤沥青中使用,已成为煤沥青的改性剂。

SBR改性沥青最大特点是低温性能得到改善,以5℃低温延度作为主要指标,但其在老化试验后,延度严重降低。

SBR改性沥青主要适宜在寒冷气候条件下使用,应该根据所在地区的低温情况及主要目的选择相适应的标号。例如青藏公路上就铺筑了157万平方米的橡胶沥青路面。

(3)热塑性树脂类改性沥青　热塑性树脂,如聚乙烯(PE)、聚丙烯、聚氯乙烯、聚苯乙烯和乙烯—乙酸乙烯共聚物(EVA)等;热固性树脂如环氧树脂(EP)等也可作为改性剂使用。热塑性树脂的共同特点是加热后软化,冷却时变硬。热塑性树脂类改性剂的最大特点是使沥青结合料在常温下粘度增大,从而使高温稳定性增加,遗憾的是并不能使沥青混合料的弹性增加,且加热后易离析,再次冷却时产生众多的弥散体。不过这些局限性一定程度上已被接受。例如浙江杭州钱江二桥就使用了 ESSO 公司的 EVA 改性沥青铺筑桥面。

EVA 及 PE 类改性沥青的最大特点是高温性能明显改善,故以软化点作为主要指标。在5℃试验温度条件下,延度一般还要降低,不足以评定低温抗裂性能。EVA 及 PE 类改性沥青,主要适合在炎热气候条件下使用,应该根据所在地区的高温情况及主要目的选择相适宜的标号。

(4)掺加天然沥青的改性沥青　天然沥青是石油经过长期的、长达亿万年的沉积、变化,在热、压力、氧化、触媒、细菌的综合作用下生成的沥青类物质。通常可掺加的天然沥青有湖沥青(如特立尼达湖沥青 TLA)、岩石沥青(如美国的 Gilsonite)和海底沥青(如 BMA)等。掺加 TLA 的混合沥青有良好的高温稳定性及低温抗裂性能,耐久性好,故在许多高速公路、机场路道、钢桥面铺装、隧道中得到广泛使用。掺加岩石沥青的混合沥青,总体上有抗剥离、耐久、高温抗车辙、抗老化四大特点,BMA 适用于重交通道路、飞机场跑道、抗磨耗层等,最小铺筑厚度可减薄到 2cm,由此降低工程造价。

三、改性沥青技术性质的比较

我国目前乃至今后相当长的一段时间内,可能使用的聚合物改性剂主要是 SBS、SBR、EVA、PE,这四种改性剂各有其不同的特点:

(1)综合性指标针入度指数 PI　SBS 使 PI 增大最显著,其次是 EVA,PE 位于第三位。

(2)高温稳定性指标　SBS 使软化点提高最大,其次是 SBR,而 PE 与 EVA 大体相仿,3% 的 SBS 可以达到 6% 的 PE 或 EVA 的效果;60℃粘度 SBS 增大最多,其次是 PE、EVA,3% 的 SBS 可以达到 6% 的 PE 的效果;EVA 和 SBR 剂量增大对粘度增大效果较小。

(3)低温抗裂性能指标　SBR 使 5℃延度大幅度增大,而 PE 使延度降低,EVA 则略有增加,但剂量太大又使延度降低,SBR 的最大特点是低温延度特别大。

(4)弹性恢复性能　SBS 改性沥青的弹性恢复性能极好,PE 几乎没有弹性,EVA 有一定的弹性恢复,但 8% 的 EVA 的弹性恢复尚不如 2% ~3% 的 SBS 改性的弹性恢复好。

综上所述,SBS 的高温、低温性能、弹性恢复性能、感温性等无论从哪方面讲,都有非常突出的优点,是 PE 和 EVA 无法相比的。PE 仅仅在高温稳定性方面显示出较好的效果,但与 SBS 有很大的差距。EVA 的高温稳定性不如 PE,然而其低温性能较 PE 要稍好一些,但均不如 SBS。SBR 有较好的低温性能,经过改性后的 SBR 胶乳也有较好的高温稳定性。

四、改性沥青及其剂量的选择

根据沥青改性的目的和要求选择改性剂时,可作如下初步选择:

(1)为提高抗永久变形能力,宜使用热塑性橡胶类、热塑性树脂类改性剂。

(2)为提高抗低温开裂能力,宜使用热塑性橡胶类、橡胶类改性剂。

(3)为提高疲劳开裂能力,宜使用热塑性橡胶类、橡胶类、热塑性树脂类改性剂。

(4)为提高抗水损害能力,宜使用各类抗剥落剂等外掺剂。

各类改性沥青的合理范围,除特殊情况外,宜在下列范围内选择:

对 SBS 改性沥青,SBS 的剂量宜为 3% ~6%,通常采用 3% ~4%,要求高时采用 5% ~6%;

对 SBR 改性沥青,SBR 的剂量宜为 3% ~5%,通常采用 3% ~4%,要求高时采用 5%;

对 EVA 或 PE 改性沥青,EVA 或 PE 的剂量宜为 4% ~6%,通常采用 4% ~5%,要求高时采用 6%。

五、聚合物改性沥青技术性质与技术标准

我国的《公路工程沥青及沥青混合料试验规程》(JTJ 052—2000)中,聚合物改性沥青的技术指标除了列入与粘稠石油沥青相同的针入度、延度、软化点、闪点、溶解度等指标以外,增补列入了以下技术指标。

1. 弹性恢复(回弹)

适用于评价热塑性橡胶类(SBS 等)聚合物改性沥青的弹性恢复性能,采用延度试验所用试模,但中间部分换为直线侧模,制作的试件截面积为 $1cm^2$。

试验时按延度试验方法在 25℃ ±0.5℃试验温度下以 5cm/min 的规定速率拉伸试样达 10cm 时停止,用剪刀在中间将沥青试样剪成两部分,原封不动地保持试样在水中 1h,然后将两个半截试样对至尖端刚好接触,测量试件的长度为 X,按下式计算弹性恢复,即延度试验拉长至 10cm 后的可恢复变形的百分率:

$$恢复率 = \frac{10 - X}{10} \times 100\%$$

沥青弹性恢复试验(T 0662—2000)

一、目的与适用范围

本试验适用于评价热塑性橡胶类聚合物改性沥青的弹性恢复性能,即测定用延度试验仪拉长一定长度后的可恢复变形的百分率。非经注明,试验温度为 25℃,拉伸速率为 5cm/min ±0.25cm/min。

二、仪具与材料

1. 试模:采用延度试验所用试模,但中间部分换为直线侧模,如图 5-3-1,制作的试件截面积为 $1cm^2$。

2. 水槽:能保持规定的试验温度,变化不超过 0.1℃。水槽的容积不小于 10L,高度应满足试件浸没深度不小于 10cm,离水槽底部不小于 5cm 的要求。

3. 延度试验机。

4. 温度计:符合延度试验的要求。

5. 剪刀。

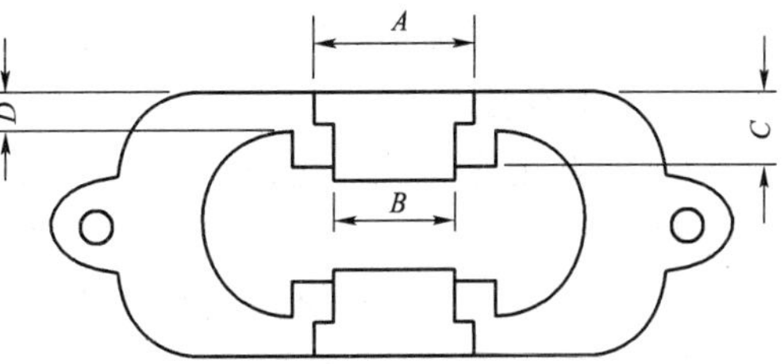

图 5-3-1 弹性恢复试验用直线延度试模

A:36.5mm ±0.1mm;B:30mm ±0.1mm;C:17mm ±0.1mm;D:10mm ±0.1mm

三、试验步骤

1. 按规程(T 0605)沥青延度试验方法浇灌改性沥青试样、制模,最后将试样在 25℃水槽中保温 1.5h。

2. 将试样安装在滑板上，按延度试验方法以规定的 5cm/min 的速率拉伸试样达 10cm ± 0.25cm时停止拉伸。

3. 拉伸一停止就立即用剪刀在中间将沥青试样剪断，保持试样在水中 1h，并保持水温不变。注意在停止拉伸后至剪断试样之间不得有时间间歇，以免使拉伸应力松弛。

4. 取下两个半截的回缩的沥青试样轻轻捋直，但不得施加拉力，移动滑板使改性沥青试样的尖端刚好接触，测量试件的残留长度为 X。

四、计算

按式(5-3-1)计算弹性恢复率。

$$D = \frac{10 - X}{10} \times 100\% \tag{5-3-1}$$

式中：D——试样的弹性恢复率，%；

X——试样的残留长度，cm。

2. 聚合物改性沥青的离析试验

由于聚合物改性沥青在停止搅拌、冷却过程中，聚合物会从沥青中离析，不同的改性剂离析的态势有所不同，对 SBR、SBS 类聚合物改性沥青，离析时表现为聚合物的上浮。离析试验方法，是将改性沥青注入竖立的试管中，试样高度为 180mm，将其放入 163℃ ±5℃ 的烘箱中，在不受任何扰动的情况下静放 48h ±1h，加热结束后从烘箱中取出，放入家用冰箱中冷冻 1h，使改性沥青凝为固体；然后将试管轻轻砸碎或事先埋入一根铁丝将沥青拔出，并将改性沥青试样切成相等的三截，取顶部和底部的试样分别测定软化点，计算软化点之差进行评价。

聚合物改性沥青离析试验(T 0661—2000)

一、目的与适用范围

本方法适用于测定聚合物改性沥青的离析性，以评价改性剂与基质沥青的相容性。

二、仪具与材料

1. 沥青软化点仪。

2. 试验用标准筛，0.3mm。

3. 盛样管：铝管，直径约 25mm，长约 140mm，一端开口。也可用玻璃试管代替，直径约 25mm，长约 200mm，一端开口，带塞。

4. 烘箱：能保温 163℃ ±5℃ 或 135℃ ±5℃。

5. 家用冰箱。

6. 支架：能支撑盛样管，竖立放入烘箱及冰箱中，也可用烧杯代替。

7. 剪刀。

8. 容器：标准的沥青针入度金属试样杯(高 48mm，直径 70mm)。

9. 其它：小夹子、样品盒、小烧杯、小刮刀、小锤、甘油滑石粉隔离液等。

三、试验步骤

1. 对 SBS、SBR 类聚合物改性沥青，按如下试验步骤进行：

(1)准备好盛样管，当采用玻璃试管时，将其洗净、干燥；在试管内壁涂上一薄层甘油与滑石粉隔离液。将盛样管装在支架上。

(2)仔细加热改性沥青至能充分浇灌,避免局部过热,将试样用0.3mm筛过筛,然后稍加搅拌并徐徐注入竖立的盛样管中,数量约为50g。

(3)当盛样管为铝管时,将开口的一端捏成一薄片,并折叠两次以上,然后用小夹子夹紧,密闭。当采用玻璃试管时,将开口端塞上尺寸合适的塞子(最好为软木塞)密闭。然后将盛样管连同架子一起放入163℃ ±5℃的烘箱中,在不受任何扰动的情况下静放48h ±1h。

(4)加热结束后,将盛样管连支架一起从烘箱中轻轻取出,放入家用冰箱的冷柜中,保持盛样管在竖立状态,不少于4h,使改性沥青试样凝为固体。待沥青全部固化后将盛样管从冰箱中取出。当盛样管为玻璃试管时,用小锤轻轻敲碎玻璃并取净沥青试样上的玻璃碎屑,但不得敲碎改性沥青试样,用水洗去表面的滑石粉甘油,擦干水分。

(5)待试样温度稍有回升发软,用剪刀将改性沥青试样(或连同铝管)剪成相等的三截,取顶部和底部的各三分之一试样分别放入样品盒或小烧杯中,再放入163℃ ±5℃的烘箱中融化,取出已剪断的铝管。

(6)稍加搅拌,分别灌入软化点试模中。

(7)对顶部和底部的沥青试样按规程T 0606同时进行软化点试验,计算其差值。

(8)应进行两次平行试验,取平均值。

2. 对PE、EVA类聚合物改性沥青,按如下试验步骤进行:

(1)将聚合物拌入沥青中成为混合物,在高温状态下充分浇灌入沥青针入度试样杯中,至杯内标线处(距杯口6.35mm),将杯放入135℃的烘箱中,持续24h ±1h,不扰动表面,小心地从烘箱中取出样杯,仔细观察试样,经观察以后,用一小刮刀徐徐地探测试样,查看表面层稠度,检查底部及四周的沉淀物,这些检查和试验都应在沥青试样自烘箱中取出后5min之内进行。

(2)视沥青聚合物体系的相容性和离析程度,按表5-3-1记录。

如果表中记述项不适合特殊的试样,应正确地记录所发生的现象,并保留试样。

热塑性树脂改性沥青的离析情况 表5-3-1

记述	报告
均匀的,无结皮和沉淀	均匀
在杯边缘有轻微的聚合物结皮	边缘轻微结皮
在整个表面有薄的聚合物结皮	薄的全面结皮
在整个表面有厚的聚合物结皮(大于0.8mm)	厚的全面结皮
无表面结皮但容器底部有薄的沉淀	薄的底部沉淀
无表面结皮但容器底部有厚的沉淀(大于6mm)	厚的底部沉淀

对PE、EVA类聚合物改性沥青,离析时表现为向四周的容器壁吸附,在表面则结皮。所以试验方法是在高温状态下灌入试样杯中,放入135℃的烘箱中,持续烘烤15~18h,不扰动表面,观察试样,并用一小刮刀徐徐地探测试样,检查表面层稠度以及底部的沉淀物,这些检查都在沥青从烘箱中取出后5min之内进行。

3. 改性沥青的老化试验

我国普通沥青的老化试验通常采用薄膜加热试验(TFOT),但对改性沥青来说,一般都改为旋转薄膜加热试验(RTFOT)。这是由于采用TFOT,某些改性沥青的试样离析会在表面发生“结皮”,从而使老化条件降低,妨碍老化的进行。如果采用 RTFOT,使其在试验过程中始终保持旋转和搅拌的状态,将比较接近老化的实际情况。

按我国《公路工程沥青及沥青混合料试验规程》(JTJ 052—2000)T 0610—1993 规定:沥青旋转薄膜加热试验(RTFOT)采用旋转薄膜烘箱进行测定,如图 5-3-2 所示,盛样瓶采用的是特别的玻璃瓶,如图 5-3-3。在每个盛样瓶中注入沥青试样 35g,将盛样瓶置于烘箱环形架的各个瓶位中,关上烘箱门后烘箱的温度应在 10min 回升到 163℃,开启环形架转动的同时热空气喷入转动着的盛样瓶的试样中,持续 85min,到达时间后,立即逐个取出盛样瓶,迅速将试样倾出混匀,以备进行旋转薄膜加热试验后的沥青性质的试验。

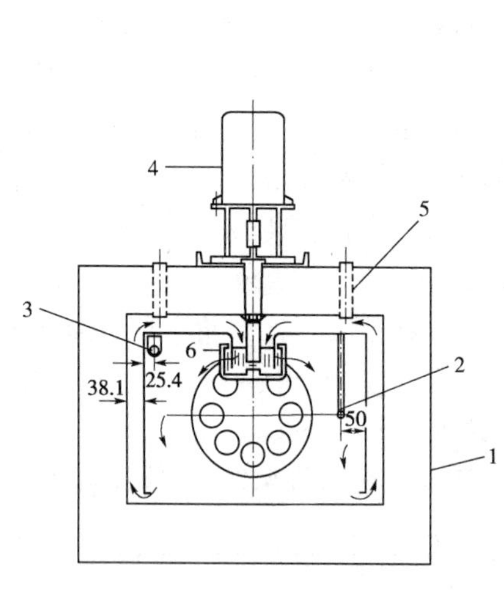

图 5-3-2 旋转薄膜烘箱恒温室(尺寸单位:mm)
1-恒温箱;2-温度计;3-温度传感器;4-风扇马达;5-换气孔;6-箱形风扇

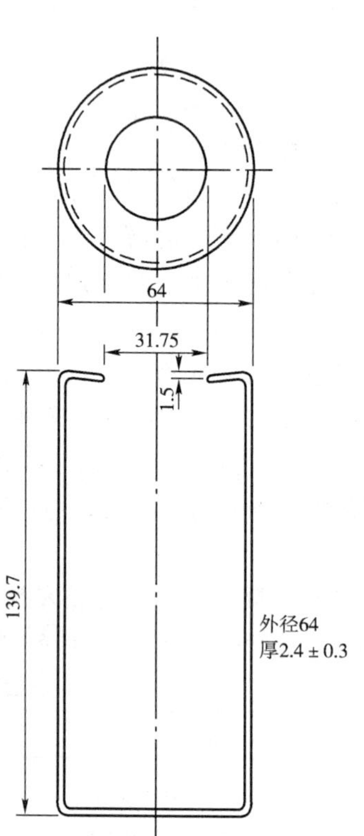

图 5-3-3 盛样瓶(尺寸单位:mm)

由于试样在 163℃的高温状态下,一边经受高温(同时吹热空气),同时还处于转动状态中,改性沥青的离析情况将大大改善。

六、我国的改性沥青技术标准

《公路沥青路面施工技术规范》(JTG F40—2004)根据我国的情况,提出的聚合物改性沥青技术要求如表 5-3-2 所示。它是在我国改性沥青实践经验和试验研究的基础上提出的,制订时主要是参考了 ASTM 标准,既吸取了国外标准的长处,又采用了我国经过努力可以实现的指标和试验方法。

聚合物改性沥青技术要求 表 5-3-2

指标	单位	SBS类(I类)				SBR类(II类)			EVA、PE类(III类)				试验方法[①]
		I-A	I-B	I-C	I-D	II-A	II-B	II-C	III-A	III-B	III-C	III-D	
针入度25℃,100g,5s	0.1 mm	>100	80~100	60~80	30~60	>100	80~100	60~80	>80	60~80	40~60	30~40	T 0604
针入度指数PI,不小于		-1.2	-0.8	-0.4	0	-1.0	-0.8	-0.6	-1.0	-0.8	-0.6	-0.4	T 0604
延度5℃,5cm/min,不小于	cm	50	40	30	20	60	50	40	—				T 0605
软化点 $T_{R\&B}$,不小于	℃	45	50	55	60	45	48	50	48	52	56	60	T 0606
运动粘度[①]135℃,不大于	Pa·s	3											T 0625 T 0619
闪点,不小于	℃	230				230			230				T 0611
溶解度,不小于	%	99				99			—				T 0607
弹性恢复25℃,不小于	%	55	60	65	75	—			—				T 0662
粘韧性,不小于	N·m	—				5			—				T 0624
韧性,不小于	N·m	—				2.5			—				T 0624
贮存稳定性[②]													
离析,48h软化点差,不大于	℃	2.5				—			无改性剂明显析出、凝聚				T 0661
TFOT(或RTFOT)后残留物													
质量变化,不大于	%	1.0											T 0610或 T 0609
针入度比25℃,不小于	%	50	55	60	65	50	55	60	50	55	58	60	T 0604
延度5℃,不小于	cm	30	25	20	15	30	20	10	—				T 0605

注:①表中135℃运动粘度可采用《公路工程沥青及沥青混合料试验规程》(JTJ 052—2000)中的“沥青布氏旋转粘度试验方法(布洛克菲尔德粘度计法)”进行测定。若在不改变改性沥青物理力学性质并符合安全条件的温度下易于泵送和拌和,或经证明适当提高泵送和拌和温度时能保证改性沥青的质量,容易施工,可不要求测定。

②贮存稳定性指标适用于工厂生产的成品改性沥青。现场制作的改性沥青对贮存稳定性指标可不作要求,但必须在制作后,保持不间断的搅拌或泵送循环,保证使用前没有明显的离析。

七、改性沥青的应用和发展

目前,改性沥青可用于做排水或吸音磨耗层及其下面的防水层;在老路面上做应力吸收膜中间层,以减少反射裂缝,在重载交通道路的老路面上加铺薄或超薄的沥青面层,以提高耐久性;在老路面上或新建一般公路上做表面处治,以恢复路面使用性能或减少养护工作量等。我国现在正处于高等级公路的大规模建设时期,使用改性沥青时,应当特别注意路基、路面的施工质量,以避免产生路基沉降和其它早期损坏。否则,使用改性沥青就达不到应有的效果。

由于SBS改性沥青体现出其它改性剂无法相比的特点,所以我国改性沥青的发展方向应该以 SBS 作为主要方向。尤其是现在,SBS 的价格比以前有了大幅度的降低,仅成本这一项,它也足以与 PE、EVA 竞争。明确这一点,对于我国发展改性沥青十分重要。

课题四　其它沥青

一、煤沥青

煤沥青(俗称柏油)是用煤干馏的产品——煤焦油加工而获得的。根据煤干馏的温度不同,而分为高温煤焦油(700℃以上)和低温煤焦油(450℃ ~700℃)两类。路用煤沥青主要是由炼焦或制造煤气得到的高温焦油加工而得。

1. 煤沥青与石油沥青的技术性质比较

1)煤沥青与石油沥青相比,在技术性质上有下列差异:

(1)温度稳定性差　由于可溶性树脂含量较多,受热易软化,故温度稳定性差。

(2)与矿质集料的粘附性较好　在煤沥青组成中含有较多数量的极性物质,它赋予煤沥青高的表面活性,所以它与矿质集料具有较好的粘附性。

(3)气候稳定性较差　煤沥青化学组成中含有较高含量的不饱和芳香烃,这些化合物有相当大的化学潜能,它在周围介质(空气中的氧、日光的温度和紫外线以及大气降水)的作用下,老化进程(粘度增加、塑性降低)较石油沥青快。

2. 煤沥青的技术性质

(1)粘度　粘度表示煤沥青的稠度。煤沥青组分中油分含量减少、固态树脂及游离碳含量增加时,则煤沥青的粘度增高。煤沥青的粘度测定方法与液体沥青相同,亦是用道路沥青标准粘度计测定。

(2)蒸馏试验馏出量及残渣性质　煤沥青中含有各沸点的油分,这些油分的蒸发将影响其性质。因而煤沥青的起始粘滞度并不能完全表达其在使用过程中粘结性的特征。为了预估煤沥青在路面中使用过程的性质变化,在测定其起始粘度的同时,还必须测定煤沥青在各馏程中所含馏分及其蒸馏后残留物的性质。

(3)煤沥青焦油酸含量　煤沥青的焦油酸(亦称酚)含量是通过测定试样总的蒸馏馏分与碱性溶液作用形成水溶性酚盐物质的含量求得,以体积百分率表示。

焦油酸溶解于水,易导致路面强度降低,同时它有毒。因此对其在沥青中的含量必须加以限制。

(4)含萘量　萘在煤沥青中低温时易结晶析出,使煤沥青产生假粘度而失去塑性,同时常温下易升华,并促使"老化"加速,同时萘也有毒,故对其含量加以限制。煤沥青的萘含量是试样馏分中萘的含量,以质量百分率表示。

(5)甲苯不溶物　煤沥青的甲苯不溶物含量,是试样在规定的甲苯溶剂中不溶物(游离碳)的含量,用质量百分率表示。

(6)含水量　煤沥青中含有水分,在施工加热时易产生泡沫或爆沸现象,不易控制。同时,煤沥青作为路面结合料,如含有水分会影响煤沥青与集料的粘附,降低路面强度,因此对其在煤沥青中的含量,必须要加以限制。

二、再生沥青

再生沥青是已经老化的沥青，经掺加再生剂后使其恢复到原来（甚至超过原来）性能的一种沥青。

1. 沥青材料的老化

沥青材料的老化是指沥青材料在路面中受到自然因素（氧、光、热和水等）的作用，随时间而产生"不可逆"的化学组成结构和物理—力学性能变化的过程。

1）化学组分移行

沥青是多种化学结构极其复杂的化合物组成的混合物，将其分离为几个组分来研究，这种方法称为"化学沉淀法"。该法将沥青分离为沥青质、氮基、第一酸性分、第二酸性分和链烷分等五个组分。

沥青在路面受到自然因素作用后，就会导致沥青组分"移行"。亦即沥青质显著增加，氮基和第一酸性分减少，第二酸性分稍有减少，链烷分变化很少，甚至几乎没有变化。

2）物理—力学性质变化

由于沥青化学组分的移行，因而引起沥青物理—力学性质的变化。通常的规律是针入度变小、延度降低、软化点和脆点升高。表现为沥青变硬、变脆、延伸性降低，导致路面产生裂缝、松散等破坏。沥青老化后物理—力学性质变化如表5-4-1。

老化沥青和再生沥青技术性质示例　　表5-4-1

沥青种类	技术性质			
	针入度（0.1mm）	延度（cm）	软化点（℃）	脆点（℃）
原始沥青	106	73	48	-6
老化沥青	39	23	55	-4
再生沥青	80	78	49	-10

2. 沥青的再生

沥青再生的机理目前有两种理论，一种理论是"组分调节理论"。该理论是从化学组分移行出发，认为由于组分的移行，沥青老化后，某些组分偏多，而某些组分偏少，各组分间比例不协调，所以导致沥青路用性能降低，如能通过掺加再生剂调节其组分，则沥青将恢复原来的性质。沥青经掺加再生剂和改性剂后，再生沥青的技术性质与原有沥青相近，见表5-4-1。

单元六　沥青混合料

【理论要求】

掌握沥青混合料的组成结构、技术性质、组成材料和技术要求；掌握热拌沥青混合料配合比设计方法；了解其它各类沥青混合料。

【技能要求】

掌握沥青混合料试件制作方法以及密度、马歇尔稳定度、沥青含量的测定方法；能按现行方法进行热拌沥青混合料配合比设计。

课题一　沥青混合料概述

一、沥青混合料的分类

最常用的沥青路面有：沥青表面处治、沥青贯入式、沥青碎石和沥青混凝土四种，本单元重点介绍需要进行配合比设计的沥青混凝土混合料。

我国行业标准《公路沥青路面施工技术规范》(JTG F40—2004)对沥青混凝土的有关定义和分类释义如下：

1. 定义

沥青混合料是由矿料与沥青结合料拌和而成的混合料的总称。

1)沥青混凝土混合料(Asphalt concrete mixture，简称 AC)

由适当比例的粗集料、细集料及填料组成的符合规定级配的矿料，与沥青结合料拌和而制成的符合技术标准的沥青混合料。

2)沥青碎石混合料(Asphalt macadan mixture，简称 AM)

由适当比例的粗集料、细集料及填料(或不加填料)与沥青拌和的沥青混合料。

2. 沥青混合料的分类

1)按结合料分类

(1)石油沥青混合料　以石油沥青为结合料的沥青混合料(包括粘稠石油沥青、乳化石油

沥青及液体石油沥青)。

(2)煤沥青混合料　以煤沥青为结合料的沥青混合料。

2)按施工温度分类

(1)热拌沥青混合料　沥青与矿料在热态下拌和、热态下铺筑施工成型的混合料。

(2)冷拌沥青混合料　采用乳化沥青或稀释沥青与矿料在常温状态下拌和、铺筑的混合料。

3)按矿质集料级配类型分类

(1)连续级配沥青混合料　矿料是按级配原则,从大到小各级粒径都有,按比例相互搭配组成连续级配的沥青混合料。

(2)间断级配沥青混合料　矿料级配组成中缺少1个或几个档次(或用量很少)而形成的沥青混合料。

4)按混合料密实度分类

(1)密级配沥青混合料　按密实级配原理设计组成的各种粒径颗粒的矿料,与沥青结合料拌和而成,设计空隙率较小(对不同交通及气候情况、层位可作适当调整)的密实式沥青混凝土混合料(以AC表示)和密实式沥青稳定碎石混合料(以ATB表示)。按关键性筛孔通过率的不同又可分为细型、粗型密级配沥青混合料等。

(2)半开级配沥青碎石混合料　由适当比例的粗集料、细集料及少量填料(或不加填料)与沥青结合料拌和而成,经马歇尔标准击实成型试件的剩余空隙率在6%~12%的半开式沥青碎石混合料(以AM表示)。

(3)开级配沥青混合料　矿料级配主要由粗集料嵌挤组成,细集料及填料较少,设计空隙率18%的混合料。

5)按公称最大粒径的大小分类

可分为特粗式(公称最大粒径等于或大于31.5mm)、粗粒式(公称最大粒径26.5mm)、中粒式(公称最大粒径16mm或19mm)、细粒式(公称最大粒径9.5mm或13.2mm)、砂粒式(公称最大粒径小于9.5mm)沥青混合料。

热拌沥青混合料(Hot-mix asphalt mixture,简称HMA)是经人工组配的矿质混合料与粘稠沥青在专门设备中加热拌和而成,用保温运输工具运送至施工现场,并在热态下进行摊铺和压实的混合料,通称“热拌热铺沥青混合料”,简称“热拌沥青混合料”。

热拌沥青混合料是沥青混合料中最典型的品种,其它各种沥青混合料均为由其发展而来的亚种。本单元主要详述它的组成结构、技术性质、组成材料和设计方法。

二、沥青混合料的组成结构和强度形成原理

沥青混合料是一种复合材料,它是由沥青、粗集料、细集料和矿粉以及外加剂所组成。在混合料中,由于组成材料质量和数量的差异,可形成不同的组成结构,并表现出不同的力学性能。

1.沥青混合料的组成结构

1)沥青混合料组成结构的现代理论

随着对沥青混合料组成结构研究的深入,目前对传统的理论提出不同看法。因此,对沥青

混合料的组成结构有下列两种互相对立的理论。

(1)表面理论　按传统的理解,沥青混合料是由粗集料、细集料和填料经人工组配成密实的矿质骨架,再用稠度较稀的沥青结合料分布其表面,从而胶结成为一个具有一定强度的整体。

(2)胶浆理论　认为沥青混合料是一种多级空间网状结构的分散系,主要分为三级分散系:

①粗分散系——(沥青混合料):以粗集料为分散相,分散在沥青砂浆的介质中。

②细分散系——(砂浆):以细集料为分散相,分散在沥青胶浆的介质中。

③微分散系——(胶浆):以矿粉填充料为分散相,分散在高稠度的沥青介质中。

该理论图解如下:

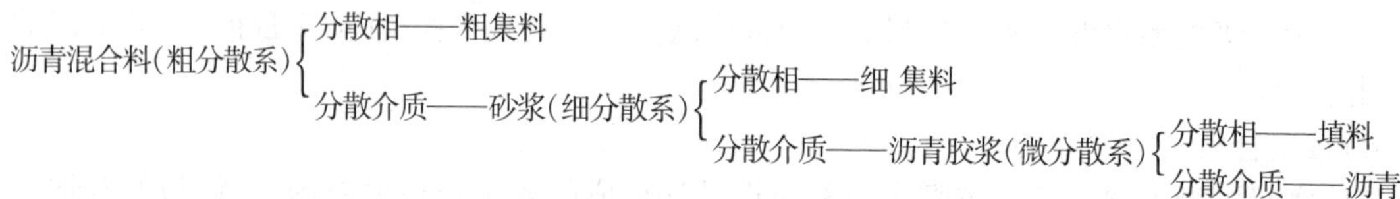

这三级分散系以沥青胶浆最为重要,它的组成结构决定沥青混合料的高温稳定性和低温变形能力。

2)沥青混合料组成结构类型

沥青混合料组成结构可分为三种类型。

(1)悬浮—密实结构　是指矿质集料由大到小组成连续型密级配(如图6-1-1中曲线a的混合料结构,如图6-1-2a)所示。混合料中粗集料数量较少,不能形成骨架。这种沥青混合料粘聚力较大,内摩阻角较小,因而高温稳定性差。对双层或三层结构的沥青路面,其中至少必须有一层I型密级配沥青混合料。对干燥地区的高等级公路,也可采用这种结构的沥青混合料做表层。

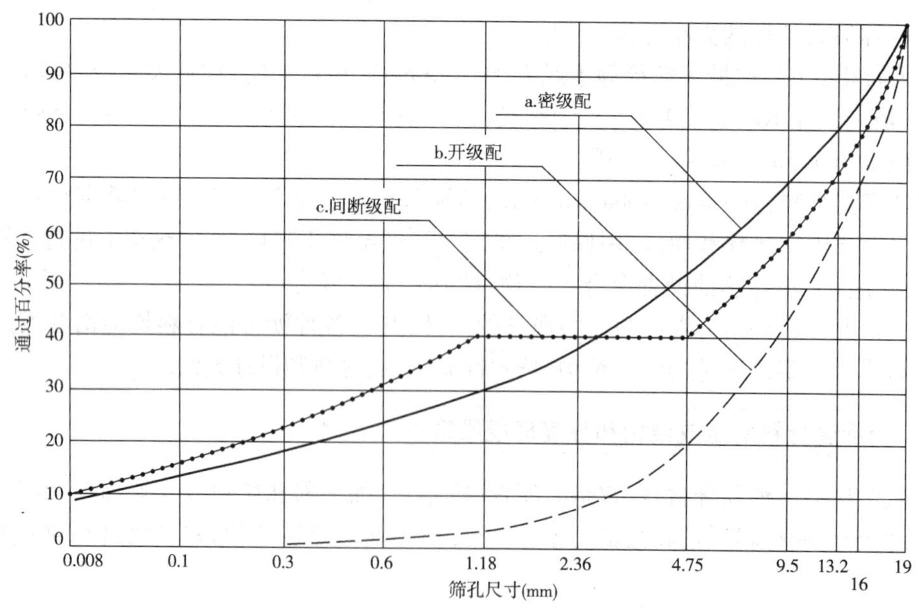

图6-1-1　三种类型矿质混合料级配曲线

a-连续型密级配;b-连续型开级配;c-间断型密级配

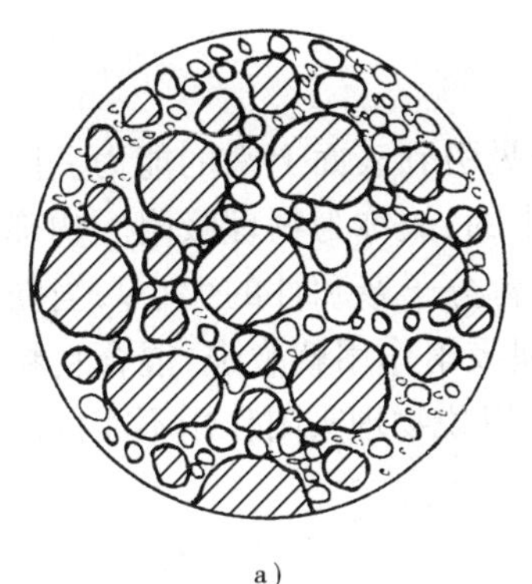

a)

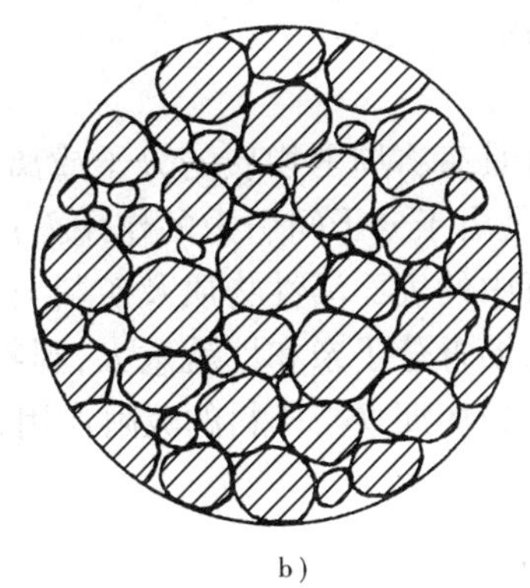

b)

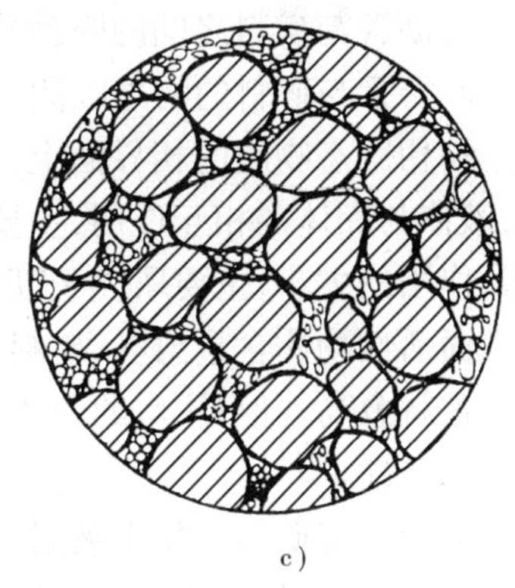

c)

图6-1-2　沥青混合料的典型组成结构

a)悬浮—密实结构;b)骨架—空隙结构;c)密实—骨架结构

(2)骨架—空隙结构　是指矿质集料属于连续型开级配(如图6-1-1中曲线b)的混合料结构,如图6-1-2b)所示。矿质集料中粗集料较多,可互相靠拢形成骨架,细集料较少,不足以填满空隙。所以此结构混合料空隙率大,耐久性差,沥青与矿料的粘聚力差,热稳定性较好。当沥青路面采用这种形式的沥青混合料时,沥青面层下必须做下封层。

(3)骨架—密实结构　是指矿质集料属于间断型密级配(如图6-1-1中曲线c)的混合料结构,如图6-1-2c)所示。此结构具有较多数量的粗集料形成空间骨架,同时又有足够的细集料填满骨架的空隙。这种结构密实度大,具有较高的粘聚力和内摩阻角,是沥青混合料中最理想的一种结构类型。

2. 沥青混合料的强度形成原理

1)沥青混合料抗剪强度的材料参数

沥青混合料在路面结构中产生破坏的情况,主要是发生在高温时由于抗剪强度不足或塑性变形过剩而产生推挤等现象,以及低温时抗拉强度不足或变形能力较差而产生裂缝现象。目前沥青混合料强度和稳定性理论,主要是要求沥青混合料在高温时必须具有一定的抗剪强度和抵抗变形的能力。

沥青混合料的抗剪强度(τ)主要取决于沥青与矿质集料物理、化学交互作用而产生的粘聚力(c),以及矿质集料在沥青混合料中分散程度不同而产生的内摩阻角(φ),如式(6-1-1)所示:

$$\tau = c + \sigma \tan\varphi \tag{6-1-1}$$

式中:τ——沥青混合料的抗剪强度,MPa;

σ——正应力,MPa;

c——沥青混合料的粘结力,MPa;

φ——沥青混合料的内摩擦角,rad。

2)影响沥青混合料抗剪强度的因素

(1)影响沥青混合料抗剪强度的内因。

①沥青粘度的影响　在相同的矿料性质和组成条件下,随着沥青粘度的提高,沥青混合料粘聚力有明显的提高,同时内摩擦角亦稍有提高。

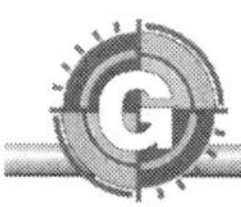

②沥青与矿料之间的吸附作用。

a. 沥青与矿料的物理吸附。

一切固态物质的相界面上,都具有将周围物质的分子或离子吸引到表面上来的能力。因此,液体与固体的相互作用,主要是由于分子间引力的作用而产生的,故称为物理吸附。物理吸附作用的大小,主要取决于沥青中的表面活性物质及矿料与沥青分子亲和性的大小。当沥青表面活性物质含量愈多,矿料与沥青分子亲和性就愈大,则物理吸附作用就愈强,混合料粘结力也就愈高。但是,水的作用能破坏沥青与矿料的吸附作用,所以说物理吸附作用不能保证其水稳定性。

b. 沥青与矿料的化学吸附。

沥青与矿料相互作用后,沥青在矿料表面形成一层扩散结构膜,如图 6-1-3,在此结构膜以内的沥青称为结构沥青,在结构膜以外的沥青为自由沥青。如果矿料颗粒之间的粘结力是由结构沥青提供,颗粒间的粘结力较大;若颗粒间的粘结力是由自由沥青提供,则粘结力较小。所以我们在配制沥青混合料时,应控制沥青用量,使混合料能形成结构沥青,减少自由沥青。

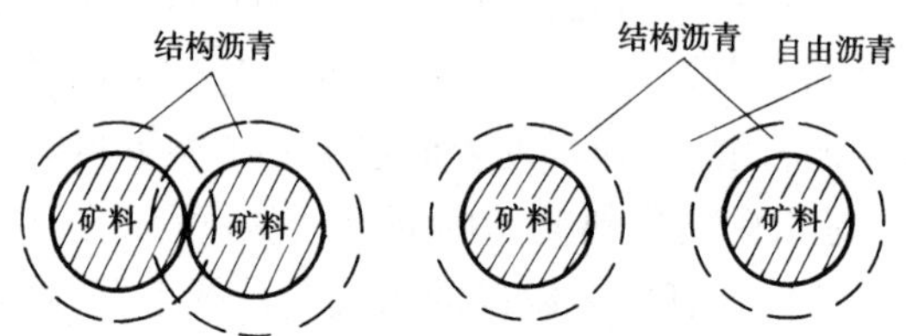

图 6-1-3　沥青与矿料交互作用示意图

化学吸附是沥青材料中的活性物质(如沥青酸)与矿料的金属阳离子产生化学反应,在矿料表面构成单分子层的化学吸附层(沥青酸盐)。当沥青与矿料形成化学吸附层时,相互之间的粘结力大大提高。此时矿料与沥青的吸附粘结力要比矿料与水的结合力大。因此,在水的作用下,这种吸附是不可逆的。也就是说,只有当矿料与沥青材料之间产生化学吸附时,混合料的水稳定性才能得到保证。

③矿粉用量的影响　在相同的沥青用量条件下,与沥青产生交互作用的矿料表面积愈大,则形成的沥青膜愈薄,则在沥青中结构沥青所占的比率愈大,因而沥青混合料的粘聚力也愈高。在沥青混合料中矿粉用量虽只占 7% 左右,而其表面积却占矿质混合料的总表面积的 80% 以上,所以矿粉性质和用量对沥青混合料的抗剪强度影响很大。为增加沥青与矿料物理—化学作用的表面,在沥青混合料配料时,必须含有适量的矿粉。提高矿粉细度可增加矿粉比表面积,所以对矿粉细度也有一定的要求,希望小于 0.075mm 粒径的含量不要过少。

④沥青用量的影响　在沥青和矿料固定质量的条件下,沥青与矿料的比例(即沥青用量)是影响沥青混合料抗剪强度的重要因素,不同沥青用量的沥青混合料结构示意如图 6-1-4。

在沥青用量很少时,沥青不足以形成结构沥青的薄膜来粘结矿料颗粒。随着沥青用量的增加,结构沥青逐渐形成,沥青更为理想地包裹在矿料表面,使沥青与矿料间的粘附力随着沥青的用量增加而增加。当沥青用量足以形成薄膜并充分粘附矿粉颗粒表面时,沥青胶浆具有最优的粘聚力。随后,如沥青用量继续增加,则由于沥青用量过多,逐渐将矿料颗粒推开,在颗粒间形成未与矿粉交互作用的"自由沥青",则沥青胶浆的粘聚力随着自由沥青的增加而降低。当沥青用量增加至某一用量后,沥青混合料的粘聚力主要取决于自由沥青,所以抗剪强度

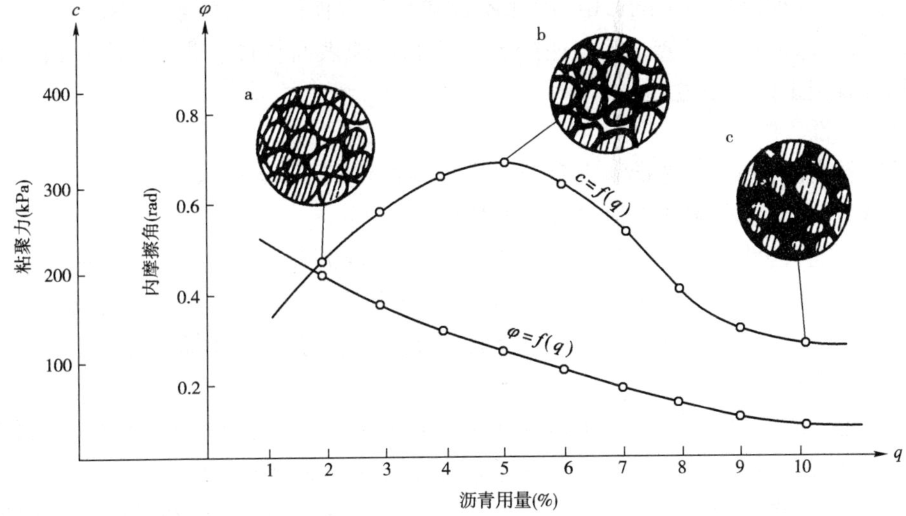

图 6-1-4　不同沥青用量时的沥青混合料结构和 c、φ 值变化示意图

a-沥青用量不足;b-沥青用量适中;c-沥青用量过度

几乎不变。随着沥青用量的增加,沥青不仅起着粘结剂的作用,而且起着润滑剂的作用,降低了粗集料的相互密排作用,因而降低了沥青混合料的内摩擦角。

⑤矿质集料的级配类型、粒度、表面性质的影响　沥青混合料的抗剪强度与矿质集料在沥青混合料中的分布情况有密切关系。已如前述,沥青混合料有密级配、开级配和间断级配等不同组成结构类型,因此矿料级配类型是影响沥青混合料抗剪强度的因素之一。

此外,沥青混合料中,矿质集料的粗度、形状和表面粗糙度对沥青混合料的抗剪强度都具有极为明显的影响。通常具有显著的面和棱角、各方向尺寸相差不大、近似正方体以及具有明显细微凸出的粗糙表面的矿质集料,在碾压后能互相嵌挤锁结而具有很大的内摩擦角。在其它条件相同的情况下,这种矿料所组成的沥青混合料较之圆形而表面平滑的颗粒具有较高的抗剪强度。

(2)影响沥青混合料抗剪强度的外因。

①温度的影响　沥青混合料是一种热塑性材料,它的抗剪强度(τ)随着温度(T)的升高而降低。在材料参数中,粘聚力 c 值随温度升高而显著降低,但是内摩擦角受温度变化的影响较少。

②形变速率的影响　沥青混合料是一种粘—弹性材料,它的抗剪强度(τ)与形变速率($d\gamma/dt$)有密切关系。在其它条件相同的情况下,变形速率对沥青混合料的内摩擦角(φ)影响较小,而对沥青混合料的粘聚力(c)影响则较为显著。试验资料表明,c 值随变形速率的增加而显著提高,而 φ 值随变形速率的变化很小。

课题二　沥青混合料的技术性质和技术标准

一、沥青混合料的技术性质

沥青混合料在路面中,直接承受车辆荷载的作用,首先应具备有一定力学强度;除了交通

的作用外，还受到各种自然因素的影响，因此还必须具备有抵抗自然因素作用的耐久性；现代交通的作用下，为保证行车安全、舒适，还需要具备有特殊表面特性（即抗滑性）；最后为便利施工还应具备有施工的和易性。

1. 高温稳定性

沥青混合料高温稳定性，是指沥青混合料在夏季高温（通常为60℃）条件下，经车辆荷载长期重复作用后，不产生车辙和波浪等病害的性能。

我国行业标准《公路沥青路面施工技术规范》（JTG F40—2004）规定，采用马歇尔稳定度试验（包括稳定度、流值、马歇尔模数）来评价沥青混合料高温稳定性；对高速公路、一级公路、城市快速路、主干路用沥青混合料，还应通过动稳定度试验检验其抗车辙能力。

1）马歇尔稳定度

马歇尔稳定度的试验方法自 B. 马歇尔（Marshall）提出，迄今已有半个多世纪，经过许多研究者的改进，目前普遍是测定马歇尔稳定度（*MS*）、流值（*FL*）和马歇尔模数（*T*）三项指标。

（1）马歇尔稳定度　是指标准尺寸试件在规定温度和加荷速度下，在马歇尔仪中最大的破坏荷载（kN）。按标准方法制备的试件，在60℃的条件下，保温45min，然后将试件放置于马歇尔稳定度仪上，以50mm/min ± 5mm/min 的形变速度加荷，直至试件破坏时的最大荷载（以kN计）即为马歇尔稳定度（Mashall Stability，简称 *MS*）。

（2）流值　是达到最大破坏荷重时试件的垂直变形（以0.1mm计）。在测定稳定度的同时，测定试件的流动变形，当达到最大荷载的瞬间，试件所产生的垂直流动变形值（以0.1mm计）即为流值（简称 *FL*）。

在有 X-Y 记录仪的马歇尔稳定度仪上，可自动绘出荷载（*P*）与变形（*F*）的关系曲线，如图6-2-1。

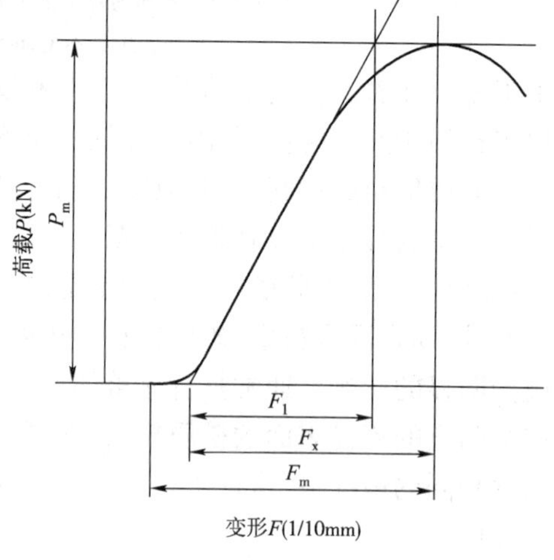

图6-2-1　马歇尔稳定度试验荷载与变形曲线

在图6-2-1中曲线的峰值（P_m）即为马歇尔稳定度 M_S。而流值可以有三种不同的计算方法，如图6-2-1中的：①F_1——直线流值；②F_x——中间流值；③F_m——总流值。通常采用 F_x 作为测定流值。

（3）马歇尔模数　通常用马歇尔稳定度（*MS*）与流值（*FL*）之比值表示沥青混合料的视劲度，称为马歇尔模数。如式（6-2-1）：

$$T = \frac{MS \times 10}{FL} \tag{6-2-1}$$

式中：*T*——马歇尔模数，kN/mm；

MS——马歇尔稳定度，kN；

FL——流值，0.1mm。

沥青混合料马歇尔稳定度试验（T 0709—2000）

一、目的与适用范围

1. 本方法适用于马歇尔稳定度试验和浸水马歇尔稳定度试验，以进行沥青混合料的配合比设计或沥青路面施工质量检验。浸水马歇尔稳定度试验（根据需要，也可进行真空饱水马歇尔试验）供检验沥青混合料受水损害时抵抗剥落的能力时使用，通过测试其水稳定性检验配合比设计的可行性。

2. 本方法适用于按规程 T 0702 成型的标准马歇尔试件圆柱体和大型马歇尔试件圆柱体。

二、仪具与材料

1. 沥青混合料马歇尔试验仪：如图 6-2-2 所示，符合国家标准《沥青混合料马歇尔试验仪》（GB/T 11823）技术要求的产品，对用于高速公路和一级公路的沥青混合料宜采用自动马歇尔试验仪，用计算机或 *X-Y* 记录仪记录荷载—位移曲线，并具有自动测定荷载与试件垂直变形的传感器、位移计，能自动显示或打印试验结果。对 ϕ63.5mm 的标准马歇尔试件，试验仪最大荷载不小于 25kN，读数准确度 100N，加载速率应能保持 50mm/min ±5mm/min。钢球直径 16mm，上下压头曲率半径为 50.8mm。当采用 ϕ152.4mm 大型马歇尔试件时，试验仪最大荷载不得小于 50kN，读数准确度为 100N。上下压头的曲率内径为 152.4mm ±0.2mm，上下压头间距 19.05mm ±0.1mm。

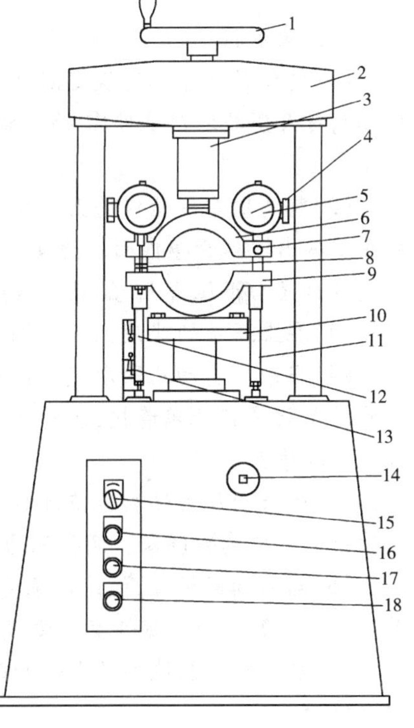

图 6-2-2　马歇尔稳定度仪

1-手摇装置；2-上载荷架；3-载荷控制传杆器；4-千分表固定螺丝；5-千分表；6-上压头；7-固定螺丝；8-夹架；9-下压头；10-承压板；11-支柱；12-上微动螺丝；13-下微动螺丝；14-手轮轴；15-电源开关；16-上升开关；17-下降开关；18-停止开关

2. 恒温水槽：控制准确度为 1℃，深度不小于 150mm。

3. 真空饱水容器：包括真空泵及真空干燥器。

4. 烘箱。

5. 天平：感量不大于 0.1g。

6. 温度计：分度为 1℃。

7. 卡尺。

8. 其它：棉纱，黄油。

三、标准马歇尔试验方法

1. 准备工作

（1）按 T 0702 标准击实法成型马歇尔试件，标准马歇尔试件尺寸应符合直径 101.6 mm ±0.2mm、高 63.5mm ±1.3mm 的要求。对大型马歇尔试件，尺寸应符合直径 152.4 mm ±0.2mm，高 95.3 mm ±2.5mm 的要求。一组试件的数量最少不得少于 4 个，并符合 T 0702 的规定。

（2）量测试件的直径及高度：用卡尺测量试件中部的直径，用马歇尔试件高度测定器或用卡尺在十字对称的4个方向量测离试件边缘10mm处的高度，准确至0.1mm，并以其平均值作为试件的高度。如试件高度不符合63.5mm±1.3mm或95.3 mm±2.5mm要求或两侧高度差大于2mm时，此试件应作废。

(3)按本规程规定的方法测定试件的密度、空隙率、沥青体积百分率、沥青饱和度、矿料间隙率等物理指标。

(4)将恒温水槽调节至要求的试验温度，对粘稠石油沥青或烘箱养生过的乳化沥青混合料为60℃±1℃，对煤沥青混合料为33.8℃±1℃，对空气养生的乳化沥青或液体沥青混合料为25℃±1℃。

2. 试验步骤

(1)将试件置于已达规定温度的恒温水槽中保温。保温时间：对标准马歇尔试件需30~40min，对大型马歇尔试件需45~60min。试件之间应有间隔，底下应垫起，离容器底部不小于5cm。

(2)将马歇尔试验仪的上下压头放入水槽或烘箱中达到同样温度。将上下压头从水槽或烘箱中取出擦拭干净内面。为使上下压头滑动自如，可在下压头的导棒上涂少量黄油。再将试件取出置于下压头上，盖上上压头，然后装在加载设备上。

(3)在上压头的球座上放妥钢球，并对准荷载测定装置的压头。

(4)当采用自动马歇尔试验仪时，将自动马歇尔试验仪的压力传感器、位移传感器与计算机或X-Y记录仪正确连接，调整好适宜的放大比例。调整好计算机程序或将*X-Y*记录仪的记录笔对准原点。

(5)当采用压力环和流值计时，将流值计安装在导棒上，使导向套管轻轻地压住上压头，同时将流值计读数调零。调整压力环中百分表，对零。

(6)启动加载设备，使试件承受荷载，加载速度为50±5mm/min。计算机或*X-Y*记录仪自动记录传感器压力和试件变形曲线，并将数据自动存入计算机。

(7)当试验荷载达到最大值的瞬间，取下流值计，同时读取压力环中百分表读数及流值计的流值读数。

(8)从恒温水槽中取出试件至测出最大荷载值的时间，不得超过30s。

四、浸水马歇尔试验方法

浸水马歇尔试验方法与标准马歇尔试验方法的不同之处在于，试件在已达规定温度恒温水槽中的保温时间为48h，其余均与标准马歇尔试验方法相同。

五、计算

1. 试件的稳定度及流值

(1)当采用自动马歇尔试验仪时，将计算机采集的数据绘制成压力和试件变形曲线，或由*X-Y*记录仪自动记录的荷载—变形曲线，按图6-2-3所示的方法在切线方向延长曲线与横坐标相交于O_1，将O_1作为修正原点，从O_1起量取相应于荷载最大值时的变形作为流值(*FL*)，以mm计，准确至0.1mm。最大荷载即为稳定度(*MS*)，以kN计，准确至0.01kN。

(2)采用压力环和流值计测定时，根据压力环标定曲线，将压力环中百分表的读数换算为荷载值，或者由荷载测定装置读取的最大值即为试样的稳定度(*MS*)，以kN计，准确至0.01kN。由流值计及位移传感器测定装置读取的试件垂直变形，即为试件的流值(*FL*)，以mm

计，准确至0.1mm。

2. 试件的马歇尔模数按式(6-2-2)计算。

$$T = \frac{MS}{FL} \tag{6-2-2}$$

式中：T——试件的马歇尔模数，kN/mm；

MS——试件的稳定度，kN；

FL——试件的流值，mm。

3. 试件的浸水残留稳定度按式(6-2-3)计算。

$$MS_0 = \frac{MS_1}{MS} \times 100 \tag{6-2-3}$$

式中：MS_0——试件的浸水残留稳定度，%；

MS_1——试件浸水48h后的稳定度，kN。

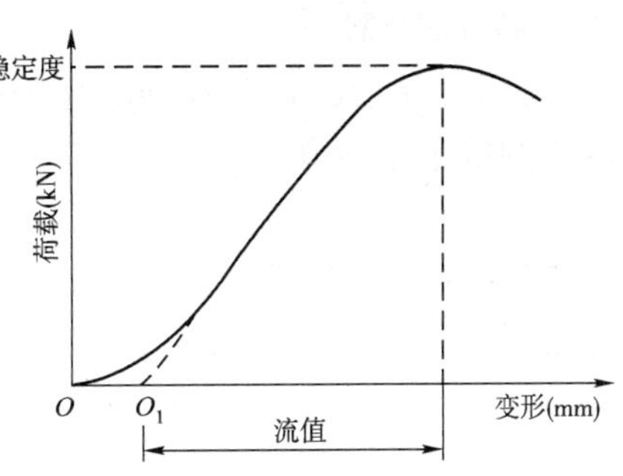

图6-2-3　马歇尔试验结果的修正方法

六、报告

当一组测定值中某个测定值与平均值之差大于标准差的k倍时，该测定值应予舍弃，并以其余测定值的平均值作为试验结果。当试件数目n为3、4、5、6个时，k值分别为1.15、1.46、1.67、1.82。

采用自动马歇尔试验时，试验结果应附上荷载—变形曲线原件或自动打印结果，并报告马歇尔稳定度、流值、马歇尔模数，以及试件尺寸、试件的密度、空隙率、沥青用量、沥青体积百分率、沥青饱和度、矿料间隙率等各项物理指标。

2）车辙试验

车辙试验的方法，首先由英国道路研究所（RRL）提出，后来经过了许多国家道路工作者的研究改进。目前的方法是用标准成型方法，制成300mm×300mm×50mm的沥青混合料试件，在60℃的温度条件下，以一定荷载的轮子在同一轨迹上作一定时间的反复行走，形成一定的车辙深度，然后计算试件变形1mm所需试验车轮行走次数，即为动稳定度。

$$DS = \frac{(t_2 - t_1) \times 42}{d_2 - d_1} \cdot c_1 \cdot c_2 \tag{6-2-4}$$

式中：DS——沥青混合料动稳定度，次/mm；

d_1，d_2——相对时间t_1和t_2的变形量，mm；

42——每分钟行走次数，次/min；

c_1，c_2——试验机或试样修正系数。

影响沥青混合料高温稳定性的主要因素有沥青的用量、沥青的粘度、矿料的级配、矿料的尺寸、形状等。

(1)沥青混凝土的强度取决于沥青混合料的粘结力和内摩擦角。沥青过量，不仅降低了沥青混合料的内摩阻力，而且在夏季容易产生泛油现象，因此，严格控制沥青的用量，可以使矿料颗粒更多地以结构沥青的形式相联结，增加混合料粘聚力和内摩阻力。

(2)使用温度稳定性好的沥青是提高沥青混凝土温度稳定性和抗剪强度的最重要措施。在规定沥青标号范围内使用较稠的和粘度高的沥青可以提高沥青混凝土的抗形变能力。

(3)由合理矿料级配组成的沥青混合料，可以形成骨架密实结构，这种混合料的粘聚力和内摩阻力都比较大。

(4)使用接近立方体的有尖锐棱角和粗糙表面的碎石以及增加碎石用量可以提高沥青混凝土的抗车辙能力。

2. 低温抗裂性

沥青混合料随着温度的降低,变形能力下降。路面由于低温而收缩以及行车荷载的作用,在薄弱部位产生裂缝,从而影响道路的正常使用。因此,要求沥青混合料具有一定的低温抗裂性。

沥青混合料的低温裂缝是由混合料的低温脆化、低温缩裂和温度疲劳引起的。混合料的低温脆化是指其在低温条件下,变形能力降低;低温缩裂通常是由于材料本身的抗拉强度不足而造成的;温度疲劳,则是因温度循环而引起的疲劳破坏。因此在混合料组成设计中,应选用稠度较低、温度敏感性低、抗老化能力强的沥青。

3. 耐久性

沥青混合料在路面中,长期受自然因素的作用,为保证路面具有较长的使用年限,必须具备有较好的耐久性。

影响沥青混合料耐久性的因素很多,诸如:沥青的化学性质、矿料的矿物成分、沥青混合料的组成结构(残留空隙、沥青填隙率)等。

就沥青混合料的组成结构而言,首先是沥青混合料的空隙率的影响。空隙率的大小与矿质骨料的级配、沥青材料的用量以及压实程度等有关。从耐久性角度出发,希望沥青混合料空隙率尽量减小,以防止水的渗入和日光紫外线对沥青的老化作用等,但是一般沥青混合料中均应残留 3% ~6% 空隙,以备夏季沥青材料膨胀。

沥青混合料空隙率与水稳定性有关。空隙率大,且沥青与矿料粘附性差的混合料,在饱水后矿料与沥青粘附力降低,易发生剥落,同时颗粒相互推移产生体积膨胀以及出现力学强度显著降低等现象,引起路面早期破坏。

此外,沥青路面的使用寿命还与混合料中的沥青含量有很大的关系。当沥青用量较正常的用量减少时,则沥青膜变薄,混合料的延伸能力降低,脆性增加;而且沥青用量偏少,将使混合料的空隙率增大,沥青膜暴露较多,加速了老化作用;同时增加了渗水率,加强了水对沥青的剥落作用。有研究认为,沥青用量较最佳沥青用量少 0.5% 的混合料能使路面使用寿命减少一半以上。

我国现行规范采用空隙率、饱和度(即沥青填隙率)和残留稳定度等指标来表征沥青混合料的耐久性。

4. 抗滑性

随着现代高速公路的发展,对沥青混合料路面的抗滑性提出更高的要求。沥青混合料路面的抗滑性与矿质集料的微表面性质、混合料的级配组成以及沥青用量等因素有关。为保证长期高速行车的安全,配料时要特别注意矿料的耐磨光性,应选择硬质有棱角的矿料。硬质集料往往属于酸性集料,与沥青的粘附性差,为此,在沥青混合料施工时,必须采用在当地产的软质集料中掺加外运来的硬质集料组成复合集料和掺加抗剥剂等措施。我国行业标准《公路沥青路面施工技术规范》(JTG F40—2004)对抗滑层集料提出了磨光值指标要求。

沥青用量对抗滑性的影响非常敏感,沥青用量超过最佳用量的 0.5% 即可使抗滑系数明

显降低。

5. 施工和易性

沥青混合料的施工和易性，是指沥青混合料在施工过程中是否容易拌和、摊铺和压实的性能。它主要决定于矿料的级配、沥青的品种及用量，以及施工环境条件等。

单纯从混合料材料性质的角度，影响沥青混合料施工和易性的首先是混合料的级配情况。如粗细集料的颗粒大小相距过大，缺乏中间尺寸，混合料容易分层层积（粗粒集中表面，细粒集中底部）；如细集料太少，沥青层就不容易均匀地分布在粗颗粒表面；细集料过多，则使拌和困难。此外当沥青用量过少，或矿粉用量过多时，混合料容易产生疏松不易压实。反之，如沥青用量过多，或矿粉质量不好，则容易使混合料粘结成团块，不易摊铺。

二、沥青混凝土混合料的技术标准

我国现行行业标准《公路沥青路面施工技术规范》（JTG F40—2004）对密级配沥青混凝土混合料马歇尔试验技术标准规定如表 6-2-1 所示。该标准分三个等级，对马歇尔试验指标（包括稳定度、流值、空隙率、矿料间隙率、沥青饱和度等）提出不同要求。

密级配沥青混凝土混合料马歇尔试验技术标准

（本表适用于公称最大粒径≤**26.5**mm 的密级配沥青混凝土混合料）　　表 6-2-1

试验指标		单位	高速公路、一级公路				其它等级公路	行人道路
			夏炎热区（1-1、1-2、1-3、1-4 区）		夏热区及夏凉区（2-1、2-2、2-3、2-4、3-2 区）			
			中轻交通	重载交通	中轻交通	重载交通		
击实次数（双面）		次	75				50	50
试件尺寸		mm	ϕ101.6mm×63.5mm					
空隙率 VV	深约 90mm 以内	%	3～5	4～6	2～4	3～5	3～6	2～4
	深约 90mm 以下	%	3～6		2～4	3～6	3～6	—
稳定度 *MS* 不小于		kN	8				5	3
流值 *FL*		mm	2～4	1.5～4	2～4.5	2～4	2～4.5	2～5

矿料间隙率 VMA（%）不小于	设计空隙率（%）	相应于以下公称最大粒径（mm）的最小 VMA 及 VFA 技术要求（%）					
		26.5	19	16	13.2	9.5	4.75
	2	10	11	11.5	12	13	15
	3	11	12	12.5	13	14	16
	4	12	13	13.5	14	15	17
	5	13	14	14.5	15	16	18
	6	14	15	15.5	16	17	19
沥青饱和度 VFA（%）		55～70	65～75			70～85	

注：①对空隙率大于 5% 的夏炎热区重载交通路段，施工时应至少提高压实度 1 个百分点。

②当设计的空隙率不是整数时，由内插确定要求的 VMA 最小值。

③对改性沥青混合料，马歇尔试验的流值可适当放宽。

沥青拌和厂必须对沥青混合料生产过程进行质量控制，矿料级配、沥青用量（油石比）、浸水马歇尔试验、车辙试验等质量控制标准列于表 6-2-2 中。

公路热拌沥青混合料路面施工过程中工程质量的控制标准 表 6-2-2

项目		检查频度及单点检验评价方法	质量要求或允许偏差		试验方法
			高速公路、一级公路	其它等级公路	
矿料级配(筛孔)	0.075mm	逐盘在线检测	±2%(2%)	—	计算机采集数据计算
	≤2.36mm		±5%(4%)	—	
	≥4.75mm		±6%(5%)		
	0.075mm	逐盘检查,每天汇总1次取平均值评定	±1%	—	规范(JTG F40—2004)附录G总量检验
	≤2.36mm		±2%	—	
	≥4.75mm		±2%	—	
	0.075mm	每台拌和机每天1~2次,以2个试样的平均值评定	±2%(2%)	±2%	T 0725 抽提筛分与标准级配比较的差
	≤2.36mm		±5%(3%)	±6%	
	≥4.75mm		±6%(4%)	±7%	
沥青用量(油石比)		逐盘在线监测	±0.3%	—	计算机采集数据计算
		逐盘检查,每天汇总1次取平均值评定	±0.1%	—	规范(JTG F40—2004)附录F总量检验
		每台拌和机每天1~2次,以2个试样的平均值评定	±0.3%	±0.4%	抽提 T 0722、T 0721
浸水马歇尔试验		必要时(试件数同马歇尔试验)	符合规范(JTG F40—2004)规定		T 0702、T 0709
车辙试验		必要时(以3个试件的平均值评定)	符合规范(JTG F40—2004)规定		T 0719

注:①单点检验是指试验结果以一组试验结果的报告值为一个测点的评价依据,一组试验(如马歇尔试验、车辙试验)有多个试样时,报告值的取用按《公路工程沥青与沥青混合料试验规程》的规定执行。

②对高速公路和一级公路,矿料级配和油石比必须进行总量检验和抽提筛分的双重检验控制,互相校核,表中括号内的数字是对 SMA 的要求。油石比抽提试验应事先进行空白试验标定,提高测试数据的准确度。

课题三 沥青混合料组成材料的技术要求

沥青混合料的技术性质决定于组成材料的性质、组成配合的比例和混合料的制备工艺等因素。为保证沥青混合料的技术性质,首先应正确选择符合质量要求的组成材料。

沥青混合料中各组成材料的技术要求分述如下:

一、沥青

拌制沥青混合料用沥青材料的技术性质,随气候条件、交通性质、沥青混合料的类型和施工条件等因素而异。通常较热的气候区,较繁重的交通,细粒式或砂粒式的混合料则应采用稠度较高的沥青;反之,则采用稠度较低的沥青。在其它配料条件相同的情况下,较粘稠的沥青配制的混合料具有较高力学强度和稳定性,但如稠度过高,则沥青混合料的低温变形能力较差,沥青路面容易产生裂缝。反之,在其它配料条件相同的条件下,采用稠度较低的沥青,虽然配制的混合料在低温时具有较好的变形能力,但在夏季高温时往往稳定性不足而使路面产生推挤现象。

二、粗集料

1. 粗集料的质量要求

沥青层用粗集料包括碎石、破碎砾石、筛选砾石、钢渣、矿渣等,但高速公路和一级公路不得使用筛选砾石和矿渣。

粗集料应该洁净、干燥、表面粗糙,具有足够的强度、耐磨耗性。

我国行业标准《公路沥青路面施工技术规范》(JTG F40—2004)规定其各项质量要求符合表6-3-1、表6-3-2的要求。

沥青混合料用粗集料质量技术要求　　表6-3-1

指　　标	单位	高速公路及一级公路		其它等级公路	试验方法
		表面层	其它层次		
石料压碎值,不大于	%	26	28	30	T 0316
洛杉矶磨耗损失,不大于	%	28	30	35	T 0317
表观相对密度,不小于	t/m^3	2.60	2.50	2.45	T 0304
吸水率,不大于	%	2.0	3.0	3.0	T 0304
坚固性,不大于	%	12	12	—	T 0314
针片状颗粒含量(混合料),不大于 其中粒径大于9.5mm,不大于 其中粒径小于9.5mm,不大于	% % %	15 12 18	18 15 20	20 — —	T 0312
水洗法<0.075mm颗粒含量,不大于	%	1	1	1	T 0310
软石含量,不大于	%	3	5	5	T 0320

注:①坚固性试验可根据需要进行。

②用于高速公路、一级公路时,多孔玄武岩的视密度可放宽至2.45t/m^3,吸水率可放宽至3%,但必须得到建设单位的批准,且不得用于SMA路面。

③对S14即3~5规格的粗集料,针片状颗粒含量可不予要求,<0.075mm含量可放宽到3%。

高速公路、一级公路沥青路面的表面层(或磨耗层)的粗集料的磨光值应符合表6-3-2的要求。

粗集料与沥青的粘附性、磨光值的技术要求 表 6-3-2

雨量气候区	1（潮湿区）	2（湿润区）	3（半干区）	4（干旱区）	试验方法
年降雨量（mm）	>1000	1000~500	500~250	<250	JTG F40—2004 附录 A
粗集料的磨光值 PSV，不小于 高速公路、一级公路表面层	42	40	38	36	T 0321
粗集料与沥青的粘附性，不小于					
高速公路、一级公路表面层	5	4	4	3	T 0616
高速公路、一级公路的其它层次及其它等级公路的各个层次	4	4	3	3	T 0663

2. 粗集料的级配要求

粗集料的粒径规格应按我国行业标准《公路沥青路面施工技术规范》（JTG F40—2004）规定的沥青混合料用粗集料规格（如表 6-3-3）选用。如粗集料不符合表 6-3-3 规格，但确认与其它矿料配合后的级配符合各类沥青混合料矿料级配（表 6-3-9）要求时，可以使用。

沥青混合料用粗集料规格 表 6-3-3

规格名称	公称粒径（mm）	通过下列筛孔（mm）的质量百分率（%）												
		106	75	63	53	37.5	31.5	26.5	19.0	13.2	9.5	4.75	2.36	0.6
S1	40~75	100	90~100	—	—	0~15	—	0~5						
S2	40~60		100	90~100	—	0~15	—	0~5						
S3	30~60		100	90~100	—	—	0~15	—	0~5					
S4	25~50			100	90~100	—	—	0~15	—	0~5				
S5	20~40				100	90~100	—	—	0~15	—	0~5			
S6	15~30					100	90~100	—	—	0~15	—	0~5		
S7	10~30					100	90~100	—	—	—	0~15	0~5		
S8	10~25						100	90~100	—	0~15	—	0~5		
S9	10~20							100	90~100	—	0~15	0~5		
S10	10~15								100	90~100	0~15	0~5		
S11	5~15								100	90~100	40~70	0~15	0~5	
S12	5~10									100	90~100	0~15	0~5	
S13	3~10									100	90~100	40~70	0~20	0~5
S14	3~5										100	90~100	0~15	0~3

三、沥青与粗集料的粘附性

沥青与粗集料的粘附性是路用沥青混合料重要性能之一，其直接影响沥青路面的使用质量和耐久性。沥青裹覆集料后的抗水性（即抗剥性）不仅与沥青的性质有密切关系，而且亦与集料性质有关。当采用一种固定的沥青时，不同矿物成分的石料的剥落度也有所不同。从碱

性、中性直至酸性石料，随着 SiO_2 含量的增加，剥落度亦随之增加。为保证沥青混合料的强度，在选择石料时应优先考虑利用碱性石料，当地缺乏碱性石料必须采用花岗岩、石英岩等酸性石料时，宜使用针入度较小的沥青。

粗集料与沥青的粘附性应符合表6-3-2 的要求，当使用不符合要求的粗集料时，宜采用下列抗剥离措施使沥青混合料的水稳定性检验达到要求：

(1)掺加消石灰、水泥或用饱和石灰水处理后使用。

(2)必要时可同时在沥青中掺加耐热、耐水、长期性能好的抗剥落剂。

(3)采用改性沥青。

掺加外加剂的剂量由沥青混合料的水稳定性检验确定。

沥青与集料的粘附性的试验方法，我国规范《公路工程沥青及沥青混合料试验规程》(JTJ 052—2000)规定采用水煮法和水浸法。

沥青与粗集料的粘附性试验(T 0616—1993)

一、目的与适用范围

本方法适用于检验沥青与粗集料表面的粘附性及评定粗集料的抗水剥离能力。对于最大粒径大于13.2mm 的集料应用水煮法，对最大粒径小于或等于13.2mm 的集料应用水浸法进行试验。对同一种料源集料最大粒径既有大于又有小于13.2mm 不同的集料时，取大于13.2mm水煮法试验为标准，对细粒式沥青混合料应以水浸法试验为标准。

二、仪具与材料

1. 天平：称量500g，感量不大于0.01g。

2. 恒温水槽：能保持温度80℃ ±1℃。

3. 拌和用小型容器：500mL。

4. 烧杯：1000mL。

5. 试验架。

6. 细线：尼龙线或棉线、铜丝线。

7. 铁丝网。

8. 标准筛：9.5mm、13.2mm、19mm 各1 个。

9. 烘箱：装有自动温度调节器。

10. 电炉、燃气炉。

11. 玻璃板：200mm ×200mm 左右。

12. 搪瓷盘：300mm ×400mm 左右。

13. 其它：拌和铲、石棉网、纱布、手套等。

三、水煮法试验

1. 准备工作

(1)将集料过13.2mm、19mm 的筛，取粒径13.2 ~19mm 形状接近立方体的规则集料5 个，用洁净水洗净，置温度为105℃ ±5℃的烘箱中烘干，然后放在干燥器中备用。

(2)将大烧杯中盛水，并置加热炉的石棉网上煮沸。

2. 试验步骤

(1)将集料逐个用细线在中部系牢,再置105℃ ±5℃烘箱内1h。按规程(JTJ 052—2000)中T 0602的方法准备沥青试样。

(2)逐个取出加热的矿料颗粒用线提起,浸入预先加热的沥青(石油沥青130℃ ~150℃)(煤沥青100℃ ~110℃)试样中45s后,轻轻拿出,使集料颗粒完全为沥青膜所裹覆。

(3)将裹覆沥青的集料颗粒悬挂于试验架上,下面垫一张纸,使多余的沥青流掉,并在室温下冷却15min。

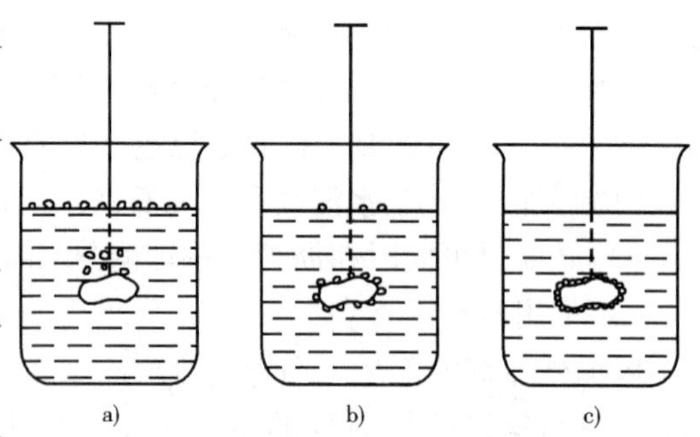

图6-3-1 水煮法试验

(4)待集料颗粒冷却后,逐个用线提起,浸入盛有煮沸水的大烧杯中央,调整加热炉,使烧杯中的水保持微沸状态,如图6-3-1c)和6-3-1b),但不允许有沸开的泡沫,如图6-3-1a)。

(5)浸煮3min后,将集料从水中取出,观察矿料颗粒上沥青膜的剥落程度,并按表6-3-4评定其粘附性等级。

(6)同一试样应平行试验5个集料颗粒,并由两名以上经验丰富的试验人员分别评定后,取平均等级作为试验结果。

沥青与集料的粘附性等级 表6-3-4

试验后石料表面上沥青膜剥落情况	粘附性等级
沥青膜完全保存,剥离面积百分率接近于0	5
沥青膜少部为水所移动,厚度不均匀,剥离面积百分率少于10%	4
沥青膜局部明显地为水所移动,基本保留在石料表面上,剥离面积百分率少于30%	3
沥青膜大部为水所移动,局部保留在石料表面上,剥离面积百分率大于30%	2
沥青膜完全为水所移动,石料基本裸露,沥青全浮于水面上	1

四、水浸法试验

1. 准备工作

(1)将集料过9.5mm、13.2mm筛,取粒径9.5 ~13.2mm形状规则的集料200g用洁净水洗净,并置温度为105℃ ±5℃的烘箱中烘干,然后放在干燥器中备用。

(2)按规程(JTJ 052—2000)中T 0602准备沥青试样,加热至按T 0702的要求决定的沥青与矿料的拌和温度。

(3)将煮沸过的热水注入恒温水槽中,并维持温度80℃ ±1℃。

2. 试验步骤

(1)按四分法称取集料颗粒(9.5 ~13.2mm)100g置搪瓷盘中,连同搪瓷盘一起放入已升温至沥青拌和温度以上5℃的烘箱中持续加热1h。

(2)按每100g矿料加入沥青5.5g ±0.2g的比例称取沥青,准确至0.1g,放入小型拌和容器中,一起置入同一烘箱中加热15min。

(3)将搪瓷盘中的集料倒入拌和容器的沥青中后，从烘箱中取出拌和容器，立即用金属铲拌和均匀1～1.5min，使集料完全被沥青薄膜裹覆。然后，立即将裹有沥青的集料取20个，用小铲移至玻璃板上摊开，并置室温下冷却1h。

(4)将放有集料的玻璃板浸入温度为80℃±1℃的恒温水槽中，保持30min，并将剥离及浮于水面的沥青，用纸片捞出。

(5)由水中小心取出玻璃板，浸入水槽内的冷水中，仔细观察裹覆集料的沥青薄膜的剥落情况。由两名以上经验丰富的试验人员分别目测，评定剥离面积的百分率，评定后取平均值表示。

注：为使估计的剥离面积百分率较为正确，宜先制取若干个不同剥离率的样本，用比照法目测评定，不同剥离率的样本，可用加不同比例抗剥离剂的改性沥青与酸性集料拌和后浸水得到。也可由同一种沥青与不同集料品种拌和后浸水得到，样本的剥离面积百分率逐个仔细计算得出。

(6)由剥离面积百分率按表6-3-4评定沥青与集料粘附性的等级。

五、报告

试验结果应报告采用的方法及集料粒径。

四、细集料

沥青路面的细集料包括天然砂、机制砂及石屑。

细集料应洁净、干燥、无风化、不含杂质，并有适当的颗粒级配。细集料的洁净程度，天然砂以小于0.075mm含量的百分数表示，石屑和机制砂以砂当量(适用于0～4.75mm)或亚甲蓝值(适用于0～2.36mm或0～0.15mm)表示。

细集料应与沥青有良好的粘结能力，高速公路、一级公路、城市快速路、主干路沥青面层使用与沥青粘结性能很差的天然砂及用花岗岩、石英岩等酸性岩石破碎的机制砂或石屑时，应采用前述粗集料的抗剥离措施。

我国行业标准《公路沥青路面施工技术规范》(JTG F40—2004)对细集料的技术要求见表6-3-5、表6-3-6、表6-3-7。但细集料的级配应以其与粗集料和填料配制后的级配是否满足(表6-3-9)矿质混合料的级配要求来决定。当一种细集料不能满足级配要求时，可采用两种或两种以上的细集料掺合使用。

沥青混合料用细集料质量要求　　表6-3-5

项　目	单位	高速公路、一级公路	其它等级公路	试验方法
表观相对密度，不小于		2.50	2.45	T 0328
坚固性(>0.3mm部分)，不小于	%	12	—	T 0340
含泥量(小于0.075mm的含量)，不大于	%	3	5	T 0333
砂当量，不小于	%	60	50	T 0334
亚甲蓝值，不大于	g/kg	25	—	T 0346
棱角性(流动时间)，不小于	s	30	—	T 0345

注：坚固性试验可根据需要进行。

沥青混合料用天然砂规格

表 6-3-6

筛孔尺寸(mm)	通过各孔筛的质量百分率(%)		
	粗砂	中砂	细砂
9.5	100	100	100
4.75	90 ~ 100	90 ~ 100	90 ~ 100
2.36	65 ~ 95	75 ~ 90	85 ~ 100
1.18	35 ~ 65	50 ~ 90	75 ~ 100
0.6	15 ~ 30	30 ~ 60	60 ~ 84
0.3	5 ~ 20	8 ~ 30	15 ~ 45
0.15	0 ~ 10	0 ~ 10	0 ~ 10
0.075	0 ~ 5	0 ~ 5	0 ~ 5

沥青混合料用机制砂或石屑规格

表 6-3-7

规格	公称粒径(mm)	水洗法通过各筛孔的质量百分率(%)							
		9.5	4.75	2.36	1.18	0.6	0.3	0.15	0.075
S15	0 ~ 5	100	90 ~ 100	60 ~ 90	40 ~ 75	20 ~ 55	7 ~ 40	2 ~ 20	0 ~ 10
S16	0 ~ 3		100	80 ~ 100	50 ~ 80	25 ~ 60	8 ~ 45	0 ~ 25	0 ~ 15

注:当生产石屑采用喷水抑制扬尘工艺时,应特别注意含粉量不得超过表中要求。

五、填料

沥青混合料的矿粉必须采用石灰岩或岩浆岩中的强基性岩石等憎水性石料经磨细得到的矿粉,原石料中的泥土杂质应除净。矿粉应干燥、洁净,能自由地从矿粉仓流出,其质量应符合表 6-3-8 的技术要求。

沥青混合料用矿粉质量要求

表 6-3-8

项　　目	单　位	高速公路、一级公路	其它等级公路	试 验 方 法
表观密度,不小于	t/m^3	2.50	2.45	T 0352
含水量,不大于	%	1	1	T 0103 烘干法
粒度范围 <0.6mm <0.15mm <0.075mm	% % %	100 90 ~ 100 75 ~ 100	100 90 ~ 100 70 ~ 100	T 0351
外观		无团粒结块		
亲水系数		<1		T 0353
塑性指数		<4		T 0354
加热安定性		实测记录		T 0355

由粗集料、细集料和填料组成的矿质混合料,应保证具有足够的密实度和高的初始内摩擦角。密级配沥青混凝土混合料矿料级配范围应符合我国行业标准《公路沥青路面施工技术规范》(JTG F40—2004)的规定范围(见表 6-3-9)。该规范规定的各类级配范围均属连续型级配,是按理论公式计算并结合国内近年实践经验而制定的,它对我国沥青混合料的生产和应用

具有指导意义。

密级配沥青混凝土混合料矿料级配范围　　表 6-3-9

级配类型		通过下列筛孔(mm)的质量百分率(%)												
		31.5	26.5	19	16	13.2	9.5	4.75	2.36	1.18	0.6	0.3	0.15	0.075
粗粒式	AC-25	100	90～100	75～90	65～83	57～76	45～65	24～52	16～42	12～33	8～24	5～17	4～13	3～7
中粒式	AC-20		100	90～100	78～92	62～80	50～72	26～56	16～44	12～33	8～24	5～17	4～13	3～7
	AC-16			100	90～100	76～92	60～80	34～62	20～48	13～36	9～26	7～18	5～14	4～8
细粒式	AC-13				100	90～100	68～85	38～68	24～50	15～38	10～28	7～20	5～15	4～8
	AC-10					100	90～100	45～75	30～58	20～44	13～32	9～23	6～16	4～8
砂粒式	AC-5						100	90～100	55～75	35～55	20～40	12～28	7～18	5～10

课题四　矿质混合料的组成设计

道路与桥梁用砂石材料,大多数是以矿质混合料的形式与各种结合料(如水泥或沥青等)组成混合料使用。欲使水泥混凝土和沥青混合料具备优良的路用性能,除各种矿质集料的技术性质应符合技术要求外,矿质混合料还必须满足最小空隙率和最大摩擦力的基本要求。

1. 最小空隙率

不同粒径的各级矿质集料按一定比例搭配,使其组成一种具有最大密实度(即最小空隙率)的矿质混合料。

2. 最大摩擦力

各级矿质集料在进行比例搭配时,应使各级集料排列紧密,形成一个多级空间骨架结构且具有最大的摩擦力。

为达到上述要求,必须对矿质混合料进行组成设计,其内容包括:

(1)级配理论和级配范围的确定;

(2)基本组成的设计方法。

一、矿质混合料的级配理论

1. 富勒(W. B. Fuller)理论

富勒根据试验提出一种理想级配,认为固体颗粒按粒度大小,有规则地组合排列,粗细搭配,可以得到密度最大、空隙最小的混合料。该理论认为:“级配曲线愈接近抛物线时,则其密度愈大”。因此,当级配曲线为抛物线时为最大密度曲线,如图 6-4-1 所示。最大密度曲线方程可表示为

$$P^2 = kd \tag{6-4-1}$$

式中:P——欲计算的某级粒径 d(mm)的矿料通过百分率,%;

d——欲计算的某级矿质混合料的粒径,mm;

k——常数。

当粒径 d 等于最大粒径 D 时,矿质混合料的通过率等于 100%,即 $d = D$,$P = 100$,故

$$k = 100^2 \times \frac{1}{D} \qquad (6\text{-}4\text{-}2)$$

式中:D——矿质混合料的最大粒径,mm。

将式(6-4-2)代入式(6-4-1),对任意一级粒径 d 的通过率可按式(6-4-3)求得。

$$P = 100 \times \sqrt{\frac{d}{D}} \qquad (6\text{-}4\text{-}3)$$

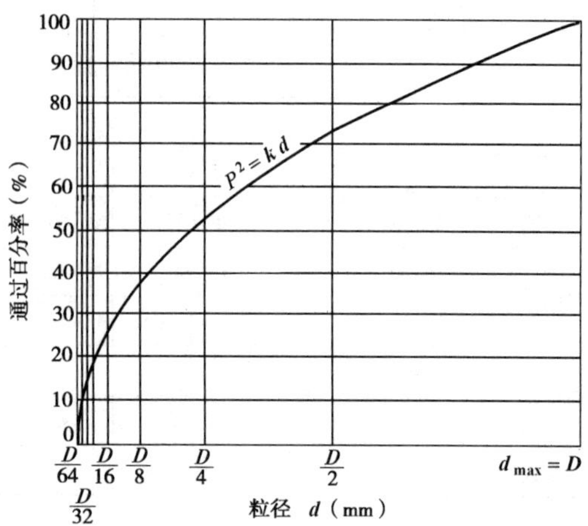

图 6-4-1 富勒理想级配曲线

2. 泰波(A. N. Talbal)理论

泰波认为富勒曲线是一种理想曲线,实际矿料的级配应允许有一定的波动范围,故将富勒最大密度曲线改为 n 次幂的通式,即

$$P = 100 \times \left(\frac{d}{D}\right)^n \qquad (6\text{-}4\text{-}4)$$

式中:P,d,D——意义同前;

n——试验指数。

从泰波公式可看出,当 $n = 1/2$ 时为抛物线,即富勒曲线。根据试验认为 $n = 0.3 \sim 0.6$ 之间时,矿质混合料具有较好的密实度,级配曲线范围如图 6-4-2。

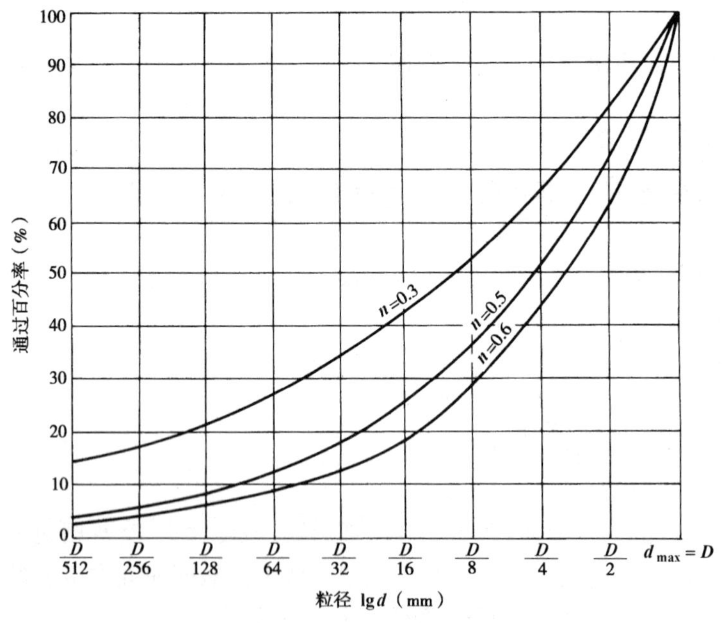

图 6-4-2 泰波级配曲线范围图

泰波理论可用来解决连续级配的级配范围问题,故具有很大的实用意义。

【例 6-4-1】 已知矿质混合料的最大粒径 $D = 40$mm,各级粒径尺寸按 1/2 逐级递减,求 $n = 0.3$ 和 $n = 0.5$ 时各级粒径矿料的通过百分率。

解:按泰波公式

$$P = 100 \times \left(\frac{d}{D}\right)^{n}$$

得

$$P = 100 \times \left(\frac{d}{D}\right)^{0.3}$$

$$P = 100 \times \left(\frac{d}{D}\right)^{0.5}$$

式中 d 值,按最大粒径 $D = 40$mm 的 1/2 逐级递减所得 d_i 计算,所得各级粒径通过百分率如表 6-4-1 所示。

3. 我国简化公式

我国在实践的基础上,根据泰波公式,提出以通过百分率的递减率 i 为参数计算级配。通过百分率的递减率 i 与泰波试验指数 n 之间的关系为:

$$i = \left(\frac{1}{2}\right)^{n} \tag{6-4-5}$$

本法计算比较简单,例如取泰波公式指数 $n_1 = 0.3$、$n_2 = 0.5$,按式(6-4-5)计算可得简化公式通过百分率的递减率 $i_1 \approx 0.8$、$i_2 \approx 0.7$。只要根据路面厚度控制最大粒径,从最大粒径 D 时通过率为 100% 开始,不断以本级通过率乘以 i 即可得到后一级的通过百分率,计算结果列于表 6-4-1。

理想级配曲线各级粒径通过百分率　　表 6-4-1

分级顺序 N		1	2	3	4	5	6	7	8	9	10
粒径比,$\frac{D}{2^{N-1}}$		D	$\frac{D}{2}$	$\frac{D}{4}$	$\frac{D}{8}$	$\frac{D}{16}$	$\frac{D}{32}$	$\frac{D}{64}$	$\frac{D}{128}$	$\frac{D}{256}$	$\frac{D}{512}$
理论粒径 d_i(mm)		40	20	10	5	2.5	1.25	0.63	0.315	0.16	0.08
泰波式指数	$n = 0.3$	100	81.23	65.98	53.59	43.53	35.36	28.79	23.38	19.08	15.50
	$n = 0.5$	100	70.71	50.00	35.36	25.00	17.68	12.55	8.87	6.32	4.47
通过百分率递减率	$i = 0.8$	100	80	64	51	41	33	26	21	17	14
	$i = 0.7$	100	70	49	34	24	17	12	8	6	4

从表 6-4-1 可以看出,利用我国简化公式计算理想级配曲线各级粒径的通过百分率与泰波公式计算结果十分接近。

4. 魏矛斯(C. A. G. Weymouth)粒子干涉理论

魏矛斯提出的粒子干涉理论,认为颗粒之间的空隙应由次一级颗粒所填充;其所余空隙又为再次一级颗粒所填充,但填隙的颗粒不得大于其间隙的距离,否则大小颗粒粒子之间势必发生干涉现象,如图 6-4-3。

目前用于计算连续级配的理论有富勒理论、泰波理论和我国简化公式;魏矛斯理论即可用于连续级配计算,亦可用于间断级配计算。

二、级配曲线范围的绘制

矿质混合料按级配理论公式计算出各粒级的通过百分率,以粒径(mm)为横坐标,以通过

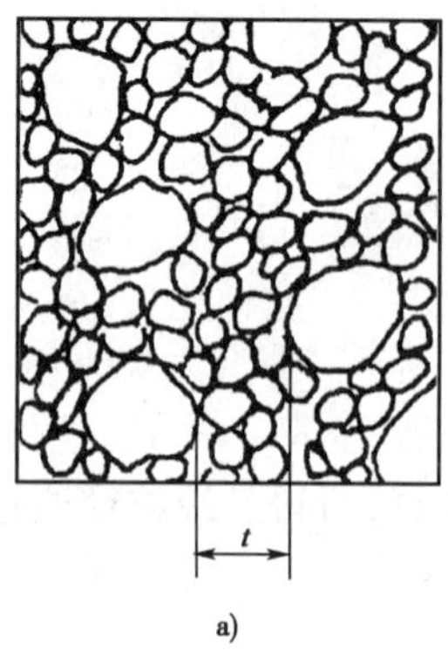

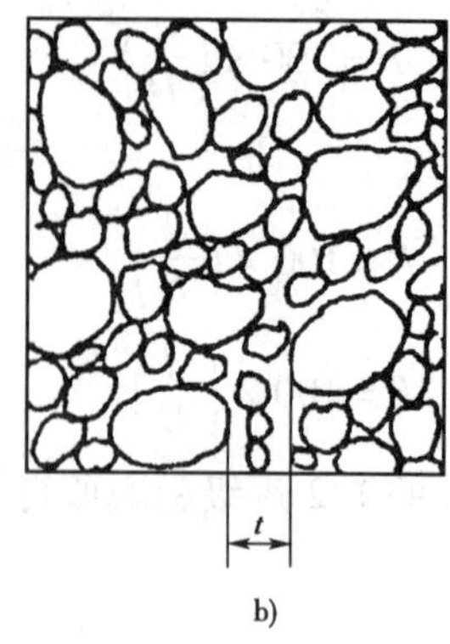

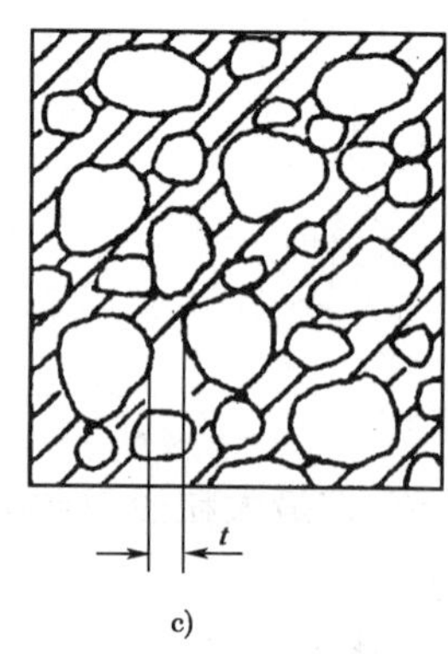

图 6-4-3 魏矛斯粒子干涉理论模式

a) 当 $t>d$ 时;b) 当 $t=d$ 时;c) 当 $t<d$ 时

百分率(%)为纵坐标,绘制成曲线,即为理论级配曲线。但由于矿料在轧制过程中的不均匀性,以及混合料配制时的误差等因素的影响,使所配制的混合料往往不可能与理论级配完全相符,因此,必须允许所配制混合料的级配在一定的合适范围内波动,即级配范围。

图 6-4-1 所示为常坐标,级配曲线明显造成前密后疏,不便绘制和查阅;因此应按《公路工程沥青及沥青混合料试验规程》(T 0725)规定采用泰勒曲线的标准画法,其指数 $n=0.45$,即纵坐标采用通过百分率的常坐标,横坐标按 $x=d_i^{0.45}$ 计算,如表 6-4-2,可利用计算机的电子表格功能绘制,如图 6-4-4 所示。

泰勒曲线的横坐标 表 6-4-2

d_i	0.075	0.15	0.3	0.6	1.18	2.36	4.75	9.5
$x=d_i^{0.45}$	0.312	0.426	0.582	0.795	1.077	1.472	2.016	2.754
d_i	13.2	16	19	26.5	31.5	37.5	53	63
$x=d_i^{0.45}$	3.193	3.482	3.762	4.370	4.723	5.109	5.969	6.452

建立好坐标后,将按计算所得的各颗粒粒径(d_i)的通过百分率(P_i)绘于坐标图上,再将各点连接为曲线,两条级配曲线之间所包括的范围即为级配曲线范围,如图 6-4-4 所示。

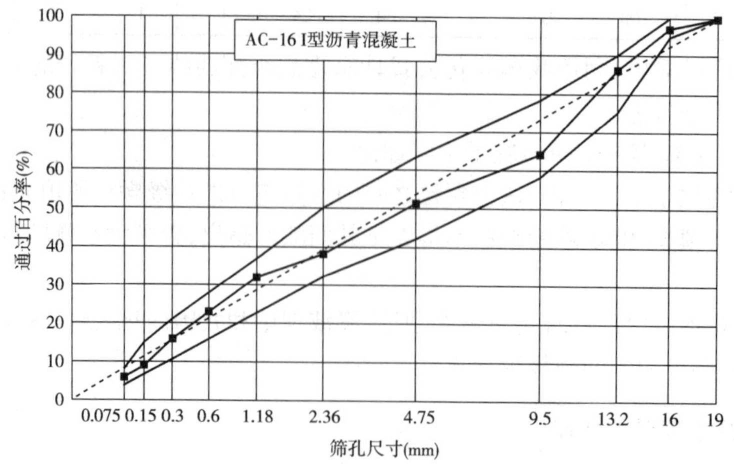

图 6-4-4 沥青混合料矿料组成级配范围示例

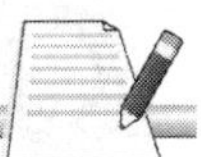

三、矿质混合料的组成设计方法

天然的或人工轧制的一种集料的级配一般很难完全符合某一合适级配范围的要求,因此,必须采用几种集料按照一定比例进行搭配才能符合级配范围的要求,这就需要对矿质混合料进行配合组成设计,即确定组成矿质混合料各集料的比例。矿质混合料组成设计方法很多,但一般主要采用试算法和图解法。

不管采用哪种方法,首先必须具备两项已知条件:

(1)各种集料的筛析结果;

(2)按技术规范(或理论级配)要求矿质混合料的级配范围。

1. 试算法

1)基本原理

此方法的基本原理是,现有几种矿质集料,欲配制成某一种符合一定级配要求的矿质混合料,在决定各组成集料在混合料中的比例时,先假定混合料中某种粒径的颗粒是由某一种对这一粒径占优势的集料组成,而其它各种集料中不含有此粒径。这样即可根据各个主要粒径去试算各种集料在混合料中的大致比例,再经过校核调整,最终获得满足混合料级配要求的各集料的配合比例。

2)计算步骤

(1)例如现有 A、B、C 三种集料,欲配制成某一级配要求的混合料 M。

设 X、Y、Z 为 A、B、C 三种集料组成矿质混合料 M 的配合比例,则

$$X + Y + Z = 100 \tag{6-4-6}$$

设在 A、B、C 三种集料以及混合料 M 中某一级粒径(i)的含量(分计筛余)分别为 $a_{\mathrm{A(i)}}$、$a_{\mathrm{B(i)}}$、$a_{\mathrm{C(i)}}$、$a_{\mathrm{M(i)}}$,则

$$a_{\mathrm{A(i)}}X + a_{\mathrm{B(i)}}Y + a_{\mathrm{C(i)}}Z = a_{M(i)} \tag{6-4-7}$$

(2)计算 X。

按上述原理作如下假定,假定混合料 M 中某一级粒径(i)主要由 A 集料所提供(根据 A 料分计筛余判断其占优势),而忽略其它集料在此粒径的含量,这样即可计算出 A 料在混合料中的用量比例,即 $a_{\mathrm{B(i)}} = a_{\mathrm{C(i)}} = 0$,代入式(6-4-7),得

$$X = \frac{a_{\mathrm{M(i)}}}{a_{\mathrm{A(i)}}} \times 100 \tag{6-4-8}$$

(3)计算 Z。

同理,混合料 M 中某一级粒径(j)由 C 集料占优势,可计算出 C 料在混合料中的用量比例。

$$Z = \frac{a_{\mathrm{M(j)}}}{a_{\mathrm{C(j)}}} \times 100 \tag{6-4-9}$$

(4)计算 Y。

由式(6-4-6)可计算出 B 料在混合料中的用量比例,即

$$Y = 100\% - (X + Z) \tag{6-4-10}$$

(5)校核调整。按以上计算的配合比,以通过百分率或累计百分率计算校核混合料级配

(如以分计筛余计算则比较繁琐),经校核如不在要求的级配范围内,应调整配合比重新计算和复核,经几次调整,逐步渐进,直到符合要求为止。如经计算确不能满足级配要求时,可掺加某些单粒级集料,或调换其它原始集料。

【例 6-4-2】 现有碎石、石屑和矿粉三种矿质材料,筛分结果的分计筛余和通过百分率列于表 6-4-3。试求碎石、石屑和矿粉三种集料在要求级配混合料中的用量比例,已知某细粒式混凝土 AC-13 的级配范围。

原有集料的分计筛余、通过率和混合料要求的级配范围 表 6-4-3

筛孔尺寸 d_i(mm)	碎石		石屑		矿粉		矿质混合料要求级配范围通过百分率(%)
	分计筛余 $a_{A(i)}$(%)	通过百分率 P_i(%)	分计筛余 $a_{B(i)}$(%)	通过百分率 P_i(%)	分计筛余 $a_{C(i)}$(%)	通过百分率 $P_{i(\%)}$	
16	—	100	—	100	—	100	100
13.2	5.2	94.8	—	100	—	100	95 ~ 100
9.5	41.7	53.1	—	100	—	100	70 ~ 88
4.75	50.5	2.6	1.6	98.4	—	100	48 ~ 68
2.36	2.6	—	24.0	74.4	—	100	36 ~ 53
1.18	—	—	22.5	51.9	—	100	24 ~ 41
0.6	—	—	16.0	35.9	—	100	18 ~ 30
0.3	—	—	12.4	23.5	—	100	12 ~ 22
0.15	—	—	11.5	12.0	—	100	8 ~ 16
0.075	—	—	10.8	1.2	13.2	86.8	4 ~ 8

解:(1)计算要求级配的分计筛余。先将表 6-4-3 中矿质混合料的要求级配范围的通过百分率换算为累计筛余百分率,然后再计算分计筛余百分率,计算结果列于表 6-4-4。

(2)计算碎石在矿质混合料中用量。由表 6-4-4 可知,碎石中占优势的粒径为 4.75mm,假设混合料中 4.75mm 的粒径全部由碎石提供。$a_{B(4.75)}=a_{C(4.75)=0}$,由式(6-4-8)可得:

$$X=\frac{a_{M(4.75)}}{a_{A(4.75)}}\times 100=\frac{21.0}{50.5}\times 100=41.6\%$$

原有集料的分计筛余和混合料通过量要求级配范围 表 6-4-4

筛孔尺寸 d_i (mm)	碎石的分计筛余 $a_{A(i)}$(%)	石屑分计筛余 $a_{B(i)}$(%)	矿粉的分计筛余 $a_{C(i)}$(%)	按累计筛余计级配范围 $A_{(n1\sim n2)}$(%)	按累计筛余计级配范围中值 $A_{m(i)}$(%)	按分计筛余计级配范围中值 $a_{M(i)}$(%)
16.0	—	—	—	0	0	0
13.2	5.2	—	—	0 ~ 5	2.5	2.5
9.5	41.7	—	—	12 ~ 30	21.0	18.5
4.75	50.5	1.6	—	32 ~ 52	42.0	21.0
2.36	2.6	24.0	—	47 ~ 64	55.5	13.5
1.18	—	22.5	—	59 ~ 76	67.5	12.0
0.6	—	16.0	—	70 ~ 82	76.0	8.5

续上表

筛孔尺寸 d_i (mm)	碎石的分计筛余 $a_{A(i)}$(%)	石屑分计筛余 $a_{B(i)}$(%)	矿粉的分计筛余 $a_{C(i)}$(%)	按累计筛余计级配范围 $A_{(n1 \sim n2)}$(%)	按累计筛余计级配范围中值 $A_{m(i)}$(%)	按分计筛余计级配范围中值 $a_{M(i)}$(%)
0.3	—	12.4	—	78～88	83.0	7.0
0.15	—	11.5	—	84～92	88.0	5.0
0.075	—	10.8	13.2	92～96	94.0	6.0
<0.075	—	1.2	86.8	—	100	6.0
合计	Σ=100	Σ=100	Σ=100			Σ=100

(3)计算矿粉在矿质混合料中的用量。同理,矿粉中占优势的粒径为<0.075mm,即假设 $a_{A(<0.075)}=a_{B(<0.075)}=0$,则由式(6-4-9)得:

$$Z=\frac{a_{M(<0.075)}}{a_{C(<0.075)}}\times 100=\frac{6.0}{86.8}\times 100=6.9\%$$

(4)计算石屑在混合料中用量。由式(6-4-10)得:

$$Y=100-(X+Z)=100-41.6\%-6.9\%=51.5\%$$

(5)校核。根据以上计算得到矿质混合料的组成配合比为:

$$碎石:石屑:矿粉=41.6\%:51.5\%:6.9\%$$

按表6-4-5进行计算并校核。校核结果符合细粒式混凝土AC-13的级配范围要求。如不符合级配范围应调整配合比再进行试算,经过几次调整,逐步渐进,直到达到要求。如经计算确不能符合级配要求,应调整或增加集料品种。

矿质混合料配合组成计算和校核表　　表6-4-5

材料组成		筛孔尺寸(方孔筛)(mm)									
		16	13.2	9.5	4.75	2.36	1.18	0.6	0.3	0.15	0.075
		通过百分率(%)									
原材料级配	碎石100%	100	94.8	53.1	2.6	0	0	0	0	0	0
	石屑100%	100	100	100	98.4	74.4	51.9	35.9	23.5	12	1.2
	矿粉100%	100	100	100	100	100	100	100	100	100	86.8
各种矿质材料在混合料中的级配	碎石41.6%	41.6	39.4	22.1	1.1	0.0	0.0	0.0	0.0	0.0	0.0
	石屑51.5%	51.5	51.5	51.5	50.7	38.3	26.7	18.5	12.1	6.2	0.6
	矿粉6.9%	6.9	6.9	6.9	6.9	6.9	6.9	6.9	6.9	6.9	6.0
合成级配		100	97.8	80.5	58.7	45.2	33.6	25.4	19.0	13.1	6.6
级配范围		100	95～100	70～88	48～68	36～53	24～41	18～30	12～22	8～16	4～8
级配中值		100	97.5	79	58	44.5	32.5	24	17	12	6

2.图解法

我国现行规范推荐采用的图解法即修正平衡面积法。该法是采用一条直线来代替集料的级配曲线。由3种以上的多种集料进行组配时,采用此方法进行设计十分方便。

修正平衡面积法的设计步骤如下:

1)绘制级配曲线图

(1)计算要求级配范围通过率的中值,作为设计依据。

(2)根据级配范围中值,确定相应的横坐标的位置。先绘制一矩形图框,长宽适宜即可,连接对角线 OO'(如图6-4-5)作为要求级配的中值。纵坐标按算术坐标,标出通过百分率(0~100%)。根据合成级配中值要求的各筛孔通过百分率,从纵坐标引平行线与对角线相交,再从交点作垂线与横坐标相交,其交点即为对应的各筛孔尺寸的位置。

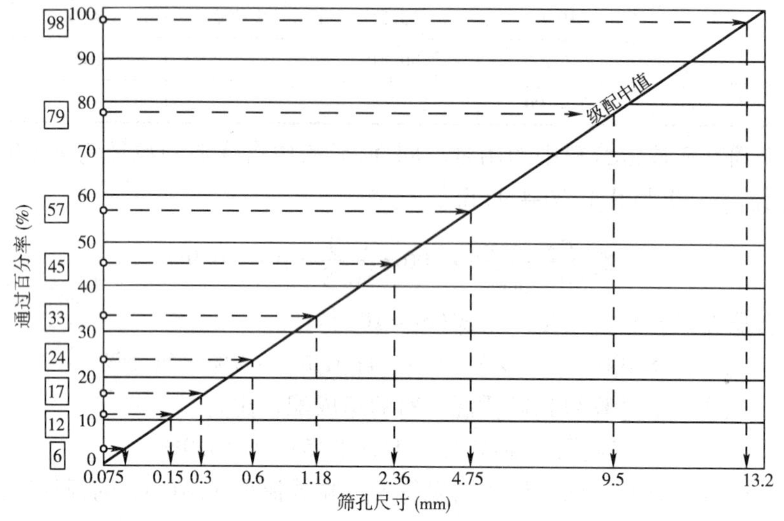

图6-4-5 图解法用级配曲线坐标图

(3)在坐标图上绘制各种集料的级配曲线(如图6-4-6)。

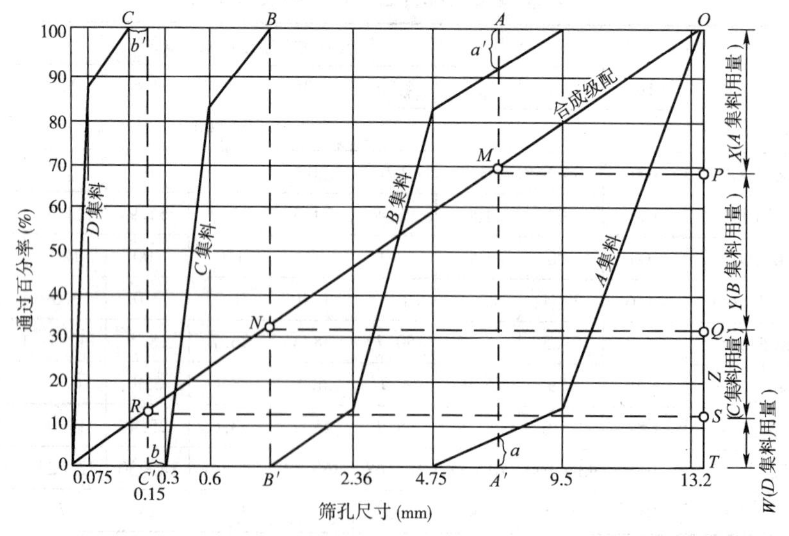

图6-4-6 组成集料级配曲线和要求合成级配曲线图

2)确定各种集料的用量比例

从级配曲线图(如图6-4-6)上最粗集料开始,依次分析两种相邻集料的级配曲线,直至最细集料。两相邻集料的级配曲线可能出现的情况有图6-4-6所示的三种情况:

(1)两相邻级配曲线重叠　如集料 A 级配曲线下部与集料 B 级配曲线上部粒径重叠,此时,应进行等分,即在两级配曲线相重叠的部分引一条使 $a = a'$ 的垂线 AA',再通过垂线 AA' 与对角线 OO' 的交点 M 作一水平线交纵坐标于 P 点,OP 即为集料 A 的用量比例。

(2)两相邻级配曲线相接　如集料 B 的级配曲线末端与集料 C 的级配曲线首端正好在一垂直线上,此时应进行连分。即将集料 B 级配曲线的末端与集料 C 级配曲线的首端相联,即为垂线 BB',再通过垂线 BB' 与对角线 OO' 的交点 N 作一水平线交纵坐标于 Q 点,PQ 即为集料 B 的用量比例。

(3)两相邻级配曲线相离　如集料 C 级配曲线的末端与集料 D 级配曲线的首端相离一段距离,此时应进行平分。即作一垂线 CC' 平分相离的距离(即 $b = b'$),再通过垂线 CC' 与对交线 OO' 的交点 R 作一水平线交纵坐标于 S 点,QS 即为集料 C 的用量比例。

剩余部分 ST 即为集料 D 的用量比例。

3)校核

按图解所得各种集料的用量比例计算校核合成级配是否符合要求,如不能符合级配范围要求,应调整各集料的比例或增加集料品种,直至符合要求为止。

【例 6-4-3】　现有碎石、砂和矿粉三种集料,筛析试验结果列于表 6-4-6。

组成集料筛析结果　　表 6-4-6

材料名称	筛孔尺寸(mm)									
	16	13.2	9.5	4.75	2.36	1.18	0.6	0.3	0.15	0.075
	通过百分率(%)									
碎石	100	95.3	63.1	27.9	8.0	2.2	1.0	0	0	0
砂	100	100	100	100	100	89.7	60.4	35.2	9.8	0.7
矿粉	100	100	100	100	100	100	100	100	97.3	88.6

要求将上述三种集料组配成符合细粒式沥青混合料级配要求(见表 6-4-7)的矿质混合料,试确定各种集料的用量比例。

规范要求的混合料级配　　表 6-4-7

混合料类型和级配		筛孔尺寸(mm)									
		16	13.2	9.5	4.75	2.36	1.18	0.6	0.3	0.15	0.075
		通过率(%)									
细粒式沥青混凝土	级配范围	100	95 ~ 100	70 ~ 88	48 ~ 68	36 ~ 53	24 ~ 41	18 ~ 30	12 ~ 22	8 ~ 16	4 ~ 8
	级配中值	100	97.5	79	58	44.5	32.5	24	17	12	6

解:(1)绘制级配曲线图,如图 6-4-7,在纵坐标上按算术坐标绘出通过百分率。

(2)连对角线 OO',在纵坐标上标出各筛孔的要求通过百分率,作水平线与对角线 OO' 相交,再从各交点作垂线交于横坐标上,确定各筛孔在横坐标上的位置。

(3)将碎石、砂和矿粉的级配曲线绘于图 6-4-7 上。

(4)在碎石和砂级配曲线相重叠部分作垂线 AA'(即使得 $a = a'$),自 AA' 与对角线 OO' 的交点 M 引一水平线交纵坐标于 P 点。OP 的长度 $X = 61\%$ 即为碎石的用量比例。

同理,求出砂的用量比例 $Y = 29\%$。剩余部分 $Z = 10\%$,即为矿粉的用量比例。

(5)按图解所得各集料的用量比例进行校核,如表 6-4-7。

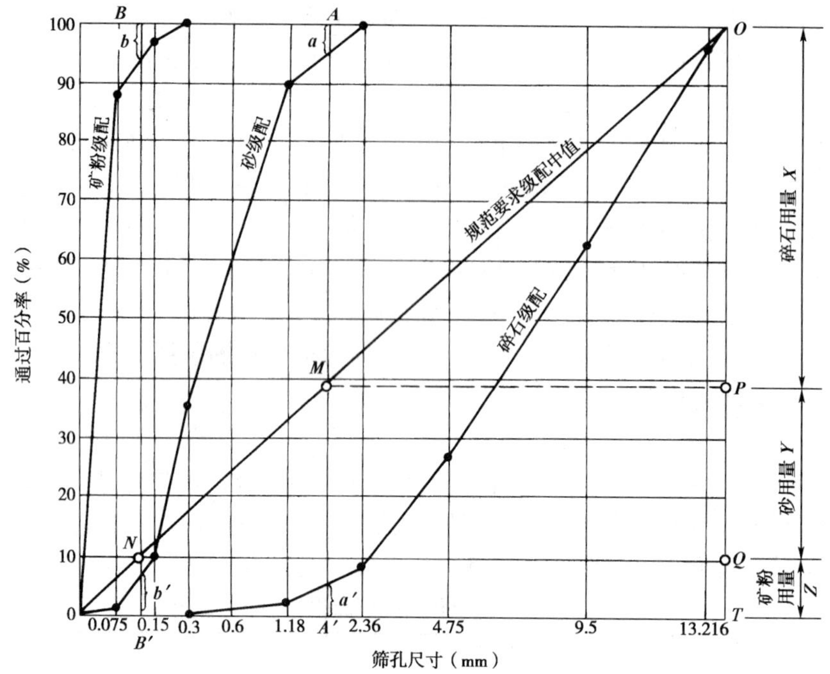

图 6-4-7 级配曲线图

从表 6-4-7 可以看出，按碎石∶砂∶矿粉 = 61%∶29%∶10% 计算结果，合成级配中 $P_{0.075}$ = 9.1%，超出了规范级配要求（4% ~ 8%），为此，必须进行调整。

（6）调整。因为通过 0.075mm 的颗粒太多，而 0.075mm 的颗粒主要分布于矿粉中，故应减少矿粉，增加碎石和砂的用量。经调试，采用碎石∶砂∶矿粉 = 63%∶30%∶7% 的比例时，合成级配曲线正好在规范要求级配范围的中值附近（见表 6-4-8 中括号内的数值）。

矿质混合料配合组成计算和校核表

表 6-4-8

材料组成		筛孔尺寸（方孔筛）（mm）									
		16	13.2	9.5	4.75	2.36	1.18	0.6	0.3	0.15	0.075
		通过百分率（%）									
原材料级配	碎石 100%	100	95.3	63.1	27.9	8.0	2.2	1.0	0	0	0
	砂 100%	100	100	100	100	100	89.7	60.4	35.2	9.8	0.7
	矿粉 100%	100	100	100	100	100	100	100	100	97.3	88.6
各种矿质材料在混合料中的级配	碎石 61%（63%）	61.0（63.0）	58.1（60.0）	38.5（39.8）	17.0（17.6）	4.9（5.0）	1.3（1.4）	0.6（0.6）	0（0）	0（0）	0（0）
	砂 29%（30%）	29.0（30.0）	29.0（30.0）	29.0（30.0）	29.0（30.0）	29.0（30.0）	26.0（26.9）	17.5（18.1）	10.2（10.6）	2.8（2.9）	0.2（0.2）
	矿粉 10%（7%）	10.0（7.0）	10.0（7.0）	10.0（7.0）	10.0（7.0）	10.0（7.0）	10.0（7.0）	10.0（7.0）	10.0（7.0）	9.7（6.8）	8.9（6.2）
合成级配		100（100）	97.1（97.0）	77.5（76.8）	56.0（54.6）	43.9（42.0）	37.4（35.3）	28.1（25.8）	20.2（17.6）	12.6（9.8）	9.1（6.4）
级配范围		100	95 ~ 100	70 ~ 88	48 ~ 68	36 ~ 53	24 ~ 41	18 ~ 30	12 ~ 22	8 ~ 16	4 ~ 8
级配中值		100	97.5	79	58	44.5	32.5	24	17	12	6

注：表中括号内数据为调整后的配合比和级配。

(7)将调整后的合成级配绘于规范要求的级配范围曲线中，如图6-4-8。从图中可明显看出合成级配曲线完全在规范要求的级配范围内，表明所确定的矿料组成符合要求。

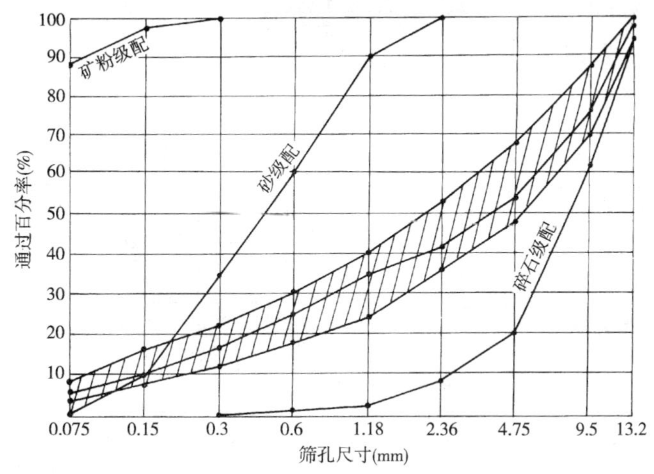

图6-4-8　集料和合成级配的级配曲线

课题五　热拌沥青混合料配合比设计方法

热拌沥青混合料配合比设计包括：目标配合比设计阶段、生产配合比设计阶段和生产配合比验证阶段，通过配合比设计决定沥青混合料的材料品种、矿料级配及沥青用量。采用马歇尔试验配合比设计方法。本课题着重介绍适用于密级配沥青混凝土及沥青稳定碎石混合料的目标配合比设计。

按我国行业标准《公路沥青路面施工技术规范》(JTG F40—2004)，热拌沥青混合料的目标配合比设计宜按图6-5-1的框图的步骤进行。

1. 矿质混合料的配合组成设计

矿质混合料配合组成设计的目的，是选配一个具有足够密实度并且有较高内摩阻力的矿质混合料。可以根据级配理论，计算出需要的矿质混合料的级配范围，但通常是采用规范推荐的矿质混合料级配范围，按下列步骤进行：

1)确定矿质混合料类型、矿质混合料的级配范围

(1)沥青路面工程的混合料设计级配范围由工程设计文件或招标文件规定，密级配沥青混合料宜根据公路等级、气候及交通条件按表6-5-1选择采用粗型(C型)或细型(F型)混合料，并在表6-3-9范围内确定工程设计级配范围，根据公路等级、工程性质、气候条件、交通条件、材料品种，通过对条件大体相当的工程的使用情况进行调查研究后调整确定，必要时允许超出规范级配范围。经确定的工程设计级配范围是配合比设计的依据，不得随意变更。

(2)调整工程设计级配范围宜遵循下列原则：

①对夏季温度高、高温持续时间长，重载交通多的路段，宜选用粗型密级配沥青混合料(AC-C型)，并取较高的设计空隙率。对冬季温度低、且低温持续时间长的地区，或者重载交通较少的路段，宜选用细型密级配沥青混合料，并取较低的设计空隙率。

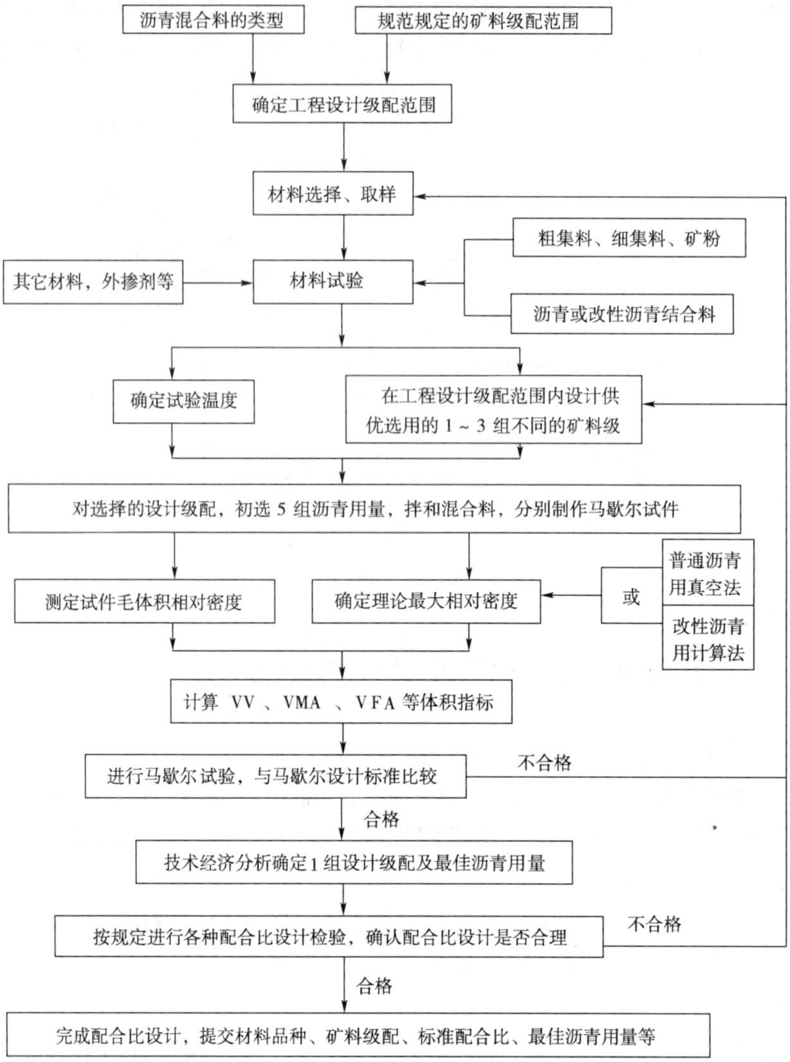

沥青混合料的类型
规范规定的矿料级配范围
确定工程设计级配范围
材料选择、取样
粗集料、细集料、矿粉
其它材料，外掺剂等
材料试验
沥青或改性沥青结合料
确定试验温度
在工程设计级配范围内设计供优选用的1～3组不同的矿料级
对选择的设计级配，初选5组沥青用量，拌和混合料，分别制作马歇尔试件
普通沥青用真空法
测定试件毛体积相对密度
确定理论最大相对密度
或
改性沥青用计算法
计算 VV、VMA、VFA 等体积指标
进行马歇尔试验，与马歇尔设计标准比较
不合格
合格
技术经济分析确定1组设计级配及最佳沥青用量
按规定进行各种配合比设计检验，确认配合比设计是否合理
不合格
合格
完成配合比设计，提交材料品种、矿料级配、标准配合比、最佳沥青用量等

图6-5-1　密级配沥青混合料目标配合比设计流程图

粗型和细型密级配沥青混凝土的关键性筛孔通过率　　表6-5-1

混合料类型	公称最大粒径（mm）	用以分类的关键性筛孔（mm）	粗型密级配		细型密级配	
			名称	关键性筛孔通过率（%）	名称	关键性筛孔通过率（%）
AC-25	26.5	4.75	AC-25C	<40	AC-25F	>40
AC-20	19	4.75	AC-20C	<45	AC-20F	>45
AC-16	16	2.36	AC-16C	<38	AC-16F	>38
AC-13	13.2	2.36	AC-13C	<40	AC-13F	>40
AC-10	9.5	2.36	AC-10C	<45	AC-10F	>45

②为确保高温抗车辙能力，同时兼顾低温抗裂性能的需要。配合比设计时宜适当减少公

称最大粒径附近的粗集料用量，减少0.6mm以下部分细粉的用量，使中等粒径集料较多，形成S形级配曲线，并取中等或偏高水平的设计空隙率。

③确定各层的工程设计级配范围时应考虑不同层位的功能需要，经组合设计的沥青路面应能满足耐久、稳定、密水、抗滑等要求。

④根据公路等级和施工设备的控制水平，确定的工程设计级配范围应比规范级配范围窄，其中4.75mm和2.36mm通过率的上下限差值宜小于12%。

⑤沥青混合料的配合比设计应充分考虑施工性能，使沥青混合料容易摊铺和压实，避免造成严重的离析。

2）矿质混合料配合比例计算

（1）组成材料的原始数据测定　根据现场取样，对粗集料、细集料和矿粉进行筛析试验，按筛析结果分别绘出各组成材料的筛分曲线。并测出各组成材料的相对密度，以供计算物理常数用。

（2）计算组成材料的配合比　根据各组成材料的筛析试验资料，计算符合要求级配范围的各组成材料用量比例，宜采用试算法或图解法确定各组成材料的大致比例，再借助计算机的电子表格进行反复试配校核后确定。

对高速公路和一级公路，宜在工程设计级配范围内计算1～3组粗细不同的配比，绘制设计级配曲线，分别位于工程设计级配范围的上方、中值及下方。设计合成级配不得有太多的锯齿形交错，且在0.3～0.6mm范围内不出现“驼峰”。当反复调整不能满意时，宜更换材料设计。

2. 马歇尔试验

沥青混合料的最佳沥青用量（Optimum asphalt content，简称OAC），可以通过试验的方法确定，目前最常用的是马歇尔法。

我国行业标准《公路沥青路面施工技术规范》（JTG F40—2004）规定的方法，是在马歇尔法和美国沥青学会方法的基础上，结合我国多年研究成果和生产实践总结发展起来更为完善的方法。该法确定沥青最佳用量按下列步骤：

1）确定矿质材料用量

按确定的矿质混合料配合比，计算各种矿质材料的用量。

2）确定预估油石比

（1）按式（6-5-1）和式（6-5-2）计算矿料混合料的合成毛体积相对密度γ_{sb}、合成表观相对密度γ_{sa}。

$$\gamma_{sb}=\frac{100}{\frac{P_1}{\gamma_1}+\frac{P_2}{\gamma_2}+\cdots+\frac{P_n}{\gamma_n}} \tag{6-5-1}$$

$$\gamma_{sa}=\frac{100}{\frac{P_1}{\gamma'_1}+\frac{P_2}{\gamma'_2}+\cdots+\frac{P_n}{\gamma'_n}} \tag{6-5-2}$$

式中：P_1、P_2、…、P_n——各种矿料成分的配比，其和为100；

γ_1、γ_2、…、γ_n——各种矿料相应的毛体积相对密度；

γ'_1、γ'_2、…、γ'_n——各种矿料按试验规程方法测定的表观相对密度。

注：沥青混合料配合比设计时，均采用毛体积相对密度（无量纲），不采用毛体积密度，故无需进行密度的水温修正。

（2）按式（6-5-3）或按式（6-5-4）预估沥青混合料的适宜的油石比 P_a 或沥青用量 P_b。

$$P_a = \frac{P_{a1} \times \gamma_{sb1}}{\gamma_{sb}} \tag{6-5-3}$$

$$P_b = \frac{P_a}{100 + \gamma_{sb}} \times 100 \tag{6-5-4}$$

式中：P_a——预估的最佳油石比（与矿料总量的百分比），%；

P_b——预估的最佳沥青用量（占混合料总量的百分数），%；

P_{a1}——已建类似工程沥青混合料的标准油石比，%；

γ_{sb1}——已建类似工程集料的合成毛体积相对密度。

3）确定矿料的有效相对密度

（1）对非改性沥青混合料，宜以预估的最佳油石比拌和2组混合料，采用真空法实测最大相对密度，取平均值。然后由式（6-5-5）反算合成矿料的有效相对密度 γ_{se}。

$$\gamma_{se} = \frac{100 - P_b}{\dfrac{100}{\gamma_t} - \dfrac{P_b}{\gamma_b}} \tag{6-5-5}$$

式中：γ_{se}——合成矿料的有效相对密度；

P_b——试验采用的沥青用量（占混合料总量的百分数），%；

γ_t——试验沥青用量条件下实测得到的最大相对密度，无量纲；

γ_b——沥青的相对密度（25℃/25℃），无量纲。

（2）对改性沥青及SMA等难以分散的混合料，有效相对密度宜直接由矿料的合成毛体积相对密度与合成表观相对密度按公式计算确定（计算方法这里不作介绍）。

4）成型试件

以预估的油石比为中值，按一定间隔（对密级配沥青混合料通常为0.5%），取5个或5个以上不同的油石比分别成型马歇尔试件。每一组试件的试样数按现行试验规程的要求确定，对粒径较大的沥青混合料，宜增加试件数量。

沥青混合料试件制作方法（击实法）（T 0702—2000）

一、目的与适用范围

1. 本方法适用于标准击实法或大型击实法制作沥青混合料试件，以供试验室进行沥青混合料物理力学性质试验使用。

2. 标准击实法适用于马歇尔试验、间接抗拉试验（劈裂法）等所使用的 ϕ101.6mm×63.5mm圆柱体试件的成型。大型击实法适用于 ϕ152.4mm×95.3mm的大型圆柱体试件的成型。

3. 沥青混合料试件制作时的矿料规格及试件数量应符合如下规定：

1）沥青混合料配合比设计及在试验室人工配制沥青混合料制作试件时，试件尺寸应符合试件直径不小于集料公称最大粒径的4倍，厚度不小于集料公称最大粒径的1～1.5倍的规

定。对直径ϕ101.6mm的试件,集料公称最大粒径应不大于26.5mm。对粒径大于26.5mm的粗粒式沥青混合料,其大于26.5mm的集料应用等量的13.2～26.5mm集料代替(替代法),也可采用直径ϕ152.4mm的大型圆柱体试件。大型圆柱体试件适用于集料公称最大粒径不大于37.5mm的情况。试验室成型的一组试件的数量不得少于4个,必要时宜增加至5～6个。

2)用拌和厂及施工现场采集的拌和沥青混合料成品试样制作直径ϕ101.6mm的试件时,按下列规定选用不同的方法及试件数量:

(1)当集料公称最大粒径小于或等于26.5mm时,可直接取样(直接法)。一组试件的数量通常为4个。

(2)当集料公称最大粒径大于26.5mm,但不大于31.5mm,宜将大于26.5mm的集料筛除后使用(过筛法),一组试件数量仍为4个,如采用直接法,一组试件的数量应增加至6个。

(3)当集料公称最大粒径大于31.5mm时,必须采用过筛法。过筛的筛孔为26.5mm,一组试件仍为4个。

二、仪具与材料

1.标准击实仪:由击实锤、ϕ98.5mm平圆形压实头及带手柄的导向棒组成。用人工或机械将压实锤举起,从453.2mm±1.5mm高度沿导向棒自由落下击实,标准击实锤质量4536g±9g。

大型击实仪:由击实锤、ϕ149.5mm平圆形压实头及带手柄的导向棒(直径15.9mm)组成。用机械将压实锤举起,从453.2mm±2.5mm高度沿导向棒自由落下击实,大型击实锤质量10210g±10g。

2.标准击实台:用以固定试模,在200mm×200mm×457mm的硬木墩上面有一块305mm×305mm×25mm的钢板,木墩用4根型钢固定在下面的水泥混凝土板上。木墩采用青冈栎、松或其它干密度为0.67～0.77g/cm^{3}的硬木制成。人工击实或机械击实均必须有此标准击实台。

自动击实仪是将标准击实锤及标准击实台安装一体并用电力驱动使击实锤连续击实试件且可自动记数的设备,击实速度为60次/min±5次/min。大型击实法电动击实的功率不小于250W。

3.试验室用沥青混合料拌和机:能保证拌和温度并充分拌和均匀,可控制拌和时间,容量不小于10L,如图6-5-2所示。搅拌叶自转速度70～80r/min,公转速度40～50r/min。

4.脱模器:电动或手动,可无破损地推出圆柱体试件,备有标准圆柱体试件及大型圆柱体试件尺寸的推出环。

5.试模:由高碳钢或工具钢制成,每组包括圆柱形金属筒(内径101.6mm±0.2mm,高87mm)、底座(直径约120.6mm)和套筒(内径101.6mm、高70mm)各1个。

6.烘箱:大、中型各一台,装有温度调节器。

7.天平或电子秤:用于称量矿料的,感量不大于0.5g;用于称量沥青的,感量不大于0.1g。

8.沥青运动粘度测定设备:毛细管粘度计、赛波特重油粘度计或布洛克菲尔德粘度计。

9.温度计:分度为1℃。宜采用有金属插杆的热电偶沥青温度计,金属插杆的长度不小于300mm。量程0℃～300℃,数字显示或度盘指针的分度0.1℃,且有留置读数功能。

10.其它:插刀或大螺丝刀、电炉或煤气炉、沥青熔化锅、拌和铲、标准筛、滤纸(或普通

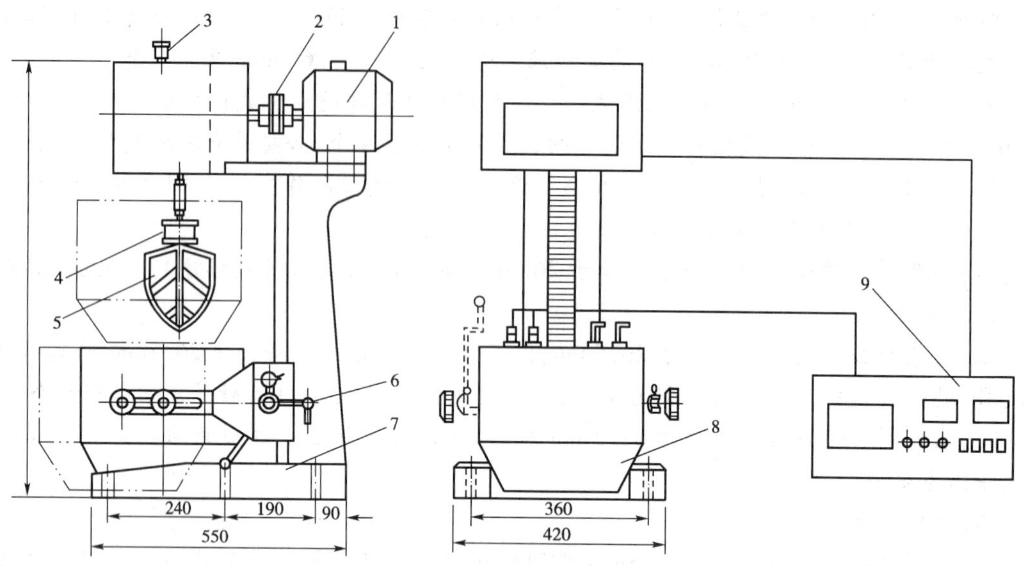

图 6-5-2　试验室用沥青混合料拌和机

1-电机;2-联轴器;3-变速箱;4-弹簧;5-拌和叶片;6-升降手柄;7-底座;8-加热拌和锅;9-温度时间控制仪

纸)、胶布、卡尺、秒表、粉笔、棉纱等。

三、准备工作

1. 确定制作沥青混合料试件的拌和与压实温度。

当缺乏沥青粘度测定条件时,试件的拌和与压实温度可按表 6-5-2 选用,并根据沥青品种和标号作适当调整。针入度小、稠度大的沥青取高限,针入度大、稠度小的沥青取低限,一般取中值。对改性沥青,应根据改性剂的品种和用量,适当提高混合料的拌和和压实温度,对大部分聚合物改性沥青,需要在基质沥青的基础上提高 15℃ ~30℃ 左右,掺加纤维时,尚需再提高 10℃ 左右。

沥青混合料拌和及压实温度参考表　　表 6-5-2

沥青结合料种类	拌和温度(℃)	压实温度(℃)
石油沥青	130 ~ 160	120 ~ 150
煤沥青	90 ~ 120	80 ~ 110
改性沥青	160 ~ 175	140 ~ 170

常温沥青混合料的拌和及压实在常温下进行。

2. 按《公路工程沥青及沥青混合料试验规程》(JTJ 052—2000)中 T 0701 在拌和厂或施工现场采集沥青混合料试样。将试样置于烘箱中或加热的砂浴上保温,在混合料中插入温度计测量温度,待混合料温度符合要求后成型。需要拌和时可倒入已加热的小型沥青混合料拌和机中适当拌和,时间不超过 1min。但不得用铁锅在电炉或明火上加热炒拌。

3. 在试验室人工配制沥青混合料时,材料准备按下列步骤进行:

(1)将各种规格的矿料置 105℃ ±5℃ 的烘箱中烘干至恒重(一般不少于 4 ~6h)。根据需要,粗集料可先用水冲洗干净后烘干。也可将粗细集料过筛后用水冲洗再烘干备用。

(2)按规定试验方法分别测定不同粒径规格粗、细集料及填料(矿粉)的各种密度,按T 0603测定沥青的密度。

(3)将烘干分级的粗细集料,按每个试件设计级配要求称其质量,在一金属盘中混合均匀,矿粉单独加热,置烘箱中预热至沥青拌和温度以上约15℃(采用石油沥青时通常为163℃;采用改性沥青时通常需180℃)备用。一般按一组试件(每组4~6个)备料,但进行配合比设计时宜对每个试件分别备料。当采用替代法时,对粗集料中粒径大于26.5mm的部分,以13.2~26.5mm粗集料等量代替。常温沥青混合料的矿料不应加热。

(4)将按规程采集的沥青试样,用恒温烘箱或油浴、电热套熔化加热至规定的沥青混合料拌和温度备用,但不得超过175℃。当不得已采用燃气炉或电炉直接加热进行脱水时,必须使用石棉垫隔开。

4. 用沾有少许黄油的棉纱擦净试模、套筒及击实座等,置100℃左右烘箱中加热1h备用。常温沥青混合料用试模不加热。

四、拌制沥青混合料

1. 将沥青混合料拌和机预热至拌和温度以上10℃左右备用(对试验室试验研究、配合比设计及采用机械拌和施工的工程,严禁用人工炒拌法热拌沥青混合料)。

2. 将每个试件预热的粗细集料置于拌和机中,用小铲子适当混合,然后再加入需要数量的已加热至拌和温度的沥青(如沥青已称量在一专用容器内时,可在倒掉沥青后用一部分热矿粉将沾在容器壁上的沥青擦拭一起倒入拌和锅中),开动拌和机一边搅拌一边将拌和叶片插入混合料中拌和1~1.5min,然后暂停拌和,加入单独加热的矿粉,继续拌和至均匀为止,并使沥青混合料保持在要求的拌和温度范围内。标准的总拌和时间为3min。

五、成型方法

1. 马歇尔标准击实法的成型步骤如下:

(1)将拌好的沥青混合料,均匀称取一个试件所需的用量(标准马歇尔试件约1200g,大型马歇尔试件约4050g)。当已知沥青混合料的密度时,可根据试件的标准尺寸计算并乘以1.03得到要求的混合料数量。当一次拌和几个试件时,宜将其倒入经预热的金属盘中,用小铲适当拌和均匀分成几份,分别取用。在试件制作过程中,为防止混合料温度下降,应连盘放在烘箱中保温。

(2)从烘箱中取出预热的试模及套筒,用沾有少许黄油的棉纱擦拭套筒、底座及击实锤底面,将试模装在底座上,垫一张圆形的吸油性小的纸,按四分法从四个方向用小铲将混合料铲入试模中,用插刀或大螺丝刀沿周边插捣15次,中间10次。插捣后将沥青混合料表面整平成凸圆弧面。对大型马歇尔试件,混合料分两次加入,每次插捣次数同上。

(3)插入温度计,至混合料中心附近,检查混合料温度。

(4)待混合料温度符合要求的压实温度后,将试模连同底座一起放在击实台上固定,在装好的混合料上面垫一张吸油性小的圆纸,再将装有击实锤及导向棒的压实头插入试模中,然后开启电动机或人工将击实锤从457mm的高度自由落下击实规定的次数(75、50或35次)。对大型马歇尔试件,击实次数为75次(相应于标准击实50次的情况)或112次(相应于标准击实75次的情况)。

(5)试件击实一面后,取下套筒,将试模掉头,装上套筒,然后以同样的方法和次数击实另一面。

(6)试件击实结束后,立即用镊子取掉上下面的纸,用卡尺量取试件离试模上口的高度并由此计算试件高度,如高度不符合要求时,试件应作废,并按下式调整试件的混合料质量,以保证高度符合63.5mm±1.3mm(标准试件)或95.3mm±2.5mm(大型试件)的要求。

$$\text{调整后混合料质量}=\frac{\text{要求试件高度}\times\text{原用混合料质量}}{\text{所得试件的高度}}$$

2.卸去套筒和底座,将装有试件的试模横向放置冷却至室温后(不少于12h),置脱模机上脱出试件。用于规程T 0709作现场马歇尔指标检验的试件,在施工质量检验过程中如急需试验,允许采用电风扇吹冷1h或浸水冷却3min以上的方法脱模,但浸水脱模法不能用于测量密度、空隙率等各项物理指标。

3.将试件仔细置于干燥洁净的平面上,供试验用。

5)测定、计算试件物理指标

(1)为确定沥青混合料的沥青最佳用量,需按规定的试验方法,测定压实沥青混合料试件的毛体积相对密度 γ_f 和吸水率,通常采用表干法测定毛体积相对密度;对吸水率大于2%的试件,宜改用蜡封法测定的毛体积相对密度。

(2)确定沥青混合料的最大理论相对密度。

沥青混合料试件的理论密度,是指压实沥青混合料试件全部为矿料(包括矿料自身内部的孔隙)及沥青所占有,空隙率为零的理想状态下的最大密度。

①对非改性的普通沥青混合料,在成型马歇尔试件的同时,要求用真空法实测各组沥青混合料的最大理论相对密度 γ_{ti}。当只对其中一组油石比测定最大理论相对密度时,也可按式(6-5-6)或式(6-5-7)计算其它不同油石比时的最大理论相对密度 γ_{ti}。

②对改性沥青或SMA混合料宜按式(6-5-6)或式(6-5-7)计算各个不同沥青用量混合料的最大理论相对密度。

$$\gamma_{ti}=\frac{100+P_{ai}}{\frac{100}{\gamma_{se}}+\frac{P_{ai}}{\gamma_b}} \tag{6-5-6}$$

$$\gamma_{ti}=\frac{100}{\frac{P_{si}}{\gamma_{se}}+\frac{P_{bi}}{\gamma_b}} \tag{6-5-7}$$

式中:γ_{ti}——相对于计算沥青用量 P_{bi} 时沥青混合料的最大理论相对密度,无量纲;

P_{ai}——所计算的沥青混合料中的油石比,%;

P_{bi}——所计算的沥青混合料的沥青用量,$P_{bi}=P_{ai}/(1+P_{ai})$,%;

P_{si}——所计算的沥青混合料的矿料含量,$P_{si}=100-P_{bi}$,%。

(3)计算沥青混合料试件的空隙率、矿料间隙率VMA、有效沥青的饱和度VFA等体积指标,进行体积组成分析。

①空隙率　是指沥青混合料内矿料及沥青以外的空隙(不包括矿料自身内部已被沥青封闭的孔隙)的体积占试件总体积的百分率,以VV表示。

②沥青体积百分率　是指压实沥青混合料试件内沥青的体积占试件总体积的百分率,以VA表示。

③矿料间隙率　是指压实沥青混合料试件内矿料部分以外的体积占试件总体积的百分率,即试件空隙率与沥青体积百分率之和,以 VMA 表示。

④有效沥青饱和度　是指压实沥青混合料试件内有效沥青含量体积占矿料骨架以外的空隙部分体积(VMA)的百分率,以 VFA 表示。

$$VV=\left(1-\frac{\gamma_f}{\gamma_t}\right)\times 100 \tag{6-5-8}$$

$$VMA=\left(1-\frac{\gamma_f}{\gamma_{sb}}\times P_s\right)\times 100 \tag{6-5-9}$$

$$VFA=\frac{VMA-VV}{VMA}\times 100 \tag{6-5-10}$$

式中:VV——试件的空隙率,%;

VMA——试件的矿料间隙率,%;

VFA——试件的有效沥青饱和度(有效沥青含量占 VMA 的体积比例),%;

γ_f——测定的试件的毛体积相对密度,无量纲;

P_s——各种矿料占沥青混合料总质量的百分率之和,即 $P_s=100-P_b$,%。

压实沥青混合料密度试验(表干法)(T 0705—2000)

(其中包括水中重法测定表观相对密度和表观密度)

一、目的与适用范围

1. 表干法适用于测定吸水率不大于2%的各种沥青混合料试件,包括Ⅰ型或较密实的Ⅱ型沥青混凝土、抗滑表层混合料、沥青玛蹄脂碎石混合料(SMA)试件的毛体积相对密度或毛体积密度。

2. 本方法测定的毛体积密度适用于计算沥青混合料试件的空隙率、矿料间隙率等各项体积指标。

二、仪具与材料

1. 浸水天平或电子秤:当最大称量在3kg以下时,感量不大于0.1g;最大称量3kg以上时,感量不大于0.5g;最大称量10kg以上时,感量5g,应有测量水中重的挂钩。

2. 网篮。

3. 溢流水箱:如图6-5-3所示,使用洁净水,有水位溢流装置,保持试件和网篮浸入水中后的水位一定。

4. 试件悬吊装置:天平下方悬吊网篮及试件的装置,吊线应采用不吸水的细尼龙线绳,并有足够的长度。对轮碾成型机成型的板块状试件可用铁丝悬挂。

5. 秒表。

6. 毛巾。

7. 电风扇或烘箱。

三、方法与步骤

1. 选择适宜的浸水天平或电子秤,最大称量应不小于试件质量的1.25倍,且不大于试件质量的5倍。

2. 除去试件表面的浮粒,称取干燥试件的空中质量(m_a),根据选择的天平感量读数,准确到0.1g、0.5g或5g。

3. 挂上网篮，浸入溢流水箱中，调节水位，将天平调平或复零，把试件置于网篮中（注意不要晃动水）浸水约3～5min，称取水中质量（m_w）（水中重法是由于试件非常致密，几乎不吸水，待天平稳定后即可读数，称取水中质量m_w）。若天平读数持续变化，不能很快达到稳定，说明试件吸水较严重，不适用于此法测定，应改用本规程T 0707的蜡封法测定。

4. 从水中取出试件，用洁净柔软的拧干湿毛巾轻轻擦去试件的表面水（不得吸走空隙内的水），称取试件的表干质量（m_f）。

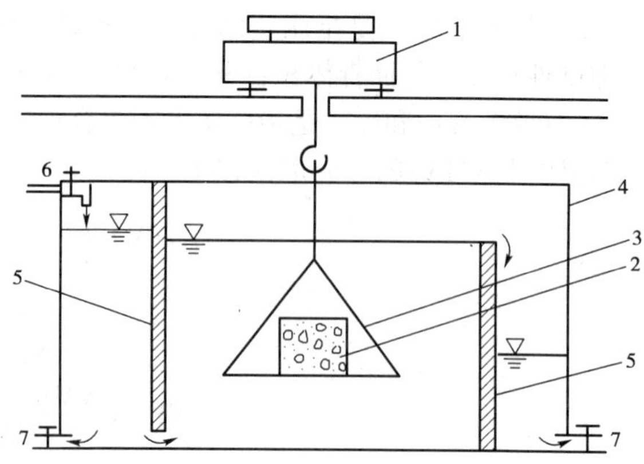

图6-5-3　溢流水箱及下挂法水中重称量方法示意图

1-浸水天平或电子秤；2-试件；3-网篮；4-溢流水箱；5-水位搁板；6-注入口；7-放水阀门

5. 对从路上钻取的非干燥试件可先称取水中质量（m_w），然后用电风扇将试件吹干至恒重（一般不少于12h，当不需进行其它试验时，也可用60℃ ±5℃烘箱烘干至恒重），再称取空气中质量（m_a）。

四、计算

1. 计算试件的吸水率，取1位小数。

试件的吸水率即试件吸水体积占沥青混合料毛体积的百分率，按式（6-5-11）计算。

$$S_a = \frac{m_f - m_a}{m_f - m_w} \times 100 \tag{6-5-11}$$

式中：S_a——试件的吸水率，%；

m_a——干燥试件的空气中质量，g；

m_w——试件的水中质量，g；

m_f——试件的表干质量，g。

2. 按式（6-5-12）和（6-5-12′）计算用水中重法测定的沥青混合料试件的表观相对密度和表观密度，取3位小数。

$$\gamma_a = \frac{m_a}{m_a - m_w} \tag{6-5-12}$$

$$\rho_a = \frac{m_a}{m_a - m_w} \cdot \rho_w \tag{6-5-12′}$$

式中：γ_a——试件的表观相对密度，无量纲；

ρ_a——试件的表观密度，g/cm^3；

m_a——干燥试件的空气中质量，g；

m_w——试件的水中质量，g；

ρ_w——常温水的密度，取1g/cm^3。

3. 计算试件的毛体积相对密度和毛体积密度，取3位小数。

当试件的吸水率符合$S_a < 2\%$要求时，试件的毛体积相对密度和毛体积密度按式（6-5-13）及式（6-5-13′）计算，当吸水率$S_a > 2\%$要求时，应改用蜡封法测定。

$$\gamma_f = \frac{m_a}{m_f - m_w} \quad (6\text{-}5\text{-}13)$$

$$\rho_f = \frac{m_a}{m_f - m_w} \times \rho_w \quad (6\text{-}5\text{-}13')$$

式中：γ_f——用表干法测定的试件毛体积相对密度，无量纲；

ρ_f——用表干法测定的试件毛体积密度，g/cm^3；

ρ_w——常温水的密度，取 $1g/cm^3$。

注：空隙率、矿料间隙率、有效沥青饱和度等指标的计算按行业标准《公路沥青路面施工技术规范》（JTG F40—2004）规定的公式计算。

五、报告

应在试验报告中注明沥青混合料的类型及采用的测定密度的方法。

6）测定试件力学指标

为确定沥青混合料的沥青最佳用量，应测定沥青混合料的下列力学指标：马歇尔稳定度、流值。

3. 确定最佳沥青用量 OAC

（1）绘制沥青用量与物理—力学指标关系图　以油石比或沥青用量为横坐标，以表观密度、空隙率、饱和度、稳定度和流值为纵坐标，分别将试验结果点入图中，连成圆滑的曲线，并使密度及稳定度曲线出现峰值。如图 6-5-4。

（2）确定最佳沥青用量初始值 OAC_1。

①在曲线图求取相应于密度最大值、稳定度最大值、目标空隙率（或中值）、沥青饱和度范围的中值的沥青用量 a_1、a_2、a_3、a_4。求取四者的平均值作为最佳沥青用量的初始值 OAC_1。即

$$OAC_1 = (a_1 + a_2 + a_3 + a_4)/4 \quad (6\text{-}5\text{-}14)$$

②如果在所选择的沥青用量范围未能涵盖沥青饱和度的要求范围，则求取 3 者的平均值作为 OAC_1。即

$$OAC_1 = (a_1 + a_2 + a_3)/3 \quad (6\text{-}5\text{-}15)$$

③对所选择试验的沥青用量范围，密度或稳定度没有出现峰值（最大值经常在曲线的两端）时，可直接以目标空隙率所对应的沥青用量 a_3 作为 OAC_1，但 OAC_1 必须介于下面介绍的 $OAC_{min} \sim OAC_{max}$ 的范围内。否则应重新进行配合比设计。

（3）确定沥青最佳用量 OAC_2　按图 6-5-4 求出各项技术指标均符合沥青混合料技术标准（表 6-2-1）的沥青用量范围 $OAC_{min} \sim OAC_{max}$，其中值为 OAC_2。即

$$OAC_2 = (OAC_{min} + OAC_{max})/2 \quad (6\text{-}5\text{-}16)$$

（4）根据 OAC_1 和 OAC_2 综合确定最佳沥青用量 OAC 通常情况下取 OAC_1 及 OAC_2 的中值作为计算的最佳沥青用量 OAC。检查图 6-5-4 中相应于此 OAC 的各项指标是否均符合马歇尔试验技术标准。

$$OAC = (OAC_1 + OAC_2)/2 \quad (6\text{-}5\text{-}17)$$

（5）调整确定最佳沥青用量 OAC　根据实践经验和公路等级、气候条件、交通情况，调整确定最佳沥青用量 OAC。

①调查当地各项条件相接近的工程的沥青用量及使用效果，论证适宜的最佳沥青用量。检查计

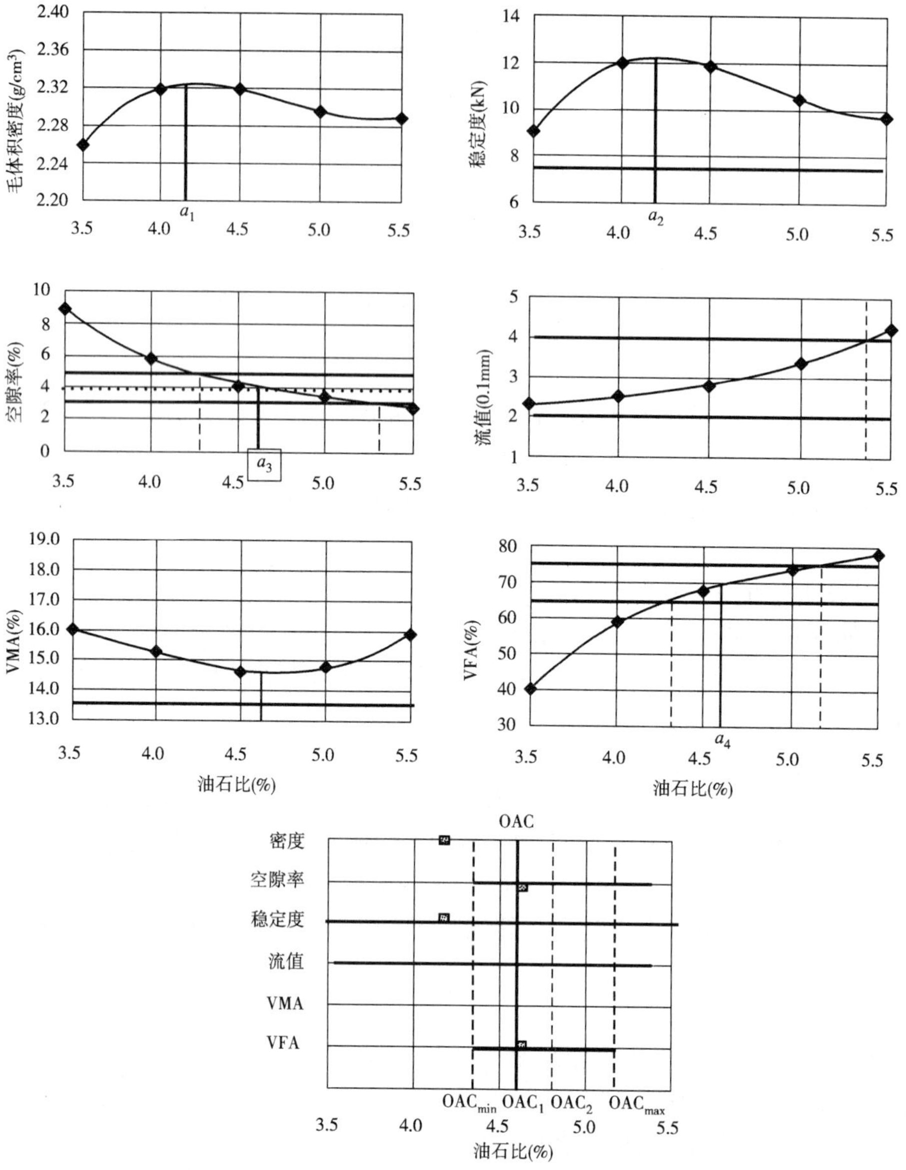

图 6-5-4　沥青用量与马歇尔稳定度试验物理—力学指标关系图

注：图中 $a_1=4.2\%$，$a_2=4.2\%$，$a_3=4.6\%$，$a_4=4.6\%$，$OAC_1=4.4\%$（由 4 个平均值确定），$OAC_{min}=4.3\%$，$OAC_{max}=5.2\%$，$OAC_2=4.8\%$，$OAC=4.6\%$。此例中相对于空隙率 4% 的油石比为 4.6%

算得到的最佳沥青用量是否相近，如相差甚远，应查明原因，必要时重新调整级配，进行配合比设计。

②对炎热地区公路以及高速公路、一级公路的重载交通路段，山区公路的长大坡度路段，预计有可能产生较大车辙时，宜在空隙率符合要求的范围内将计算的最佳沥青用量减小 0.1% ~0.5% 作为设计沥青用量。此时，除空隙率外的其它指标可能会超出马歇尔试验配合比设计技术标准，如果试验段试拌试铺并通过加强碾压，空隙率仍未达到调整前的水平，且渗水系数达不到要求时，宜减小沥青用量调整幅度。

③对寒区公路、旅游公路、交通量很少的公路，最佳沥青用量可以在 OAC 的基础上增加 0.1% ~0.3%，以适当减小设计空隙率，但不得降低压实度要求。

(6)计算沥青结合料被集料吸收的比例及有效沥青含量。

(7)检验最佳沥青用量时的粉胶比和有效沥青膜厚度。

4.配合比设计检验

对用于高速公路和一级公路的密级配沥青混合料，需在配合比设计的基础上按规范要求进行各种使用性能的检验，不符合要求的沥青混合料，必须更换材料或重新进行配合比设计。

(1)高温稳定性检验　对公称最大粒径等于或小于 19mm 的混合料，按试验规程(JTJ 052 T 0719—93)方法，在 60℃条件下用车辙试验机对设计的沥青用量检验其动稳定度。动稳定度应符合表 6-5-3 要求。

沥青混合料车辙试验动稳定度技术要求　　表 6-5-3

气候条件与技术指标	相应于下列气候分区所要求的动稳定度(次/mm)									试验方法
七月平均最高气温(℃)及气候分区	>30				20 ~ 30				<20	
	1.夏炎热区				2.夏热区				3.夏凉区	
	1-1	1-2	1-3	1-4	2-1	2-2	2-3	2-4	3-2	
普通沥青混合料，不小于	800		1000		600	800			600	T 0719
改性沥青混合料，不小于	2400		2800		2000	2400			1800	

(2)水稳定性检验　按规定的试验方法进行浸水马歇尔试验和冻融劈裂试验，残留稳定度及残留强度比均必须符合表 6-5-4 要求。

沥青混合料水稳定性检验技术要求　　表 6-5-4

气候条件与技术指标	相应于下列气候分区的技术要求(%)				试验方法
年降雨量(mm)及气候分区	>1000	500 ~ 1000	250 ~ 500	<250	
	1.潮湿区	2.湿润区	3.半干区	4.干旱区	
浸水马歇尔试验残留稳定度(%)，不小于					
普通沥青混合料	80		75		T 0709
改性沥青混合料	85		80		
冻融劈裂试验的残留强度比(%)，不小于					
普通沥青混合料	75		70		T 0729
改性沥青混合料	80		75		

(3)低温抗裂性能检验　对公称最大粒径等于或小于 19mm 的混合料，按规定方法进行低温弯曲试验，其破坏应变宜符合表 6-5-5 要求。

沥青混合料低温弯曲试验破坏应变(με)技术要求　　表 6-5-5

气候条件与技术指标	相应于下列气候分区所要求的破坏应变(με)									试验方法
年极端最低气温(℃)及气候分区	< -37.0		-21.5 ~ -37.0			-9.0 ~ -21.5		> -9.0		
	1.冬严寒区		2.冬寒区			3.冬冷区		4.冬温区		
	1-1	2-1	1-2	2-2	3-2	1-3	2-3	1-4	2-4	
普通沥青混合料，不小于	2600		2300			2000				T 0728
改性沥青混合料，不小于	3000		2800			2500				

(4)渗水系数检验　利用轮碾机成型的车辙试件进行渗水试验检验的渗水系数宜符合表6-5-6要求。

沥青混合料试件渗水系数(mL/min)技术要求　　表6-5-6

级配类型	渗水系数要求(mL/min)	试验方法
密级配沥青混凝土,不大于	120	T 0730

(5)钢渣活性检验　对使用钢渣的沥青混合料,应按现行试验规程(T 0363)进行活性和膨胀性试验,钢渣沥青混凝土的膨胀量不得超过1.5%。

沥青混合料沥青含量试验(T 0722—1993)

一、目的与适用范围

1. 本方法采用离心分离法测定粘稠石油沥青拌制的沥青混合料中沥青含量(或油石比)。

2. 本方法适用于热拌热铺沥青混合料路面施工时的沥青用量检测,以评定拌和厂产品质量。此法也适用于旧路调查时检测沥青混合料的沥青用量,用此法抽提的沥青溶液可用于回收沥青,以评定沥青的老化性质。

二、仪具与材料

1. 离心抽提仪:由试样容器及转速不小于3000r/min的离心分离器组成,分离器备有滤液出口。容器盖与容器之间用耐油的圆环形滤纸密封。滤液通过滤纸排出后从出口流出收入回收瓶中,仪器必须安放稳固并有排风装置。

2. 圆环形滤纸。

3. 回收瓶:容量1700mL以上。

4. 压力过滤装置。

5. 天平:感量不大于0.01g、1mg的天平各一台。

6. 量筒:最小分度1mL。

7. 电烘箱:装有温度自动调节器。

8. 三氯乙烯:工业用。

9. 碳酸铵饱和溶液:供燃烧法测定滤纸中的矿粉含量用。

10. 其它:小铲,金属盘,大烧杯等。

三、方法与步骤

1. 准备工作

(1)按规程T 0701沥青混合料取样方法,在拌和厂从运料卡车采取沥青混合料试样,放在金属盘中适当拌和,待温度稍下降后至100℃以下时,用大烧杯取混合料试样质量1000～1500g左右(m)(粗粒式沥青混合料用高限,细粒式用低限,中粒式用中限),准确至0.1g。

(2)如果试样是路上用钻机法或切割法取得的,应用电风扇吹风使其完全干燥,置微波炉或烘箱中适当加热后成松散状态取样,但不得用锤击,以防集料破碎。

2. 试验步骤

(1)向装有试样的烧杯中注入三氯乙烯溶剂,将其浸没,浸泡30min,用玻璃棒适当搅动混合料,使沥青充分溶解。

(2)将混合料及溶液倒入离心分离器,用少量溶剂将烧杯及玻璃棒上的粘附物全部洗入分离容器中。

(3)称取洁净的圆环形滤纸质量,准确至0.01g。注意,滤纸不宜多次反复使用,有破损者不能使用,有石粉粘附时应用毛刷清除干净。

(4)将滤纸垫在分离器边缘上,加盖紧固,在分离器出口处放上回收瓶,上口应注意密封,防止流出液呈雾状散失。

(5)开动离心机,转速逐渐增至3000r/min,沥青溶液通过排出口注入回收瓶中,待流出停止后停机。

(6)从上盖的孔中加入新溶剂,数量大体相同,稍停3~5min后,重复上述操作,如此数次直至流出的抽提液呈清澈的淡黄色为止。

(7)卸下上盖,取下圆环形滤纸,在通风橱或室内空气中蒸发干燥,然后放入105℃±5℃的烘箱中干燥,称取质量,其增重部分(m_2)为矿粉的一部分。

(8)将容器中的集料仔细取出,在通风橱或室内空气中蒸发后放入105℃±5℃烘箱中烘干(一般需4h),然后放入大干燥器中冷却至室温,称取集料质量(m_1)。

(9)用压力过滤器过滤回收瓶中的沥青溶液,由滤纸的增重m_3得出泄漏入滤液中矿粉。如无压力过滤器时,也可用燃烧法测定。

(10)用燃烧法测定抽提液中矿粉质量的步骤如下:

①将回收瓶中的抽提液倒入量筒中,准确定量至mL(V_a)。

②充分搅匀抽提液,取出10mL(V_b)放入坩埚中,在热浴上适当加热使溶液试样呈暗黑色后,置高温炉(500℃~600℃)中烧成残渣,取出坩埚冷却。

③向坩埚中按每1g残渣5mL的用量比例,注入碳酸铵饱和溶液,静置1h,放入105℃±5℃的烘箱中干燥。

④取出放在干燥器中冷却,称取残渣质量(m_4),准确至1mg。

四、计算

1. 沥青混合料中矿料的总质量按式(6-5-18)计算。

$$m_a = m_1 + m_2 + m_3 \tag{6-5-18}$$

式中:m_a——沥青混合料中矿料部分的总质量,g;

m_1——容器中留下的集料干燥质量,g;

m_2——圆环形滤纸在试验前后的增重,g;

m_3——泄漏入抽提液中的矿粉质量,g。用燃烧法时可按式(6-5-19)计算。

$$m_3 = m_4 \times \frac{V_a}{V_b} \tag{6-5-19}$$

式中:V_a——抽提液的总量,mL;

V_b——取出的燃烧干燥的抽提液数量,mL;

m_4——坩埚中燃烧干燥的残渣质量,g。

2. 沥青混合料中沥青含量按式(6-5-20)计算,油石比按式(6-5-21)计算。

$$P_b = \frac{m - m_a}{m} \tag{6-5-20}$$

$$P_a = \frac{m - m_a}{m_a} \tag{6-5-21}$$

式中：m——沥青混合料的总质量，g；

P_b——沥青混合料的沥青含量，%；

P_a——沥青混合料的油石比，%。

五、报告

同一沥青混合料试样至少平行试验两次，取平均值作为试验结果。两次试验结果的差值应小于0.3%，当大于0.3%但小于0.5%时，应补充平行试验一次，以3次试验的平均值作为试验结果，3次试验的最大值与最小值之差不得大于0.5%。

沥青混合料配合比设计例题

【题目】试设计上海某高速公路沥青混凝土路面用沥青混合料的配合比。

【设计资料】

(1)道路等级：高速公路。

(2)路面类型：沥青混凝土。

(3)结构层位：三层式沥青混凝土的上面层。

(4)气候条件：最热月平均最高气温28℃，年极端最低气温-11℃；年降雨量750mm。

(5)交通条件：重载交通(交通量在1000万辆以上)。

(6)工程设计级配范围：见表6-5-7，根据以往工程使用情况对该级配进行调整，调整后的级配范围见表6-5-8。

工程设计级配范围　表6-5-7

级配类型	通过下列筛孔(mm)的质量百分率(%)									
	16.0	13.2	9.5	4.75	2.36	1.18	0.6	0.3	0.15	0.075
细粒式沥青混凝土(AC-13)	100	90~100	68~85	38~68	24~50	15~38	10~28	7~20	5~15	4~8

调整后的工程设计级配范围　表6-5-8

级配类型	通过下列筛孔(mm)的质量百分率(%)									
	16.0	13.2	9.5	4.75	2.36	1.18	0.6	0.3	0.15	0.075
调整后的细粒式沥青混凝土	100	95~100	70~88	48~68	36~53	24~41	18~30	12~22	8~16	4~8

(7)材料性能

①沥青材料：70号、90号沥青，经检验技术性能均符合要求。

②矿质材料：石灰石轧制碎石，饱水抗压强度120MPa，洛杉矶磨耗率12%，粘附性(水煮法)4级，毛体积相对密度2.700；砂：洁净海砂，细度模数属中砂，含泥量及泥块量均<1%，毛体积相对密度2.650；石屑：石灰石轧制石屑，毛体积相对密度2.680；矿粉：石灰石磨细石粉，级配范围符合技术要求，无团粒结块，毛体积相对密度2.660。

(8)已建类似沥青混合料的标准油石比：4.9%，已建类似集料的合成毛体积相对密度：

2.72。

【设计要求】

(1)根据现有各种矿质材料的筛析结果,用图解法确定各种矿质材料的配合比。

(2)通过马歇尔试验,确定最佳沥青用量。

(3)配合比设计检验。

解:1.矿质混合料配合比设计

(1)组成材料筛析试验　根据现场取样,碎石、石屑、砂和矿粉等原材料筛分结果列于表6-5-9。

组成材料筛析试验结果　　表6-5-9

材料名称	筛孔尺寸(方孔筛)(mm)									
	16.0	13.2	9.5	4.75	2.36	1.18	0.6	0.3	0.15	0.075
	通过百分率(%)									
碎石	100	94	26	0	0	0	0	0	0	0
石屑	100	100	100	80	40	17	0	0	0	0
砂	100	100	100	100	94	90	76	38	17	0
矿粉	100	100	100	100	100	100	100	100	100	83

(2)组成材料配合比计算　用图解法计算组成材料配合比,如图6-5-5。由图解法确定各种材料用量为碎石:石屑:砂:矿粉=36%:31%:25%:8%。各种材料组成配合比计算如表6-5-5。将表6-5-5计算得合成级配绘于矿质混合料级配范围(图6-5-6)中。

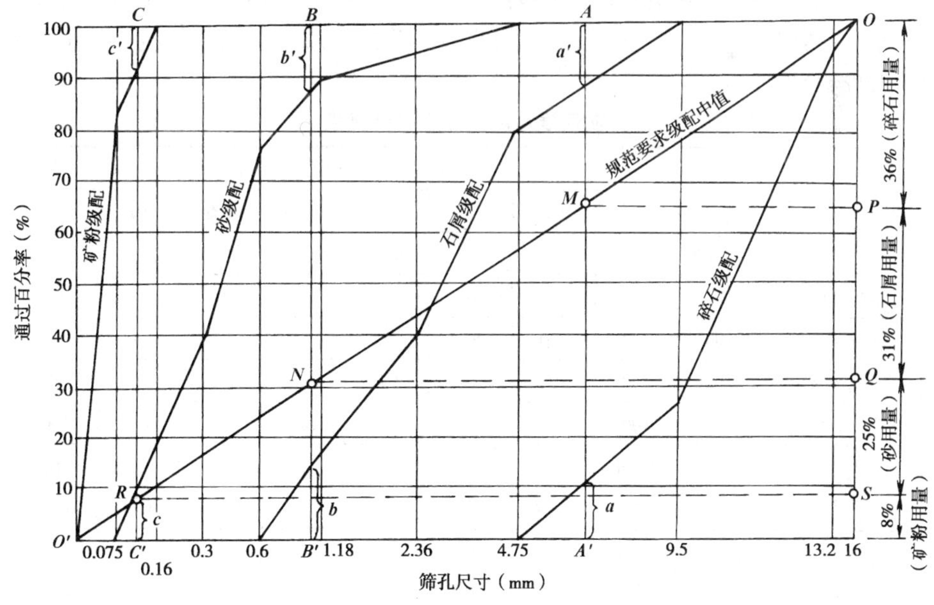

图6-5-5　矿质混合料配合比计算图

(3)调整配合比　对于高速公路和一级公路,宜在工程设计级配范围内计算1~3组粗细不同的配比,级配曲线分别位于工程设计级配范围的上方、中值及下方。此处仅以位于级配范围下方的曲线计算为例。

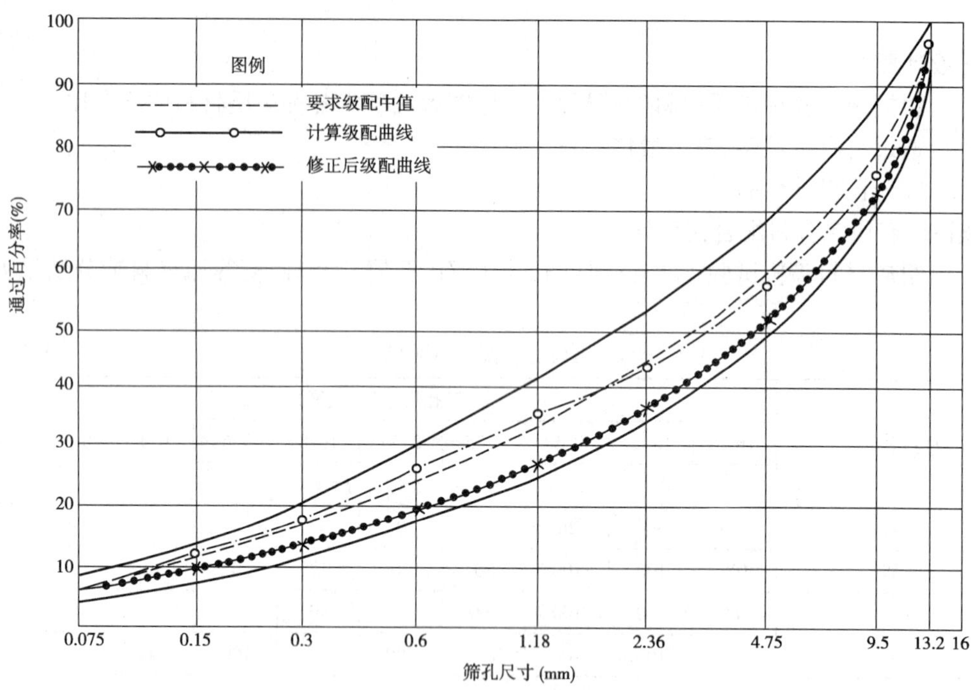

图 6-5-6　矿质混合料级配范围和合成级配图

经过组成配合比的调整,各种材料用量为碎石:石屑:砂:矿粉 =41%:36%:15%:8%。按此计算,结果列如表 6-5-10 中,并将合成级配绘于图 6-5-6 中。由图中可看出,调整后的合成级配曲线为一光滑平顺位于级配范围下方的曲线。确定矿质混合料组成为:碎石:石屑:砂:矿粉 =41%:36%:15%:8%。

矿质混合料组成配合计算表　　　　表 6-5-10

材料组成		筛孔尺寸(方孔筛)(mm)									
		16.0	13.2	9.5	4.75	2.36	1.18	0.6	0.3	0.15	0.075
		通过百分率(%)									
原材料级配	碎石 100%	100	94	26	0	0	0	0	0	0	0
	石屑 100%	100	100	100	80	40	17	0	0	0	0
	砂 100%	100	100	100	100	94	90	76	38	17	0
	矿粉 100%	100	100	100	100	100	100	100	100	100	83
各种矿质材料在混合料中的级配	碎石 36% (41%)	36 (41)	33.8 (38.5)	9.4 (10.7)	0 (0)	0 (0)	0 (0)	0 (0)	0 (0)	0 (0)	0 (0)
	石屑 31% (36%)	31 (36)	31 (36)	31 (36)	24.8 (28.8)	12.4 (14.4)	5.3 (6.1)	0 (0)	0 (0)	0 (0)	0 (0)
	砂 25% (15%)	25 (15)	25 (15)	25 (15)	25 (15)	23.5 (14.1)	22.5 (13.5)	19.0 (11.4)	9.5 (5.7)	4.3 (2.6)	0 (0)
	矿粉 8% (8%)	8 (8)	8 (8)	8 (8)	8 (8)	8 (8)	8 (8)	8 (8)	8 (8)	8 (8)	6.6 (6.6)

续上表

材料组成	筛孔尺寸(方孔筛)(mm)									
	16.0	13.2	9.5	4.75	2.36	1.18	0.6	0.3	0.15	0.075
	通过百分率(%)									
合成级配	100 (100)	97.8 (97.5)	73.4 (69.7)	57.8 (51.8)	43.9 (36.5)	35.8 (27.6)	27.0 (19.4)	17.5 (13.7)	12.3 (10.6)	6.6 (6.6)
级配范围(AC-13)	100	95-100	70-88	48-68	36-53	24-41	18-30	12-22	8-16	4-8
级配中值	100	98	79	58	45	33	24	17	12	6

注:括号内的数字为级配调整后的各项相应数值。

2. 马歇尔试验

1)马歇尔试验技术标准

根据公路等级、路面类型、气候条件、交通条件等查表6-2-1,得出马歇尔试验技术标准,列于表6-5-11中。

2)试件成型

(1)选择沥青　根据公路等级、气候条件、路面类型及结构层位,并结合过去使用的经验,确定沥青等级为A级,选择70号道路石油沥青。

(2)确定预估油石比　按式(6-5-1)计算矿料混合料的合成毛体积相对密度 γ_{sb},按式(6-5-3)计算适宜油石比 P_a。

$$\gamma_{sb}=\frac{100}{\frac{41}{2.70}+\frac{36}{2.68}+\frac{15}{2.65}+\frac{8}{2.66}}=2.682$$

$$P_a=\frac{P_{a1}\times\gamma_{sb1}}{\gamma_{sb}}=\frac{4.9\times2.720}{2.682}=5.0\%$$

(3)成型试件　以预估的油石比 $P_a=5.0\%$ 为中值,采用0.5%间隔变化,确定5组油石比为4.0%、4.5%、5.0%、5.5%、6.0%,按现行试验规程的要求成型马歇尔试件。

3)马歇尔试验

(1)测定、计算试件物理指标　按上述方法成型的试件,经冷却、脱模后用表干法测定其毛体积相对密度、最大理论相对密度。计算沥青混合料试件的空隙率、矿料间隙率VMA、有效沥青的饱和度VFA,结果见表6-5-11。

(2)力学指标测定　测定沥青混合料试件的马歇尔稳定度及流值,结果见表6-5-11 。

马歇尔试验物理—力学指标测定结果汇总表　　表6-5-11

试件组号	油石比(%)	技术指标						
		毛体积相对密度 γ_f	最大理论相对密度 γ_t	空隙率 VV (%)	矿料间隙率 VMA (%)	有效沥青饱和度 VFA (%)	稳定度 *MS* (kN)	流值 *FL* (0.1mm)
1	4.0	2.332	2.471	5.6	16.4	65.7	8.7	16
2	4.5	2.360	2.476	4.7	15.8	70.3	9.7	19
3	5.0	2.430	2.521	3.6	13.7	73.7	10.3	23
4	5.5	2.428	2.508	3.2	14.2	77.5	10.2	28
5	6.0	2.385	2.456	2.9	16.1	82.1	9.8	37
技术标准(JTG F40—2004)		—	—	3~6	详见表6-2-1	65~75	>8	20~40

3. 确定最佳沥青用量(或油石比)

以油石比为横坐标,分别以毛体积密度、稳定度、空隙率、流值、矿料间隙率 VMA、有效饱和度 VFA 为纵坐标,绘制沥青用量(油石比)与物理—力学指标关系图。将试验结果点入图中,连成圆滑的曲线,如图 6-5-7。

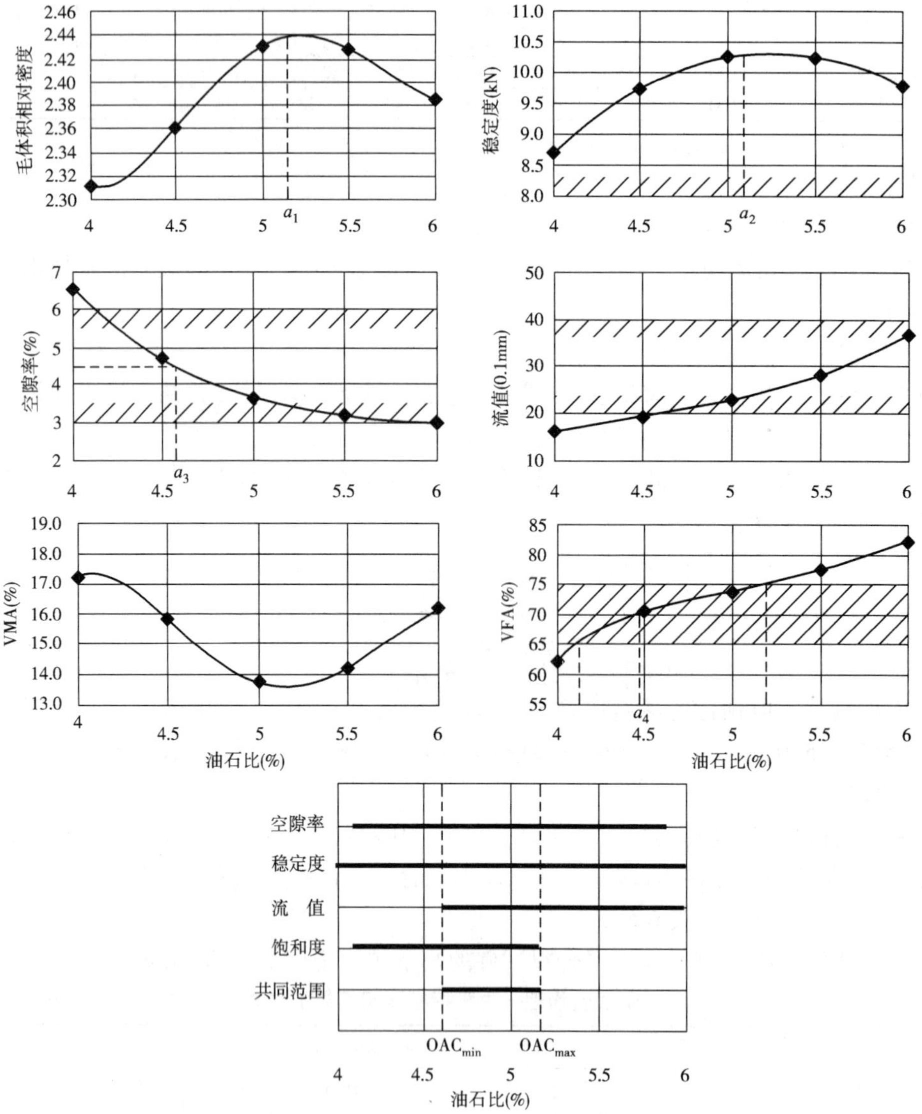

图 6-5-7 沥青用量与马歇尔稳定度试验物理—力学指标关系图

(1)确定沥青最佳用量 OAC_1 求取相应于密度最大值、稳定度最大值、目标空隙率(或中值)、沥青饱和度范围的中值的沥青用量,分别为 $a_1=5.1\%$,$a_2=5.1\%$,$a_3=4.6\%$,$a_4=4.5\%$,则:

$$OAC_1=(a_1+a_2+a_3+a_4)/4=4.8\%$$

(2)确定沥青最佳用量 OAC_2,各项指标均符合技术标准(不含 VMA)的沥青用量范围:

$$OAC_{min}=4.6\% \qquad OAC_{max}=5.2\%$$

则　　　　　　　　$OAC_2=(4.6\%+5.2\%)/2=4.9\%$

(3)确定最佳沥青用量OAC。

$$OAC=(OAC_1+OAC_2)/2=(4.8\%+4.9\%)/2=4.9\%$$

①检验OAC=4.9%所对应的空隙率和VMA值,VV=3.7%、VMA=13.8%,能够满足表6-2-1最小VMA值(按内插法约为13.7%)要求。且位于VMA凹形曲线最小值的贫油一侧。

②检验OAC对应的各项指标均符合马歇尔试验技术标准。

(4)调整确定最佳沥青用量OAC。

当地为夏热地区并且是高速公路的重载交通路段,预计有可能产生较大车辙,因此将最佳沥青用量OAC减小0.2%,即OAC确定为4.7%。

(5)计算沥青结合料被集料吸收的比例及有效沥青含量。

(6)检验最佳沥青用量时的粉胶比和有效沥青膜厚度。

4. 配合比设计检验

(1)高温稳定性检验　对公称最大粒径等于或小于19mm的混合料,按试验规程(JTJ 052 T 0719—93)方法,以沥青用量4.7%,在60℃条件下用车辙试验机检验其动稳定度,试验结果列于表6-5-12。

沥青混合料抗车辙试验　　　　表6-5-12

沥青用量(%)	试验温度 T (℃)	试验轮胎压 P (MPa)	动稳定度 DS (次/mm)
OAC=4.7	60	0.7	1 030

从表6-5-12中试验结果可知,动稳定度符合表6-5-3规定的高速公路2-4气候区不小于800次/mm的要求。

(2)水稳定性检验　按规定的试验方法进行浸水马歇尔试验和冻融劈裂试验,采用沥青用量4.7%制备试件,在浸水48h后测定马歇尔稳定度及冻融劈裂残留强度比,试验结果列于表6-5-13。

沥青混合料水稳定性试验结果　　　　表6-5-13

沥青用量(%)	马歇尔稳定度 MS (kN)	浸水马歇尔稳定度 MS_1 (kN)	浸水残留稳定度 MS_0 (%)	冻融劈裂残留强度比(%)
OAC =4.7	8.3	7.6	92	86

从表6-5-13试验结果可知,沥青用量为OAC=4.7%时,残留稳定度、冻融劈裂残留强度比均符合表6-5-4规定的沥青混凝土湿润区不小于80%和75%的要求。

(3)低温抗裂性能检验　对于夏热气候分区不须检验低温抗裂性能。

(4)渗水系数检验　利用车辙试件进行渗水试验检验,渗水系数为75mL/min,符合表6-5-6规定的不大于120 mL/min的要求。

(5)钢渣活性检验　对使用钢渣的沥青混合料,应按规定的试验方法检验钢渣的活性及膨胀性试验,并符合规范要求。

课题六　新型沥青混合料

一、沥青玛蹄脂碎石混合料(SMA)

随着交通量尤其是重载车辆不断增加,对路面的要求越来越高。但沥青路面的高温稳定性能、低温抗裂及耐久性(抗疲劳、水稳定性和抗老化)等路用性能的要求往往是互相矛盾或相互制约的。为了提高路面的高温抗车辙能力,就要尽量采用粗级配,增大集料粒径,减小用油量,但这样的混合料低温劲度大,发脆,水密性差,很容易开裂,耐疲劳性能差,不耐久。又如,为提高低温抗裂性能,则希望使用针入度较大、用量较多的沥青,且用较细的混合料,但在夏季容易出现软化、泛油和车辙等现象。如欲提高表面粗糙度,宜采用抗滑性能好的开级配或半开级配沥青混合料,因空隙率较大,其耐久性又将受到影响。采用 SMA 再加上改性沥青,并根据当地的气候条件及交通情况进行配合比设计,就能兼顾上述相互矛盾的要求,为我们提供一条提高沥青路面各种使用性能的有效途径。

SMA 在欧洲已成功地使用 20 多年。20 世纪 80 年代初,德国公路部门把 SMA 作为一种标准材料,现已推广应用到瑞典、丹麦、法国、日本和美国等;1996 年美国乔治亚州沥青玛蹄脂碎石混合料路面连续四年被联邦公路管理局(FHWA)评为全美最佳干线。

我国最早采用 SMA 结构的是 1993 年竣工的北京首都机场高速公路。之后,首都机场东跑道加盖沥青层、东西长安街和八达岭高速公路京昌段的表面层也采用了 SMA。以上工程在使用中,各项性能良好。沥青混合料的感温性减小,其高温稳定性、低温抗裂性及水稳定性都有显著改善和提高,而且表面有良好的抗滑性能,从而全面提高了沥青路面的使用性能,延长了寿命,减少了养护维修费用。

根据国内外使用的经验,SMA 有下述优缺点:

优点:(1)抗永久变形能力强,辙槽可减轻 30% ~40%。

(2)表面粗糙度好,构造深度可达 1.5 ~2.0mm,噪声可减小 1 ~3dB。

(3)抗磨耗能力强。

(4)早期裂缝少,老化较慢,耐久性可延长 20% ~40%。

缺点:(1)造价增加约 20%。

(2)沥青和矿粉用量多,还需使用纤维素,加工较繁,生产率较低。

(3)使用性能对矿粉和沥青用量的敏感性强,适应的气温条件温差较小。

(4)新建的 SMA 潮湿状态时,有过滑的危险。

1. 概述

1)沥青玛蹄脂碎石混合料

由沥青结合料与少量的纤维稳定剂、细集料以及较多量的填料(矿粉)组成的沥青玛蹄脂填充于间断级配的粗集料骨架的间隙,组成一体的沥青混合料,简称 SMA。它主要采用粗集料,相互间构成嵌锁结构,很少使用细集料,从而形成所谓间断级配。例如 SMA—16 采用 5mm 以上集料高达 70% ~80%。矿料中的空隙用沥青玛蹄脂来填充,如图 6-6-1。

按照公称最大粒径的大小及压实度的厚度,SMA 分为 SMA-20、SMA-16、SMA-13、SMA-10

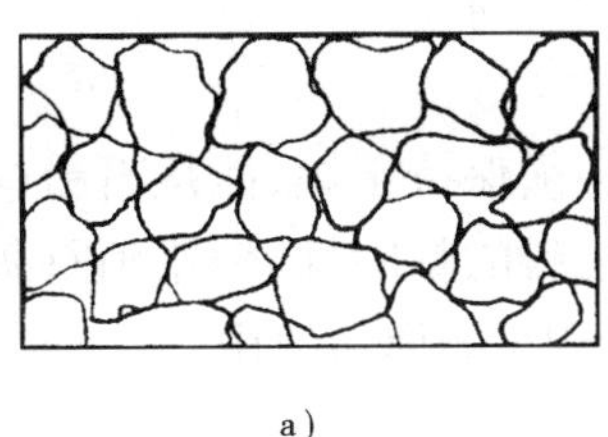
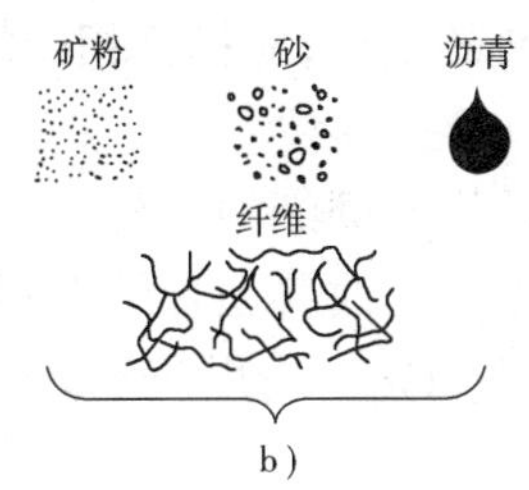

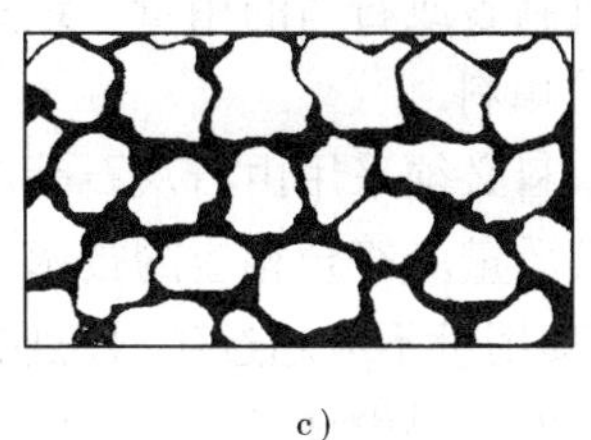

a)　　b)　　c)

图 6-6-1　沥青玛蹄脂碎石混合料的组成

a)粗集料骨架;b)沥青玛蹄脂;c)用玛蹄脂填充的粗集料骨架

等 4 种类型。

2)术语

(1)沥青胶浆　由沥青结合料、矿粉、纤维组成的沥青玛蹄脂的粘结剂。

(2)沥青玛蹄脂　由沥青胶浆与细集料组成的混合物,用以填充沥青玛蹄脂碎石混合料(SMA)的粗集料骨架的间隙,同时起粘结作用。

(3)纤维稳定剂　在沥青玛蹄脂碎石混合料中起吸附沥青,增强结合料粘结力和稳定作用的木质素纤维、矿物纤维、聚合物化学纤维等各类纤维的名称。

(4)粗集料　在 SMA 混合料中形成嵌挤起到骨架作用的集料部分,对 SMA-13、SMA-16 是指粒径大于 4.75mm 的集料,对 SMA-10 是指粒径大于 2.36mm 的集料。

2. 组成材料

1)沥青

用于 SMA 的沥青结合料必须具有较高的粘度,与集料有良好的粘附性,以保证有足够的高温稳定性和低温韧性。对高速公路等承受繁重交通的重大工程,夏季特别炎热或冬季特别寒冷的地区,宜采用改性沥青。

2)纤维稳定剂

稳定剂在 SMA 中的作用,一是稳定沥青,二是改善低温路面性质和抗滑性。沥青玛蹄脂碎石混合料在没有纤维,沥青含量多、矿粉用量大的情况下,沥青矿粉胶浆在运输、摊铺过程中会产生流淌离析,或在成型后由于沥青膜厚而引起路面抗滑性差等现象。所以,有必要加入纤维聚合物作为稳定剂。稳定剂包括纤维和聚合物两类,也有用橡胶粉的。

3)粗集料

SMA 的高温稳定性是基于含量甚多的粗集料之间的嵌挤作用,在很大程度上取决于集料石质的坚韧性、颗粒形状和棱角性。可以说,粗集料的这些性质是关乎 SMA 成败的关键。因此,用于 SMA 的粗集料应采用质地坚硬、表面粗糙、形状接近立方体、有良好的嵌挤能力的破碎集料,并必须符合现行规范的相关技术要求。

当采用酸性石料作粗集料,沥青与石料的粘附性和沥青混合料的水稳定性不符合要求时,应采用改性沥青、掺加适量消石灰粉或水泥等措施。如使用抗剥落剂时,必须确认抗剥落剂具有长期的抗水损害效果。

4)细集料

细集料宜采用专用的细料破碎机(制砂机)生产的机制砂。当采用普通石屑代替时,宜采用与沥青粘附好的石灰岩石屑,且不得含有泥土、杂物。与天然砂混用时,天然砂的用量不宜超过机制砂或石屑的用量。细集料的质量,应符合相应的技术要求。

5)填料

填料必须采用由石灰石等碱性岩石磨细的矿粉。矿粉必须保持干燥,能从石粉仓自由流出。其质量应符合相应的技术要求。为改善沥青结合料与集料的粘附性,使用消石灰粉和水泥时,其用量不应超过矿料总质量的2%。粉煤灰不得作为SMA的填料使用。

3.混合料设计

SMA配合比设计的任务就是确定骨架和玛蹄脂部分各种材料的规格和比例,以便保证真正形成粗集料骨架,骨架间又恰好被玛蹄脂填充,玛蹄脂能真正发挥使混合料成为整体的胶结作用。SMA混合料必须规定有充分的矿料间隙率(VMA)或最小沥青用量这两个关键性技术指标。

1)设计原则

SMA混合料的配合比设计,应遵循现行规范关于热拌沥青混合料配合比设计的目标配合比、生产配合比及试拌试铺验证的三个阶段,确定矿料级配及最佳沥青用量。

SMA配合比设计采用马歇尔试件体积设计方法。混合料的体积组成结构,如图6-6-2所示。

2)SMA混合料的配合比设计的具体步骤

SMA混合料的配合比设计采用马歇尔试件的体积设计方法进行,马歇尔试验的稳定度和流值并不作为配合比设计接受或者否决的惟一指标。

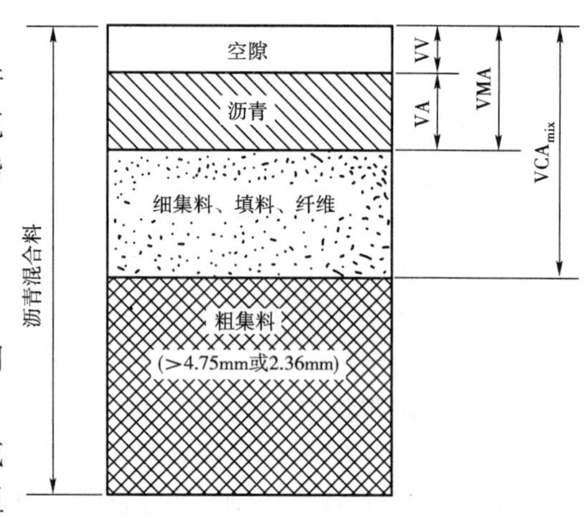

图6-6-2 SMA混合料的各种体积指标

(1)设计矿料级配的确定。

①设计初试级配。

SMA路面的工程设计级配范围宜直接采用《公路沥青路面施工技术规范》(JTG F40—2004)中规定的矿料级配范围。公称最大粒径等于或小于9.5mm的SMA混合料,以2.36mm作为粗集料骨架的分界筛孔,公称最大粒径等于或大于13.2mm的SMA混合料以4.75mm作为粗集料骨架的分界筛孔。

在工程设计级配范围内,调整各种矿料比例设计3组不同粗细的初试级配,3组级配的粗集料骨架分界筛孔的通过率处于级配范围的中值、中值±3%附近,矿粉数量均为10%左右。

②按普通沥青混合料的方法计算初试级配矿料的合成毛体积相对密度γ_{sb}、合成表观相对密度γ_{sa}、有效相对密度γ_{se}。

③ 把每个合成级配中小于粗集料骨架分界筛孔的集料筛除,按《公路工程集料试验规程》的规定,用捣实法测定粗集料骨架的松方毛体积相对密度γ_S,按下式计算粗集料骨架混合料的平均毛体积相对密度γ_{CA}。

④计算各组初试级配捣实状态下的粗集料松装间隙率VCA_{DRC}。

⑤预估新建工程SMA混合料的适宜的油石比P_a或沥青用量为P_b,作为马歇尔试件的初试油石比。

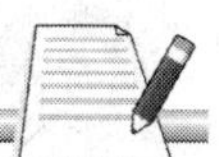

⑥ 按照选择的初试油石比和矿料级配制作 SMA 试件，马歇尔标准击实的次数为双面 50 次（75 次），一组马歇尔试件的数目不得少于 4 ~ 6 个。SMA 马歇尔试件的毛体积相对密度由表干法测定。

⑦计算不同沥青用量条件下 SMA 混合料的最大理论相对密度，其中纤维部分的比例不得忽略。

⑧计算 SMA 马歇尔混合料试件中的粗集料骨架间隙率 VCA_{mix}，空隙率 VV、集料间隙率 VMA、沥青饱和度 VFA。

⑨从 3 组初试级配的试验结果中选择设计级配时，必须符合 $VCA_{mix} < VCA_{DRC}$ 及 VMA > 16.5% 的要求，当有 1 组以上的级配同时符合要求时，以粗集料骨架分界集料通过率大且 VMA 较大的级配为设计级配。

（2）确定设计沥青用量。

① 根据所选择的设计级配和初试油石比试验的空隙率结果，以 0.2% ~ 0.4% 为间隔，调整 3 个不同的油石比，制作马歇尔试件，计算空隙率等各项体积指标。一组试件数不宜少于 4 ~ 6个。

②进行马歇尔稳定度试验，检验稳定度和流值是否符合规范规定的技术要求。

③根据设计空隙率，确定油石比，作为最佳油石比 OAC。所设计的 SMA 混合料应符合规范规定的各项技术标准。

④如初试油石比的混合料体积指标恰好符合设计要求时，可以免去这一步，但宜进行一次复核。

（3）配合比设计检验。

除普通沥青混合料配合比设计规定项目外，SMA 混合料的配合比设计还必须进行谢伦堡析漏试验及肯特堡飞散试验。配合比设计检验应符合技术要求，不符合要求的必须重新进行配合比设计。

二、高性能沥青混合料（Superpave）

1. 概述

美国每年用于维修路面的费用就达 100 亿美元。由于路面修建过程的复杂性，判断沥青路面破坏的原因是困难的。沥青、沥青混合料的性能以及沥青混合料生产工艺和路面的施工质量都和沥青路面的破坏有关。为了改变这一状况，需改善沥青路面的性能和耐久性。美国国会在 20 世纪 80 年代后期批准并开始执行“美国公路战略研究计划”（SHRP）研究项目。经过美国公路科技人员对沥青和沥青混合料路用性能 5 年左右的研究，取得了许多理论上的突破，对现行的沥青和沥青混合料规范及设计方法进行了重大修改，提出了一种全新的沥青混合料的设计方法并开发出与这一新方法相配套的沥青和沥青混合料路用性能的试验设备。

Superpave 是 Superior Performing Asphalt Pavements 的缩写，中文意思就是“优良性能的沥青路面”。Superpave 沥青混合料设计法是一种全新的沥青混合料设计方法，包含沥青胶结料的标准、沥青混合料体积设计方法、沥青混合料分析体系、计算机软件以及相关的试验设备、试验方法和标准。

混合料体积设计也称 I 级设计，使用旋转压实机（SGC）压实试件并根据体积设计要求选择沥青含量。

混合料中等路面性能水平设计也称 II 级设计，以混合料体积设计为基础，附加一组 SST 和 IDT 试验以达到一系列的性能预测。

混合料最高路面性能水平设计也称 III 级设计，以混合料体积设计为基础，附加的 SST 及 IDT 试验是在一个较宽的温度变化范围内进行试验。由于包含了更广的试验范围和结果，完全分析可提供更可靠的性能预测水平。

图 6-6-3 是 Superpave 沥青混合料设计体系方框图。

集料选择
沥青选择
体积设计
(含水敏感性)
测定建立在路面性能
基础上的材料性质
简单性能试验
中等性能分析
完全性能分析
路面性能估计
永久变形
疲劳开裂
低温开裂
路面性能估计
永久变形
低温开裂
疲劳开裂
最终生产用混合料设计
验证试验
现场混合料控制试验

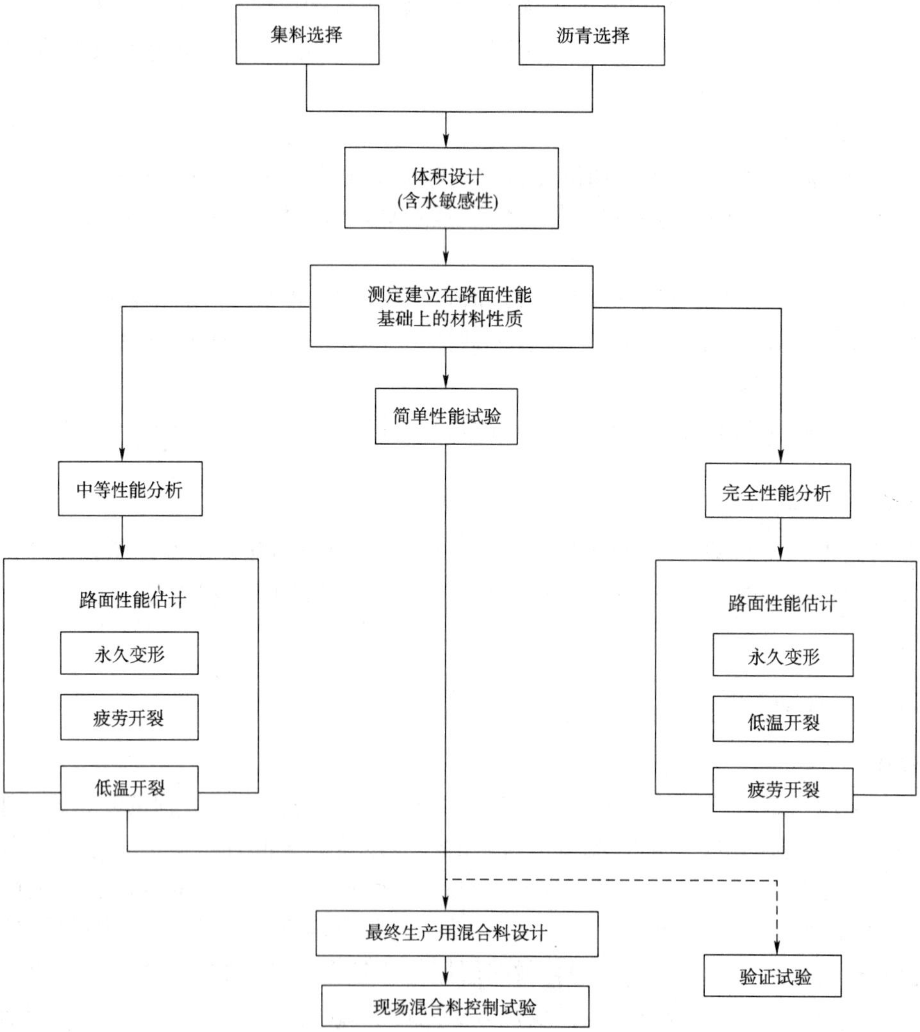

图 6-6-3　Superpave 沥青混合料设计体系方框图

2. Superpave 沥青混合料体积设计法概念

所谓 Superpave 沥青混合料体积设计是根据沥青混合料的空隙率、矿料间隙率、沥青填隙率等体积特性进行热拌沥青混合料设计的。沥青混合料体积设计过程主要由四部分组成：①材料选择；②集料级配选择；③确定沥青混合料的沥青含量；④评估沥青混合料的验证，包括体

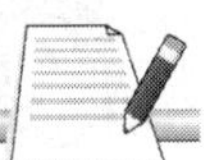

积性质和水敏感性。

此方法适用于新鲜或再生、密级配、改性或未改性沥青胶结料以及特殊混合料，如 SMA、OGFC 等。我们现在进行的设计称为体积设计，用旋转压实机代替马歇尔击实仪和马歇尔试验机。压实混合料分析实现以前，将寻求一两个工程性质试验来检验沥青混合料体积设计。

Superpave 沥青混合料体积设计方法对材料 、集料级配、混合料均有严格的规定，并制定了相应的规范要求，包括沥青胶结料规范、集料规范、混合料规范。

三、多孔隙沥青混凝土表面层(OGFC)

1. 概述

高等级公路路面结构不仅要具备足够的强度抵御千百万次行车荷载的重复作用，还必须具有足够的表面功能以保证车辆高速行驶时获得足够的舒适性和安全性。通常要求路面表面具有以下的功能：平坦——不产生过量的车辙和变形；抗滑——具有足够的粗糙度。多孔隙沥青混凝土磨耗层(OGFC)沥青混合料适应了这一需求。

多孔隙沥青混凝土表面层或多孔隙沥青混凝土磨耗层(OGFC)又称开级配磨耗层(OGFC)或称排水沥青混凝土磨耗层或透水沥青混凝土磨耗层。

2. 技术性能

1)排水和抗滑性

多孔隙沥青混凝土压实后约有 20% 以上的孔隙，从而在面层内形成一个水道网。降雨时，落到表面层表面的雨水，可通过层内部的孔隙流动并排出路面外，而不在表面形成水膜和径流。大雨来不及排水时，虽表面有径流和溅水，但要轻得多，一旦雨停，表面径流立即消失。因此，它能避免降雨过程中在路面上高速行车产生的水漂现象，消除车后的溅水和射水现象，消除路面表面的反光现象，从而使道路标志更容易看清。

2)降低噪声性能

开级配抗滑磨耗层沥青路面降低噪声的性能主要是由于大空隙的作用。汽车轮胎在路面上滚动产生的噪声在交通噪声中所占的比例越来越高，当车速超过 50km/h 时更为突出。开级配抗滑磨耗层路面可使气流顺利消散，降低了噪声。

OGFC 路面的降噪声效果与路面厚度、空隙率大小有关，即 OGFC 路面越厚，空隙率越大，降噪声效果越好。一般如 OGFC 表层厚度为 4cm，考虑耐久性及可能形成的空隙，空隙率一般可达 20% ~30%，则噪声降低 4dB。

3)高温稳定性

OGFC 沥青路面高温稳定性和抗车辙能力比一般沥青混凝土高。例如用高粘度改性沥青配制的 OGFC 沥青混合料得到的动稳定度可达 5000 次/mm，这主要是因为大颗粒间的相互直接接触而构成骨架结构承担了荷载的作用，所以在高温下抵抗变形的能力大。

4)耐久性

沥青路面的耐久性是指在自然因素及频繁行车荷载作用下，路面自身特有使用性能保持时间长短的能力。保持时间长，耐久性高；反之，耐久性差。OGFC 沥青路面其耐久性比一般沥青混合料路面要低，主要表现为：OGFC 路面在使用一定时间后，空隙会由于灰尘、污物堵塞而减少，排水、吸音效果降低，产生老化、剥落的现象会较早，由于这些问题，使得 OGFC 路面的使用品质下降。

在 OGFC 沥青路面具有许多优点的同时,也带有相应的缺陷。但在选料、设计、养护方面采取专门措施,在某种程度上,可消除或弥补这些不足。比如聚合物改性沥青 OGFC 路面的耐久性比不改性的高,这是因为改性沥青可增加沥青膜的厚度,延续沥青的老化,同时也可改善沥青与矿料间的粘结力,高压注水吸出法或双氧水发泡清洗污染等工艺可消除孔隙堵塞,保持路面排水吸音等功能。这些措施都可提高 OGFC 路面的耐久性。

单元七　钢　　材

【理论要求】

熟练掌握钢材的技术性质及其指标，掌握桥梁建筑用钢材及其制品的特性，掌握钢材的各种分类。

【技能要求】

掌握钢材各技术指标的测定方法。熟练掌握钢材的拉伸、冷弯的测定方法。具备正确出具试验报告及结果分析的能力。

一、钢材的分类

钢材的分类方法很多，较常用的有下列分类方法。

1. 按化学成分分类

1）碳素钢　亦称“碳钢”，主要化学成分是铁，其次是碳，还有少量的硅、锰、磷、硫、氧、氮等杂质。碳素钢按含碳量可分为：

（1）低碳钢：含碳量小于0.25%；

（2）中碳钢：含碳量介于0.25%～0.55%；

（3）高碳钢：含碳量大于0.60%。

2）合金钢　为改善钢的性能，在钢中特意加入某些合金元素（如锰、硅、钒、钛等），使钢材具有特殊的力学性能。合金钢按合金元素的含量可分为：

（1）低合金钢：合金元素总含量小于5%；

（2）中合金钢：合金元素总含量介于5%～10%；

（3）高合金钢：合金元素总含量大于10%。

2. 按杂质含量分类

碳素钢中含有磷、硫、氧、氮、氢等有害杂质，降低了钢的质量。因此按钢材化学成分中有害杂质的含量不同又可划分为：

（1）普通钢：磷含量不大于0.045%，硫含量不大于0.055%；

（2）优质钢：磷含量不大于0.035%～0.040%，硫含量不大于0.040%。

3. 按用途分类

(1)结构钢:用于建筑结构、机械制造等,一般为低碳钢和中碳钢;

(2)工具钢:用于各种工具(如刀具、量具、模具等),一般为高碳钢;

(3)特殊钢:具有某种特殊物理化学性质,如耐酸钢、耐热钢、不锈钢等。

二、建筑钢材的技术性质和技术标准

桥梁建筑所用的钢材和钢筋混凝土中钢筋的技术性质包括:强度、塑性、冷弯、冲击韧性和硬度等。

1. 强度

钢材在承受抗拉试验时,可绘出拉伸图(拉力—变形关系),根据拉伸图改换坐标可作出应力—应变曲线。现举低碳素结构钢为例,其应力—应变图绘出如图7-0-1。从图中可了解到低碳素结构钢的性能指标:

图中的曲线可明显地划分为四个阶段:弹性阶段(O-A),屈服阶段($B_上$-$B_下$),强化阶段(B-C)和缩颈阶段(C-D)。

(1)弹性阶段　OA 是一直线,在 OA 范围内如卸去荷载,试件变形能恢复原状,即呈弹性变形。与 A 点对应的应力称为弹性极限,用 R_P 表示。

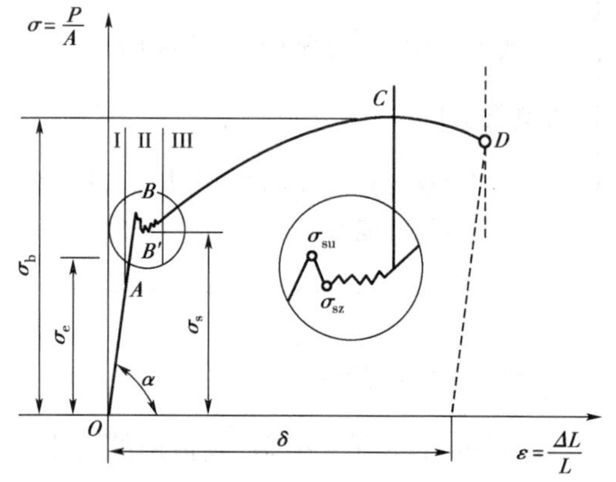

图7-0-1　碳素结构钢的应力—应变图

(2)屈服阶段　A 点以后,应力与应变不再成正比关系。这时如卸去外力,试件变形不能完全消失,表明已出现塑性变形。拉力继续增加则达到屈服阶段,在屈服阶段,锯齿形的最高点 $B_上$ 所对应的应力称为屈服上限(R_{eH}),锯齿的最低点 $B_下$ 所对应的应力称为屈服下限(R_{eL})。上屈服点与试验过程中的许多因素有关,而下屈服点 $B_下$ 较为稳定,所以规范规定以 $B_下$ 点对应的应力为屈服点。屈服点以MPa表示,按下式计算:

$$R_{eL}=\frac{F_s}{S_0} \tag{7-0-1}$$

式中:F_s——相当于所求应力的荷载,kN;

S_0——试件的原截面积,mm^2。

中碳钢和高碳钢没有明显的屈服点,通常以残余变形0.2%的应力作为屈服强度,表示为 $R_{eL(0.2)}$,按公式(7-0-2)计算:

$$R_{0.2}=\frac{F_{0.2}}{S_0} \tag{7-0-2}$$

式中:$F_{0.2}$——相当于所求应力对应的荷载,kN;

S_0——试件的原横截面积,mm^2。

屈服点对钢材使用有重要的意义,当构件的实际应力超过屈服点时,将产生不可恢复的永久变形。另一方面,当应力超过屈服点时,受力高的部分应力不再提高,即自动将荷载重新分

配给某些应力较小的部分。因此,屈服强度是确定钢结构容许应力的主要根据。图 7-0-2 所示为中、高碳素结构钢的应力-应变图。

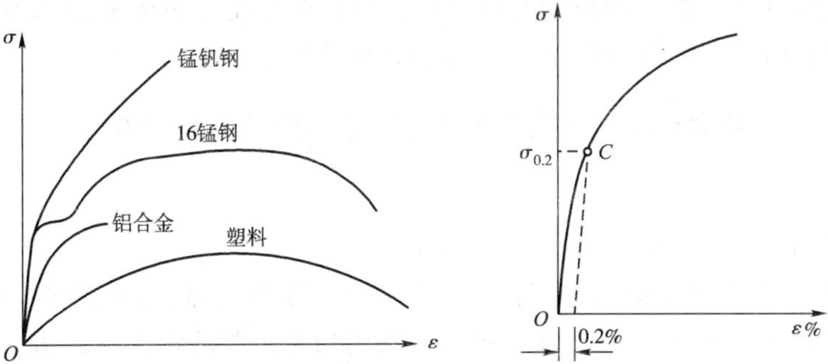

图 7-0-2　中、高碳素结构钢的应力—应变图

(3)强化阶段　试件在屈服阶段以后,其抵抗塑性变形的能力重新提高,故称为强化阶段,C 点的应力称为抗拉强度,用 R_m 表示。因此抗拉强度是试样在拉断以前所承受的最大负荷所对应的应力,它表示材料在拉力作用于下抵抗破坏的最大能力。

抗拉强度虽然不能直接作为计算根据,但屈服强度和抗拉强度的比值,即"屈强比"(R_{eL}/R_m)对使用有较大的意义。比值越小,说明在钢材受力超过屈服点工作时的可靠性越大,结构越安全,即延缓结构损坏过程的潜力愈大,但此值太小时,钢材强度的有效利用率低,不够经济。所以屈服强度和抗拉强度是钢材力学性能的主要检验指标。

(4)缩颈阶段　试件伸长到一定程度后,荷载逐渐降低。此时可以看到在试件某一段内的横截面面积显著地收缩,出现"颈缩"现象。在试件继续增长的过程中,由于"颈缩"部分的横截面面积急剧缩小,因此,荷载读数(即试件的抗力)反而降低,一直到试件被拉断。

2. 塑性

钢材在受力破坏前可以经受永久变形的性能,称为塑性。在工程应用中钢材的塑性指标通常用伸长率和断面收缩率表示。

1)断后伸长率

又称延伸率,是指试样拉断后,其标距部分所增加的长度与原标距长度的百分比。伸长率按公式(7-0-3)计算。

$$\delta_n = \frac{L_1 - L_0}{L_0} \times 100\% \tag{7-0-3}$$

式中:L_1——试样拉断后标距部分的长度,mm;

L_0——试样的原标距长度,mm;

n——长或短试样的标志。长试样 $L_0 = 10d_0$,伸长率用 δ_{10} 表示;短试样 $L_0 = 5d_0$,伸长率用 δ_5 表示(d_0 为试样直径)。

2)断面收缩率

收缩率是试件拉断后缩颈处横断面积的最大缩减量占原横断面积的百分率。断面收缩率(φ)按式(7-0-4)计算:

$$\varphi = \frac{A_0 - A_1}{A_0} \times 100\% \tag{7-0-4}$$

式中:A_0——试样的原横截面积,mm^2;

A_1——试样拉断(颈缩)处的横截面积,mm^2。

伸长率与收缩率都反映了钢材的变形性能。伸长率与收缩率越大,表明钢材塑性越好,钢材越易加工,且易保证质量。一般 $\delta \geqslant 15\%$,$\varphi \geqslant 10\%$ 为宜。

金属材料　室温拉伸试验方法(GB/T 228—2002)

一、试样

1. 尺寸测量:钢筋直径的测量精确到 0.1mm。

2. 取样长度:直径大于 4mm 的钢筋,两夹头间的长度应足够,以使试样原始标距的标记与最近夹头间近的距离不小于 1.5d。试验机两夹头间的自由长度应至少为 $L_0 + 50$mm。如不测定断后伸长率,两夹头间的最小自由长度可以为 50mm。

3. 标距:比例试样,原始标距与原始横截面积有 $L_0 = k\sqrt{A_0}$ 关系。

注:国际上使用的比例系数 k 值为 5.65。原始标距应不小于 15 mm。当试样横截面积太小,以致采用比例系数 k 为 5.65的值时不能符合这一最小标距要求时,可以采用较高的值(优先采用 11.3 的值),例如,$A_{11.3}$ 表示原始标距(L_0)为 $11.3\sqrt{A_0}$ 的断后伸长率;或采用非比例试样。

4. 原始标距(L_0)的标记:应用小标记、细划线或细墨线标记原始标距,但不得用引起过早断裂的缺口作标记。

对于比例试样,应将原始标距的计算值修约至最接近 5mm 的倍数,中间数值向较大一方修约。原始标距的标记应准确到 ±1%。

二、试验仪器

1. 各种类型拉力试验机均可使用,但应按照 GB/T 16825 进行检验,并应为 1 级或优于 2 级准确度。

2. 根据试样尺寸测量精度的要求,选用相应精度的任两种量具或仪器,如游标卡尺、螺旋千分尺或精度更高的测微仪、钢板尺、钢卷尺等。

三、试验条件

1. 试验速率

1)测定下屈服强度(R_{eL})

若仅测定下屈服强度,在试样平行长度的屈服期间应变速率应在 0.00025/s ~ 0.0025/s 之间。平行长度内的应变速率应尽可能保持恒定。如不能直接调节这一应变速率,应通过调节屈服即将开始前的应力速率来调整,在屈服完成之前不再调节试验机的控制。

任何情况下,弹性范围内的应力速率不得超过表 7-0-1 规定的最大速率。

应　力　速　率　　　　表 7-0-1

材料弹性模量 E(N/mm^2)	应力速率($N/mm^2 \cdot s^{-1}$)	
	最小	最大
<150000	2	20
≥150000	6	60

2)测定抗拉强度(R_m)的试验速率

(1)塑性范围　平行长度的应变速率不应超过 0.008/s。

(2)弹性范围　如试验不包括屈服强度或规定强度的测定，试验机的速率可以达到塑性范围内允许的最大速率。

2. 夹持方法

应使用例如楔形夹头、螺纹夹头、套环夹头等合适的夹具夹持试样。

应尽最大努力确保夹持的试样受轴向拉力的作用。当试验脆性材料或测定屈服强度时尤为重要。

3. 试验温度

一般在室温10℃～35℃范围内进行。对温度要求严格的试验，试验温度应为23℃±5℃。

四、性能测定

1. 上屈服强度和下屈服强度的测定

呈现明显屈服(不连续屈服)现象的金属材料，应测定上屈服强度或下屈服强度，或两者均测。如未具体规定，应测定上屈服强度和下屈服强度，或下屈服强度（如图7-0-2情况）。

(1)图解方法：试验时记录力—延伸曲线或力—位移曲线。从曲线图读取力首次下降前的最大力和不计初始瞬时效应时屈服阶段中的最小力或屈服平台的恒定力。将其分别除以试样原始横截面积(A_0)得到上屈服强度和下屈服强度。仲裁试验采用图解方法。

(2)指针方法：试验时，读取测力度盘指针首次回转前指示的最大力和不计初始瞬时效应时屈服阶段中指示的最小力或首次停止转动指示的恒定力。将其分别除以试样原始横截面积(A_0)得到上屈服强度和下屈服强度 。

(3)可以使用自动装置(例如微处理机等)或自动测试系统测定上屈服强度和下屈服强度，可以不绘制拉伸曲线图。

2. 抗拉强度的测定

采用图解方法或指针方法测定抗拉强度。

对于呈现明显屈服(不连续屈服)现象的金属材料，从记录的力—延伸或力—位移曲线图，或从测力度盘，读取过了屈服阶段以后的最大力(见图7-0-3)；对于呈现无明显屈服(连续屈服)现象的金属材料，从记录的力—位移曲线图，或从测力度盘，读取试验过程中的最大力。最大力除以试样原始横截面积(A_0)得到抗拉强度。

可以使用自动装置(例如微处理机等)或自动测试系统测定抗拉强度，可以不绘制拉伸曲线图。

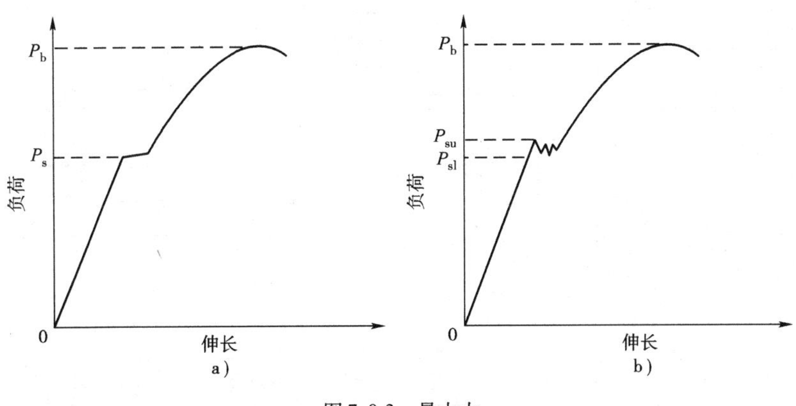

图7-0-3　最大力

五、结果数值的修约

试验测定的性能结果数值应按照相关产品标准的要求进行修约。如未规定具体要求，应按照表7-0-2的要求进行修约。

性能结果数值的修约间隔　　表7-0-2

性　能	范　围	修约间隔
$R_{m0.2}=\frac{F_{0.2}}{A_0}$	≤200N/mm^2 >200N/mm^2～1000N/mm^2 >1000N/mm^2	1N/mm^2 5N/mm^2 10N/mm^2
A		0.5%

六、试验结果处理

1. 试验出现下列情况之一其试验结果无效，应重做同样数量试样的试验。

(1)试样断在标距外或断在机械刻划的标距标记上，而且断后伸长率小于规定最小值；

(2)试验期间设备发生故障，影响了试验结果。

2. 试验后试样出现两个或两个以上的缩颈以及显示出肉眼可见的冶金缺陷(例如分层、气泡、夹渣、缩孔等)，应在试验记录和报告中注明。

3. 冷弯性能

冷弯性能是钢材在常温条件下承受规定弯曲程度的弯曲变形性能，它是钢材的重要工艺性能之一。钢材在使用之前，有时需要进行一定形式的加工，如钢筋常需弯起一定的角度。冷弯性能良好的钢材，可以保证钢材进行冷加工后无损于制成品的质量。冷弯与伸长率一样，都是表明钢材在静荷载作用下的塑性。冷弯试验能揭示钢材是否存在内部组织不均匀、内应力与夹杂物等缺陷。这些缺陷常因塑性变形导致应力重分布而得不到充分反映。

钢筋的冷弯性能是以规定尺寸的试件，在常温条件下进行弯曲试验。按我国现行国家标准规定，有下列三种类型：①达到某规定的角度 α 的弯曲；②绕着弯心弯到两面平行；③弯到两面接触的重合弯曲。如图7-0-4，按规定试件弯曲处不产生裂缝、断裂和起层等现象即认为合格。

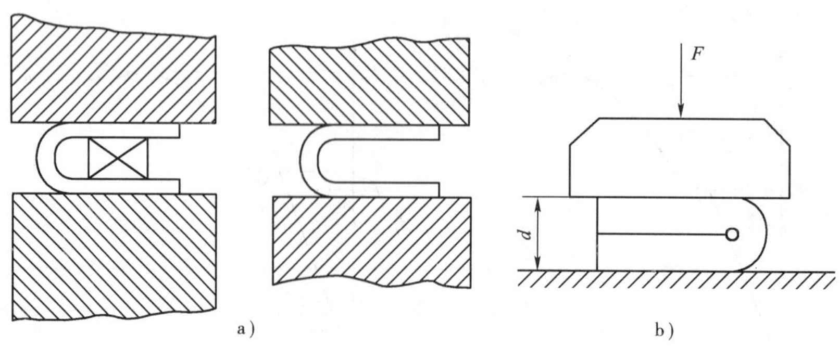

图7-0-4　冷弯试验

a)弯至两臂平行；b)弯至两臂接触重合

金属材料 弯曲试验方法(GB/T 232-1999)

一、试验设备

弯曲试验可用压力机、特殊试验机、万能试验机或圆口老虎钳等设备进行。试验过程中应平稳地对试样施加压力。支辊式弯曲装置,见图 7-0-5。

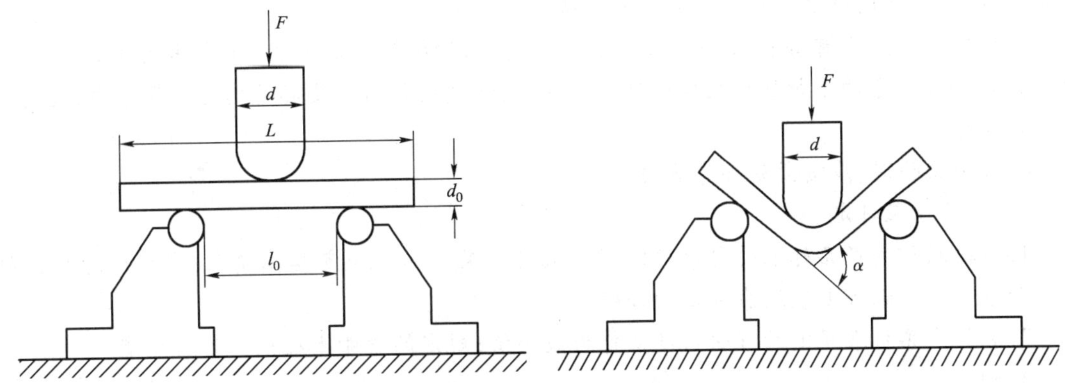

图 7-0-5 支辊式弯曲装置

1. 支辊长度应大于试样宽度或直径。支辊应具有足够的硬度。

2. 除非另有规定,支辊间距离(见图 7-0-5)应按照公式(7-0-5)确定:

$$L = 0.5\pi(d + a) + 140\text{mm} \tag{7-0-5}$$

此距离在试验期间应保持不变。

3. 弯曲压头直径应在相关产品标准中规定。弯曲压头宽度应大于试样宽度或直径。弯曲压头应具有足够的硬度。

二、试样

1. 试样表面不得有划痕和损伤。

2. 选择适当的弯心直径 d,按图 7-0-5 装置,对于不同种类的钢材其弯心直径取值不同,可参考《钢筋混凝土用热轧光圆钢筋》(GB 13013—91)和《钢筋混凝土用热轧带肋钢筋》(GB 1499—98)。

3. 试样长度应根据试样直径和所使用的试验设备确定。采用图 7-0-4 的方法时,可以按照式(7-0-6)确定:

$$L = 0.5\pi(d + a) + 140\text{mm} \tag{7-0-6}$$

式中:π——圆周率,其值取 3.1。

三、试验条件

试验一般在 10℃ ~35℃ 的室温范围内进行。对温度要求严格的试验,试验温度应为 23℃ ±5℃。

四、试验程序

1. 试样弯曲至规定弯曲角度的试验,应将试样放于两支辊(见图 7-0-5)上,试样轴线应与弯曲压头轴线垂直,弯曲压头在两支座之间的中点处对试样连续施加力使其弯曲,直到达到规定的弯曲角度。

如不能直接达到规定的弯曲角度,应将试样置于两平行压板之间,连续施加力压,使其两端进一步弯曲,直到达到规定的弯曲角度。

2. 试样弯曲至180°角两臂相距规定距离且相互平行的试验,采用图7-0-5的方法时,首先对试样进行初步弯曲(弯曲角度应尽可能大),然后将试样置于两平行压板之间(见图7-0-4)连续施加力压,使其两端进一步弯曲,直到两臂平行。试验时可以加或不加垫块。除非产品标准中另有规定,垫块厚度等于规定的弯曲压头直径。

3. 试样弯曲至两臂直接接触的试验,应首先将试样进行初步弯曲(弯曲角度应尽可能大),然后将其置于两平行压板之间(见图7-0-4),连续施加力压使其两端进一步弯曲,直到两臂直接接触。

4. 弯曲试验时,应缓慢施加弯曲力。

五、试验结果评定

1. 应按照相关产品标准的要求评定弯曲试验结果。如未规定具体要求,弯曲试验后试样弯曲外表面无肉眼可见裂纹应评定为合格。

2. 相关产品标准规定的弯曲角度认作为最小值;规定的弯曲半径认作为最大值。

4. 硬度

钢材表面局部体积内抵抗更硬物体压入的能力称为硬度。钢材硬度值愈高,表示它抵抗局部塑性变形的能力愈大。硬度值与强度指标和塑性指标有一定的相关性。

我国现行国家标准测定金属硬度的方法有:布氏硬度、洛氏硬度和维氏硬度等3种。最常用的为布氏硬度和洛氏硬度。

1)布氏硬度

布氏硬度试验是用一个直径为D的淬硬钢球或硬质合金球,以一定的荷载F,将其压入试样表面(如图7-0-6),并保持一定时间,然后卸除荷载,测定试样表面上压出压痕直径,根据公式可计算出单位面积上所承受的平均应力值,其值作为硬度指标,称为布氏硬度。

2)洛氏硬度

洛氏硬度试验是用金刚石圆锥体或钢球做压头,在初始试验力和总试验力(总试验力 = 初始试验力 + 主试验力)的先后作用下,将压头压入试件。洛氏硬度是以卸除主试验力而保留初始试验力时,压入试件的深度与在初始试验力作用下的压入深度之差来计算的。压入深度之差愈大,表示试样愈软;反之,表示试样愈硬。

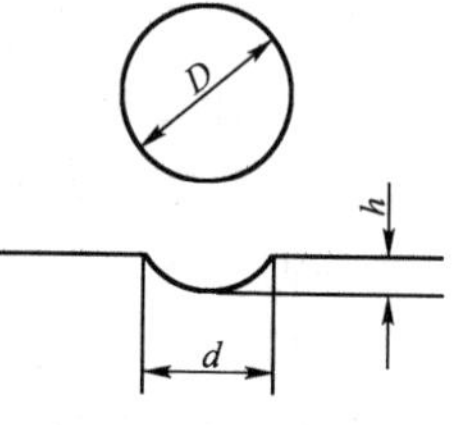

图7-0-6 布氏硬度试验原理示意图

5. 冲击韧性

冲击韧性是钢材在瞬间动荷载作用下,抵抗破坏的能力。钢材在温度降低至负温度后,其冲击韧性将显著降低。因此,对于在负温度下承受冲击、重复荷载作用的结构,必须对钢材的冲击韧性予以鉴定。

冲击韧性的测定是以摆冲法、横梁式为标准方法,即按规定制成有槽口的标准试件,以横梁式安放在摆冲式冲击试验机上(如图7-0-7),当摆锤冲击试件,试件破坏时单位面积所消耗的能为冲击韧度指标。

钢材的强度、塑性、韧性和硬度是钢材的最基本力学性质。常用的指标是强度和塑性。建筑用钢材主要进行钢材的拉伸及冷弯试验。

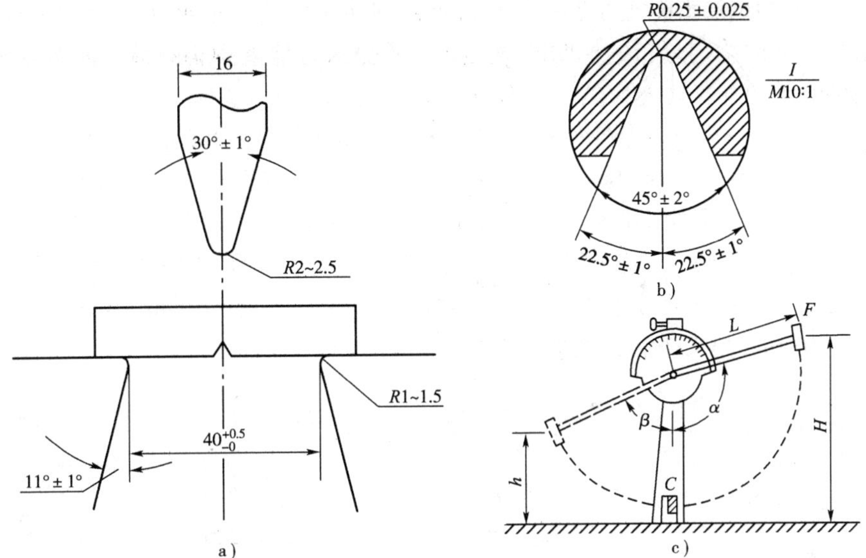

图 7-0-7　钢材韧度试验

a) 冲击试件装置;b) 夏氏 V 形缺口;c) 冲击试验原理

三、桥梁建筑用钢材及其制品

1. 桥梁建筑用钢的技术要求

用于桥梁建筑的钢材,根据工程使用条件和特点,这类钢材应具备下列技术要求:

1) 良好的综合力学性能

桥梁结构在使用中承受复杂的交通荷载,同时在无遮盖的条件下经受严酷环境的考验,必须具有良好的综合机械性能。除具有较高的屈服点与抗拉强度外,还应具有良好的塑性、冷弯、冲击韧性和抵抗振动应力和疲劳强度以及低温(-40℃)的冲击韧性。

2) 良好的焊接性

由于近代焊接技术的发展,桥梁钢结构趋向于采用焊接结构代替铆接结构,以加快施工速度和节约钢材。桥梁在焊接后不易整体热处理,因此要求钢材具有良好的焊接性,亦即焊接的连接部分应强而韧,其强度与韧性应不低于焊件本身,以防止产生硬化脆裂和内应力过大等现象。

3) 良好的抗蚀性

桥梁长期暴露于大气中,所以要求桥梁用钢具有良好的抵抗大气因素腐蚀的性能。

2. 桥梁建筑用主要钢材

由于桥梁结构需要承受车辆等荷载的作用,同时需要经受各种大气因素的考验,对于桥梁用钢材要求具有高的强度、良好的塑性、韧性和可焊性。因此,桥梁建筑用钢材,钢筋混凝土用钢筋,就其用途分类来说,均属于结构钢;就质量分类来说,都属于普通钢;按其含碳量的分类来说,均属于低碳钢。所以桥梁结构用钢和混凝土用钢筋是属于碳素结构钢或低合金钢结构钢。

3. 钢筋混凝土和预应力混凝土用钢筋和钢丝

1) 热轧钢筋

(1) 外形　热轧钢筋按截面形状可分为光圆钢筋和带肋钢筋。光圆钢筋是指横截面为圆形，且表面为光滑的钢筋混凝土配筋用钢材。带肋钢筋是指横截面为圆形，且表面通常带有两条纵肋和沿长度方向均匀分布的横肋的钢筋。月牙肋钢筋是指横肋的纵截面呈月牙形，且与纵肋不相交的钢筋。

（2）级别、代号　热轧直条光圆钢筋级别为Ⅰ级，强度等级代号为R235。钢筋的公称直径范围为8～20 mm，常用公称直径为8mm、10mm、12mm、16mm、20mm。光圆钢筋的截面形状如图7-1-8a)所示。

热轧带肋钢筋的牌号由HRB和牌号的屈服点最小值构成。H、R、B分别为热轧、带肋、钢筋三个词的英文首位字母。热轧带肋钢筋分为HRB335、HRB400、HRB500三个牌号。钢筋的公称直径范围为6～50 mm，常用的公称直径为6mm、8mm、10mm、12mm、16mm、20mm、25mm、32mm、40mm、50mm。热轧带肋钢筋的截面形状如图7-0-8b)所示。

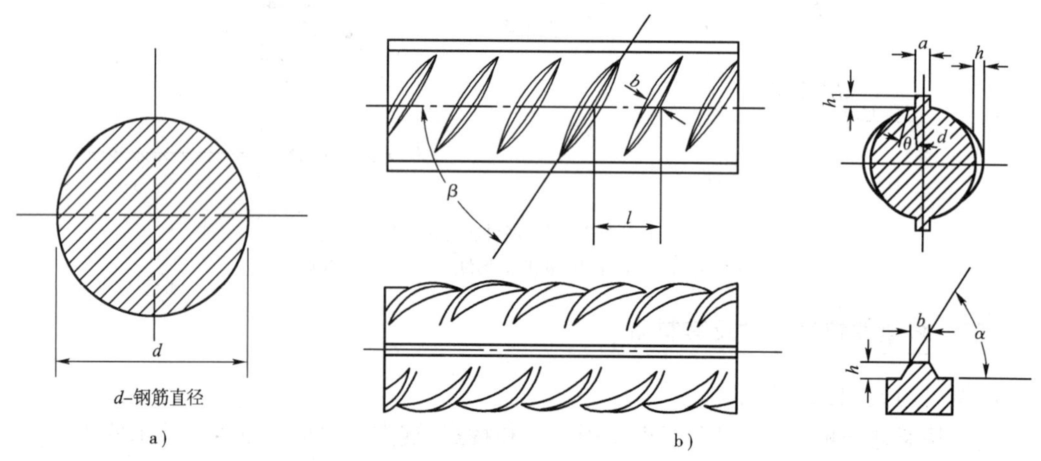

图7-0-8　热轧钢筋截面形状

a)光圆钢筋截面形状；b)月牙肋钢筋

（3）技术性能　热轧钢筋的力学性能应符合国家标准(GB 13013—1991)和(GB 1499—91)如表7-0-3和表7-0-4的各项要求。

钢筋混凝土用热轧光圆钢筋力学性能(GB 13013—91)　　表7-0-3

表面形状	钢筋级别	强度等级代号	公称直径(mm)	屈服点(R_{eL})(MPa)	抗拉强度(R_m)(MPa)	伸长率(δ)(%)	冷弯 d——弯心直径 a——钢筋公称直径
				不小于			
光圆	Ⅰ	R235	8～20	235	370	25	180° $d=a$

钢筋混凝土用热轧带肋钢筋力学性能(GB 1499—98)　　表7-0-4

牌　号	公称直径(mm)	屈服点(R_{eL})(MPa)	抗拉强度(R_m)(MPa)	伸长率(δ)(%)	冷弯 d——弯心直径 a——钢筋公称直径
		不小于			
HRB335	6～25 28～50	335	490	16	180° $d=3a$ 180° $d=4a$
HRB400	6～25 28～50	400	570	14	180° $d=4a$ 180° $d=5a$
HRB500	6～25 28～50	500	630	12	180° $d=6a$ 180° $d=7a$

2)预应力混凝土用钢绞线

预应力混凝土配筋用钢绞线是由冷拉光圆钢丝捻制而成或由刻痕钢丝捻制而成的钢绞线。

(1)分类与代号　钢绞线按结构分为5类:用两根钢丝捻制而成的钢绞线;用三根钢丝捻制而成的钢绞线;用三根刻痕钢丝捻制而成的钢绞线;用七根钢丝捻制而成的标准型钢绞线;用七根刻痕钢丝捻制又经模拔的钢绞线。

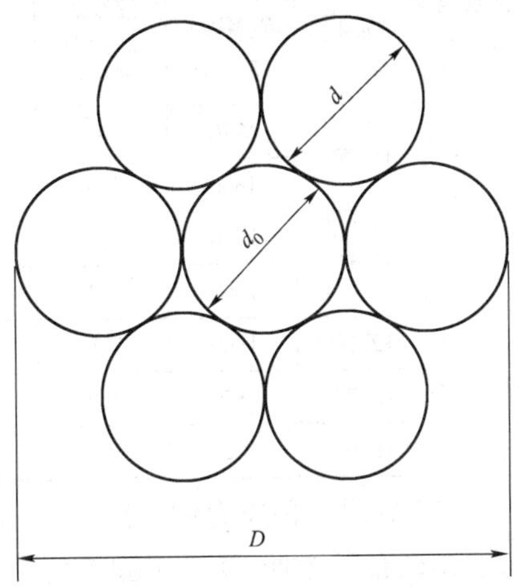

图7-0-9　钢绞线的断面形状

D-钢绞线直径;d_0-中心钢丝直径;d-外层钢丝

钢绞线的断面形状如图7-0-9所示。

预应力钢绞线按应力松弛性能分为I级松弛的预应力钢绞线和II级松弛的预应力钢绞线。钢绞线的捻向通常为左S捻。捻制后,I级松弛的预应力钢绞线应进行消除应力的热处理,II级松弛预应力钢绞线应进行能保证低松弛性能的相应热处理。钢绞线的捻距为钢绞线公称直径的12~16倍。钢绞线内不应有折断、横裂和相互交叉的钢丝。

(2)技术性能　钢绞线具有强度高、柔性好、质量稳定,成盘供应不需接头等优点。主要用于大跨度、大承载量的后张法预应力结构。其力学性能的规定见表7-0-5(1×7结构钢绞线的力学性能)。

1×7结构钢绞线的力学性能　　表7-0-5

钢绞线结构	钢绞线公称直径 D(mm)	抗拉强度 R(MPa) 不小于	整根钢绞线的最大力 不小于	规定非比例延伸力 F(kN),不小于	最大力总伸长率,不小于	应力松弛性能	
						初始负荷相当于公称最大力的百分数(%)	1000h后应力松弛率(%),不大于
1×7	9.50	1720	94.3	84.9	3.5	60	1.0
		1860	102	91.8		70	1.5
		1960	107	96.3		80	4.5
	11.10	1720	128	115			
		1860	138	124			
		1960	145	131			
	12.70	1720	170	153			
		1860	184	166			
		1960	193	174			
	15.20	1470	206	185			
		1570	220	198			
		1670	234	211			
		1720	241	217			
		1860	260	234			
		1960	274	247			

续上表

钢绞线结构	钢绞线公称直径 D(mm)	抗拉强度 R(MPa)不小于	整根钢绞线的最大力不小于	规定非比例延伸力 F(kN),不小于	最大力总伸长率,不小于	应力松弛性能	
						初始负荷相当于公称最大力的百分数(%)	1000h 后应力松弛率(%),不大于
1×7	15.70	1770	266	239			
		1860	279	251			
	17.80	1720	327	294			
		1860	353	318			
(1×7)C	12.70	1860	208	187			
	15.70	1820	300	270			
	18.00	1720	384	346			

(3)应用　预应力钢绞线具有强度高、与混凝土粘结性能好、断面积大、使用根数少、在结构中排列布置方便、易于锚固等优点,故多使用于大跨度、重荷载的混凝土结构。

参考文献

[1] 中华人民共和国行业标准.JTJ 051—93 公路土工试验规程. 北京:人民交通出版社,1993.

[2] 中华人民共和国国家标准. GB/T 14685—2001 建筑用卵石、碎石. 北京:中华人民共和国国家质量监督检验检疫总局发布,2001.

[3] 中华人民共和国国家标准. GB/T 14684—2001 建筑用砂. 北京:中华人民共和国国家质量监督检验检疫总局发布,2001.

[4] 中华人民共和国交通行业标准. JTG E42—2005 公路工程集料试验规程 . 北京:人民交通出版社,2005.

[5] 中华人民共和国国家标准. GB 175—1999 硅酸盐水泥、普通硅酸盐水泥. 北京:中国标准出版社,1999.

[6] 中华人民共和国行业标准. JTG E30—2005 公路工程水泥及水泥混凝土试验规程. 北京:人民交通出版社,2005.

[7] 中华人民共和国国家标准. GB/T 1346—2001 水泥标准稠度用水量、凝结时间、安定性检验方法. 北京:中国标准出版社,2001.

[8] 中华人民共和国国家标准. GB/T 17671—1999 水泥胶砂强度检验方法(ISO 法). 北京:中国标准出版社,1999.

[9] 中华人民共和国国家标准. GB 1344—1999 矿渣硅酸盐水泥、火山灰质硅酸盐水泥及粉煤灰硅酸盐水泥. 北京:中国标准出版社,1999.

[10] 中华人民共和国国家标准. GB 12958—1999 复合硅酸盐水泥. 北京:中国标准出版社,1999.

[11] 中华人民共和国国家标准. GB/T 50080—2002 普通混凝土拌合物性能试验方法标准. 北京:中国建筑工业出版社,2003.

[12] 中华人民共和国国家标准. GB/T 50081—2002 普通混凝土力学性能试验方法标准. 北京. 中国建筑工业出版社,2003.

[13] 中华人民共和国行业标准. JTJ 55—2000 普通混凝土配合比设计规程. 北京:中国建筑工业出版社,2001.

[14] 中华人民共和国国家标准. GB 50204 混凝土结构工程施工及验收规范. 北京:中国标准出版社,2001.

[15] 中华人民共和国国家标准. GB 50119—2003 混凝土外加剂应用技术规范. 北京:中国建筑工业出版社,2003.

[16] 中华人民共和国行业标准. JTG F30—2003 公路水泥混凝土路面施工技术规范. 北京:人民交通出版社,2003.

[17] 中华人民共和国行业标准. JTG D62—2004 公路钢筋混凝土及预应力混凝土桥涵设计规

范. 北京:人民交通出版社,2004.
[18] 中华人民共和国行业标准. JGJ 70—1990 建筑砂浆基本性能试验方法. 北京:中国建筑工业出版社,1990.
[19] 中华人民共和国行业标准. JGJ 98—2000. 砌筑砂浆配合比设计规程. 北京:中国建筑工业出版社,2000.
[20] 中华人民共和国交通行业标准. JTJ 057—94 公路工程无机结合料稳定材料试验规程. 北京:人民交通出版社. 1994.
[21] 中华人民共和国交通行业标准. JTJ 034—2000 公路路面基层施工技术规范. 北京:人民交通出版社. 2000.
[22] 中华人民共和国行业标准. JTG F40—2004 公路沥青路面施工技术规范. 北京:人民交通出版社,2004.
[23] 中华人民共和国行业标准. JTJ 052—2000 公路工程沥青及沥青混合料试验规程. 北京:人民交通出版社,2000.
[24] 中华人民共和国国家标准. GB/T 5224—2003 预应力混凝土用钢绞线. 北京:中华人民共和国国家质量监督检验检疫总局发布,2003.
[25] 中华人民共和国国家标准. GB 13788—2000 冷轧带肋钢筋. 北京:国家质量技术监督局发布,2000.
[26] 中华人民共和国国家标准. GB 13013—91 钢筋混凝土用热轧光圆钢筋. 北京: 国家技术监督局发布,1991.
[27] 中华人民共和国国家标准. GB 1499—1998 钢筋混凝土用热轧带肋钢筋. 北京:国家技术监督局发布,1998.
[28] 中华人民共和国国家标准. GB/T 228—2002 金属材料 室温拉伸试验方法. 北京:中华人民共和国国家质量监督检验检疫总局发布,2002.
[29] 中华人民共和国国家标准. GB/T 232—1999 金属材料 弯曲试验方法. 北京:国家技术监督局发布,1999.
[30] 严家伋. 道路建筑材料. 北京:人民交通出版社,1999.
[31] 姜志青. 道路建筑材料. 北京:人民交通出版社,2002.
[32] 伍必庆. 道路材料试验. 北京:人民交通出版社,2002.
[33] 任高升. 土质与公路建筑材料. 北京:人民交通出版社,2001.
[34] 郃连河. 道路建筑材料. 北京:人民交通出版社,1998.
[35] 李瑾亮. 地质与土质. 北京:人民交通出版社,2001.
[36] 孟祥波. 土质与土力学. 北京:人民交通出版社,2001.
[37] 栾亨乐. 地质土质与筑路材料. 北京:人民交通出版社,2001.
[38] 张应立. 现代混凝土配合比设计手册. 北京:人民交通出版社,2002.
[39] 张登良. 沥青路面工程手册. 北京:人民交通出版社,2002.
[40] 严家伋. 沥青材料性能学. 北京:人民交通出版社,1990.
[41] 沙庆林. 高等级公路半刚性基层沥青路面. 北京:人民交通出版社,1999.
[42] 沈金安. 改性沥青与 SMA 路面. 北京:人民交通出版社,1999.